TRULY ITALIAN ROOTS

TRULY ITALIAN ROOTS

Thirteen Stories of Italian Excellence / Tredici storie di eccellenze italiane

SELECTED BY GAGGIA MILANO

RIZZOLI
NEW YORK

New York · Paris · London · Milan

E

INTRODUCTION

TRULY ITALIAN ROOTS

This book presents itself as a collection of emotions and stories, narrated by personalities who share with Gaggia the same curiosity and the same passion for quality

THIRTEEN WORDS for thirteen personalities belonging to different worlds—from visual arts to tailored fashion, from music to craftsmanship, from sculpture to cooking, from literature to design—share their stories through an engaging visual journey, bridging tradition and contemporaneity.
A fine red thread connects them, that unique imprinting, the expression of the Italian way of thinking, creating, and living. A style that embraces the pursuit of **quality**, the importance of everyday **rituals** like coffee to start the morning right and an aperitif before dinner, the value of **art** and **beauty** omnipresent from north to south, the **authenticity** of creations, the importance of satisfying the need for **taste** with a cuisine that has its roots in **heritage**, respect for **design** of which Italy is the cradle, and **passion** as an engine of change. An unmistakable style that highlights the individual **personality** and, last but not least, elicits **emotion**. A way of life that puts the emphasis on sharing thoughts, on being together and on conviviality among **people**, and aims to achieve the right **balance**, in people's personal lives as well as between the elements of every creation.
In the pages that follow, the thirteen protagonists passionately showcase their know-how, with their own unique characteristics and the richness of their stories, in a journey that ranges across different lands and abilities. The keywords that characterize them are the same ones that describe the Gaggia universe, its Italian roots, and its position as an ambassador of Italian Style throughout the world with its coffee machines.
Since 1938, when Achille Gaggia filed a revolutionary patent to extract coffee, giving rise to the "Italian espresso with *crema naturale,*" the company hasn't stopped. With Baby Gaggia, in 1977, espresso entered people's homes and became an icon, part of an indispensable ritual, the cultural element that identifies a lifestyle, a state of mind, a way of being. Over time, Gaggia evolved with its characteristic spirit, honoring its roots, and embracing the new, creating coffee machines that allow users to transform actions and gestures into real experiences and moments to remember.
This book presents itself as a collection of emotions and stories, narrated by personalities who share with Gaggia the same curiosity and the same passion for quality, the pursuit of beauty and the exaltation of taste. It is dedicated to coffee lovers, citizens of the world, and cosmopolitans by training, who love to create tailor-made moments of coffee-breaks, choosing the blend and carefully preparing their coffee, in its many variations.

I

INTRODUZIONE

TRULY ITALIAN ROOTS

Questo libro si propone come una raccolta di emozioni e di racconti, narrati da personaggi che condividono con Gaggia la stessa curiosità e la stessa passione per la qualità

TREDICI PAROLE CHIAVE per tredici personaggi, appartenenti a mondi diversi – dalle arti visive alla moda sartoriale, dalla musica al fare artigiano, dalla scultura alla cucina, dalla letteratura al design – raccontano, in un coinvolgente viaggio visuale, la propria storia tra tradizione e contemporaneità. Li lega un sottile filo rosso, quell'*imprinting* unico, espressione di modo di pensare, creare e vivere all'italiana. Uno stile che abbraccia la ricerca della **qualità**, l'importanza dei **rituali** quotidiani quali il caffè come buongiorno e l'aperitivo prima di cena, il valore dell'**arte** e della **bellezza** onnipresenti da Nord a Sud, l'**autenticità** delle creazioni, l'importanza di soddisfare il **gusto** del palato con una cucina che affonda le sue radici nella **tradizione**, il rispetto per il **design** di cui l'Italia è culla, la **passione** come motore del cambiamento. Uno stile inconfondibile che mette in risalto la **personalità** individuale e, non ultimo, suscita **emozione**. Un modo di vivere che pone l'accento sulla condivisione dei pensieri, sullo stare insieme e sulla convivialità tra le **persone** e mira a raggiungere un giusto **equilibrio**, nella vita personale come tra gli elementi di ogni creazione.
Nelle pagine che seguono, i tredici protagonisti raccontano con passione il loro saper fare, con le proprie peculiarità e la ricchezza della propria storia, in un viaggio che attraversa territori e artigianalità differenti. Le parole chiave che li connotano sono le stesse che identificano l'universo di Gaggia, le sue radici italiane e il suo essere ambasciatrice dell'*Italian style* nel mondo con le sue macchine del caffè. Dal 1938, quando Achille Gaggia registrò un rivoluzionario brevetto per estrarre il caffè, dando poi vita all'"espresso italiano con crema naturale", l'azienda non si è più fermata. Con Baby Gaggia, nel 1977, l'espresso entra nelle case e diventa un'icona, parte di un rito irrinunciabile, elemento culturale e identificativo di uno stile di vita, di uno stato d'animo, di un modo di essere. Nel tempo, Gaggia è evoluta con lo spirito che la caratterizza da sempre, onorando le sue radici e abbracciando il nuovo, creando macchine per il caffè che permettono di trasformare azioni e gesti in vere esperienze e momenti da ricordare.
Questo libro si propone come una raccolta di emozioni e di racconti, narrati da personaggi che condividono con Gaggia la stessa curiosità e la stessa passione per la qualità, la ricerca del bello e l'esaltazione del gusto. È dedicato agli amanti del caffè, cittadini del mondo e cosmopoliti per formazione, che amano ritagliarsi momenti di pausa speciali, scegliendo personalmente le miscele e curando la preparazione ottimale del proprio caffè, nelle sue diverse varianti.

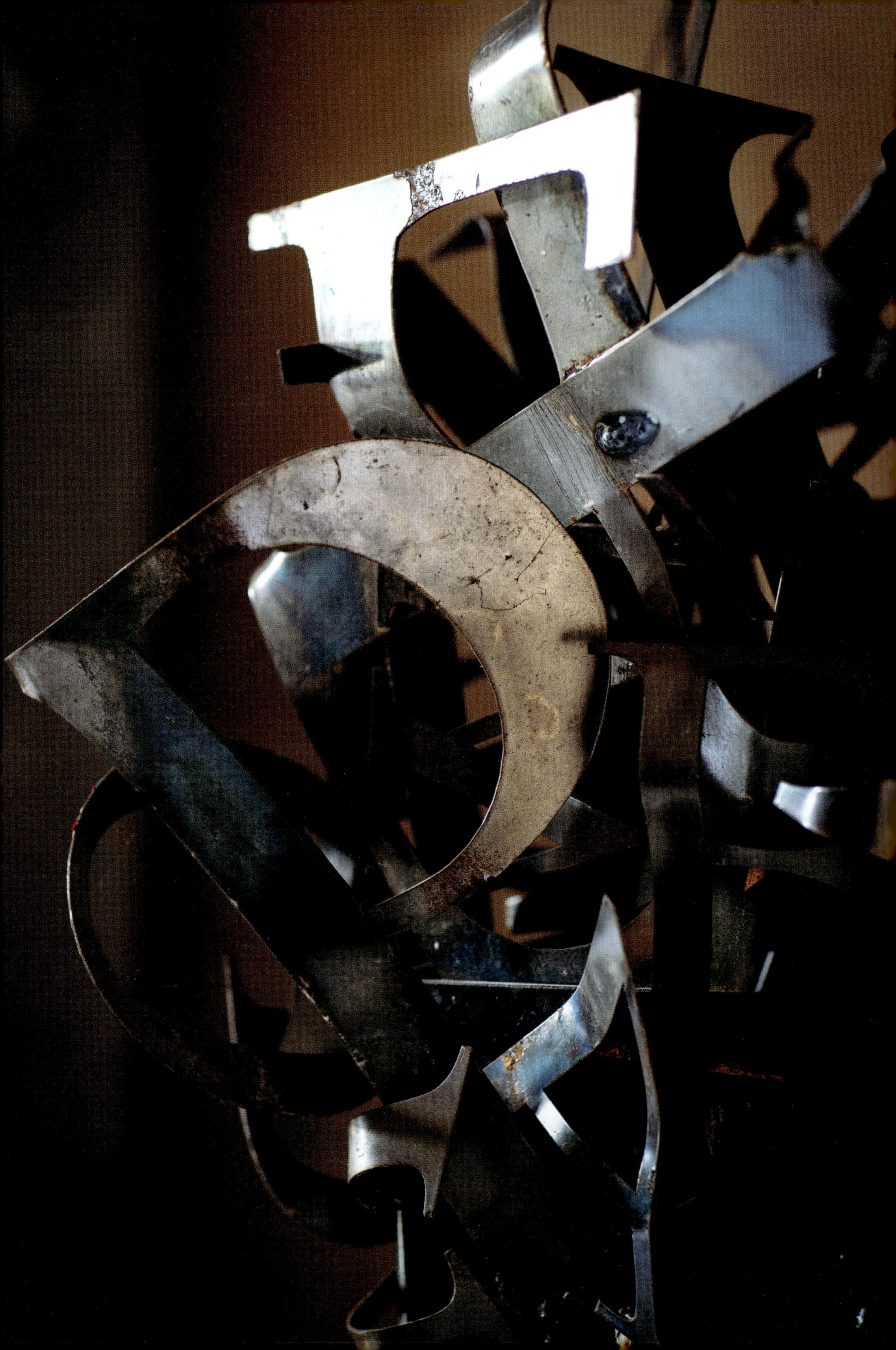

PAOLO MEZZADRI PASSION

TRULY ITALIAN ROOTS

Chapter / Capitolo

1

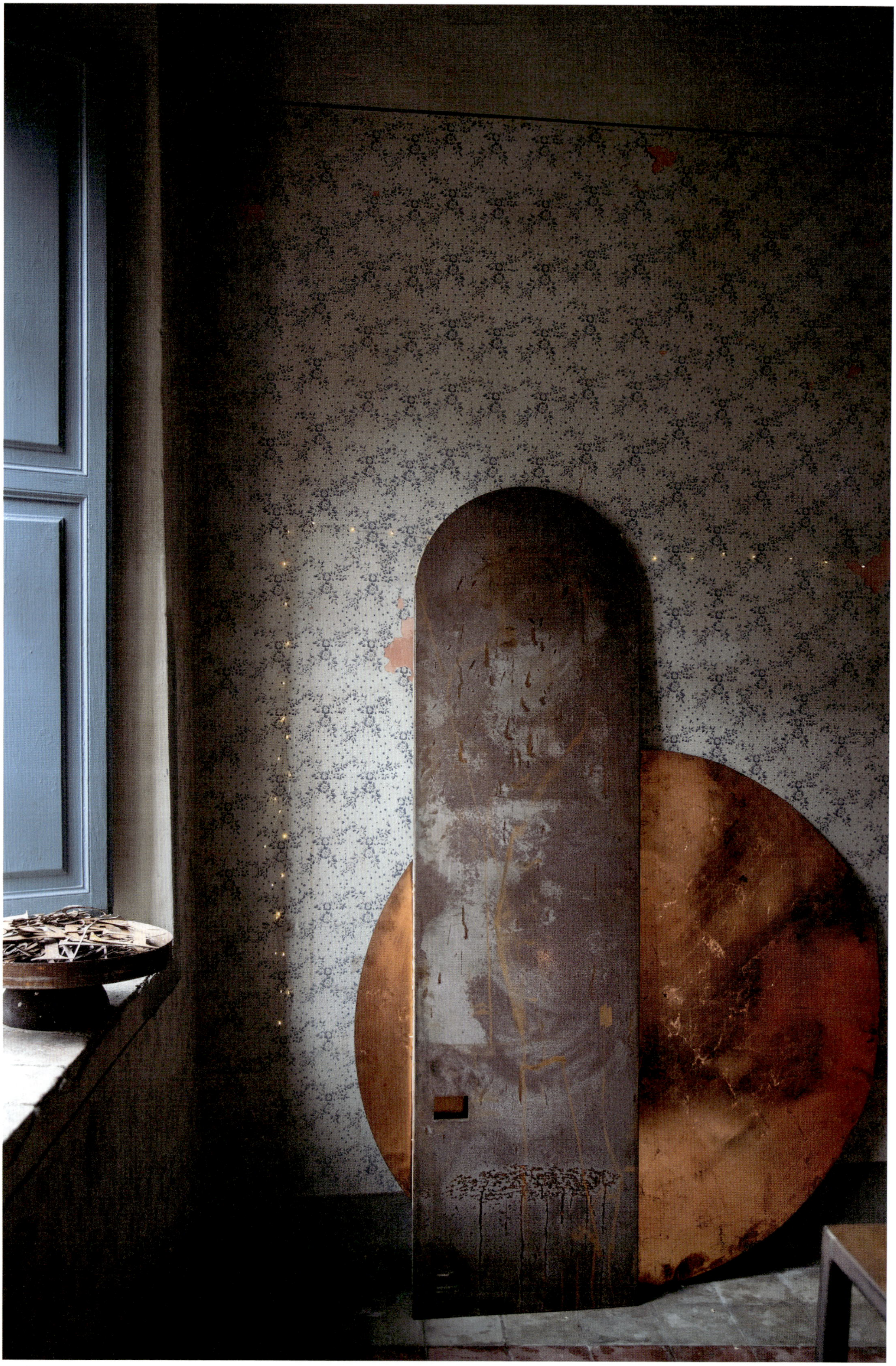

E

PAOLO MEZZADRI

Passion

Pause is when time stops, and you slow down just enough to notice small things and infinite gestures

IRON AS THE MATTER, fire as the element, passion as the driver, sculpture as the challenge, Nino as the alter ego that tells about Paolo. The creative universe of Paolo Mezzadri has its roots in the artisan tradition of his grandfather, who was a blacksmith and specialized in wrought iron. It then takes shape in the family business of processing sheet metal and is nurtured by the fantastical images that spring into the mind of the artist/craftsman who, since childhood, dreamed of being an archaeologist-explorer. His work as an entrepreneur and his education, "made up of numbers, formulas, straight lines, and parallels," as he says, "were eating Paolo up a little bit at a time." So, he began to listen to "the letters and pieces of scrap iron" and to the voice of Nino, that alternate and unconventional character that kept echoing in his head. "I started using iron for work and not for passion. The passion came later, when the iron was still a piece for me, a number, simply a large container with a code, a label and, sometimes, a "coating system." I frequently got lost, looking at pieces that were all the same—actually, compliant, as I was often told—all looking the same and so perfect that they didn't have a soul. Designed to be used and not to be looked at, to be clean and not to be smelled."

His journey as a sculptor can be found in the rooms of the Castello di Cadeo, or Càdio, Cà Deo, which dates back to 1300, an important place on the Roman Via Aemilia, and a stop on the Via Francigena between Piacenza and Fidenza. Here, in the silence of the Piacenza countryside, broken only by the tolling of the bells that mark the hours and the chatter of geese that move like a noisy and disordered white phalanx, his most beloved pieces have their home. From room to room, the exhibition embraces his sculptures, like the different versions of *Radice* [Root] in raw iron that rises in an unstable equilibrium up to a height of almost three meters or *Dialoghi* [Dialogues], made of thermally cut letters, "which don't just narrate but that give a real shape to everyday life" and recall the works of the Spanish sculptor Jaume Plensa. Further along is *Pensieri Alti* [High Thoughts], where old wooden lasts sit atop iron rods, the oversized letters, also in iron, "that tell of the unspoken, rusted over time," the material surfaces of tables and chairs that furnish the rooms with great understatement, the most recent works composed of the simple shapes of circle and square, juxtaposed. From letters to geometry.

In this universe of actions and reflections, there is still room to stop. "For me, the coffee break is an indefinite moment, an important one to define breaths, encounters, solutions. Pause is when time stops, and you slow down just enough to notice small things and infinite gestures." The coffee experience is, for Paolo, like the mental and emotional photograph of a moment, a space of time that naturally becomes fixed like a sculpture. It is free and out of necessity, as only a moment of play can be, because time is a game, isn't it?

Walking through the old rooms, we are permeated by the sensation of the passing of the years, between past, present and future, underscored by the continuous mutations of the textures of metals, crisscrossed and transformed by rust in a natural way, but with special effects.

Often his works, the result of "travels, writing, reading, and silence," as he says with eyes that shine in the dim light, are accompanied by phrases that sound like a personal testament, like an intimate confession, entrusted to the discretion of the half-light. And which Nino recounts, without that reticence that holds Paolo back.

I

PAOLO MEZZADRI

Passion

Pausa è quel momento dove si ferma il tempo, dove si rallenta quel tanto per accorgersi di piccole cose e di infiniti gesti

IL FERRO COME MATERIA, il fuoco come elemento, la passione come motore, la scultura come sfida, Nino come alter ego che racconta Paolo. L'universo creativo di Paolo Mezzadri affonda le sue radici nella tradizione artigiana del nonno maniscalco e specialista del ferro battuto. Prende poi forma nell'azienda di famiglia legata alla lavorazione delle lamiere di metallo e si nutre delle immagini fantasiose che affiorano alla mente dell'artista/artigiano che, fin da bambino, sognava di fare l'archeologo esploratore.
Il suo lavoro di imprenditore e la sua formazione scolastica, "fatta di numeri, formule, rette e parallele", come racconta, "si stavano mangiando un po' alla volta Paolo". Così ha cominciato ad ascoltare "le lettere e i pezzi di scarto del ferro" e la voce di Nino, quel personaggio alternativo e fuori dagli schemi che gli risuonava in testa.
"Ho iniziato a usare il ferro per lavoro e non per passione. La passione è arrivata dopo, quando per me il ferro era ancora un pezzo, un numero, semplicemente un grande contenitore con un codice, una targhetta e, talvolta, un ciclo di verniciatura. Molte volte mi sono perso guardando pezzi tutti uguali… anzi conformi, come spesso mi veniva detto, tanto uguali e tanto perfetti da non avere un'anima. Disegnati per essere usati e non per essere guardati, per essere puliti e non per essere annusati."
Il suo percorso di scultore si ritrova nelle stanze del Castello di Cadeo – o Càdio, Cà Deo – risalente al 1300: un luogo importante sulla via consolare Emilia e una tappa del percorso francigeno tra Piacenza e Fidenza. Qui, nel silenzio della campagna piacentina, rotto solo dal rintocco delle campane che segnano le ore e dal cicaleccio delle oche che si muovono come una falange bianca rumorosa e disordinata, alloggiano i suoi pezzi d'affezione. Da una stanza all'altra, il percorso accoglie le sue sculture come le diverse versioni della *Radice* in ferro grezzo che si alza in un equilibrio instabile fino a quasi tre metri d'altezza o i *Dialoghi* fatti di lettere ottenute da tagli termici "che non solo narrano, ma che danno una vera e propria sagoma al quotidiano" e ricordano i lavori dello spagnolo Jaume Plensa. Sfilano i *Pensieri alti* dove vecchie forme da scarpe in legno viaggiano su alti steli in tondino di ferro, le lettere sempre in ferro in dimensione *oversize* "che raccontano il non detto, arrugginitesi nel tempo", le superfici materiche di tavoli e sedute che arredano con grande *understatement* le sale, le opere più recenti composte dalle semplici forme del cerchio e del quadrato giustapposti. Dalle lettere alla geometria.
In questo universo di azioni e riflessioni, c'è comunque spazio per fermarsi. "Per me la pausa caffè è un momento indefinito, un attimo importante per definire respiri, incontri, soluzioni. Pausa è quel momento dove si ferma il tempo, dove si rallenta quel tanto per accorgersi di piccole cose e di infiniti gesti."
L'esperienza del caffè è, per Paolo, come la fotografia mentale ed emozionale di un momento, uno spazio del tempo che diventa naturalmente fisso come una scultura, libero e al di fuori dalle necessità, come può esserlo solo un momento di gioco, perché il tempo è un gioco, giusto?
Camminando per le sale antiche del Castello, ci si sente permeati dalla sensazione dello scorrere degli anni, tra passato, presente, e futuro, sottolineato dalle continue mutazioni delle *texture* dei metalli, percorse e trasformate dalla ruggine in modo naturale, ma con effetti speciali.
Spesso le sue opere, frutto di "viaggi, scritture, letture e silenzio", come confessa con gli occhi che brillano nella penombra, sono accompagnate da frasi che suonano come un testamento personale, come una confessione intima, affidata alla discrezione della penombra. E che Nino racconta, senza quella reticenza che frena Paolo.

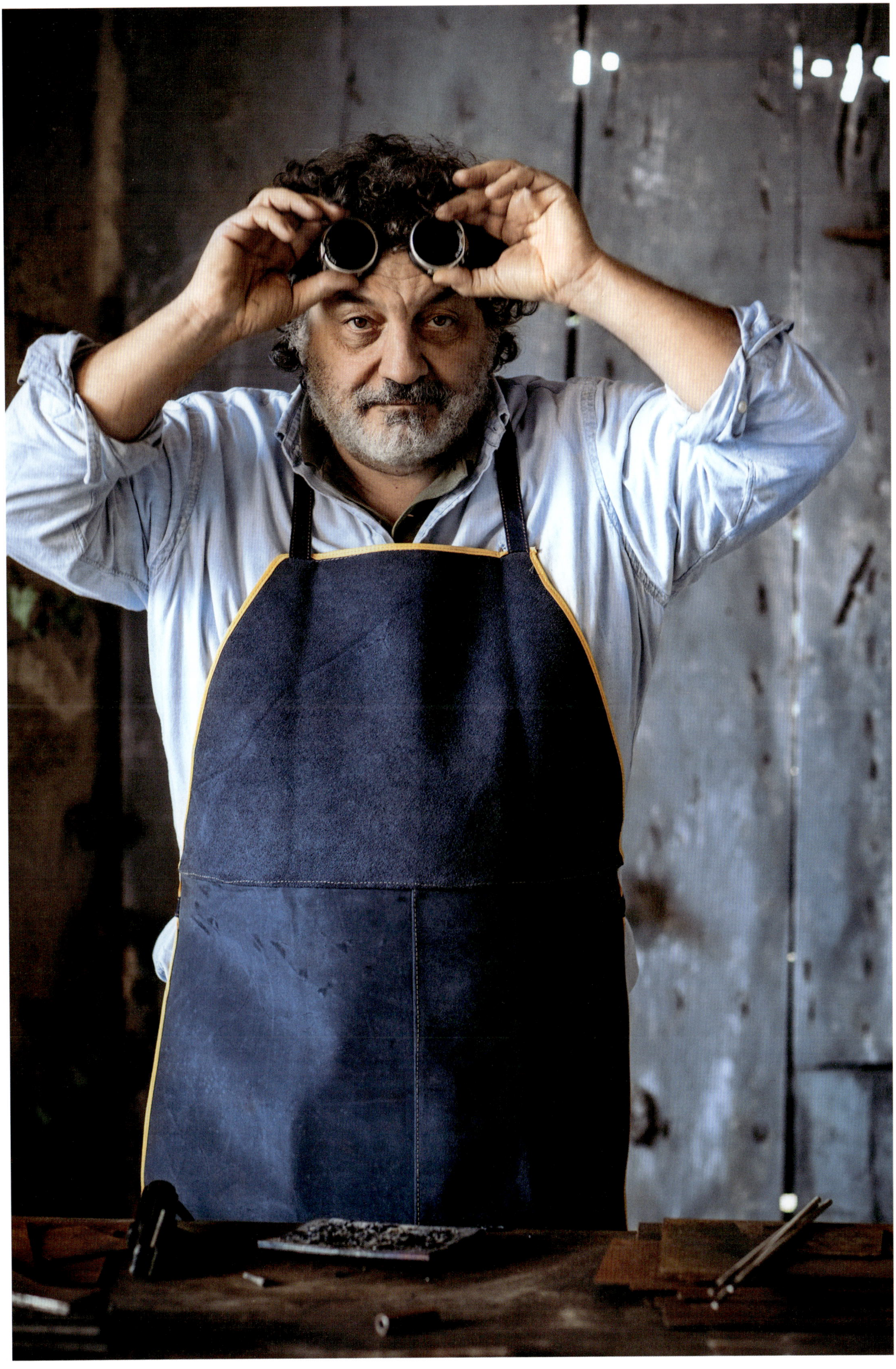

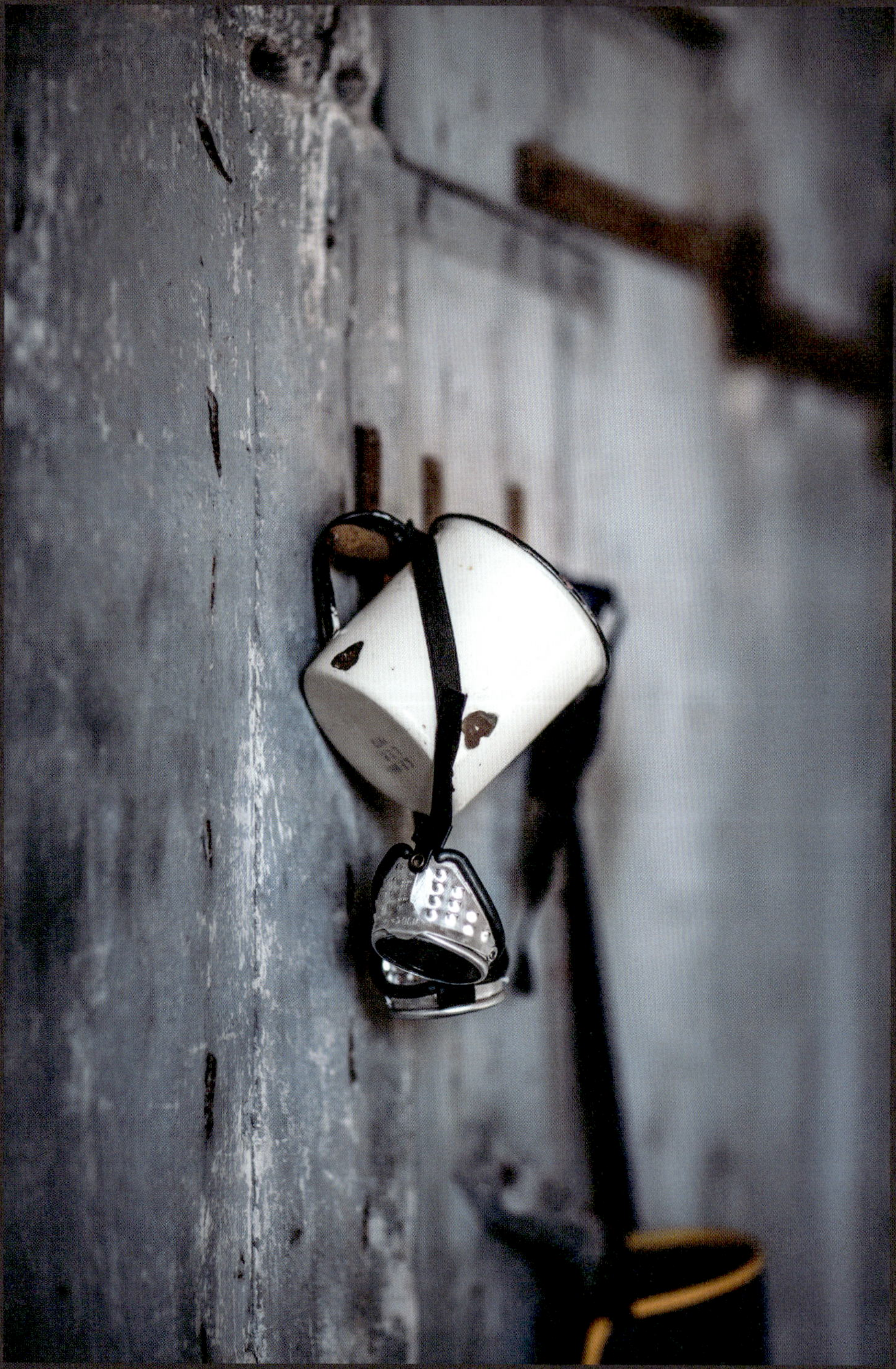

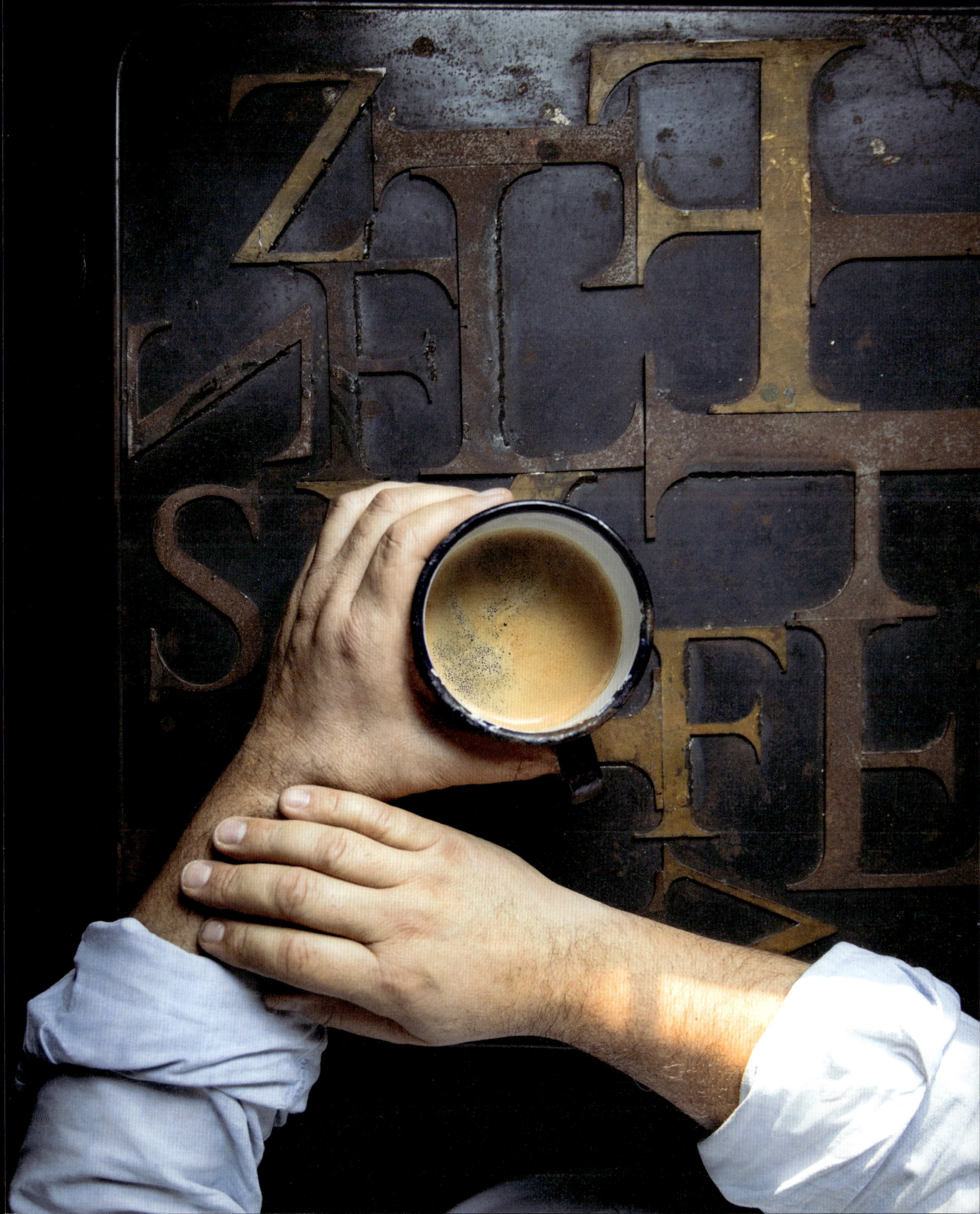

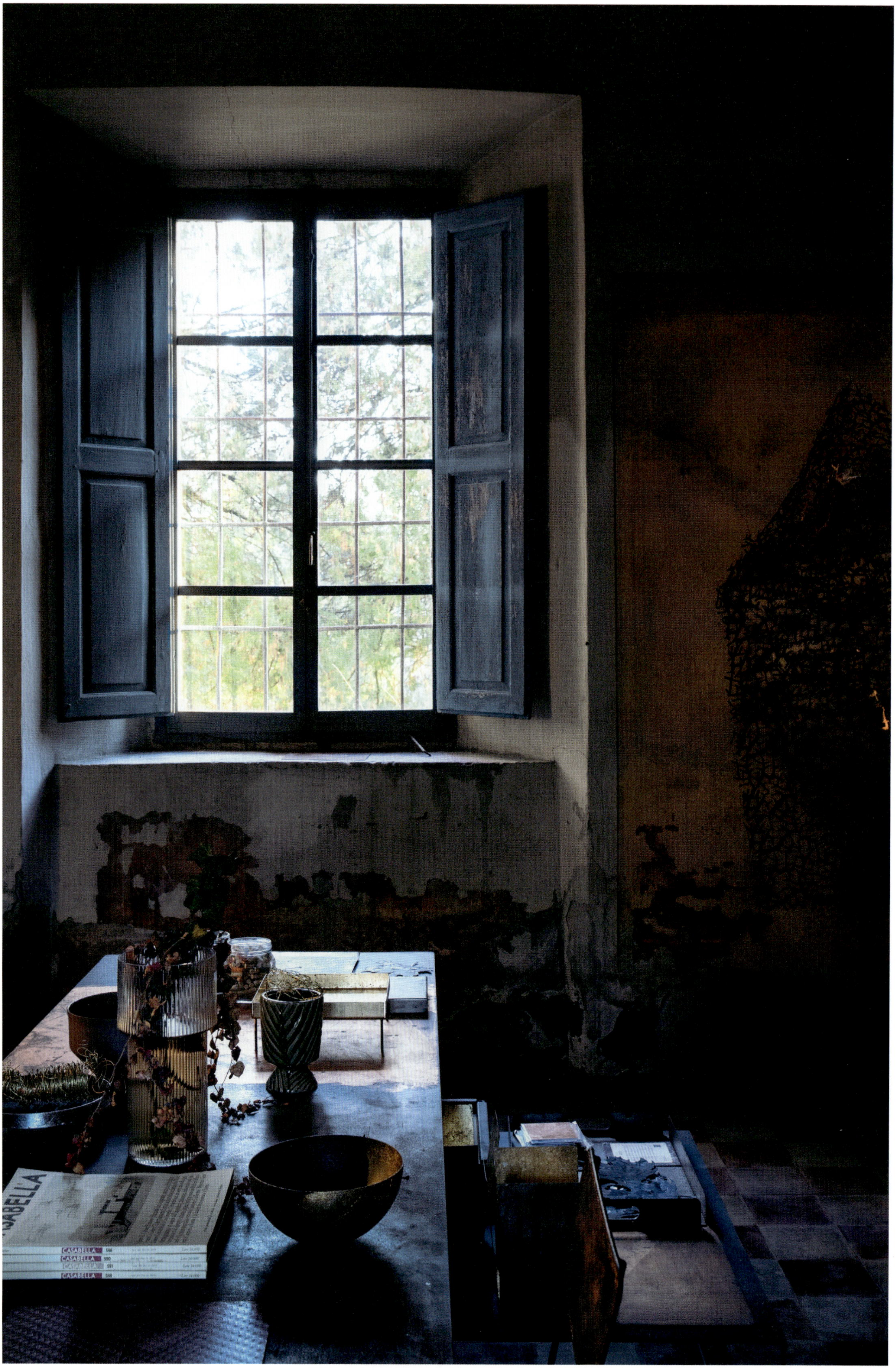
CASABELLA
CASABELLA
CASABELLA
CASABELLA

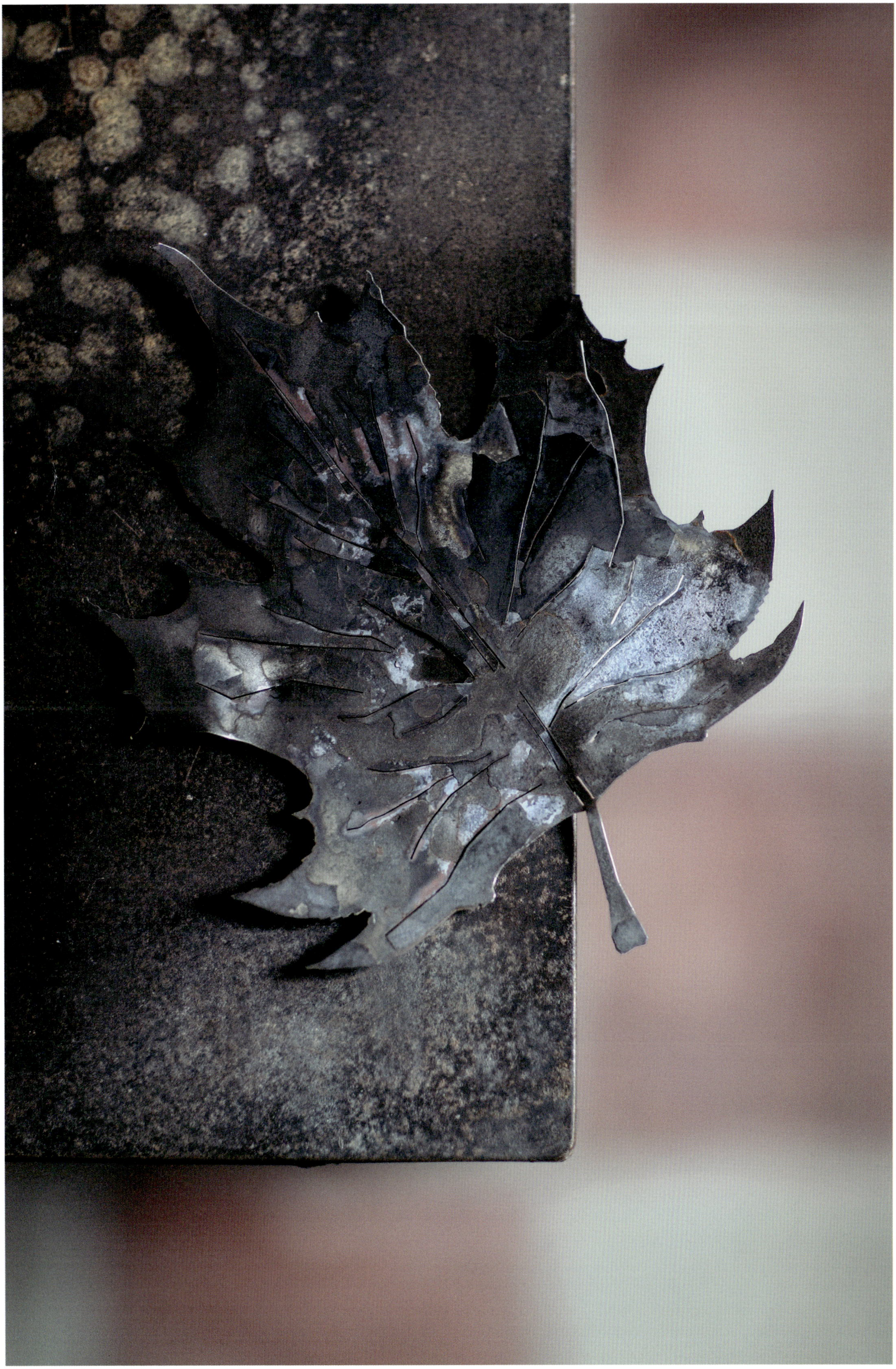

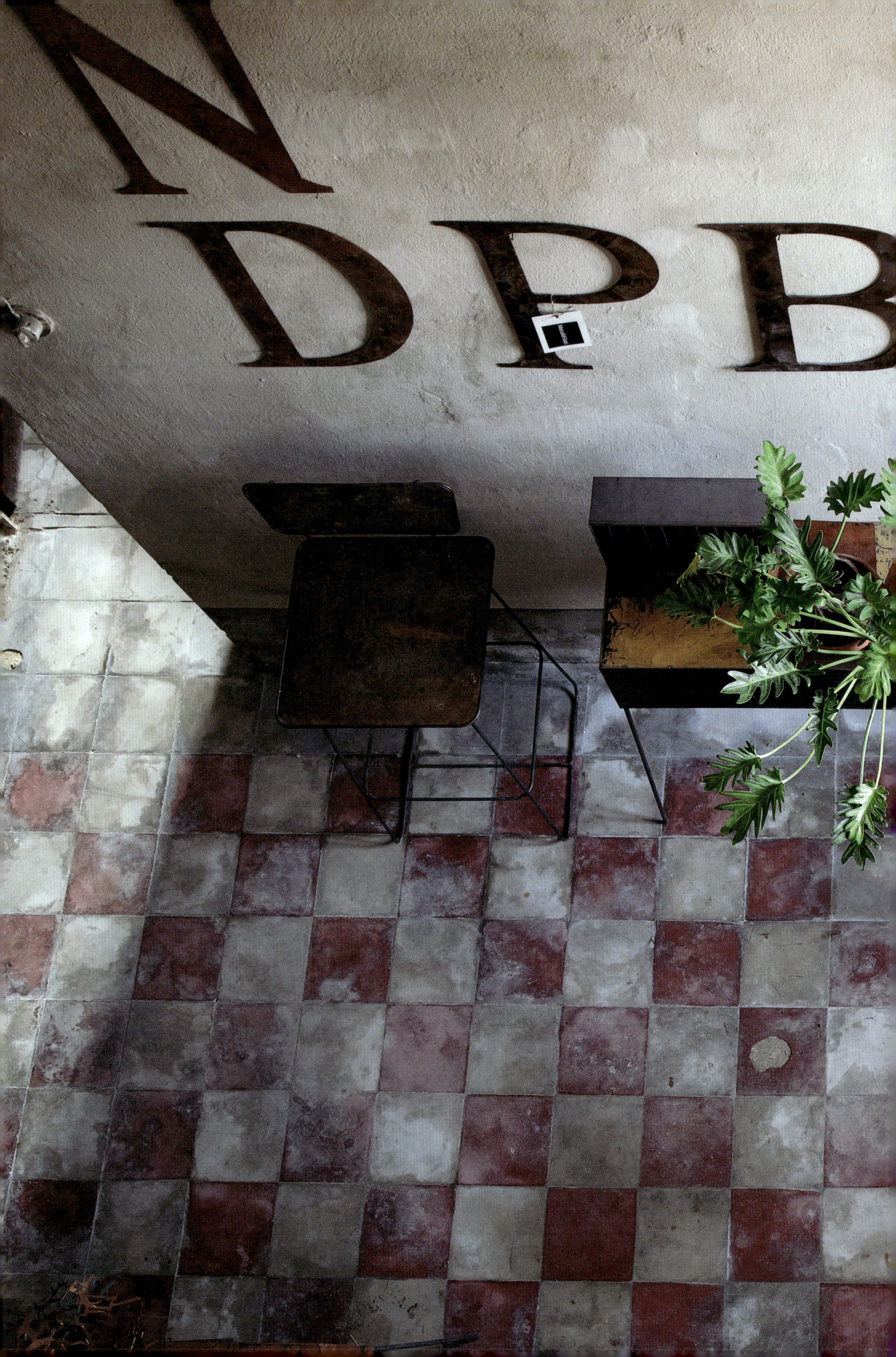
N
DPB

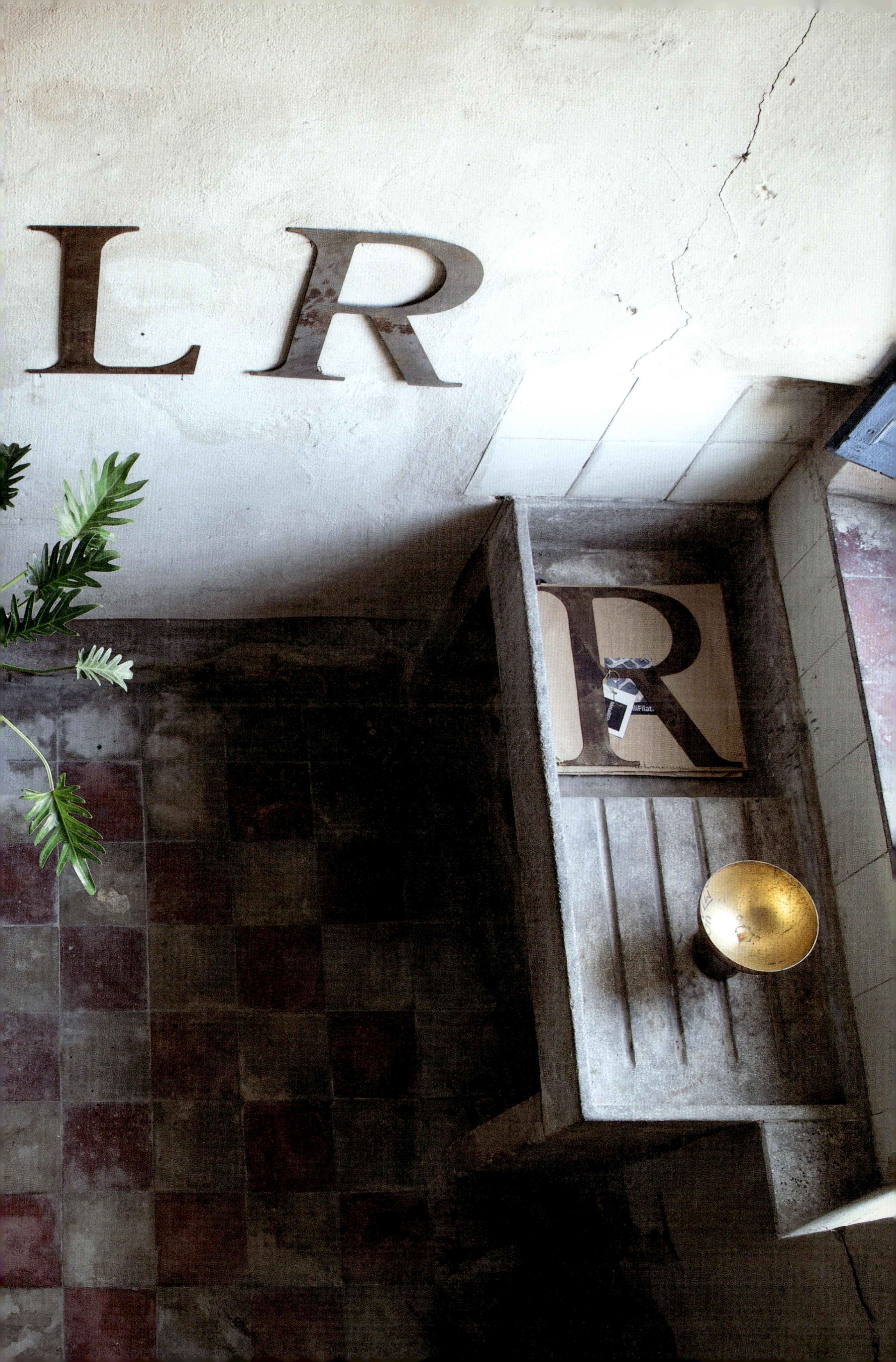
LR
R

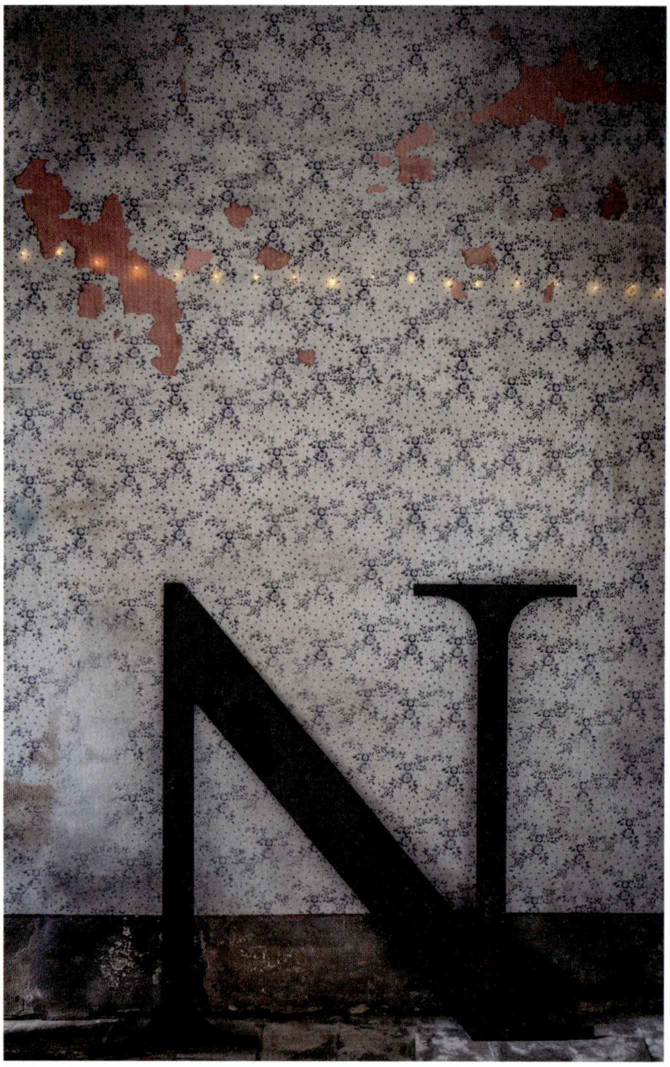

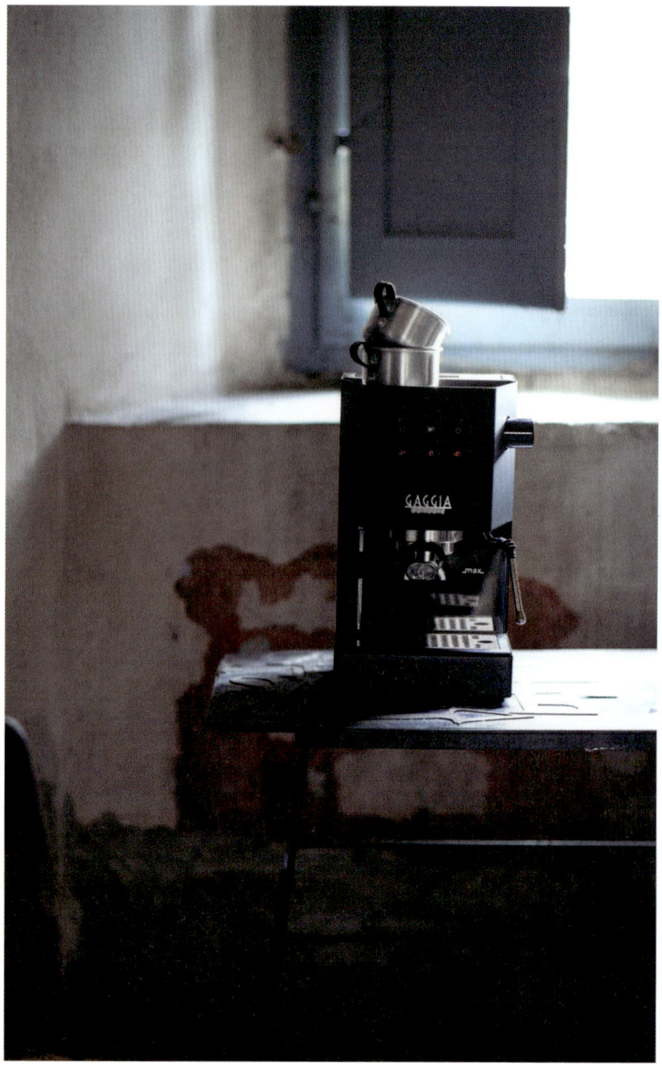
GAGGIA

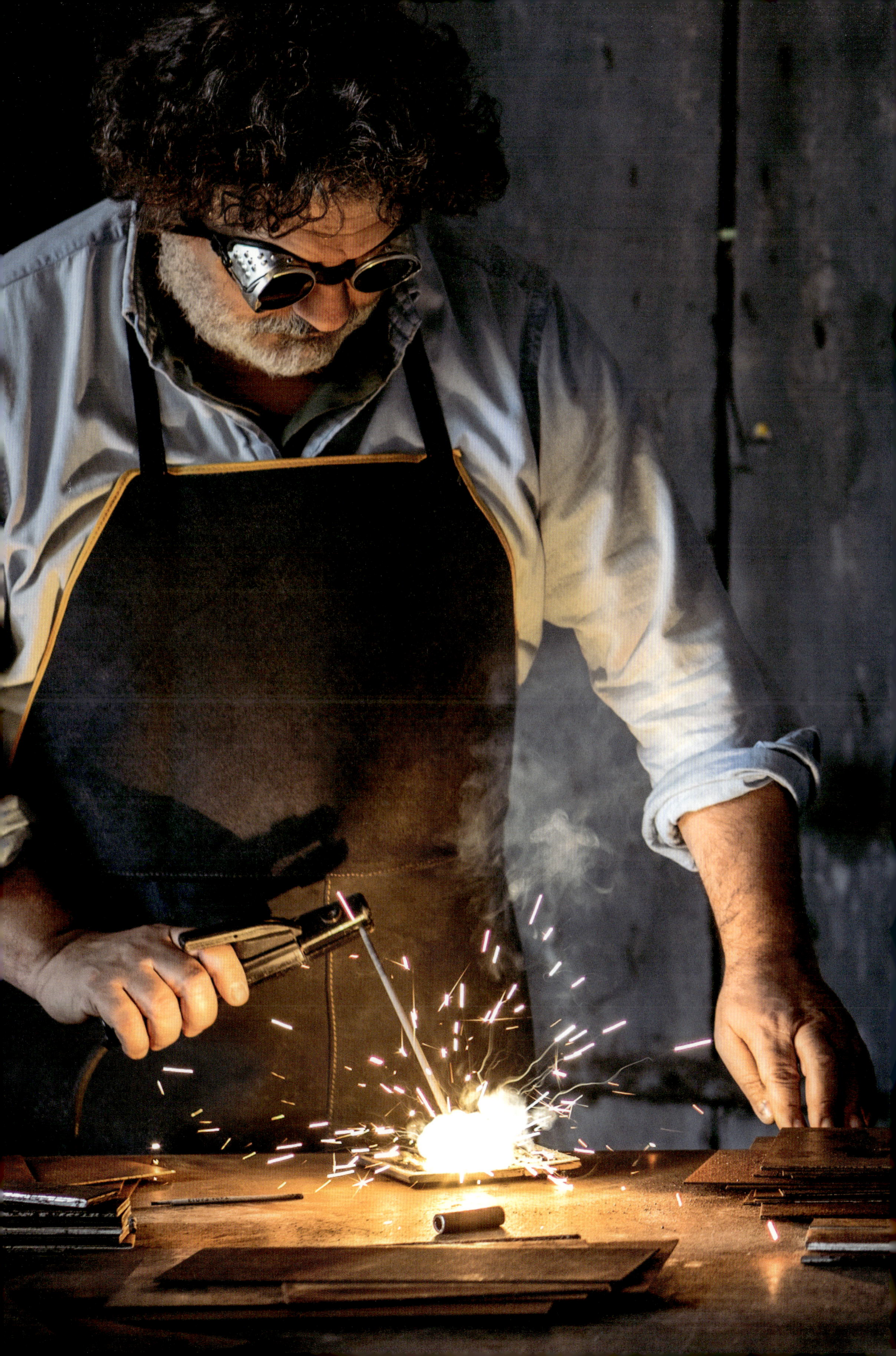

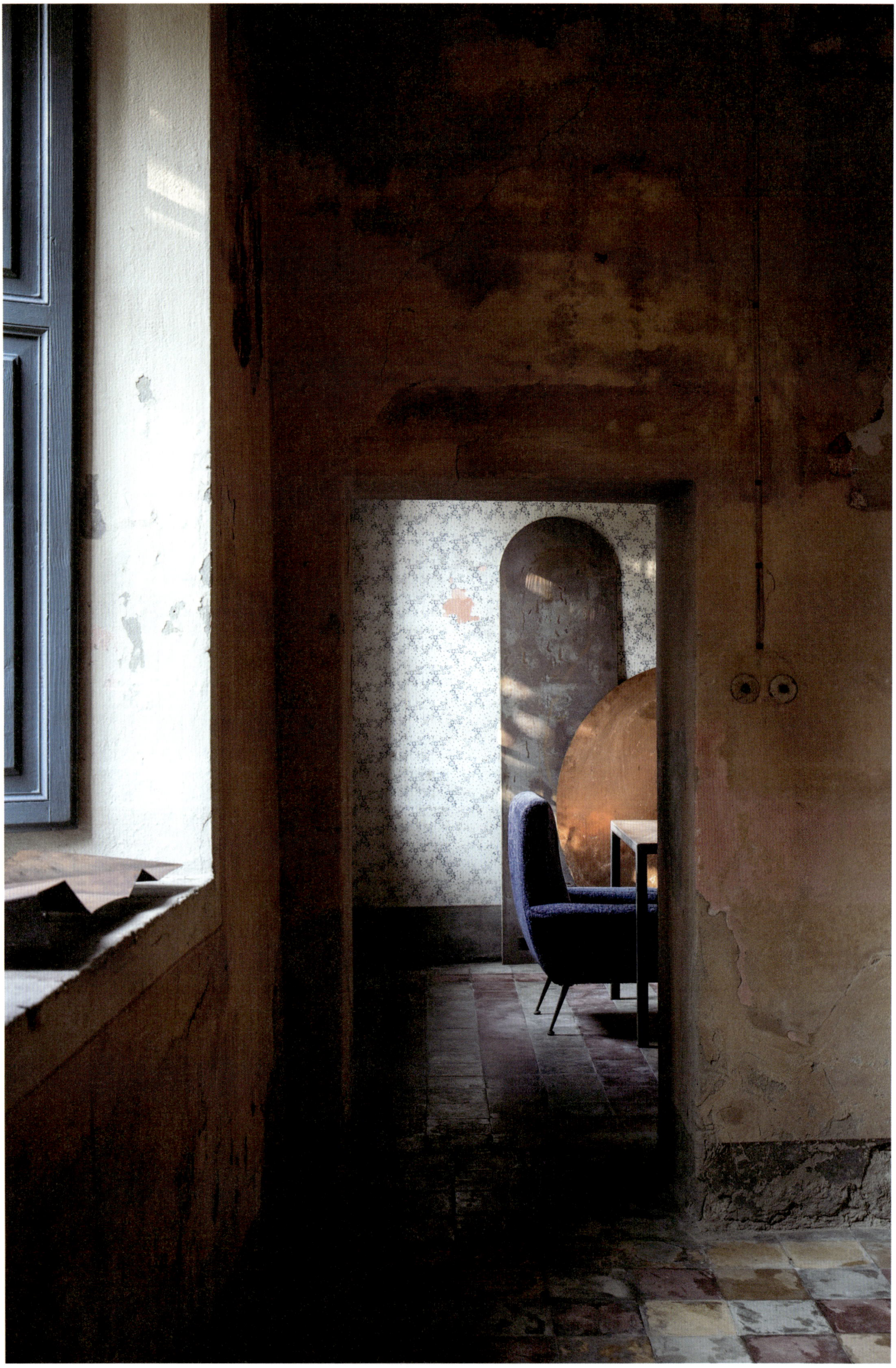

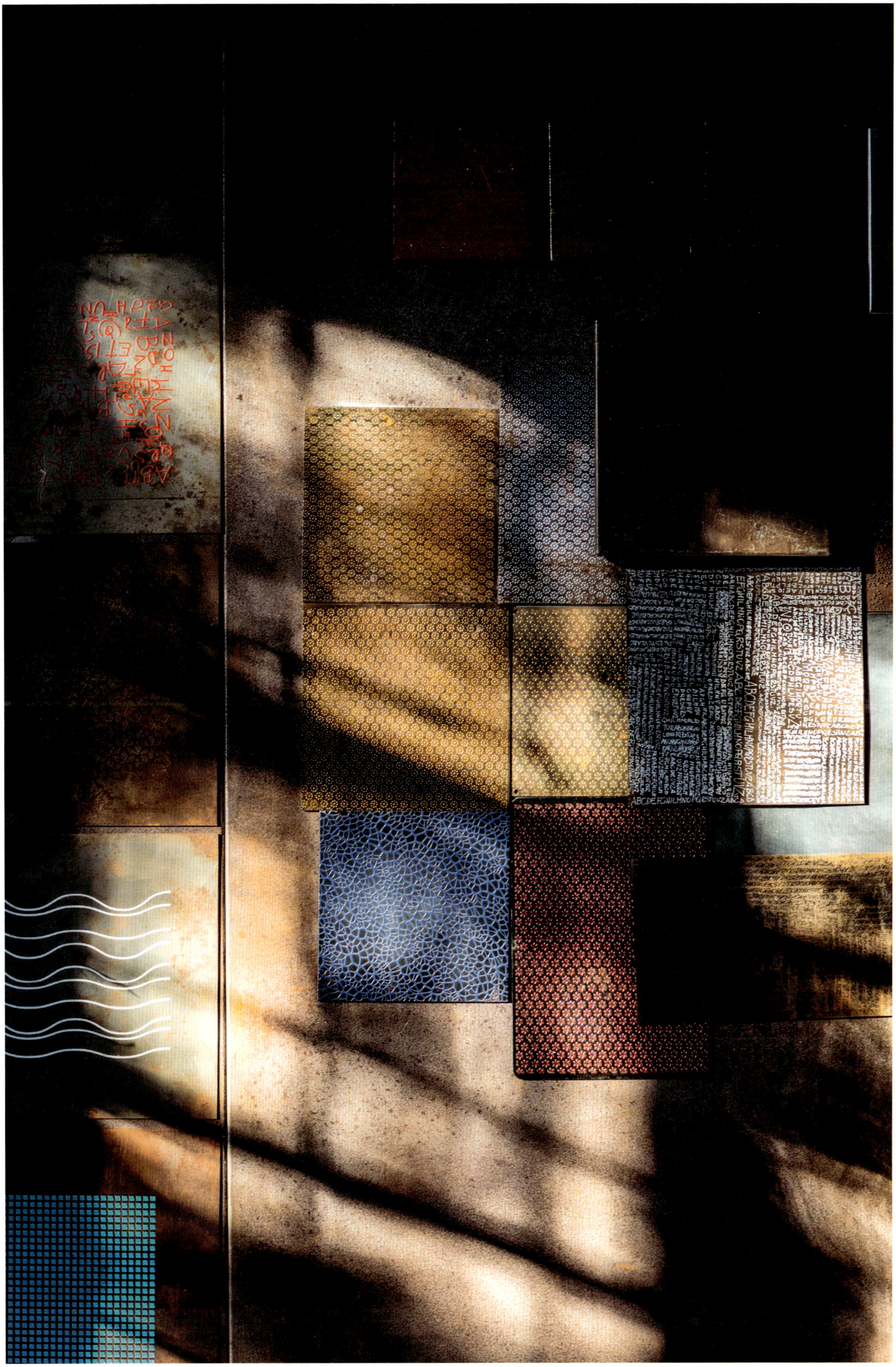

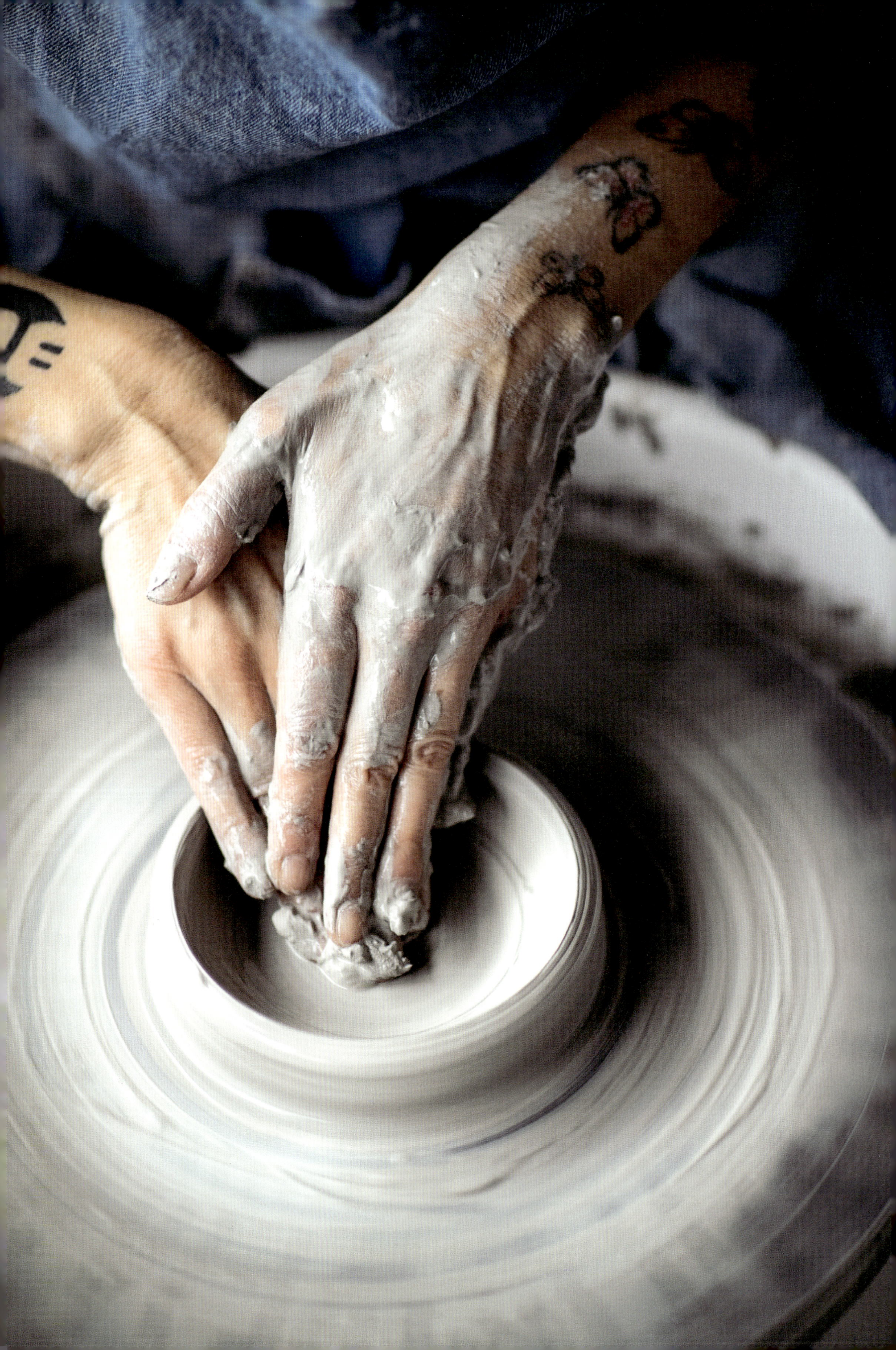

MANUELA METRA ART

TRULY ITALIAN ROOTS

Chapter / Capitolo

2

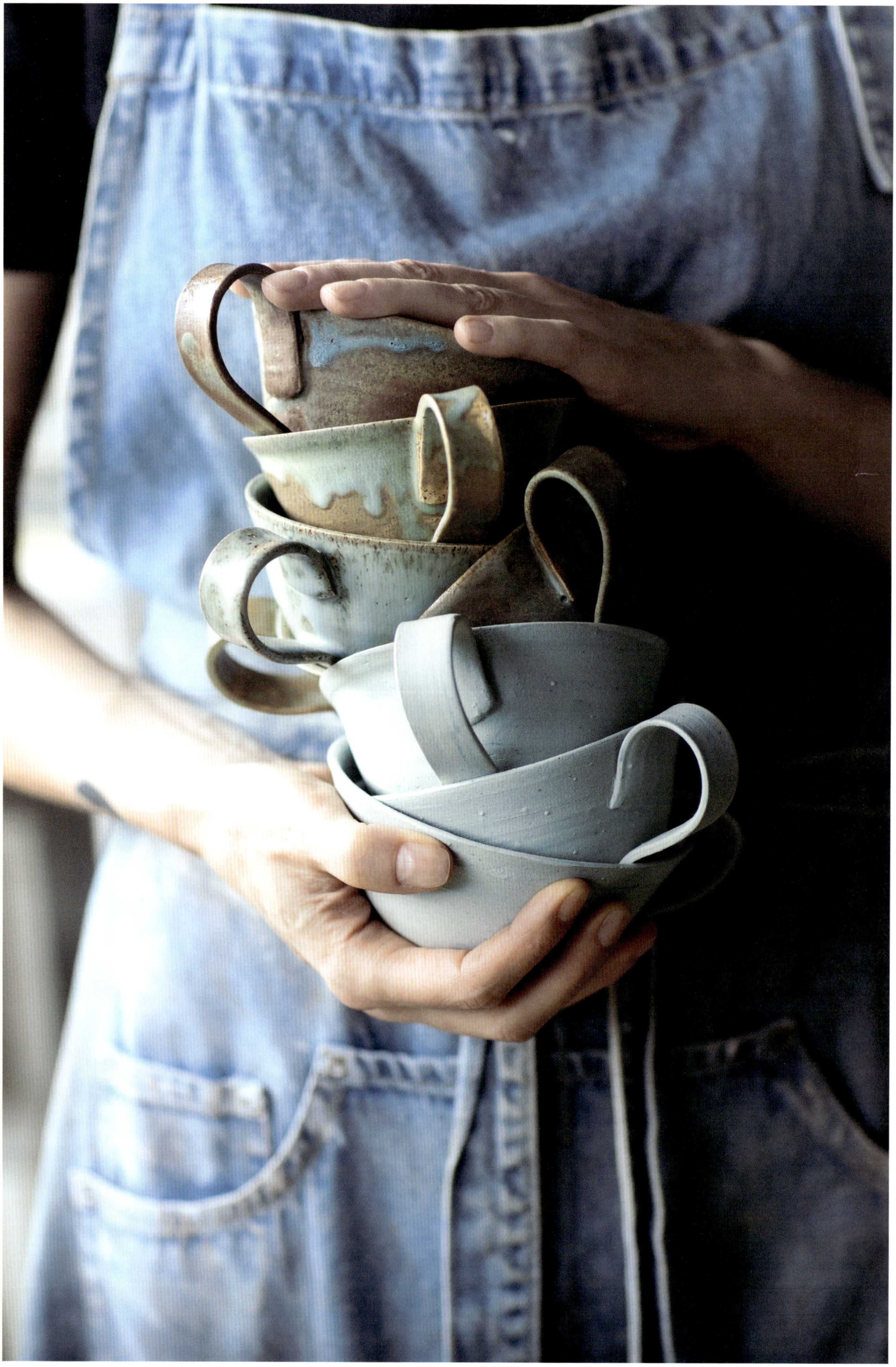

E

MANUELA METRA

Art

Coffee is my lifeline, it gives me a creative boost

"FOLLOW THE WHITE RABBIT." This is the enigmatic suggestion for finding Manuela Metra's studio. It is suspended in midair between earth and sky, in a tall building in the old Caproni workshops in Milan, now transformed into creative workshops, studios, and art galleries. One could immediately think of Lewis Carroll's White Rabbit, who rushes Alice along with his "It's late! It's late!" to lead her to Wonderland, but the little signage icon also refers to the Japanese myth of a lucky white rabbit who lives on the moon. It invites you to discover the artist's perfectly imperfect world of sophisticated ceramics, material canvases, and fine art photographs.

"Art has always been part of my life," says Manuela. "It accompanied me to my happy place. I paint, I give shape to my ideas on the wheel, I want to bring poetry into everyday life. The echo of the history of art, an Italian heritage, shines through and is transfigured in my creations." Ceramics become an expression of the experimentation conducted for twenty years on the laws of harmony and on the balance between shape and color. An unceasing investigation, which she has never interrupted, since the first lessons by Giorgio Azzaretti on Monte Penice and by Maestro Giuseppe from Fornace Curti in Milan—dating back to the fifteenth century—to the studies at the Accademia di San Luca in Rome in the mold of the Italian ceramic tradition, to teachings by the English master John Colbeck, to discover different turning and enameling techniques.

Always following Alberto Giacometti's mantra: "I am sure I am doing what I have never done before and it will render obsolete what I did until yesterday evening or this morning." Among her most beloved artists is Giorgio Morandi for his palette of tones, the light, the sense of composition, and the poetry of his language.

After having shown her creations in exhibitions staged in Italy and abroad, now Manuela prefers to present them in her studio, convinced that the purpose of art is direct dialogue between the artist and the final observer of her work. The studio houses her canvases marked by an informal-abstract stylistic code developed in the three-dimensionality of painting and artistic ceramics, like the *Moon Jar* vases, in her favorite shape of a sphere, an expression of the relationship between earth and sky. Her functional works—bowls, cups with ribbon or C-shaped handles, plates, and trays—are designed to stimulate that intimacy that develops between the everyday object and those who use it, becoming part of their experience, creating affection, welcoming memories of moments, gestures, and people. All born in the spirit of the Japanese Wabi Sabi aesthetic, a philosophy she has embraced in recent years because it celebrates irregularity, imperfection, time that flows and transforms, impermanence. In contrast to Western thought tied to the perfection of symmetry, codified in the Renaissance.

And, among Asian ceramics and changing glazes, Manuela enjoys her coffee.

The artist says: "Coffee has always been a great love of mine: black, bitter, hot. It's my early morning resource to get me through the day. I drink it alone, in front of the kitchen wall, in one of my mugs or in a Cappuccino Lover's cup. Another mid-morning, inside my White Rabbit hole, my atelier. On days like this, it's my lifeline, it gives me a creative boost. And I found a special blend in my roastery that smells of cocoa and vanilla."

In her atelier, Manuela designs, creates, and fires pieces with evocative names like *Emisfero Zen* [Zen Hemisphere], *Seashell*, *Zacinto* [Zakynthos]. Her colors also resound with poetry—Antique Rose, Alice Blue, White Cloud Dancer, or Wild Indigo—because, she confesses, "like an alchemist, I am always in search of a beautiful hue. Each glaze has a name and a story, I create it with a top-secret recipe and the ingredients are minerals like quartz, calcium carbonate, kaolin, and phosphate. After firing, the color of glazes changes, so you need to have a lot of imagination." And to know how to embrace the perfection in imperfection.

I

MANUELA METRA

Art

Il caffè è la mia ancora di salvataggio, mi dà una spinta creativa

"SEGUI IL CONIGLIO BIANCO." Questo è il suggerimento enigmatico per trovare l'atelier di Manuela Metra, sospeso a mezz'aria tra terra e cielo, in un alto edificio delle ex Officine Caproni di Milano, ora trasformate in laboratori creativi, studi e gallerie d'arte. Vien subito da pensare al Bianconiglio di Lewis Carroll che incalza Alice con il suo "È tardi! È tardi!" per condurla nel Paese delle Meraviglie, ma la piccola icona segnaletica rimanda anche al mito giapponese di un coniglio bianco portafortuna che abita sulla luna. Ti invita a scoprire il mondo perfettamente imperfetto dell'artista di ceramiche sofisticate, di quadri materici e di fotografie *fine art*.
"L'arte è sempre stata parte della mia vita", racconta Manuela, "mi ha accompagnato al mio porto felice. Dipingo, do forma alle mie idee al tornio, voglio portare la poesia nel quotidiano. L'eco della storia dell'arte, patrimonio italiano, traspare e si trasfigura nelle mie creazioni". La ceramica diventa espressione della ricerca condotta da vent'anni sulle leggi dell'armonia e sull'equilibrio tra forma e colore. Una ricerca incessante, che non ha mai interrotto, dalle prime lezioni di Giorgio Azzaretti sul Monte Penice e di Mastro Giuseppe della Fornace Curti di Milano risalente al Quattrocento, agli studi all'Accademia di San Luca di Roma nel solco della tradizione ceramica italiana fino agli insegnamenti del maestro inglese John Colbeck, per scoprire tecniche diverse di tornitura e smaltatura. Sempre seguendo il mantra di Alberto Giacometti: "Sono sicuro di fare ciò che non ho ancora mai fatto e che renderà superato ciò che ho fatto fino a ieri sera o stamattina". Tra gli artisti amati figura Giorgio Morandi per la sua *palette* di toni, la luce, il senso della composizione e la poesia del suo linguaggio.
Dopo aver esposto le proprie creazioni in mostre allestite in Italia e all'estero, ora Manuela preferisce presentarle nel suo atelier, convinta che lo scopo dell'arte sia il dialogo diretto tra l'artista e il fruitore finale della sua opera. Lo studio ospita le sue tele materiche improntate a una cifra stilistica informale-astratta, sviluppata nella tridimensionalità della pittura, e ceramiche d'arte, come i vasi *Moon Jar*, nella forma prediletta della sfera, espressione del rapporto tra terra e cielo. Le sue opere funzionali – ciotole, tazze dai manici a nastro o a C, piatti e vassoi – sono pensate per stimolare quell'intimità che si sviluppa tra l'oggetto quotidiano e chi lo usa, diventando parte del suo vissuto, creando affezione, accogliendo memorie di momenti, gesti e persone. Tutti nascono all'insegna dell'estetica giapponese Wabi Sabi di cui negli ultimi anni ha sposato la filosofia perché celebra l'irregolarità, l'imperfezione, il tempo che scorre e trasforma, l'impermanenza. In antitesi con il pensiero occidentale legato alla perfezione della simmetria, codificata nel Rinascimento.
E, tra ceramiche orientali e smalti cangianti, Manuela si rigenera concedendosi quotidianamente il suo prezioso caffè.
L'artista racconta: "Il caffè è un mio grandissimo amore da sempre: nero, amaro, caldo. È la mia risorsa la mattina presto per affrontare la giornata. Lo bevo in solitudine, davanti al muro della cucina, in una delle mie mug o nelle tazze Cappuccino Lovers. Un altro a metà mattina, dentro la mia tana del Bianco Coniglio, il mio atelier. Nelle giornate un po' così è la mia ancora di salvataggio, mi dà una spinta creativa. E ho trovato una miscela speciale nella mia torrefazione che profuma di cacao e vaniglia."
Nel suo atelier, Manuela disegna, crea e cuoce pezzi dai nomi evocativi come *Emisfero Zen*, *Seashell*, *Zacinto*.
Anche i colori risuonano di poesia – Antique Rose, Alice Blue, White Cloud Dancer o Wild Indigo – perché, confessa, "come un alchimista, sono sempre in cerca di una bella sfumatura. Ogni smalto ha un nome e una storia, lo creo con una ricetta top secret e gli ingredienti sono minerali come quarzo, carbonato di calcio, caolino e fosfato. Gli smalti prima della cottura hanno un colore che poi cambierà, quindi bisogna avere molta immaginazione". E saper cogliere la perfezione nell'imperfezione.

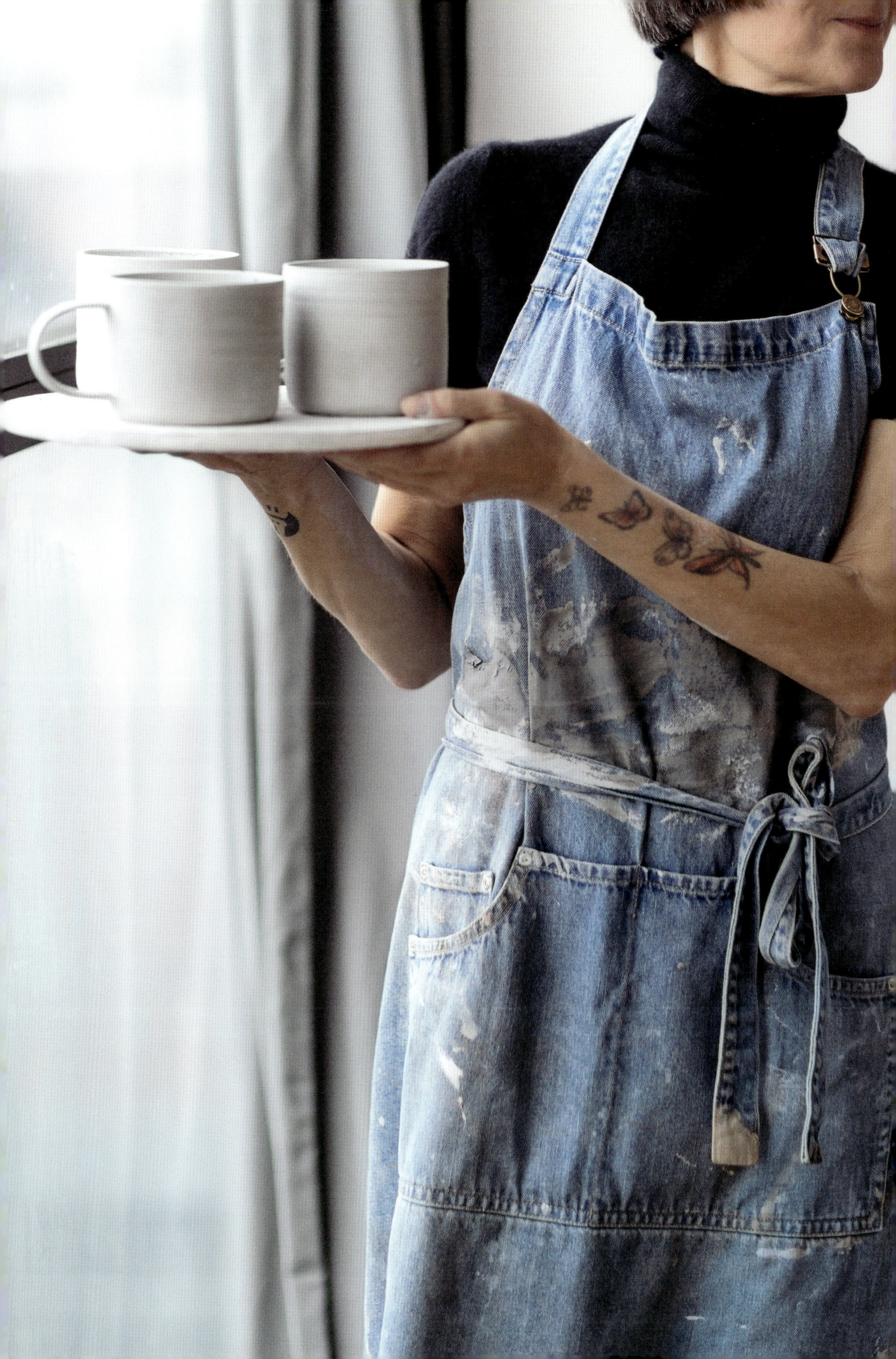

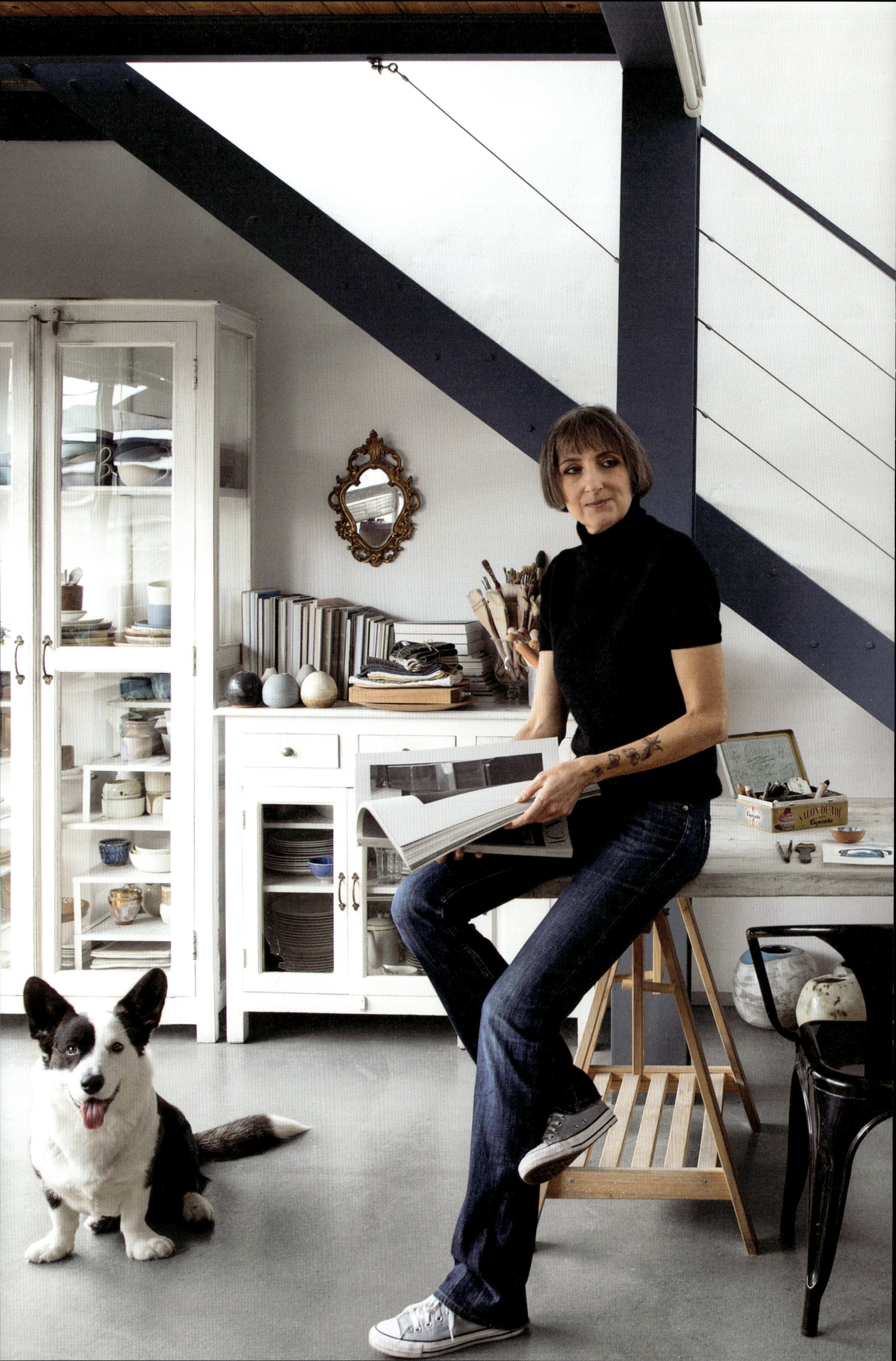

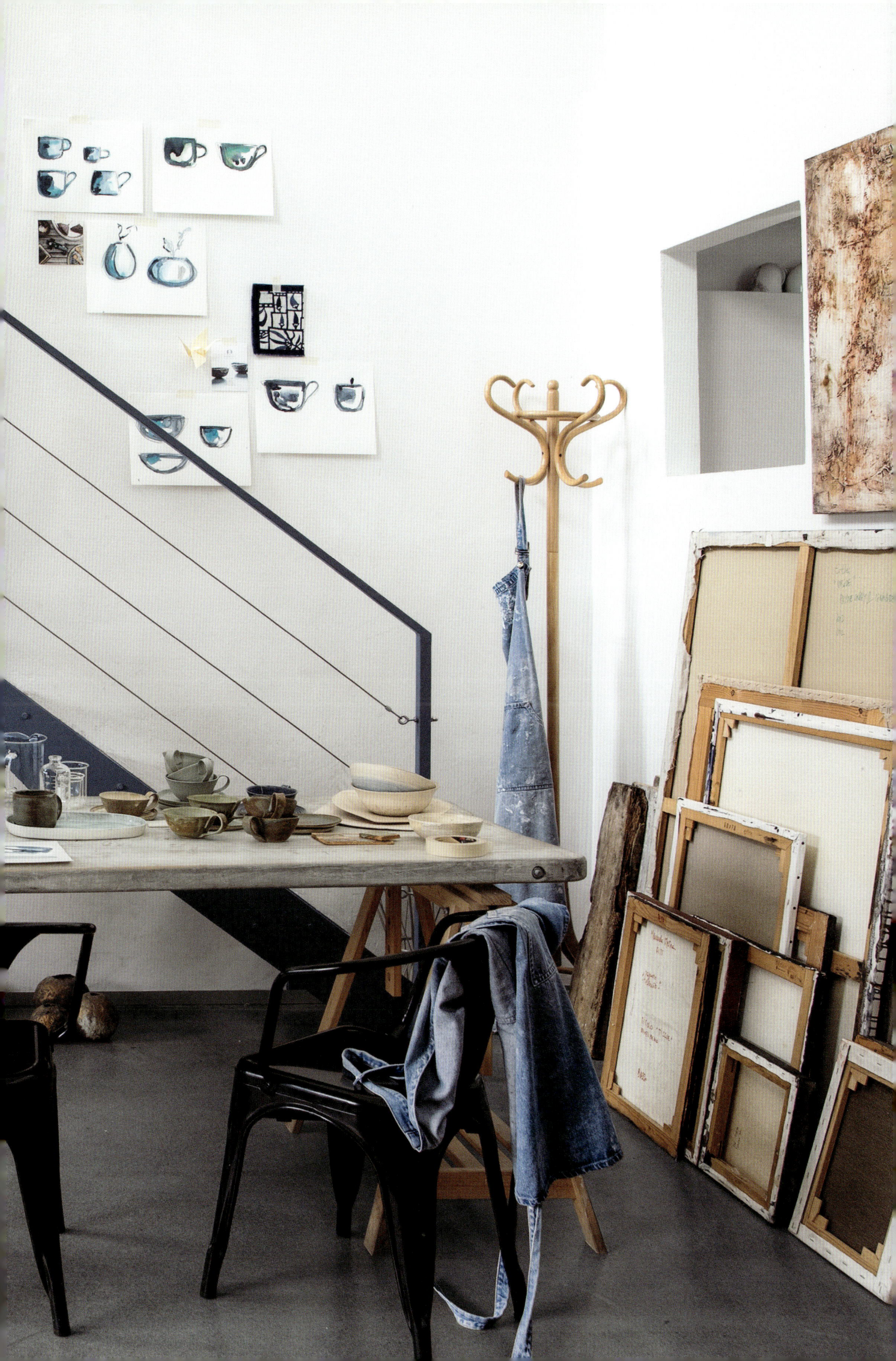

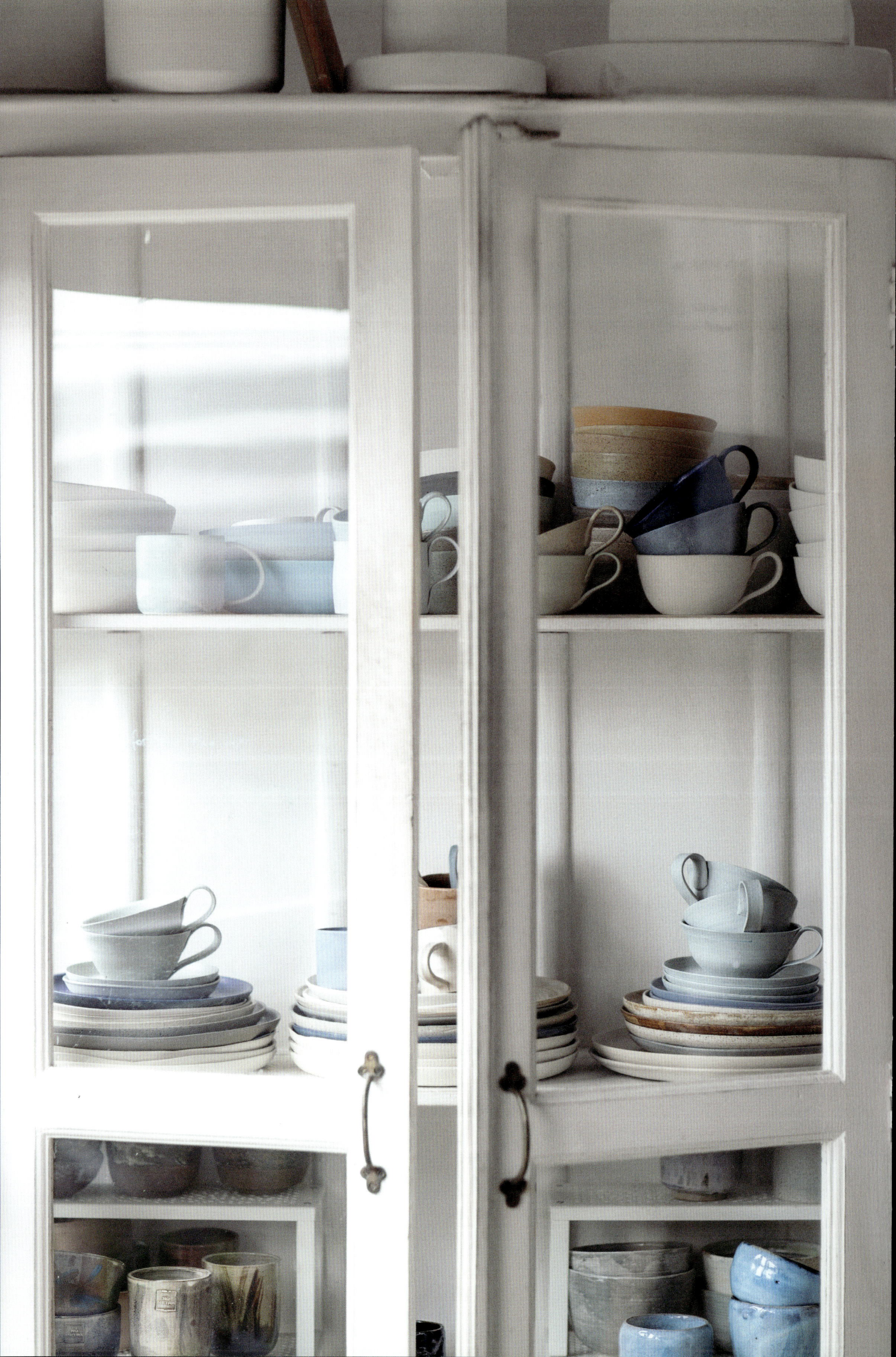

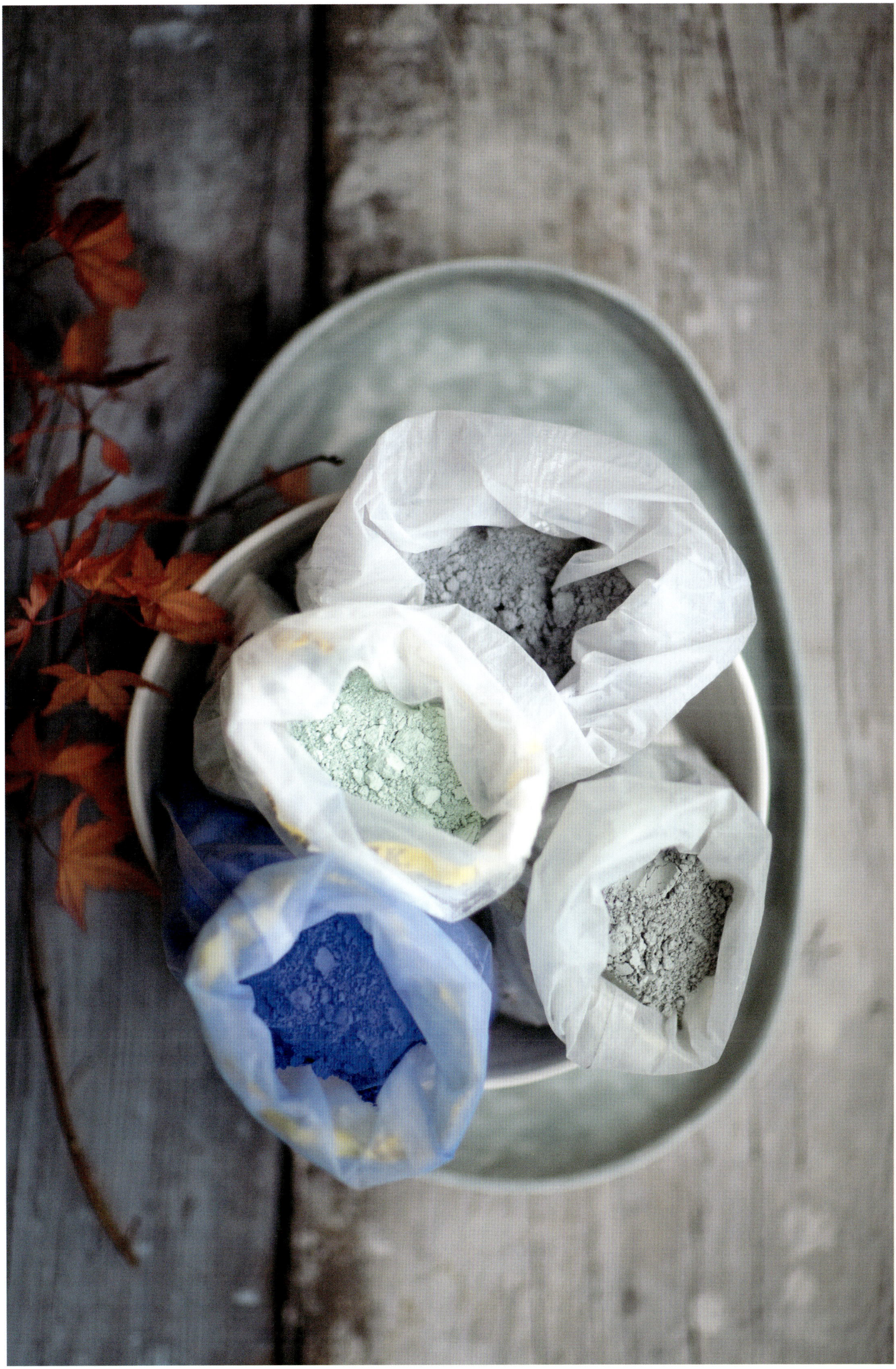

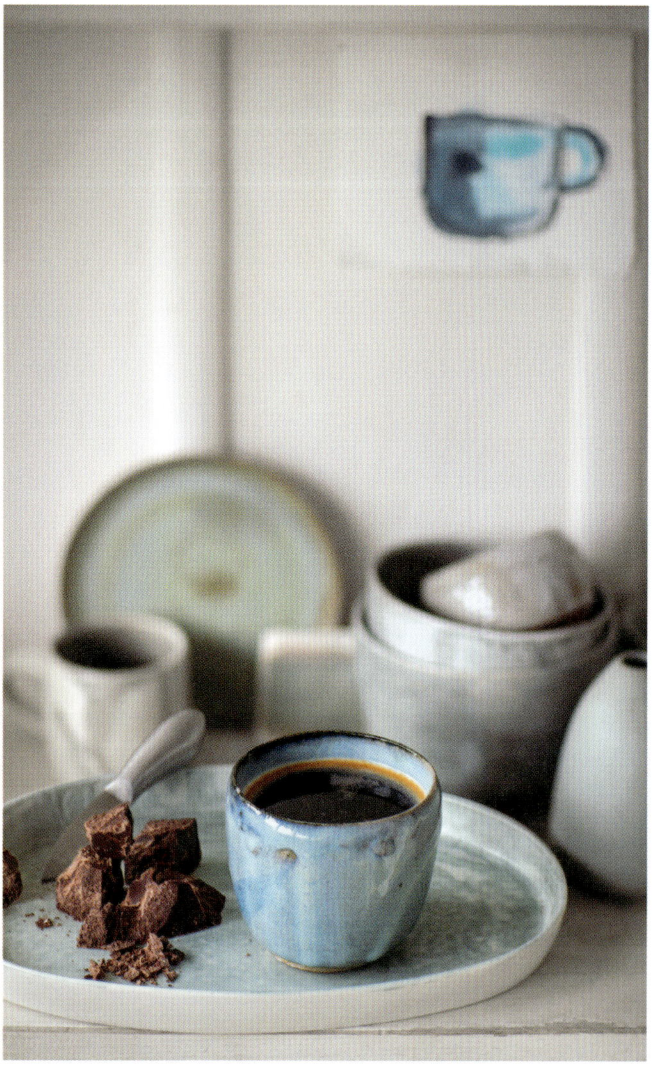
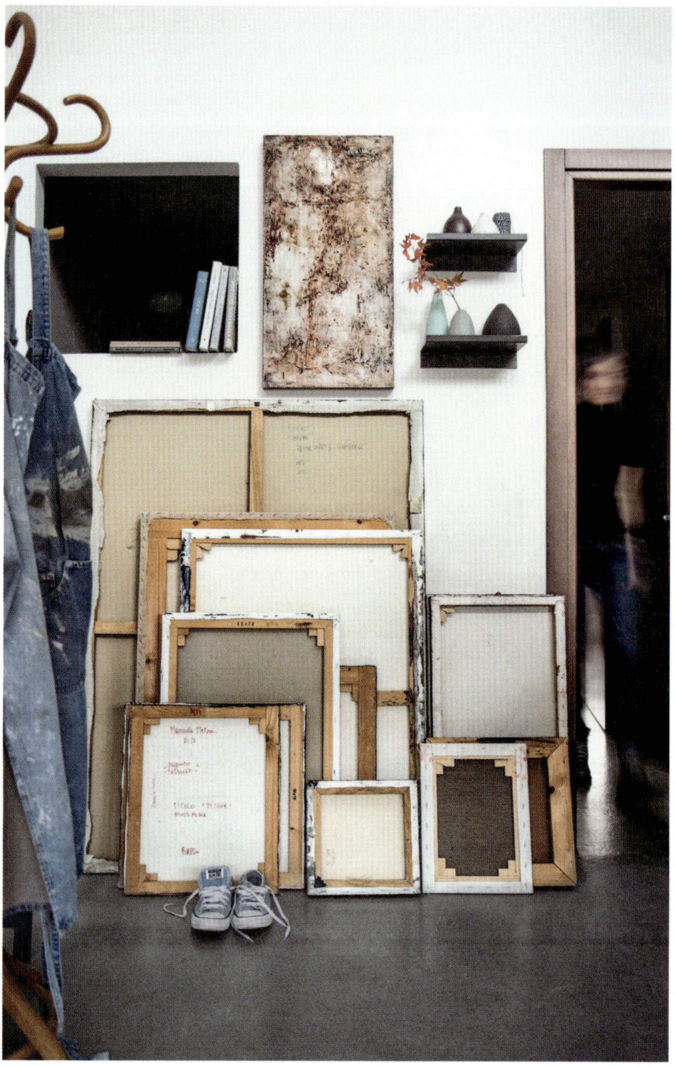

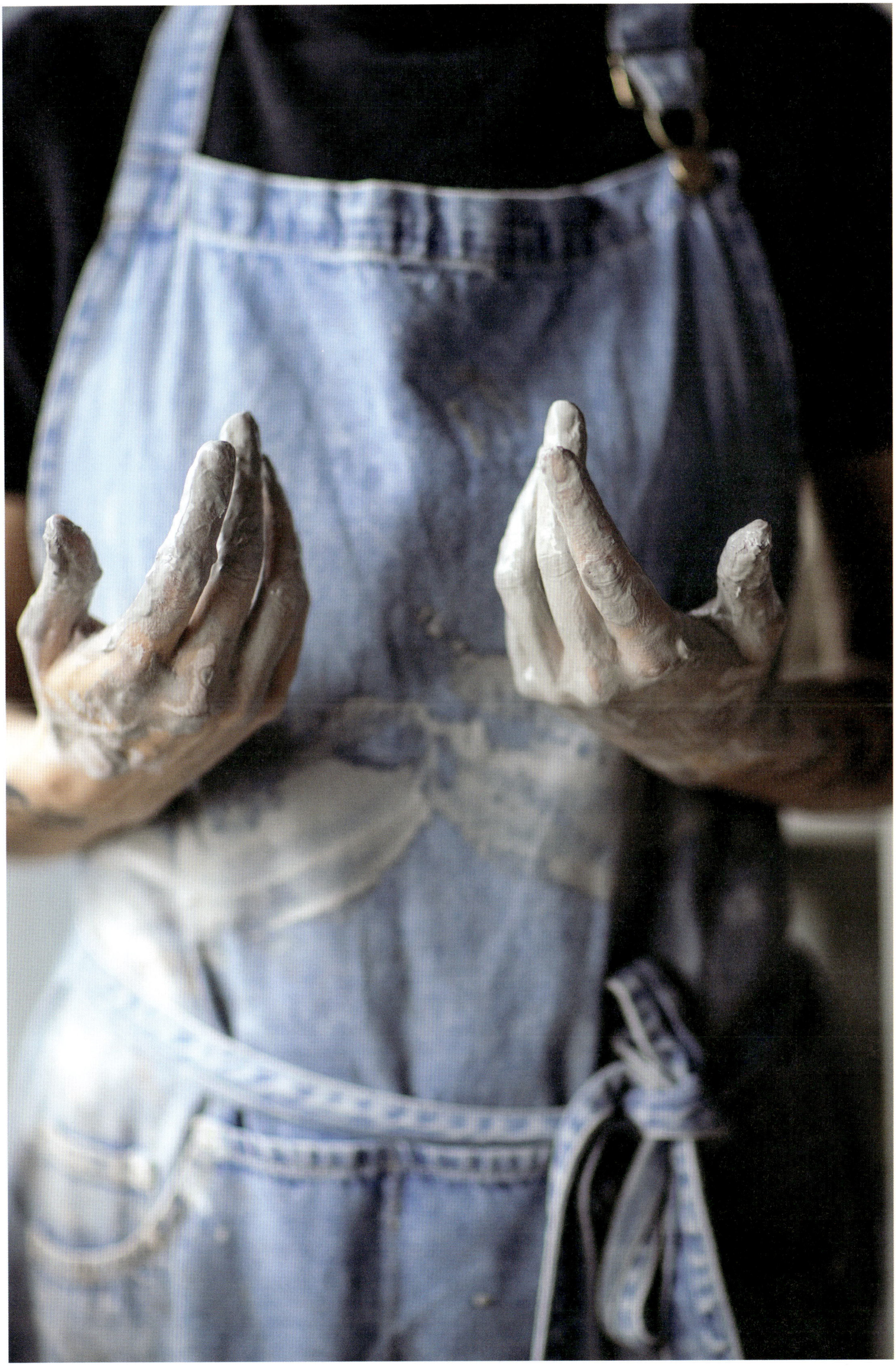

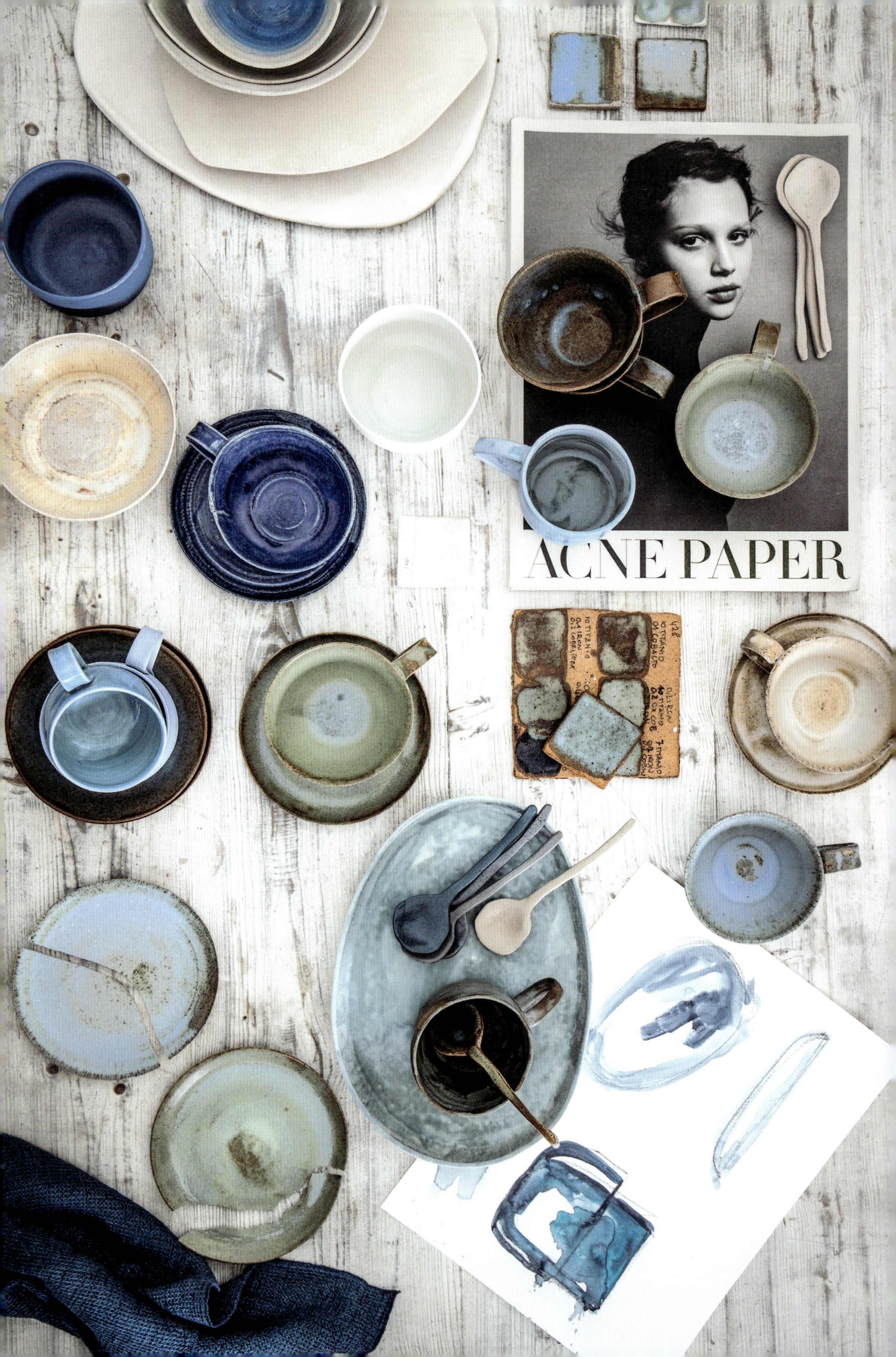
ACNE PAPER

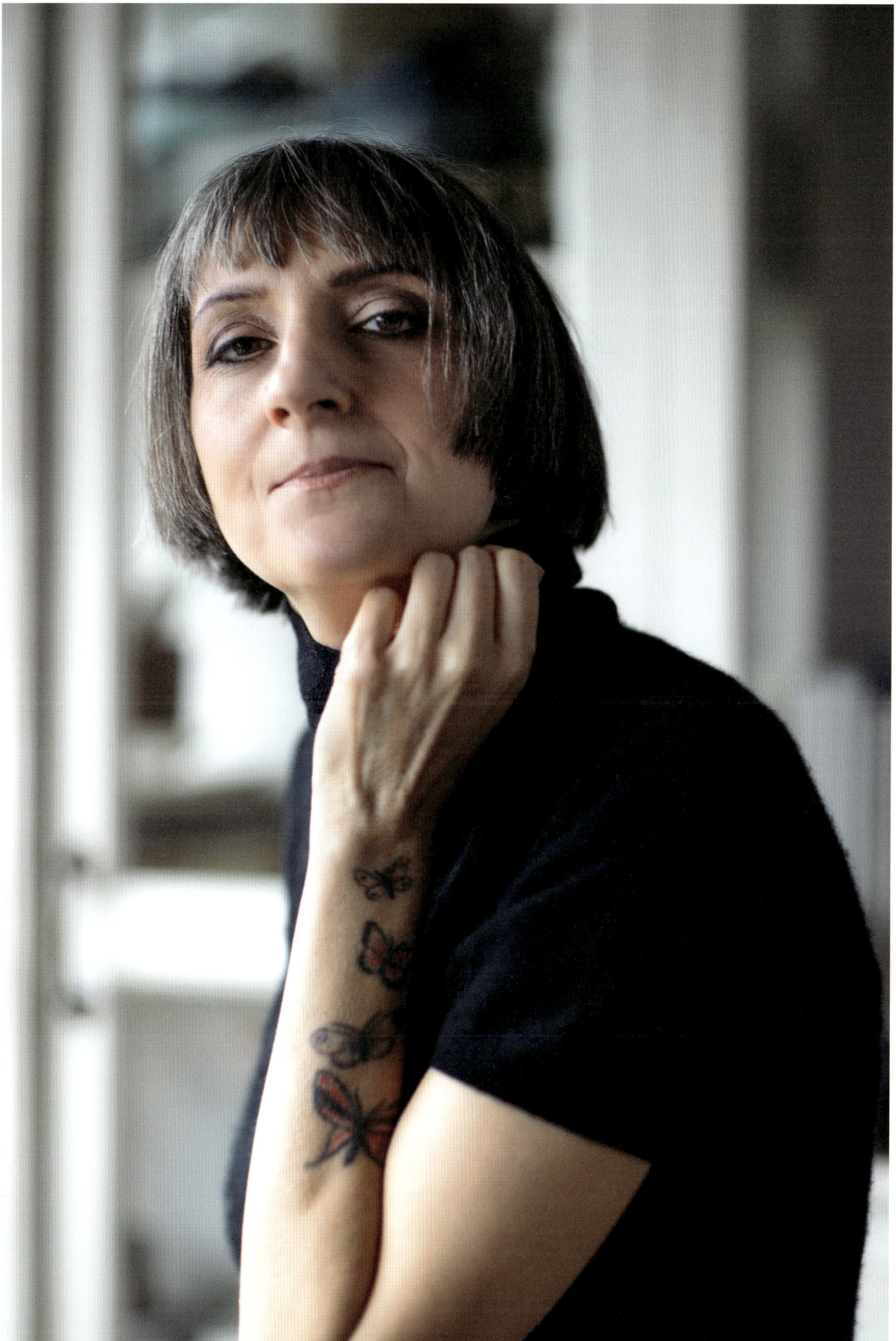

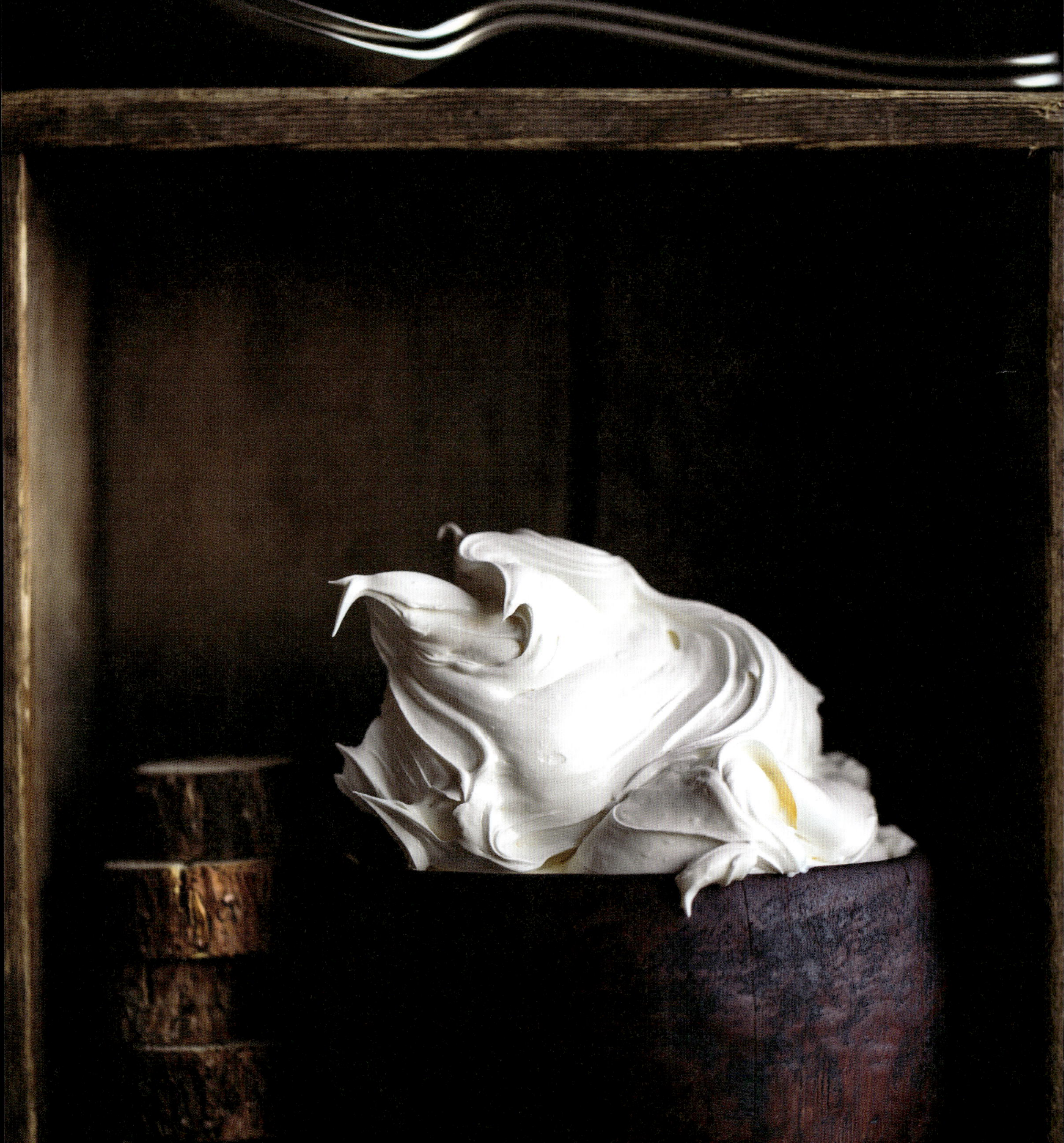

RICCARDO GASPARI TASTE

TRULY ITALIAN ROOTS

Chapter / Capitolo

3

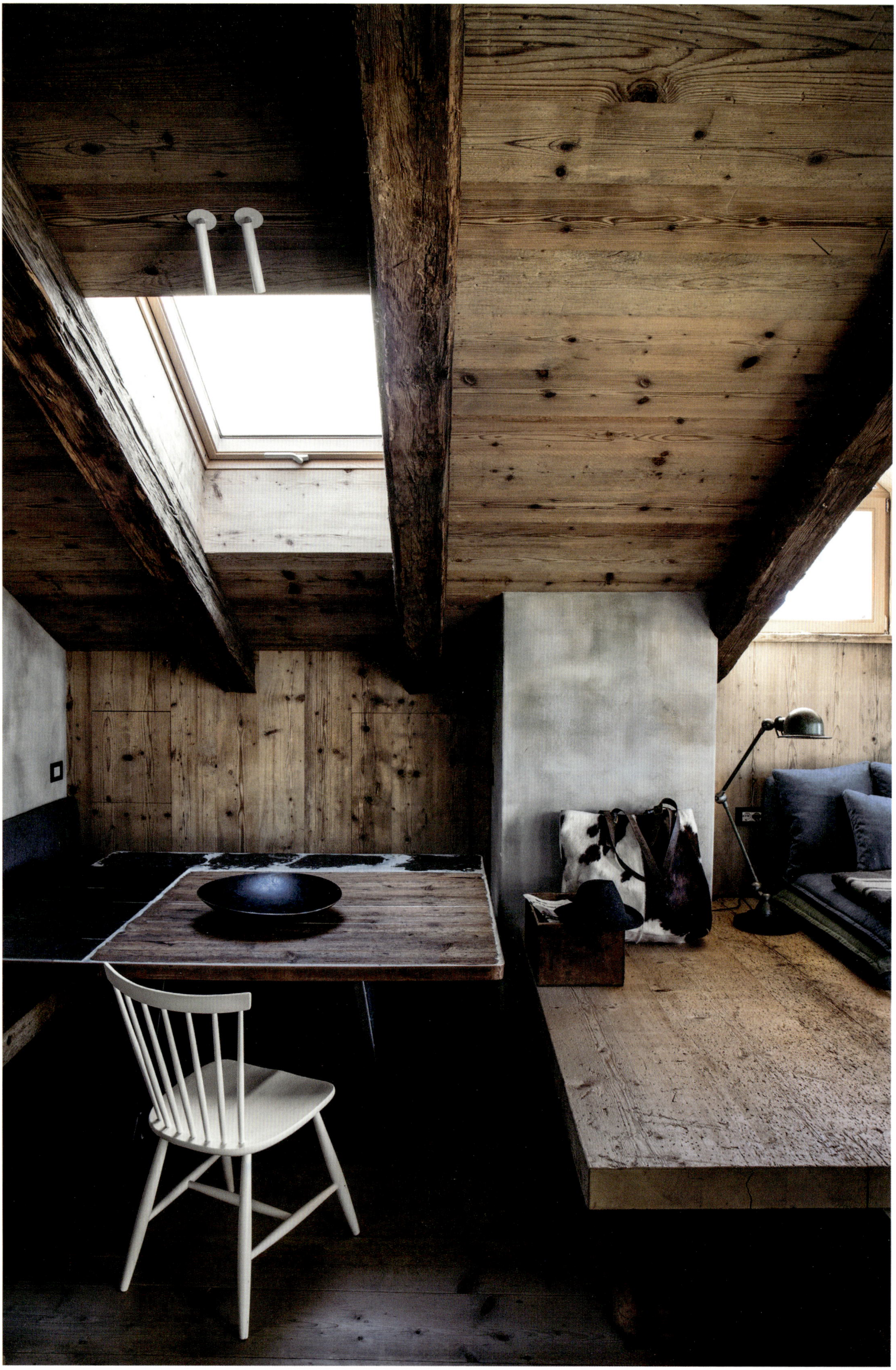

E

RICCARDO GASPARI

Taste

Every part of the process moves in a circular and constant way

FROM SKIS TO STOVES, from the ski slopes of the European Cup to the kitchen where he reigns with the profile of an ancient Persian warrior, always under the severe gaze of the Tofane mountains. Riccardo Gaspari's rise in the world of taste, Michelin-star chef of SanBrite Agricucina in Cortina d'Ampezzo, is due not just to his passion and his desire for perfection, but also to important encounters. After leaving competitive skiing at nineteen, he worked in the family agritourism business, El Brite de Larieto. There, Ludovica Rubbini, who later became his wife, came to work: with her, today she is General Manager of his business and Maitre d' of SanBrite, he has shared his professional growth and successes. At the age of 29, the experience with Massimo Bottura was fundamental, he welcomed him to the Osteria Francescana where he learned the techniques, how to organize a restaurant, and the importance of the dining room.

But it is the Ampezzo mountains, where he was born and raised, that give Riccardo's cuisine a personal imprint, guiding him along the path of taste, "a sense that has been refined over time. We got used to eating better and we became much more demanding." His answer lies in the use of authentic ingredients, treated with love and without haste, to offer unique tasting journeys in his restaurant, where even desserts become a moment of sensorial transit. "The natural gesture of smelling what we pick from the earth, the instinct to eat a newly born fruit, starts from there, from the flavor of each dish we create, from the scent that remains in your hands, in your sense of smell, in your memory," he recalls.

No exception is made for coffee, a unique ingredient capable of originating experiences. "In my search for quality raw materials, there is also the choice of coffee and how to prepare it in the best way," says the chef, who begins his day drinking more than one cup. "We have also started taking coffee lessons here at the restaurant, and it's an important moment." After the Michelin star of 2020, in 2021 SanBrite also received the green sustainability star, motivated by the fact that 70 percent of the raw materials come from their own farm and 30 percent are locally sourced. The basic choice stems from the concept of regenerative agriculture, that is to say, "the use of only local ingredients, which are transformed to take on new life." Emblematic are the proposals where every bit of waste finds its rightful place like the fire-roasted potato served with mashed potatoes, beurre blanc, and its skin. Or the celeriac-based dish consisting of purée, crunchy roots, stock, and mayonnaise made with celeriac leaves marinated in vinegar. "For us, what is regenerative is taking care of the environment we are at the service of, what is regenerative is the choice to let our animals roam free, to produce cheeses that change color depending on what the animals eat. Following and respecting the passage of time, without interfering with our pleasure, but enjoying what flows from it."

Riccardo and Ludovica strongly believe that in the kitchen—and more generally on their farm—every part of the process and every element of the supply chain moves in a circular and constant way: from the earth to the plate, from the plate back to nature. For SanBrite—which in Ladino means "healthy hut" and is located along the road that leads to the Tre Croci pass that dominates the valley—the relationship with local tradition is fundamental. Many of the raw materials come from the vegetable garden, from the pastures, and from the barn—managed by his father Flavio Gaspari—that houses cows, pigs, and a few goats, while others come from foraging in the woods carried out by Riccardo himself, especially in the summer, in search of forgotten flavors.

As written on the menu: "By eating what the earth gives us, we eat the history of seasons and years, of sunrises and sunsets, of wind and rain. By savoring this history, you pay homage to nature."

I

RICCARDO GASPARI

Taste

Ogni parte del processo si muove in modo circolare e costante

DAGLI SCI AI FORNELLI, dalle piste della Coppa Europa alla cucina, dove impera con il suo profilo da antico guerriero persiano, sempre sotto lo sguardo severo delle Tofane. L'ascesa nel mondo del gusto di Riccardo Gaspari, chef stellato del SanBrite Agricucina di Cortina d'Ampezzo, si deve, oltre che alla sua passione e alla sua voglia di perfezionismo, anche a incontri importanti. Lasciate le gare agonistiche a diciannove anni, lavora nell'agriturismo di famiglia El Brite de Larieto dove approda Ludovica Rubbini, diventata poi sua moglie: con lei, oggi *general manager* della sua impresa e *maître* del SanBrite, ha condiviso la sua crescita professionale e i successi. Fondamentale, a ventinove anni, l'esperienza da Massimo Bottura che l'ha accolto all'Osteria Francescana, dove ha appreso tecnica, organizzazione del ristorante e importanza della sala.

Ma sono le montagne ampezzane dove è nato e vissuto a dare alla cucina di Riccardo un *imprinting* assolutamente personale, a guidarlo sul sentiero del gusto, "un senso che si è affinato nel tempo. Ci siamo abituati a mangiare meglio, siamo diventati molto più esigenti". La sua risposta sta nell'uso di ingredienti sinceri, lavorati con amore e senza fretta, per offrire in sala percorsi di degustazione unici, dove anche i dessert diventano un momento di transito sensoriale. "Il gesto naturale di annusare quello che cogliamo dalla terra, l'istinto di mangiare un frutto appena nato, parte da lì, dal sapore di ogni piatto che creiamo, dal profumo che resta tra le vostre mani, nel vostro olfatto, nella vostra memoria", ricorda.

Non fa eccezione il caffè, un ingrediente unico, capace di originare esperienze. "Nella mia ricerca di materie prime di alta qualità c'è anche la scelta del caffè e come prepararlo nel modo migliore", afferma lo chef, che inizia le sue mattine di lavoro bevendone più tazzine. "Qui al ristorante abbiamo iniziato anche a fare lezioni sul caffè, un momento importante."

Dopo la stella Michelin del 2020, nel 2021 il SanBrite ha ricevuto anche la stella verde della sostenibilità motivata dall'impiego del settanta per cento di materia prima della propria azienda agricola e del trenta per cento reperito localmente. La scelta di fondo nasce dal concetto di agricucina rigenerativa, vale a dire "l'utilizzo di soli ingredienti del territorio, che vengono trasformati per prendere nuova vita". Emblematiche sono le proposte dove ogni scarto trova la sua giusta collocazione come la patata cotta alla brace servita con purè di patate, *beurre blanc* e la sua buccia. O il piatto a base di sedano rapa composto da purè, radici croccanti, fondo e maionese fatta con le stesse foglie del sedano rapa marinate in aceto. "Per noi, rigenerativa è la cura dell'ambiente di cui siamo a servizio, rigenerativa è la scelta di lasciare liberi i nostri animali, di produrre formaggi che cambiano colore in base a quello che mangiano. Seguendo e rispettando lo scorrere del tempo, senza interferire con il nostro piacere, ma godendo di ciò che ne scaturisce."

Riccardo e Ludovica credono fortemente che in cucina – e più in generale nella loro azienda agricola – ogni parte del processo e ogni elemento della filiera si muovano in modo circolare e costante: dalla terra al piatto, dal piatto di nuovo alla natura. Per il SanBrite, che in ladino significa "malga sana" ed è situato lungo la strada che sale al passo delle Tre Croci a dominare la vallata, il rapporto con la tradizione locale è fondamentale. Dall'orto, dai pascoli e dalla stalla che accoglie mucche, maiali e qualche capretto, gestita dal padre Flavio Gaspari, arrivano molte delle materie prime, altre dall'attività di *foraging* tra i boschi delle montagne condotta da Riccardo in prima persona, soprattutto d'estate, alla ricerca di sapori dimenticati. "Mangiando quello che ci dà la terra mangiamo la storia di stagioni e annate, di albe e di tramonti, di vento e di pioggia. Assaporando questa storia rendete omaggio alla natura", si legge sul menù.

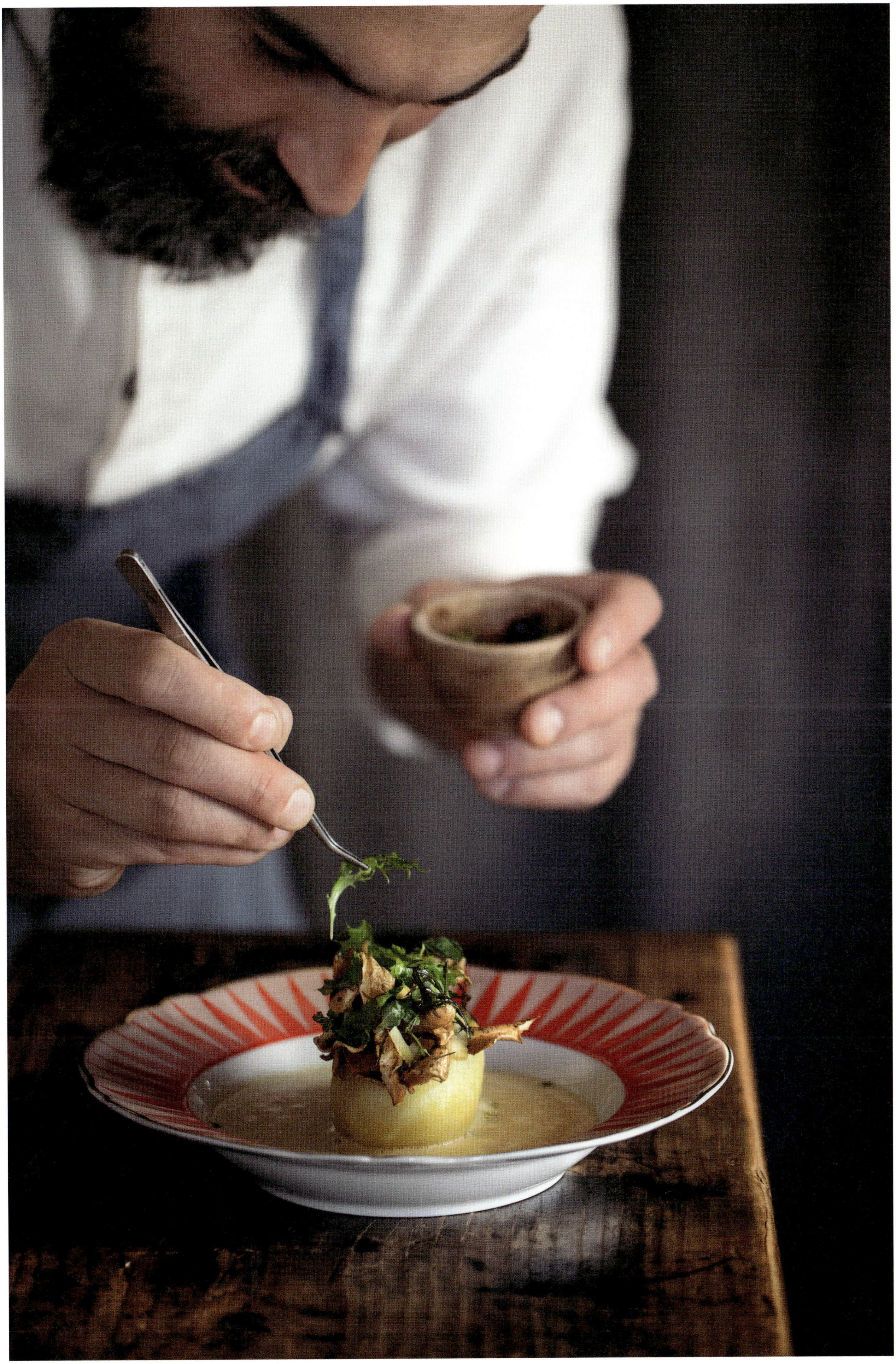

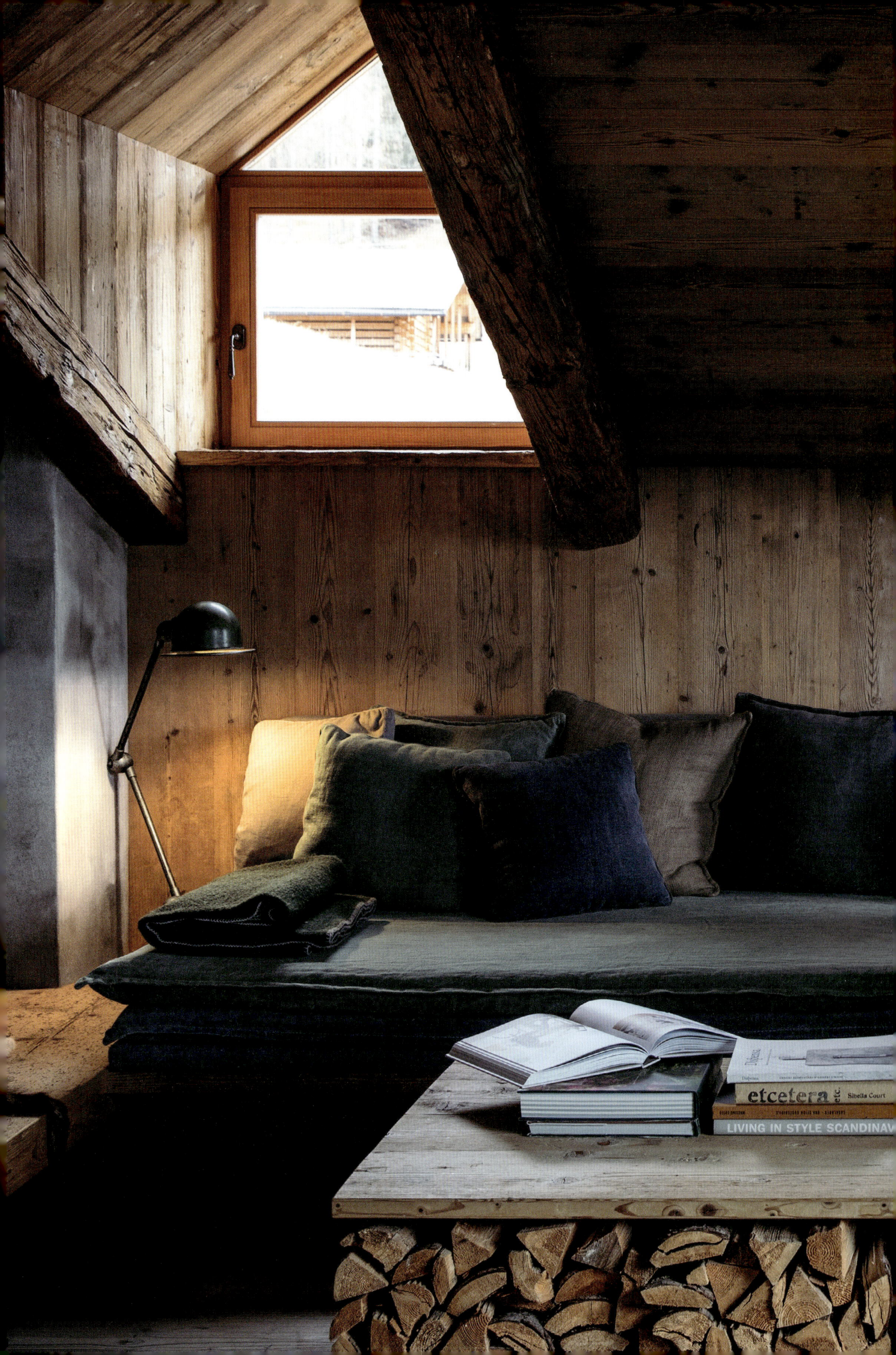
etcetera
Sibella Court
LIVING IN STYLE

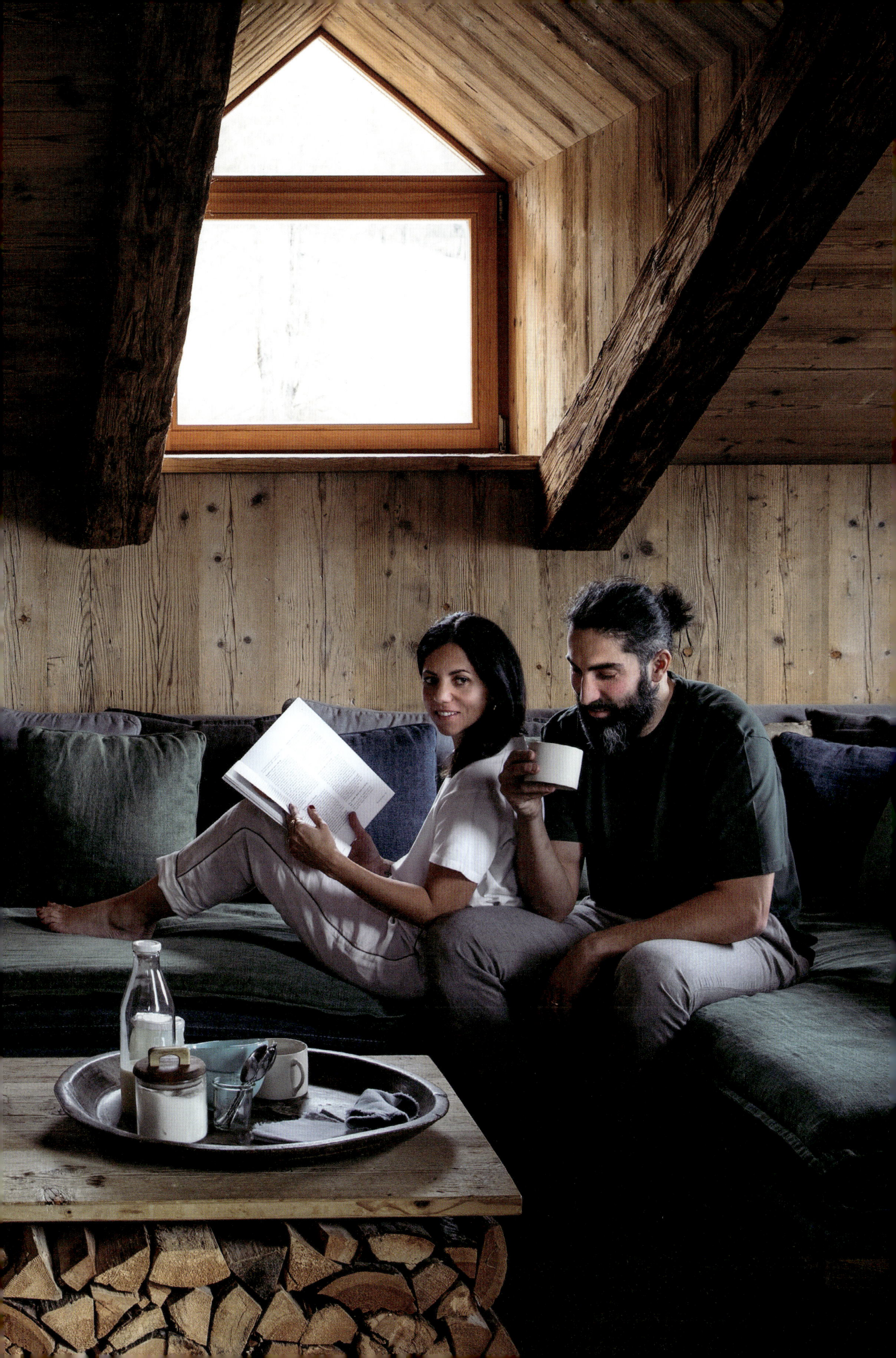

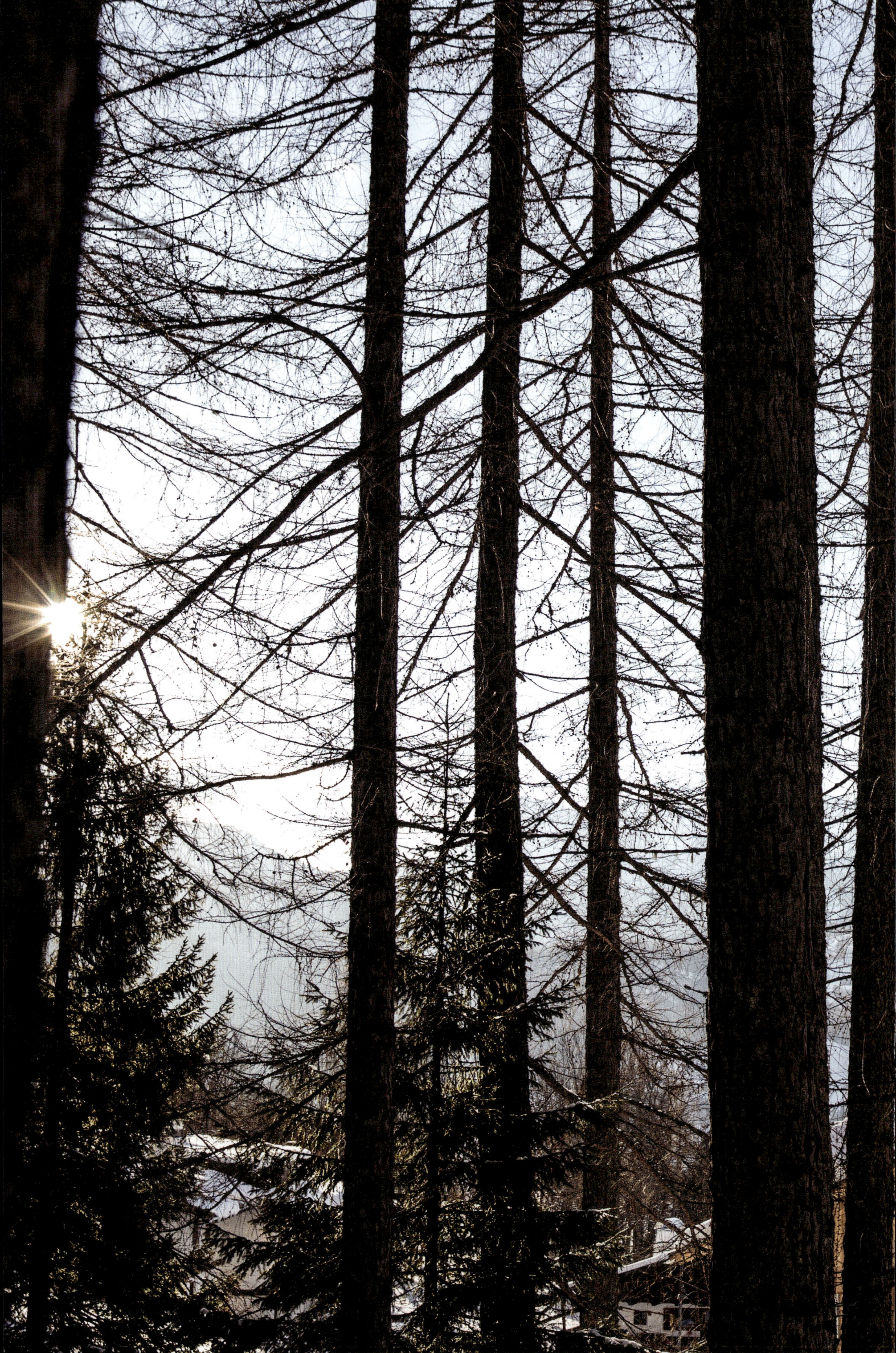

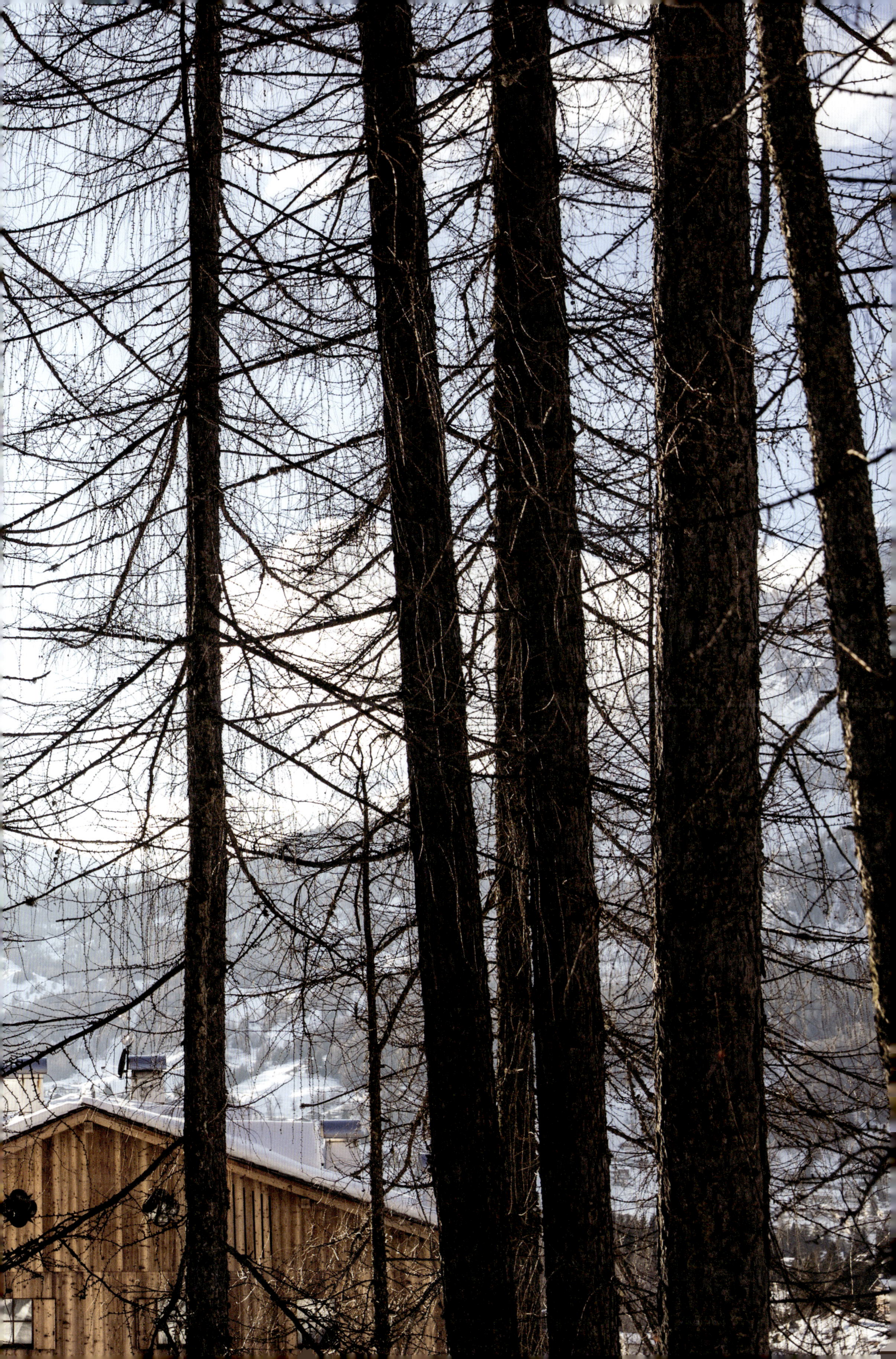

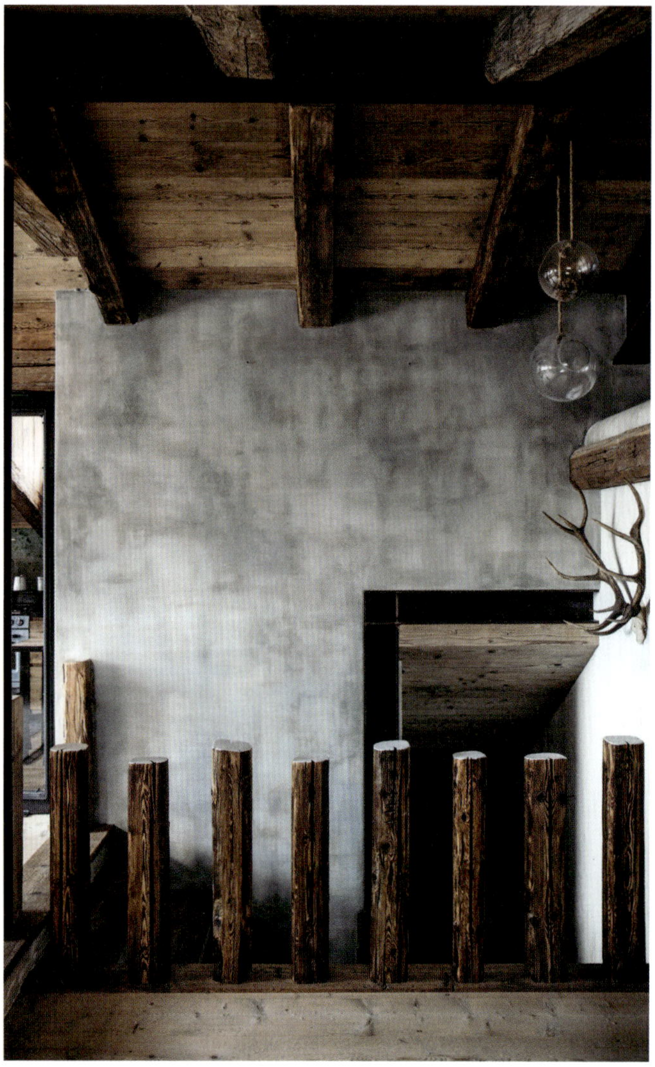

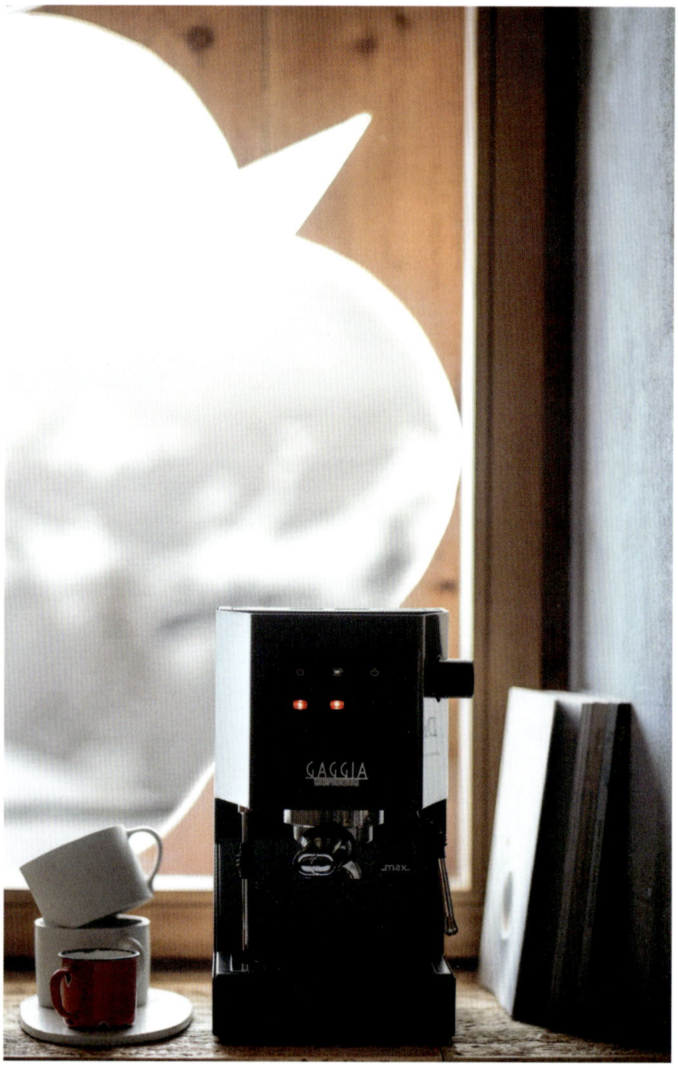
GAGGIA

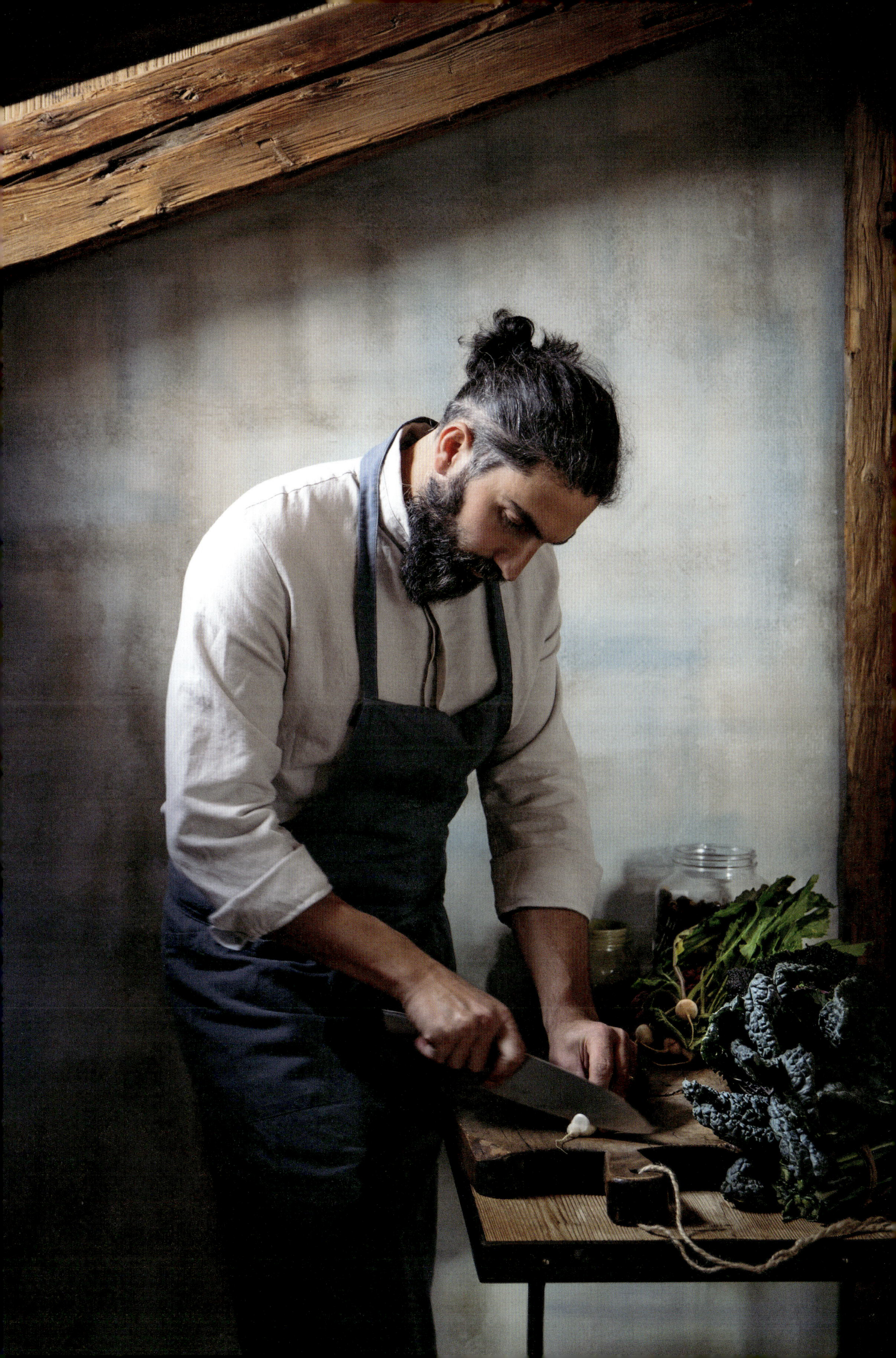

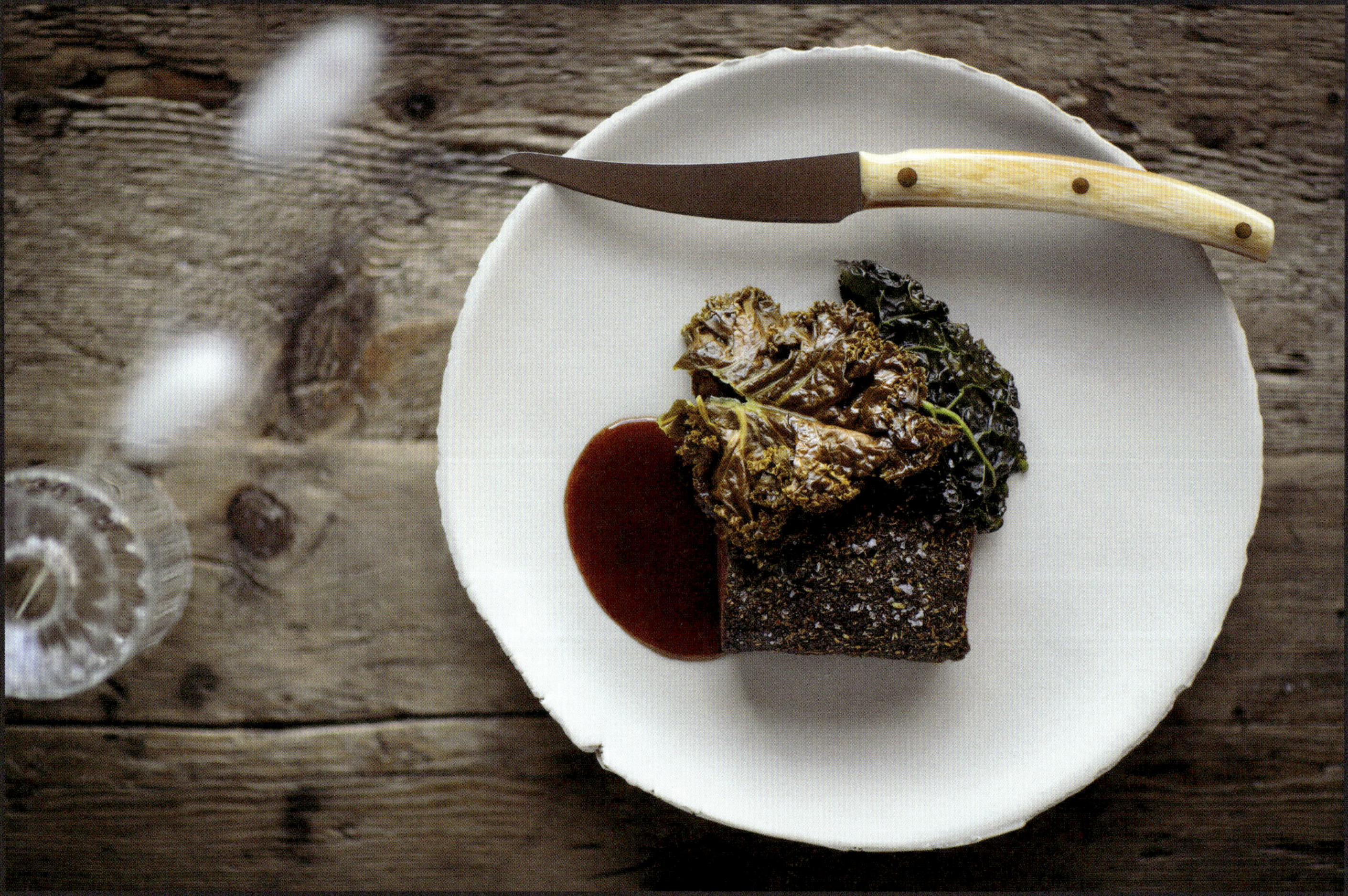

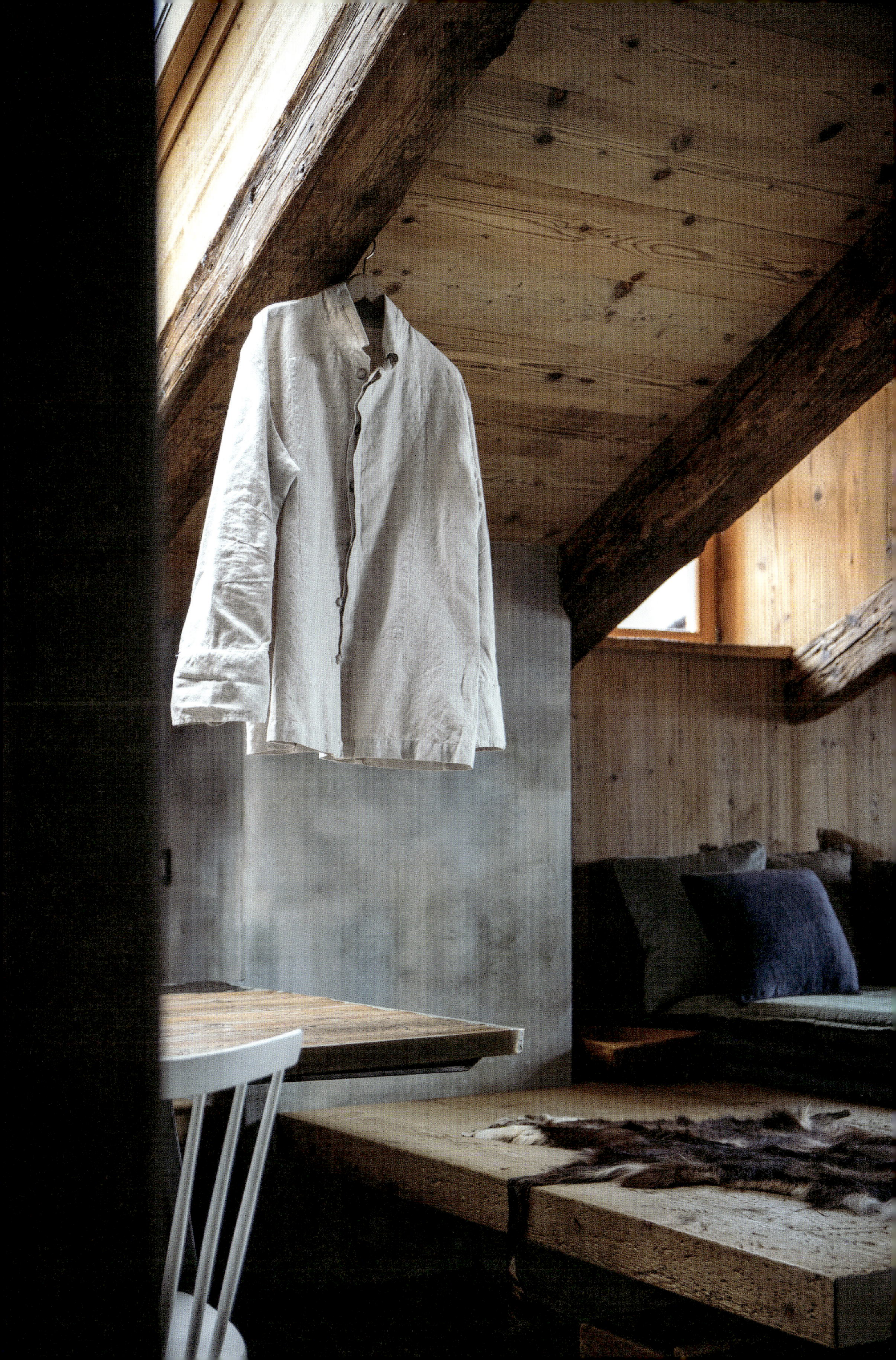

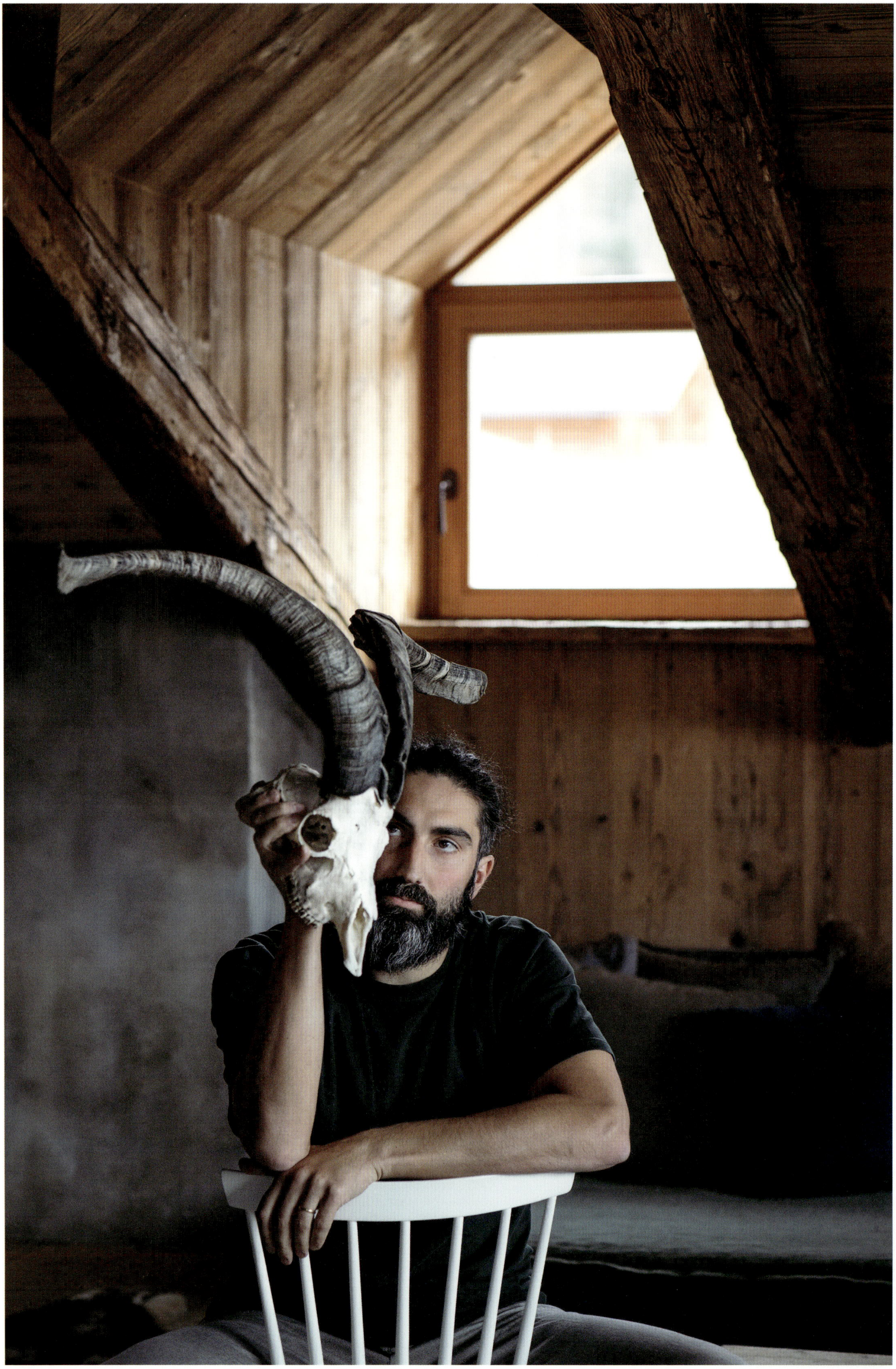

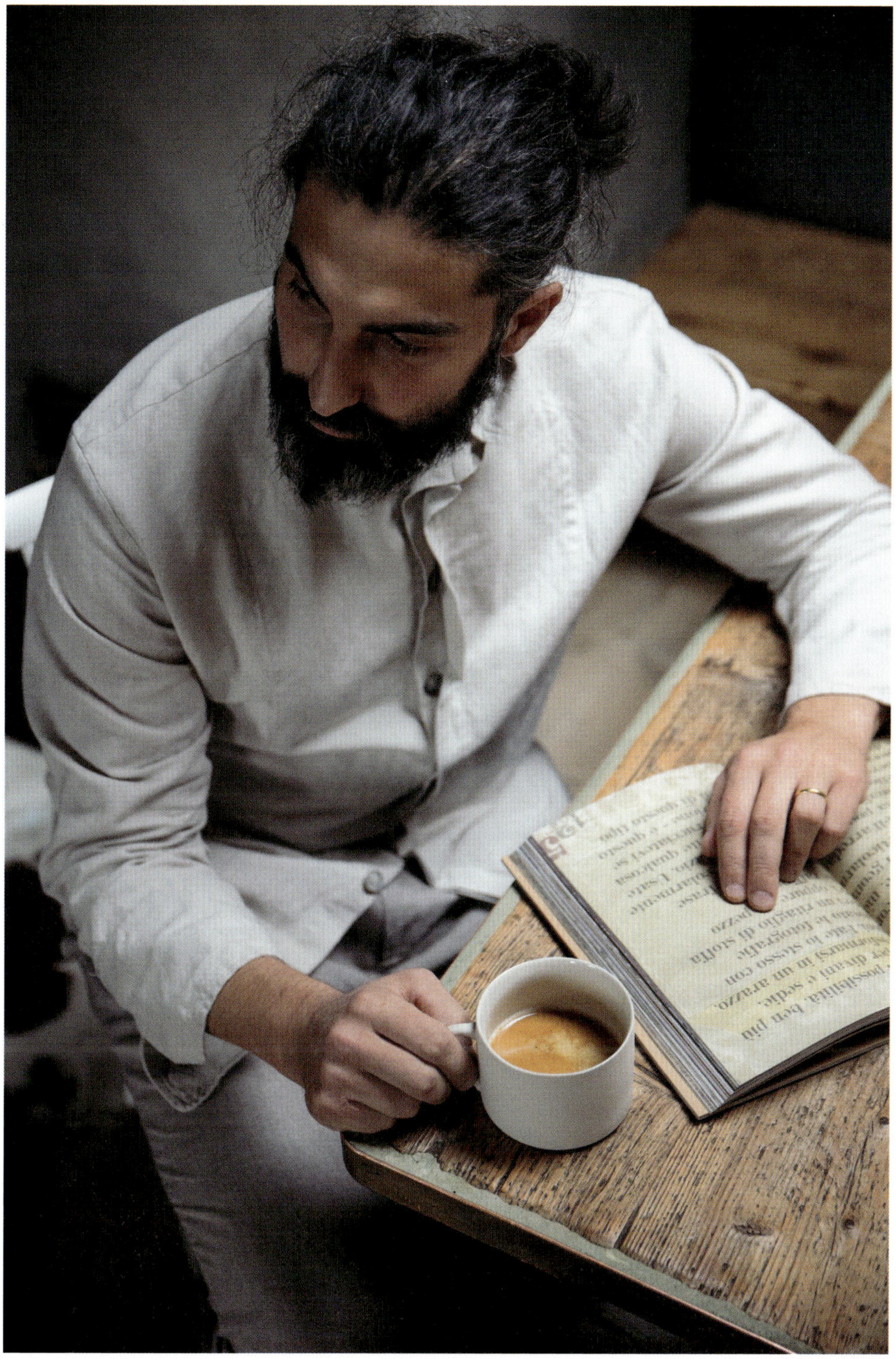

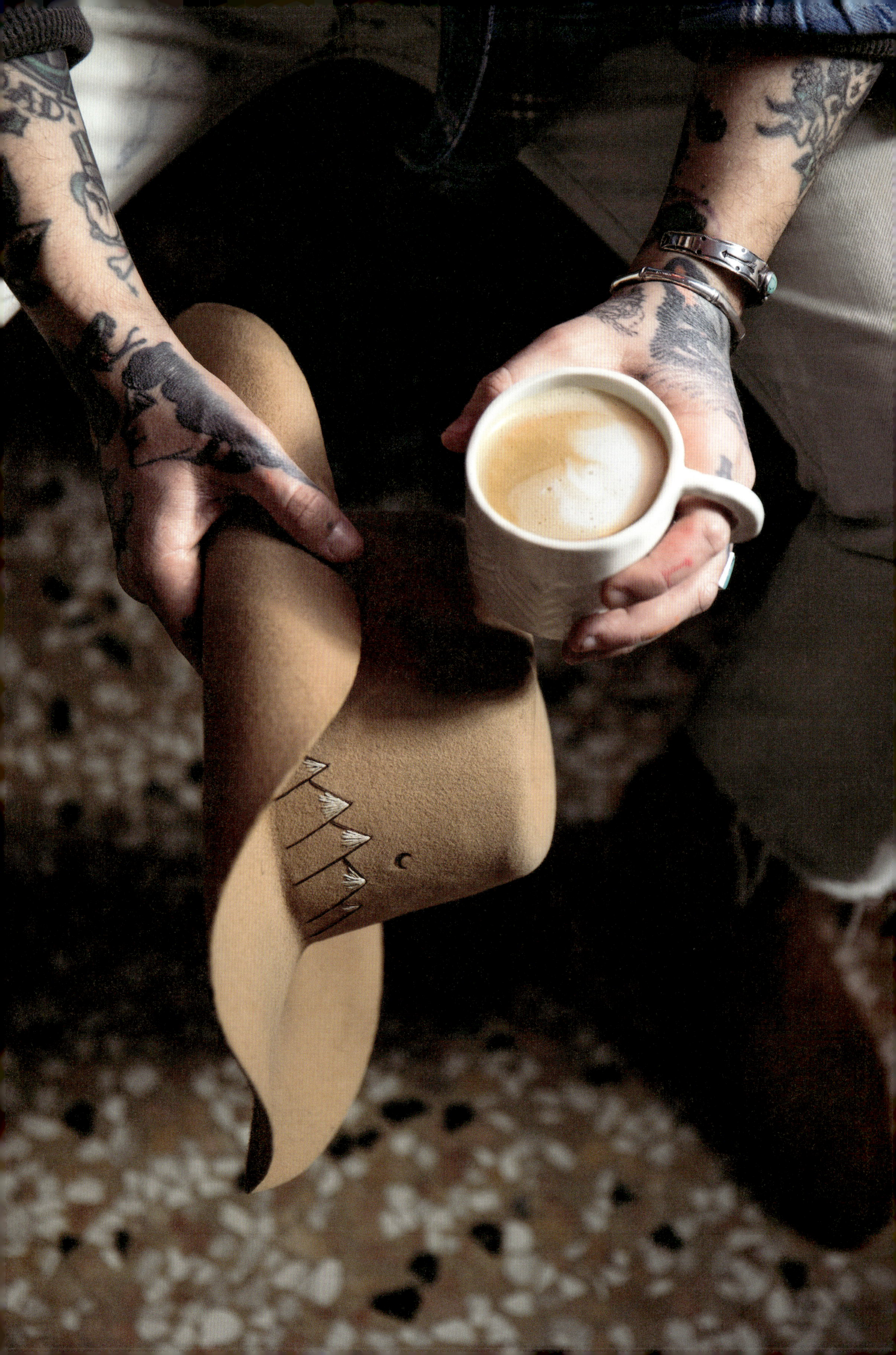

FABIO GIUFFRIDA PERSONALITY

TRULY ITALIAN ROOTS

Chapter / Capitolo

4

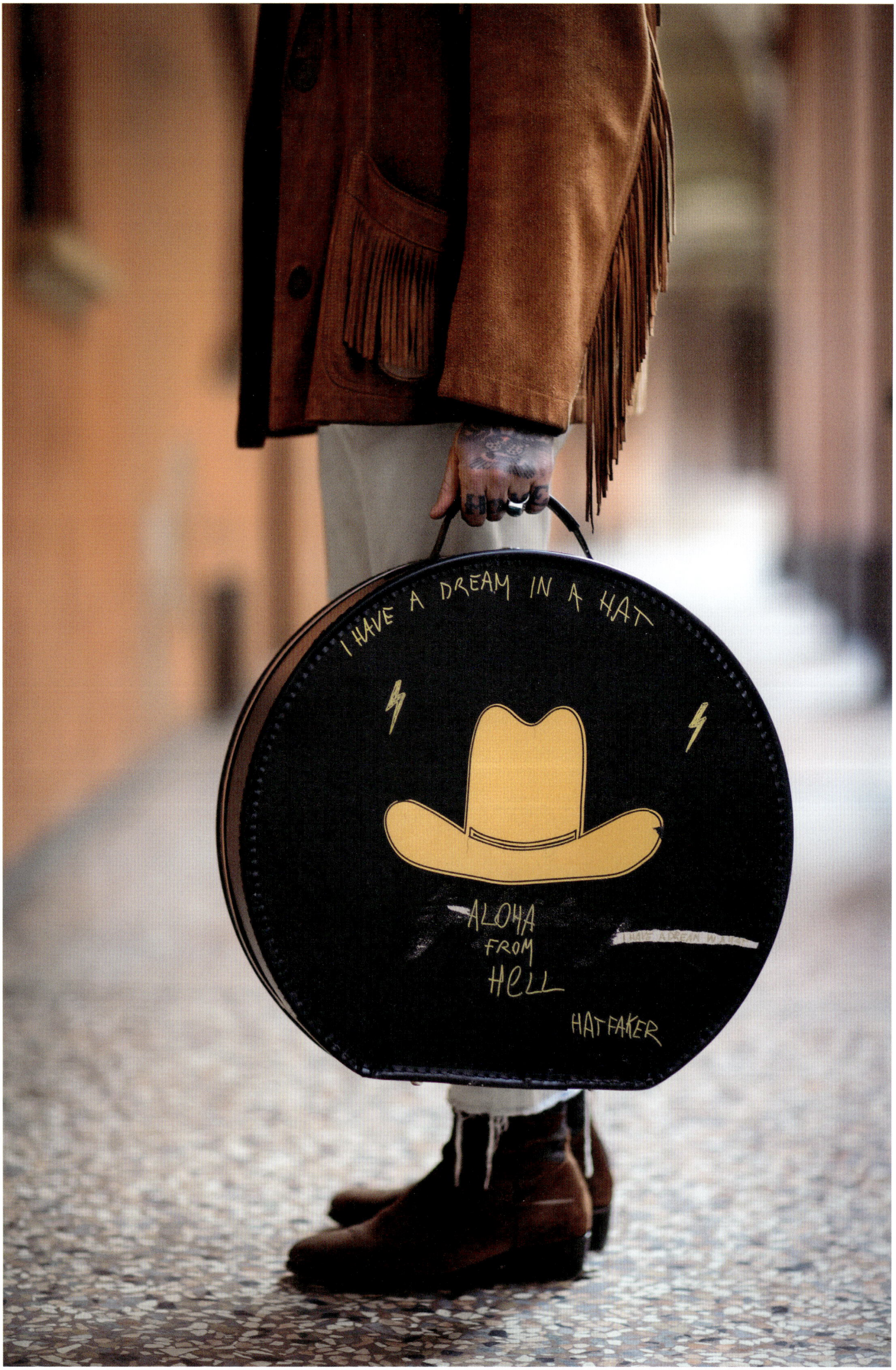
I HAVE A DREAM IN A HAT
ALOHA
FROM
HELL
HATFAKER

E

FABIO GIUFFRIDA

Personality

Fabio has a great love for Bologna, where he was born and raised. Not a day goes by when he doesn't walk through the city

EVERY HAT TELLS A STORY: that of its owner. It traces their personality, passions, quirks, mantra, astrological sign, memories, soul. Depending on how much the client/patient shares when they meet with Fabio Giuffrida, the hatter from Bologna, known as Guifriday. The session, with many of the characteristics of an hour spent on Doctor Freud's couch, takes place in his workshop, hidden under the arcades of an ancient building in the Quadrilatero di Santo Stefano. His whole world is enclosed in 18 square meters: illustrated books, sentimental objects, Native American artifacts, old hat boxes, a large mirror by Emilio Tadini, a collection of four-leaf clovers in glass, maps. As a serial accumulator, the hatter has filled every available space with his sources of inspiration and with the tools of the trade.

In this microcosm, everything is put into action after the first coffee of the day. "It's like a starter: you press 'Play' and then you go. But the most important one is probably the second coffee, that I take just before reaching my hat shop. It gives me energy. It starts the theme song of the day!"

Faithful to the purest artisan tradition, Fabio models his creations himself on the linden-wood molds, created by the hands of the Florentine Giampieri Bellucci, a third-generation Tuscan hat-block maker. The crowns have classic shapes, the brim is medium or wide. The style of the hat is that of the historic Borsalino in rabbit fur, the great pride of Made in Italy. What makes it unique and exceptional, beyond the tailoring, is the customization that follows the customer's conversation-cum-revelation. That is how the aesthetic design, tied to the personality of who wears it, takes shape. Every hat has its distinctive traits: a phrase embroidered on the flap or a constellation that illuminates the crown, a lucky stone, a bandana, the initials, a date, or symbols. "A hat should speak, like a tattoo." A client from Bologna, "always traveling around the world, wanted me to apply a tortellino-pin and the two Garisenda and Asinelli towers as a symbol of belonging to her city," says the artist/craftsman with a smile.

Fabio Giuffrida came to wooden molds from the fashion world. From a "hearty hat wearer," as he describes himself, at thirty-three he turned his passion into a profession after a full technical immersion in London, with a famous, very British hat-maker. Today, thanks to magical word of mouth, would-be wearers come from all over Italy and abroad to get their own Guifriday with his stylistic signature.

"When I was little, I discovered that I had relatives who emigrated overseas who had inevitably mangled the family surname," he says. "So, I went from Giuffrida to Guifriday."

His goal is to make one hat a day, 365 a year, only one per customer, presented in special packaging that recalls the ones for cakes packed in a pastry shop. His customers are 90 percent female, ranging in age from 30 to 50 years old, but there are also many professionals and quite young people.

"My big regret is not having been able to make a hat for Lucio Dalla," a Bolognese singer-songwriter who rarely performed with his head uncovered, whose music can be heard in the background.

Fabio has a great love for Bologna, where he was born and raised. Not a day goes by when he doesn't walk through the city, from his home to his studio, always crossing Piazza Maggiore, the heart of the city, to arrive in Quadrilatero di Santo Stefano, a few steps from the homonymous square with the extraordinary Seven Churches complex. As he passes, with the slouching air of a metropolitan cowboy, in jeans, boots and a plaid shirt, his friends greet him from their windows, making the gesture of taking off an imaginary hat.

I

FABIO GIUFFRIDA

Personality

Per Bologna, dove è nato e vissuto, Fabio ha un grande amore e non passa giorno che non la percorra a piedi

OGNI CAPPELLO RACCONTA UNA STORIA: quella del suo proprietario. Ne traccia la personalità, le passioni, le manie, il mantra, il segno zodiacale, i ricordi, l'anima. Dipende da quanto il cliente/paziente racconta durante l'incontro con Fabio Giuffrida, il cappellaio di Bologna, noto come Guifriday. La sessione, con molte caratteristiche di una seduta sul divano del dottor Freud, si svolge nel suo laboratorio, nascosto sotto i portici di un antico palazzo del Quadrilatero di Santo Stefano. Tutto il suo mondo racchiuso in diciotto metri quadrati: libri illustrati, oggetti d'affezione, testimonianze dei nativi americani, vecchie cappelliere, un grande specchio di Emilio Tadini, una collezione di quadrifogli sotto vetro, mappe. Da accumulatore seriale, il cappellaio ha riempito ogni spazio libero con le sue fonti d'ispirazione e con gli strumenti del mestiere.
In questo microcosmo, tutto si attiva dopo il primo caffè della giornata. "Come uno starter: spingi *play* e si parte. Però è forse il secondo caffè, che bevo prima di raggiungere la mia cappelleria, a essere il più importante, perché mi dà l'energia. Fa partire la sigla!"
Fedele alla più pura tradizione artigiana, Fabio modella personalmente le sue creazioni sulle forme di legno di tiglio, nate dalle mani del fiorentino Giampieri Bellucci, terza generazione di formisti toscani. Le corone hanno forme classiche, la tesa è media o larga. Lo stile del cappello è quello dello storico Borsalino in pelo di lapin, grande vanto del Made in Italy. Ciò che lo rende unico ed eccezionale, al di là della sartorialità, è la customizzazione che segue all'incontro/rivelazione del cliente. Prende così corpo il progetto estetico legato alla personalità di chi lo porterà: sarà la frase ricamata sulla falda o la costellazione che illumina la corona, la pietra portafortuna, una bandana, le iniziali, una data o i simboli scelti a contraddistinguerne l'Io. Perché "un cappello deve parlare, come un tatuaggio". Una cliente bolognese sempre in giro per il mondo "ha voluto che applicassi una spilla-tortellino e le due torri Garisenda e degli Asinelli a simbolo di appartenenza alla sua città", racconta l'artista/artigiano con un sorriso. Fabio Giuffrida è arrivato alle forme di legno dal mondo della moda. Da "portatore sano di cappelli", come si autodefinisce, a trentatré anni ha trasformato la sua passione in un mestiere dopo una *full immersion* tecnica a Londra, da un famoso cappellaio molto *British*. Oggi, grazie a un passaparola magico, gli aspiranti portatori di cappelli arrivano da tutta Italia e dall'estero per conquistarsi un Guifriday con il suo timbro stilistico.
"Da piccolo ho scoperto di avere parenti emigrati Oltreoceano che avevano giocoforza storpiato il cognome di famiglia", racconta. "Così da Giuffrida sono passato a Guifriday." Il suo obiettivo è di fare un cappello al giorno, trecentosessantacinque all'anno, uno solo a cliente, offerto in un packaging speciale che ricorda quello di una torta di pasticceria. Il suo pubblico è al novanta per cento femminile, con una fascia d'età che va dai trenta ai cinquant'anni, ma non mancano professionisti e giovanissimi. "Il mio rimpianto è di non aver potuto fare un cappello a Lucio Dalla", cantautore bolognese che si esibiva raramente a capo scoperto, di cui scorrono le note in sottofondo.
Per Bologna, dove è nato e vissuto, Fabio ha un grande amore e non passa giorno che non la percorra a piedi, da casa all'atelier, sempre attraverso Piazza Maggiore, il cuore della città, per arrivare nel suo Quadrilatero di Santo Stefano, a pochi passi dall'omonima piazza con lo straordinario complesso delle Sette Chiese. Mentre passa, con la sua aria dinoccolata da cowboy metropolitano, in jeans, stivali e camicia scozzese, gli amici lo salutano dalle vetrine, facendo il gesto di togliersi un cappello immaginario.

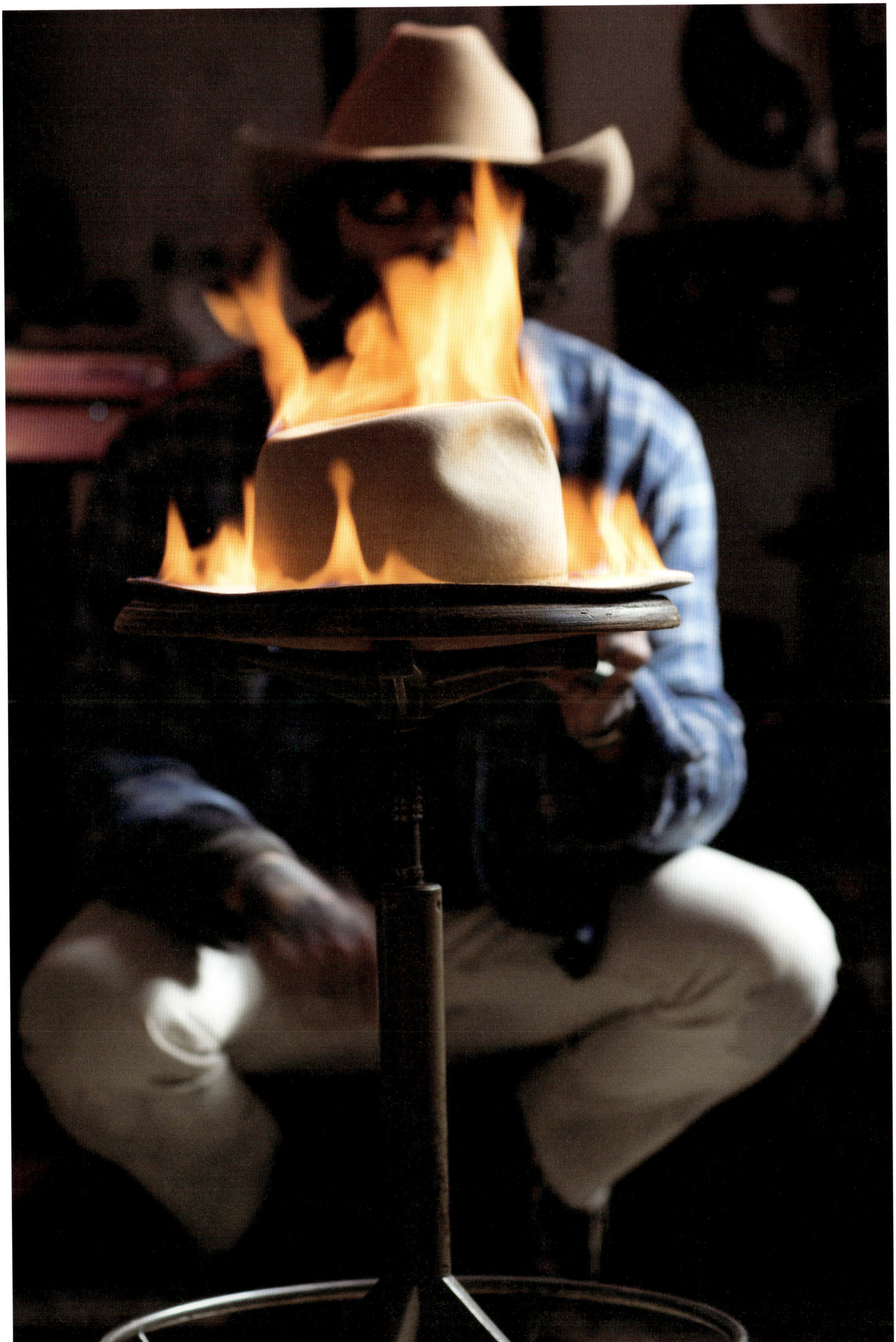

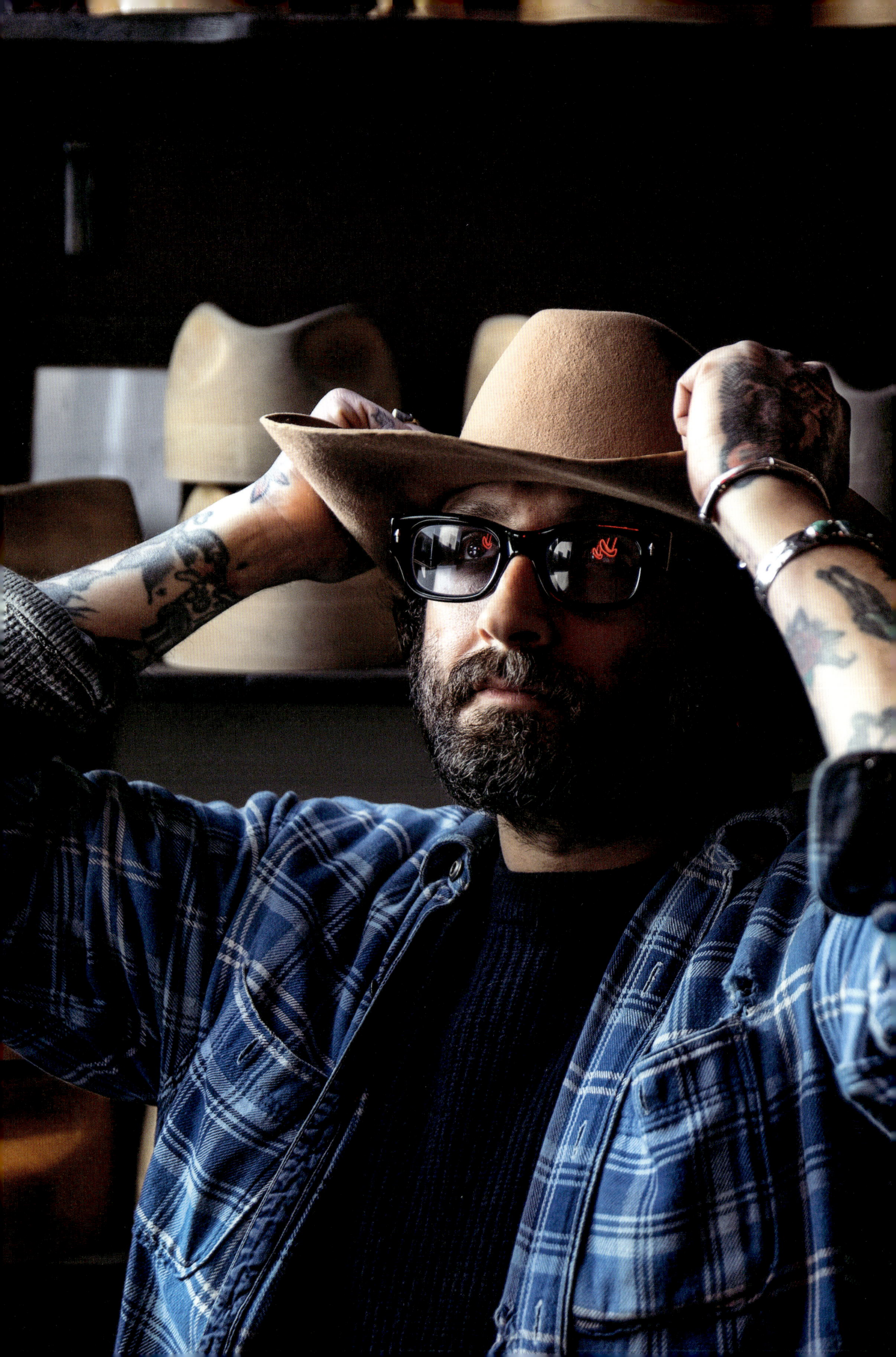

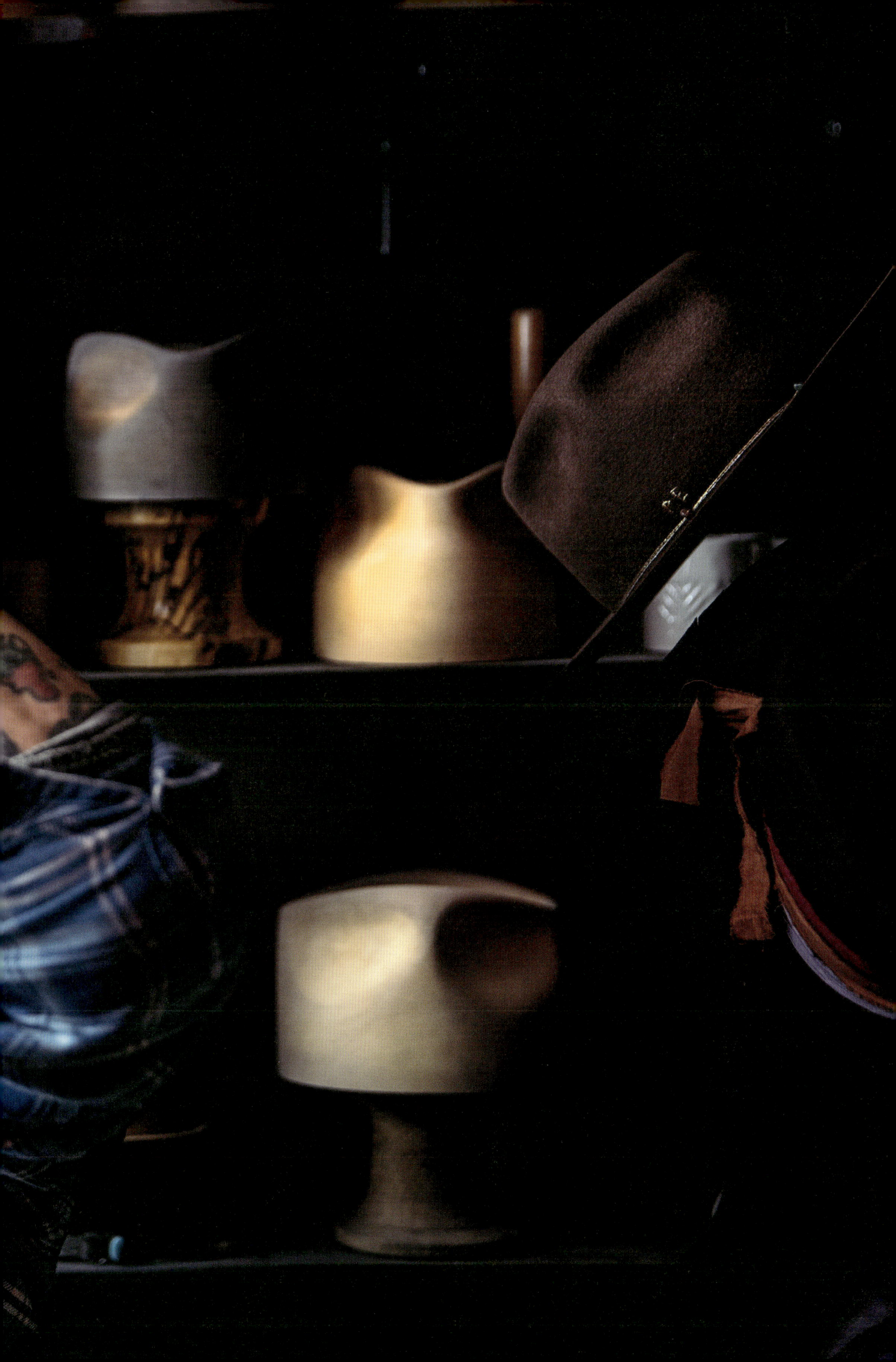

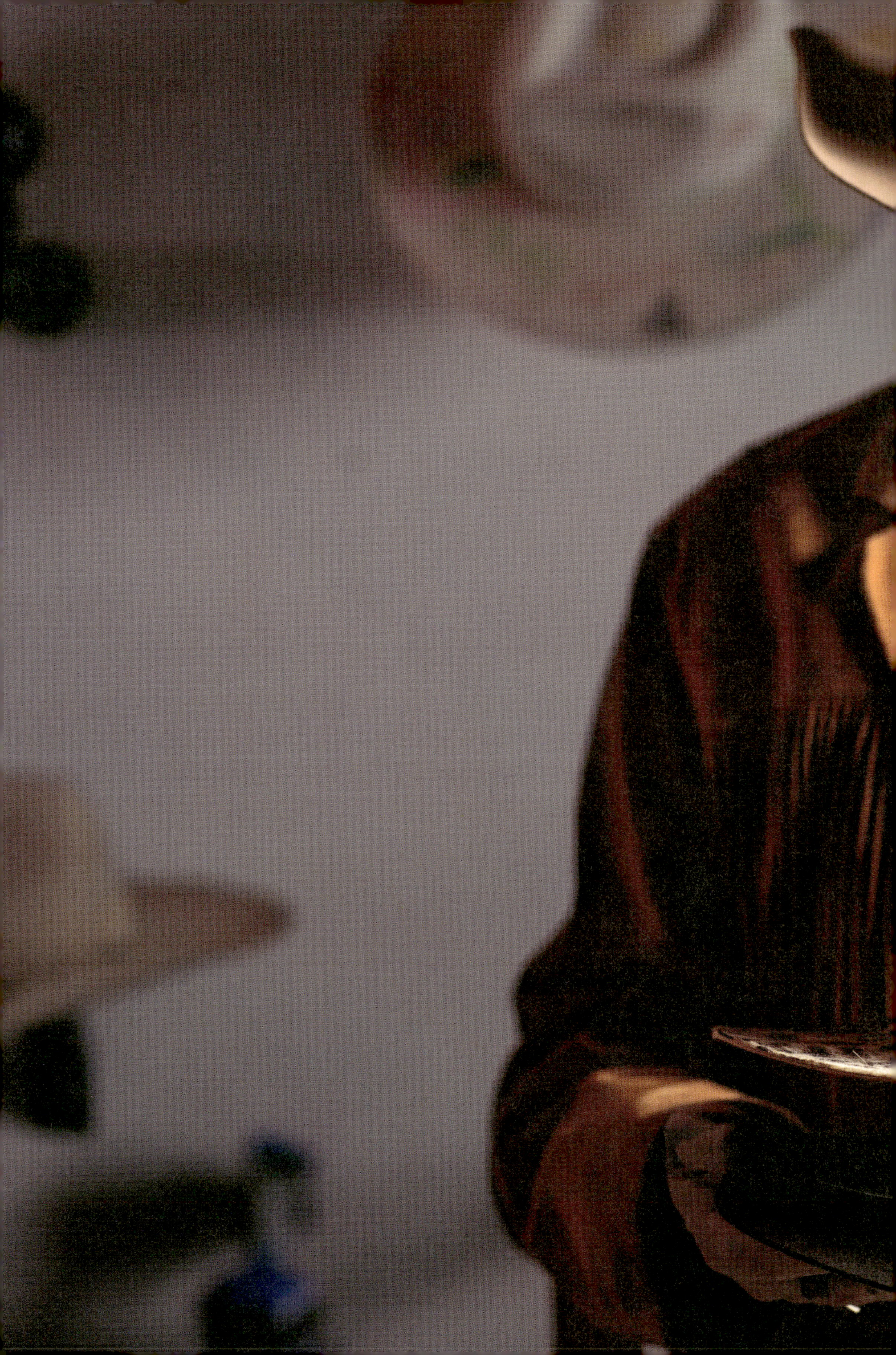

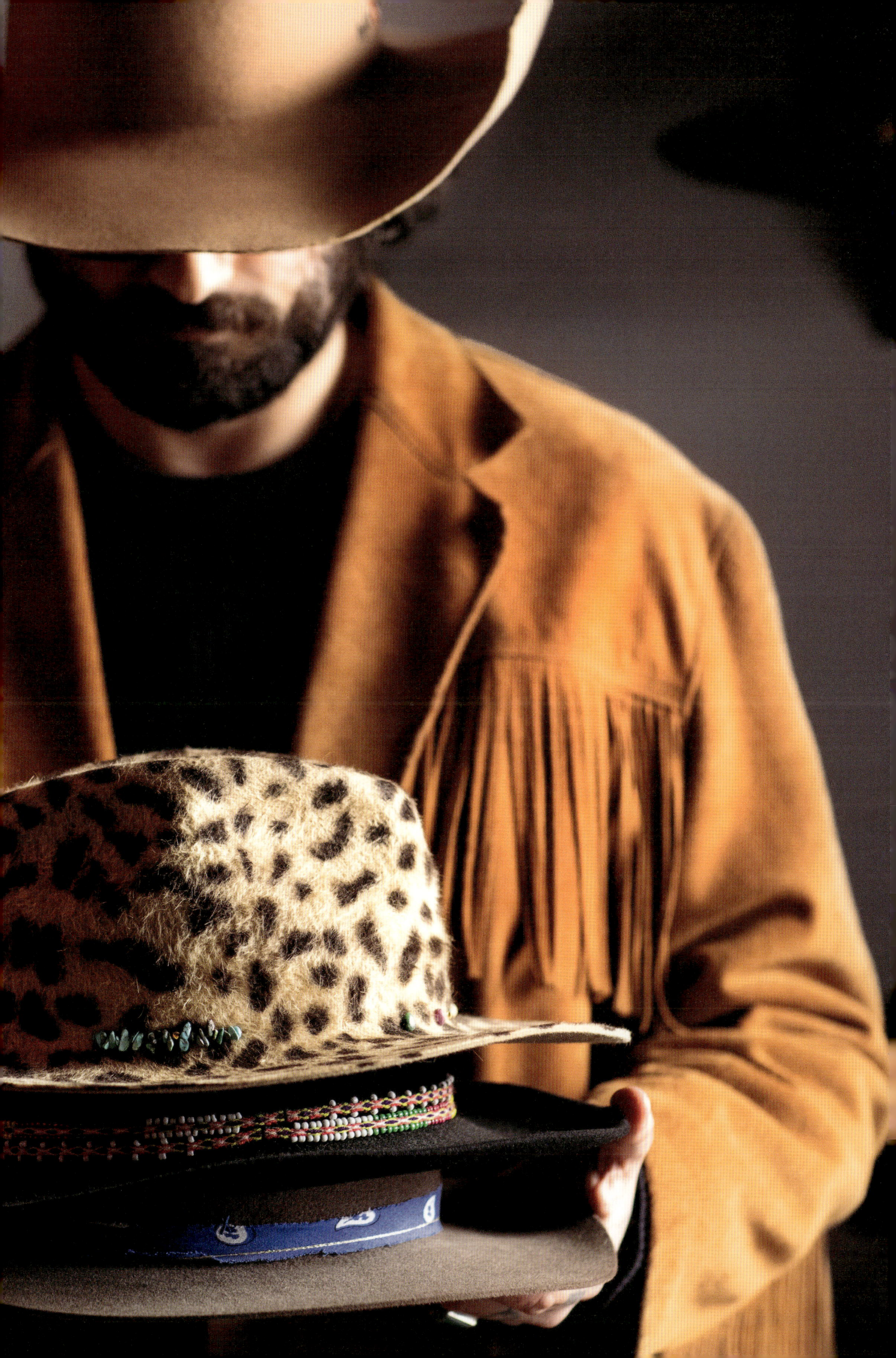

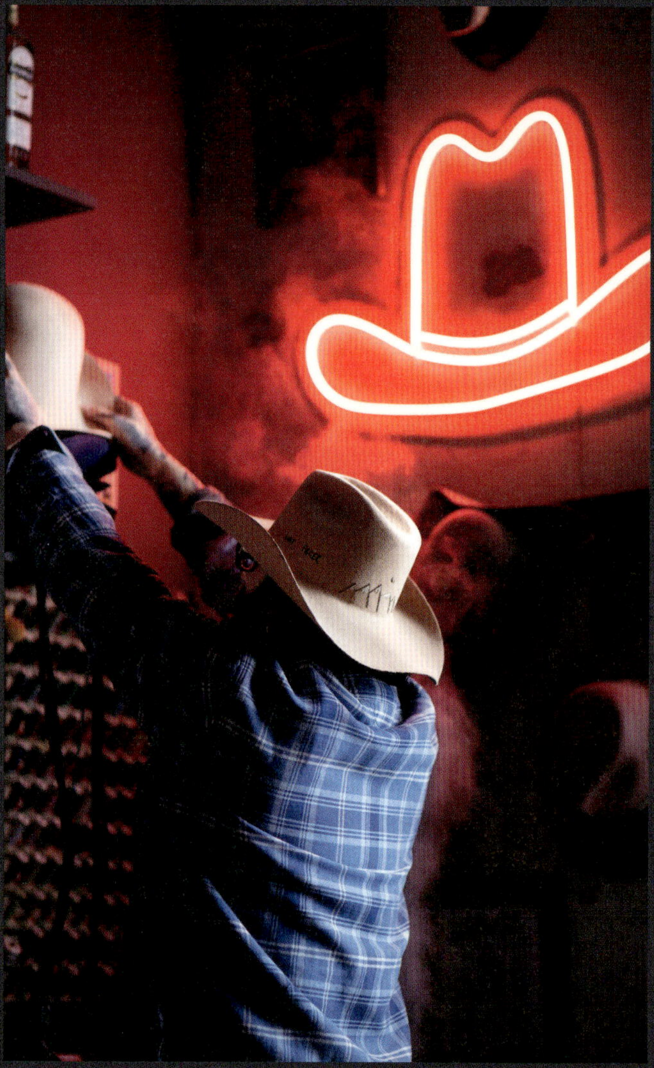

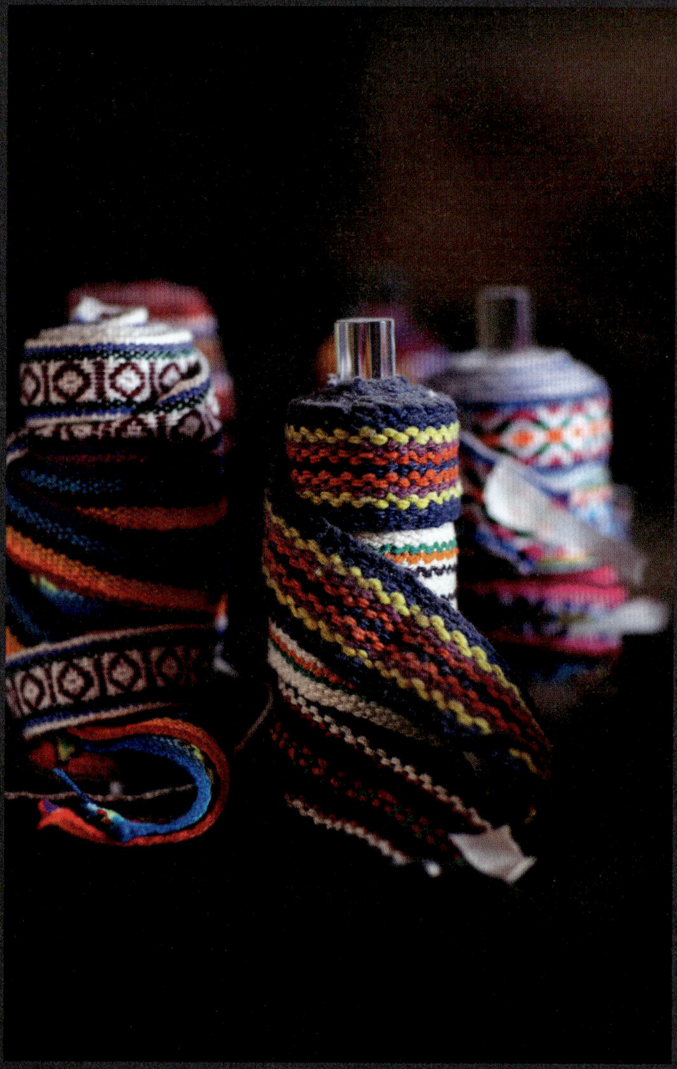

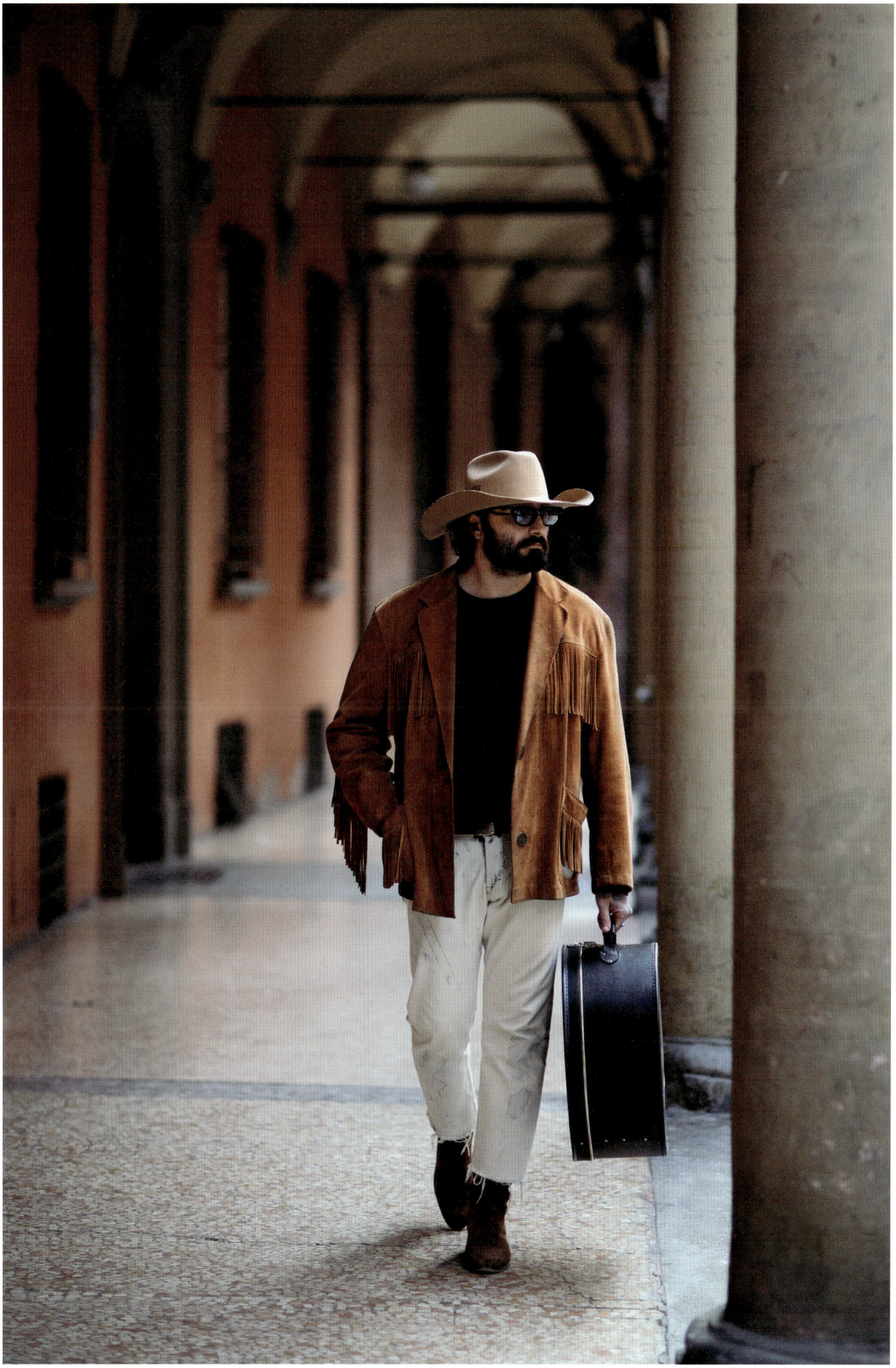

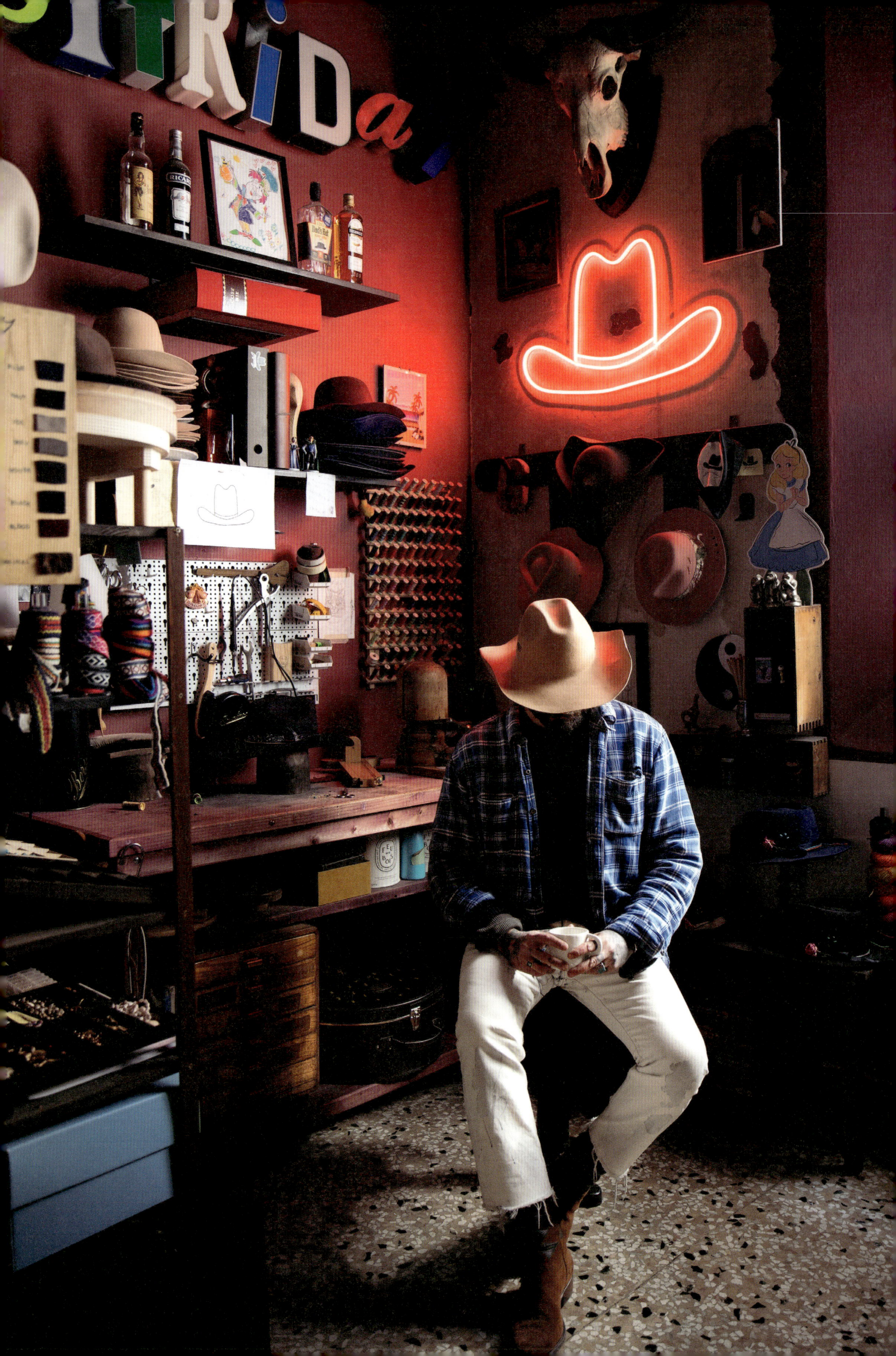

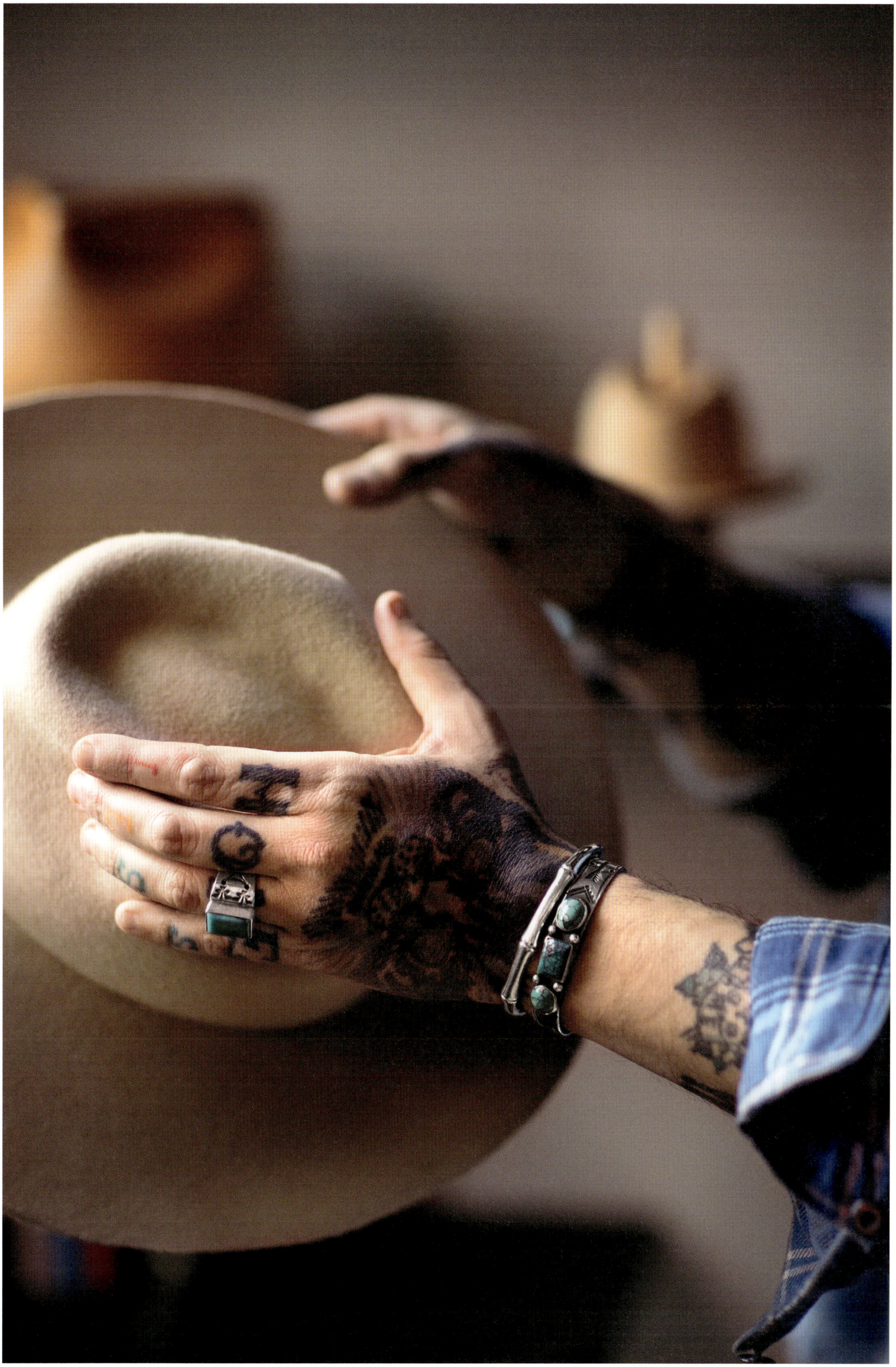

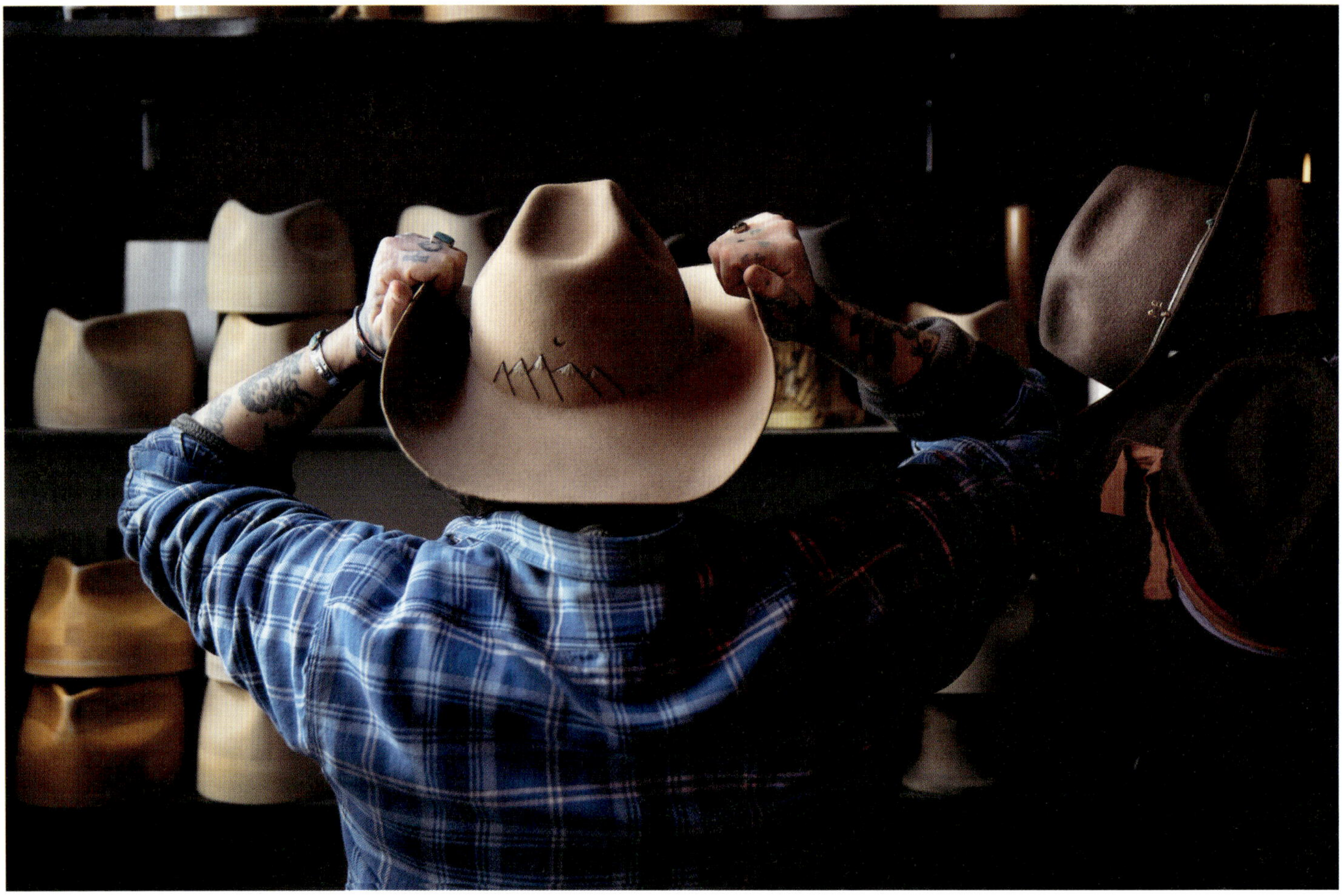

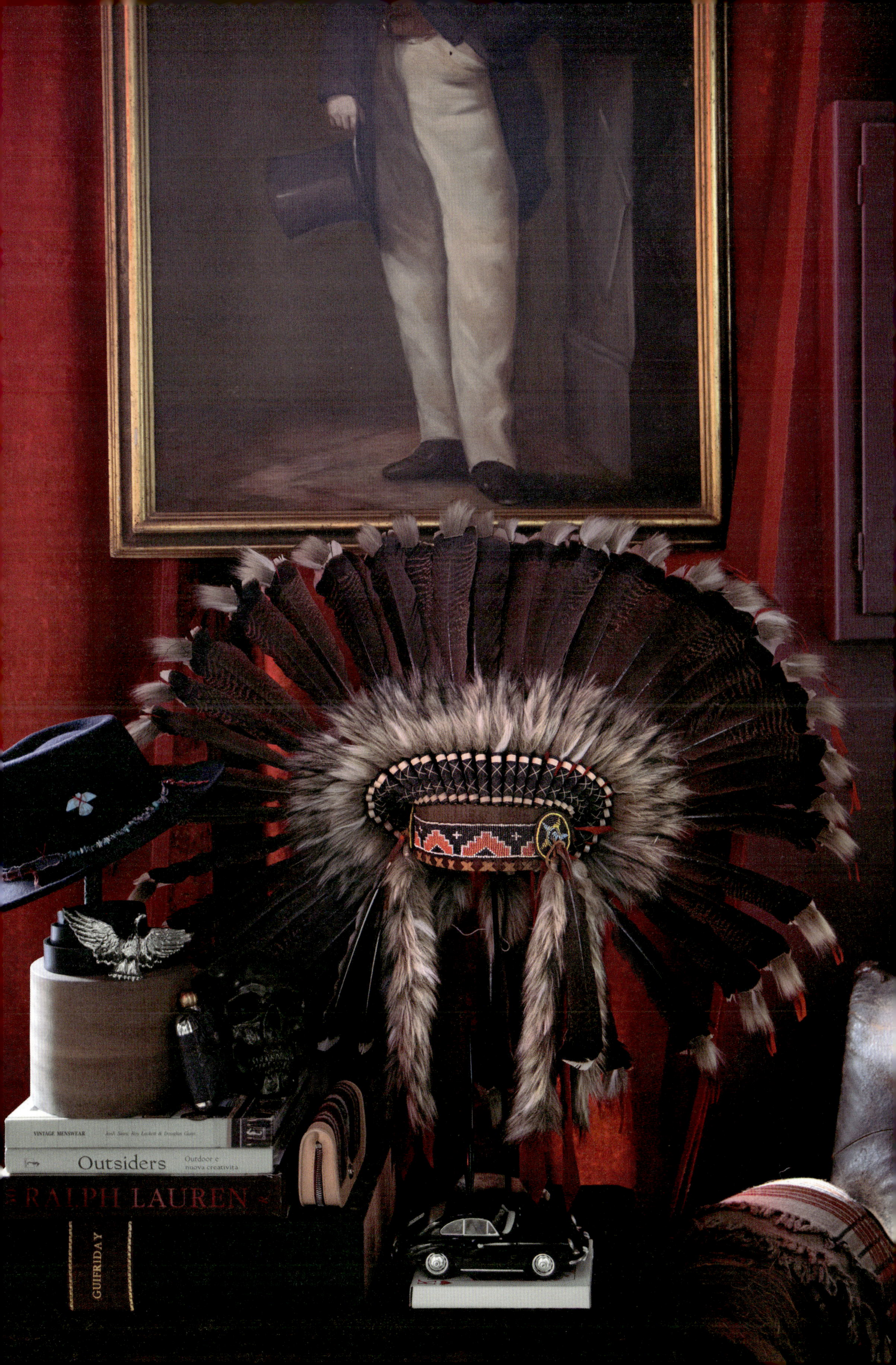
VINTAGE MENSWEAR
Outsiders
RALPH LAUREN
GUIFRIDAY

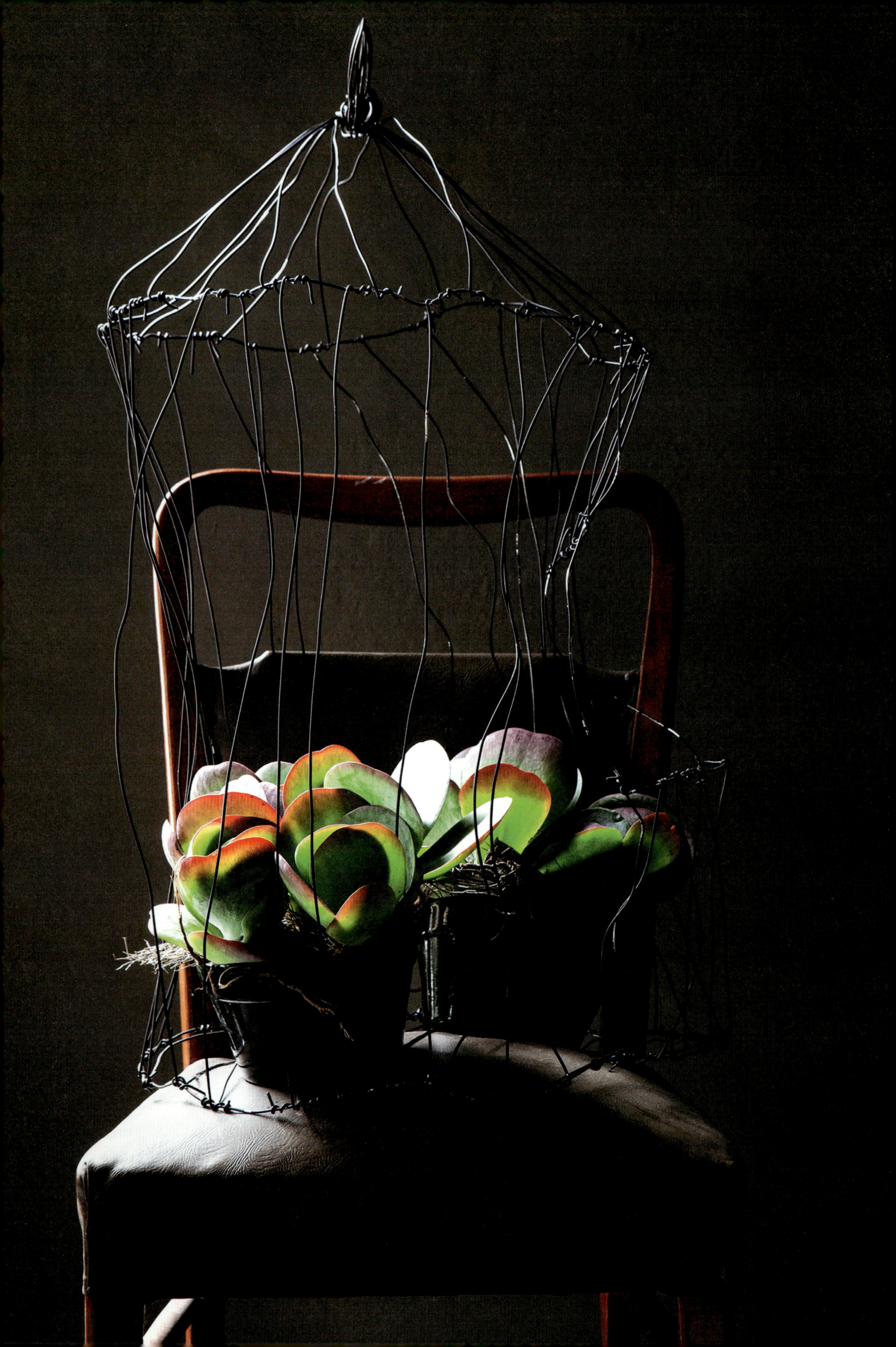

ROSALBA PICCINNI BEAUTY

TRULY ITALIAN ROOTS

Chapter / Capitolo

5

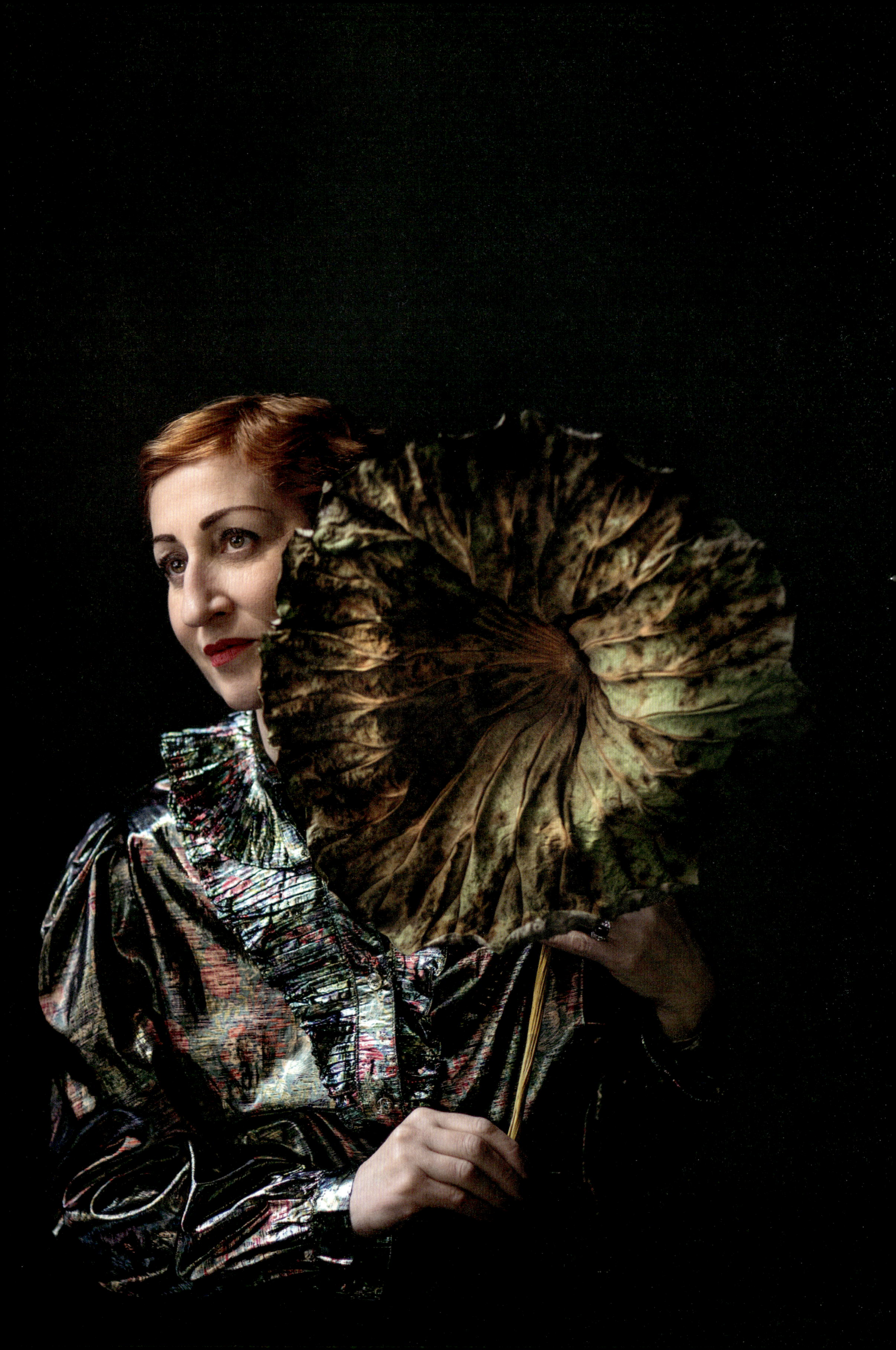

E

ROSALBA PICCINNI

Beauty

Flowers are my guide

"IS THE LADY IN?" is the hopeful question asked by those who enter Potafiori, the magical place that is all about flowers, food, music, and much more, in the area near the famous Bocconi University in Milan. The lady in question is Rosalba Piccinni, the "Cantafiorista" [singing florist] who dazzles with the beauty of her voice, her ideas, and her bewildering and uncommon bouquets. Actually, when arranging them, Rosalba follows her own personal rules. When revisiting the compositional styles of the Italian floral tradition, she creates new solutions. They are the result of constant experimentations that exceed mere decoration and go beyond the classic-formal, creating brand new and astonishing contrasts. She flanks simple flowers with amazing South African specimens, tropical species with aromatic herbs, freshly picked corollas with large leaves, artfully dried. Because, she says with conviction and a bright smile, "every flower has its place in the world, a bit like man. I call myself a 'design florist,' faithful to my floral arrangement teacher's dictum 'less is more.'"

Always convinced that "in life you can be a hundred thousand things," Rosalba—who since childhood dreamed of making a living by singing—at sixteen became drawn to the world of flowers and started working in a florist's shop in Bergamo. Years later, she opened her own store, Fiori, still in that city where everything began, and then in Milan. In a real crescendo, she paired flowers with singing and then food. Today she manages five shops, which display her green world and where the Bergamasque filler word *pota* [literally, to prune], typical of those born in that area, acts like an Ariadne's thread. *Pota* refers "to the ancient language of eastern Lombardy and indicated the origin of life, the vagina, the vase-shaped uterus," confides Rosalba, "it can be found in the English *flowerpot*, in French in *pot de fleurs* and *pot*, the pot for cooking." It is precisely the *Filodipota* of Rosalba's creativity that acts as a connecting thread for all the different areas of her kingdom. Thus, she goes from Potafiori to Potacibo, Potabar, Potalove, Potasushi, Potacream, Potatalk, Potafamily, Potavini, Potagallery: a *divertissement* that engages and amuses those who meet her.

She is on a continuous search for beauty that leads her to explore different territories, offering unexpected, multifaceted, and multisensory experiences, or to discover the value of memories. Just like the aroma of coffee, that is "the scent of home, of family. As a child I would smell it early in the morning, it wished me a good day. I still didn't drink it then, but I would sniff it, freshly ground. Today it is a ritual, and its aroma always strikes me, even when I enter a bar. It smells of Italy."

Self-taught, following her own instinct, she experiences singing "as a source of prayer and liberation," with a musical repertoire that ranges from rock to blues to jazz, associated with masterful Italian music. On several occasions she sang in sold-out shows at the Blue Note, the historic jazz club in Milan, where she gave ninetheen concerts. In 2011, she recorded *Arrivi*, her debut album with eleven songs featuring a pop sound with jazz undertones. She also performed in New York, invited for Fashion Week, and countless other events.

"Five or six years ago, I chose to sing almost exclusively in Italian the most beautiful songs of our music scene, revisited with a jazz slant, trying to make them mine, always accompanied by incredible musicians," she says. Her contemporary metropolitan serenades at home are extremely sought-after, often gifted to loved ones who, to their surprise, find Rosalba and her cellist in their living room. With lots of curious anecdotes from her life, balancing between flowers and music, she reveals herself in the book *Lo dicono i fiori. Scopri che la vita è un giardino meraviglioso* [The flowers say it. Discover that life is a wonderful garden], published in 2019 by Vallardi. She writes: "Flowers are my guide, with their roots, leaves, the earth that dirties the hands and expands the heart. It is from them that I take my energy when I feel low, they are the ones who help me unravel complicated situations, who give me the key to the hearts of the people I care about. From flowers I have learned that the secret to happiness is to go with nature, and to transfer this ability to relations with people and with things."

Because, for Rosalba, beauty is, first and foremost, "freedom of expression."

I

ROSALBA PICCINNI

Beauty

I fiori sono la mia guida

"C'È LA SIGNORA?", domanda speranzoso chi entra da Potafiori, il luogo magico nato all'insegna di fiori, cibo, musica e molto altro, nella zona della blasonata Università Bocconi, a Milano. La signora in questione è Rosalba Piccinni, la "Cantafiorista" che attrae con la bellezza della sua voce, delle sue idee e dei suoi bouquet scompigliati e fuori dagli schemi. In realtà, nel comporli, Rosalba segue un suo personale rigore. Nel rivisitare gli stili compositivi della tradizione floreale italiana, crea soluzioni nuove, frutto di una sperimentazione costante, che esulano dalla semplice decorazione e vanno oltre il classico-formale, creando contrasti inediti e stupefacenti. Ai fiori semplici affianca mirabolanti esemplari sudafricani, alle specie tropicali le erbe aromatiche, alle corolle fresche di prato, le grandi foglie essiccate ad arte. Perché, afferma con convinzione e un sorriso luminoso, "ogni fiore ha il suo posto nel mondo, un po' come l'uomo. Mi definisco 'fiorista di design', fedele all'insegnamento 'il meno è meglio' del mio insegnante di composizione floreale".

Da sempre convinta che "nella vita puoi essere centomila cose", Rosalba – che fin da bambina sognava di vivere cantando – a sedici anni si è avvicinata al mondo dei fiori e ha iniziato a lavorare da un fiorista di Bergamo. Nel corso degli anni ha poi aperto il suo spazio, Fiori, sempre nella città dove tutto ha avuto inizio, e in seguito a Milano. In un vero crescendo, ai fiori ha associato il canto e quindi il cibo. Oggi gestisce cinque negozi, dove va in scena il suo mondo verde e dove l'intercalare bergamasco 'pota', tipico di chi è nato in quella zona, fa da filo d'Arianna. 'Pota' rimanda "all'antico idioma della Lombardia orientale che indicava l'origine della vita, la vagina, l'utero a forma di vaso", confida Rosalba, "si ritrova nell'inglese *flowerpot*, in francese in *pot de fleurs* e *pot*, la pentola per cucinare". È proprio il Filodipota della creatività della Cantafiorista a legare i diversi territori del suo regno. Così, si va da Potafiori a Potacibo, Potabar, Potalove, Potasushi, Potacream, Potatalk, Potafamily, Potavini, Potagallery: un *divertissement* che impegna e diverte chi la incontra. In una continua ricerca della bellezza che la porta ad addentrarsi in territori diversi, offrendo esperienze inattese, poliedriche e multisensoriali, o riscoprendo il valore dei ricordi. Come il profumo del caffè, che "è profumo di casa, di famiglia. Da bambina mi arrivava di prima mattina, mi dava il buongiorno. Non lo bevevo ancora, ma lo annusavo, appena macinato. Oggi è un rituale, e il suo aroma mi colpisce sempre, anche quando entro in un bar. Profuma di Italia".

Autodidatta nell'assecondare il proprio istinto, vive il canto "come fonte di preghiera e di liberazione", con un repertorio musicale che spazia dal rock al blues al jazz, associato alla musica italiana d'autore. A diverse riprese è stata *sold out* al Blue Note, lo storico jazz club di Milano, dove ha tenuto diciannove concerti; nel 2011 ha inciso *Arrivi*, il disco d'esordio con undici brani dal sound pop con venatura jazz; si è esibita anche a New York, invitata per la Fashion Week, e in altri innumerevoli eventi.

"Da cinque-sei anni ho scelto di cantare, quasi esclusivamente in italiano, le canzoni più belle del nostro panorama musicale rivisitate in chiave jazz, cercando di renderle mie, sempre accompagnata da musicisti incredibili", racconta. Sono richiestissime le sue "serenate metropolitane contemporanee a domicilio", spesso regalate alle persone amate che si ritrovano a sorpresa nel salotto di casa Rosalba e il suo violoncellista. Molti aneddoti curiosi della sua vita, in equilibrio tra fiori e musica, li racconta lei stessa nel libro *Lo dicono i fiori. Scopri che la vita è un giardino meraviglioso*, uscito nel 2019 per Vallardi. Scrive: "I fiori sono la mia guida, con le loro radici, le foglie, la terra che sporca le mani e allarga il cuore. È da loro che traggo la mia energia quando mi sento a terra, sono loro che mi aiutano a sbrogliare le situazioni complicate, a darmi la chiave del cuore delle persone a cui tengo. Dai fiori ho imparato che il segreto della felicità è assecondarne la natura, e ho imparato a trasferire questa capacità nelle relazioni con le persone e con le cose".

Perché, per Rosalba, la bellezza è, in primo luogo, "libertà d'espressione".

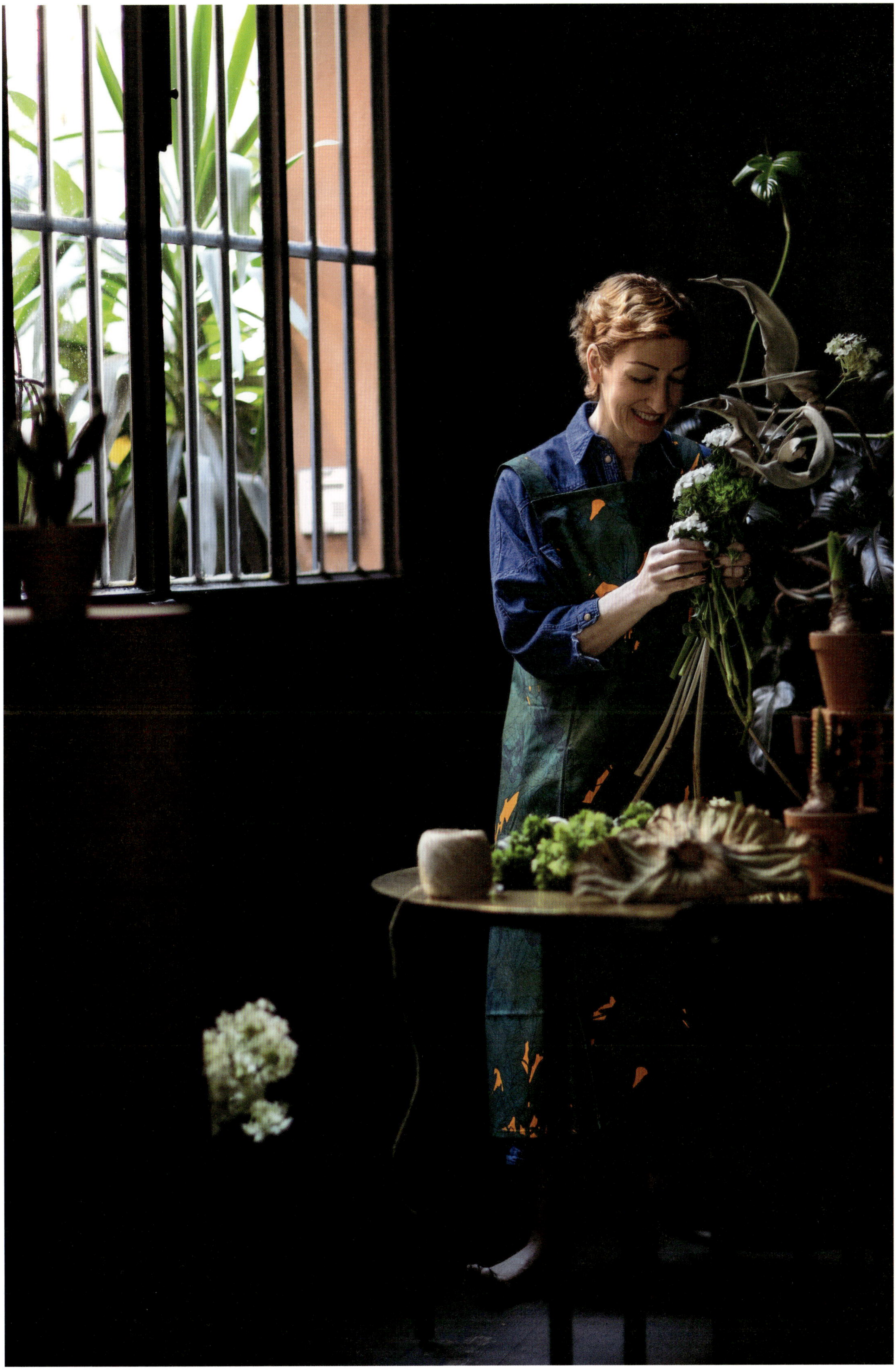

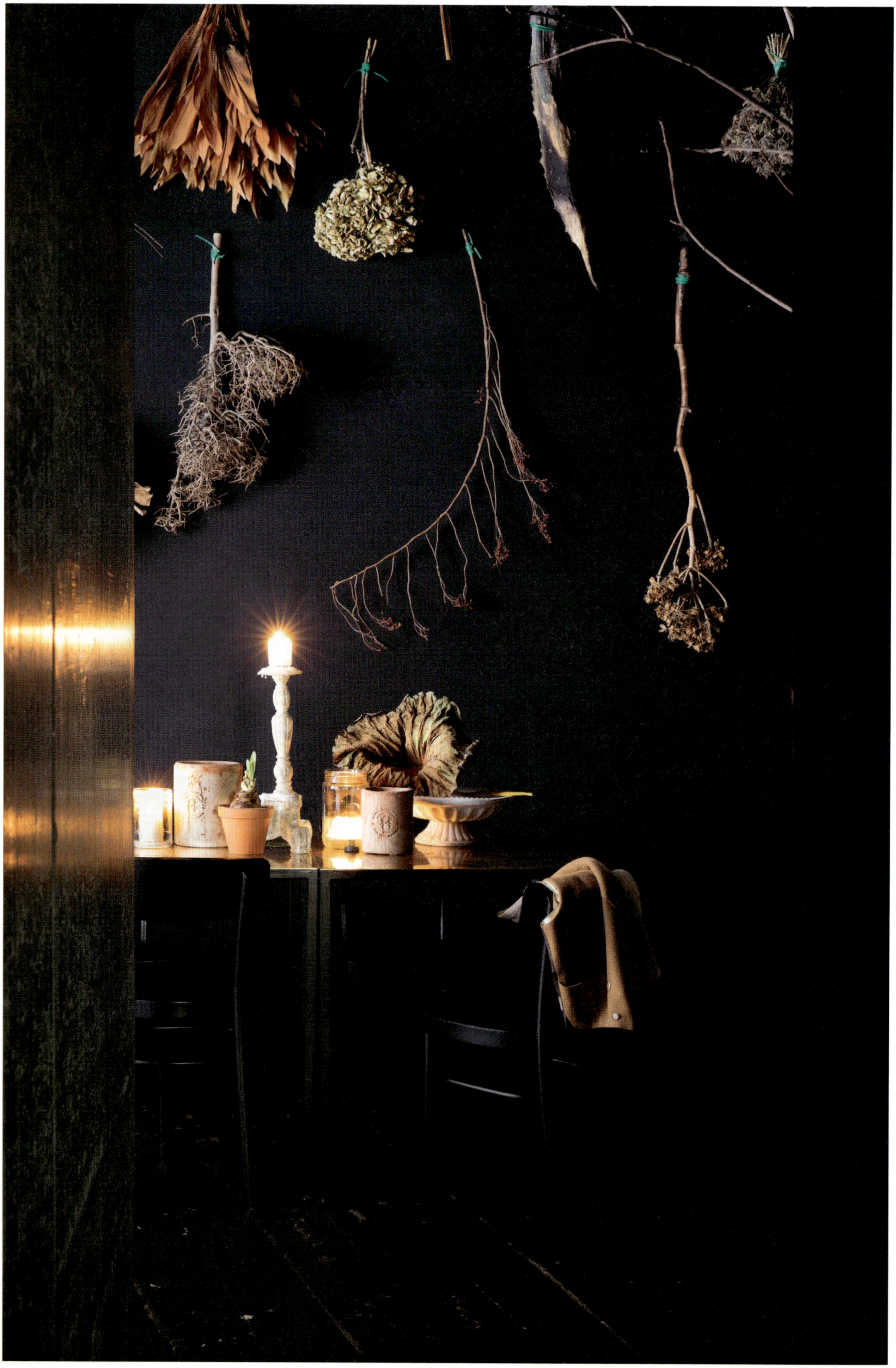

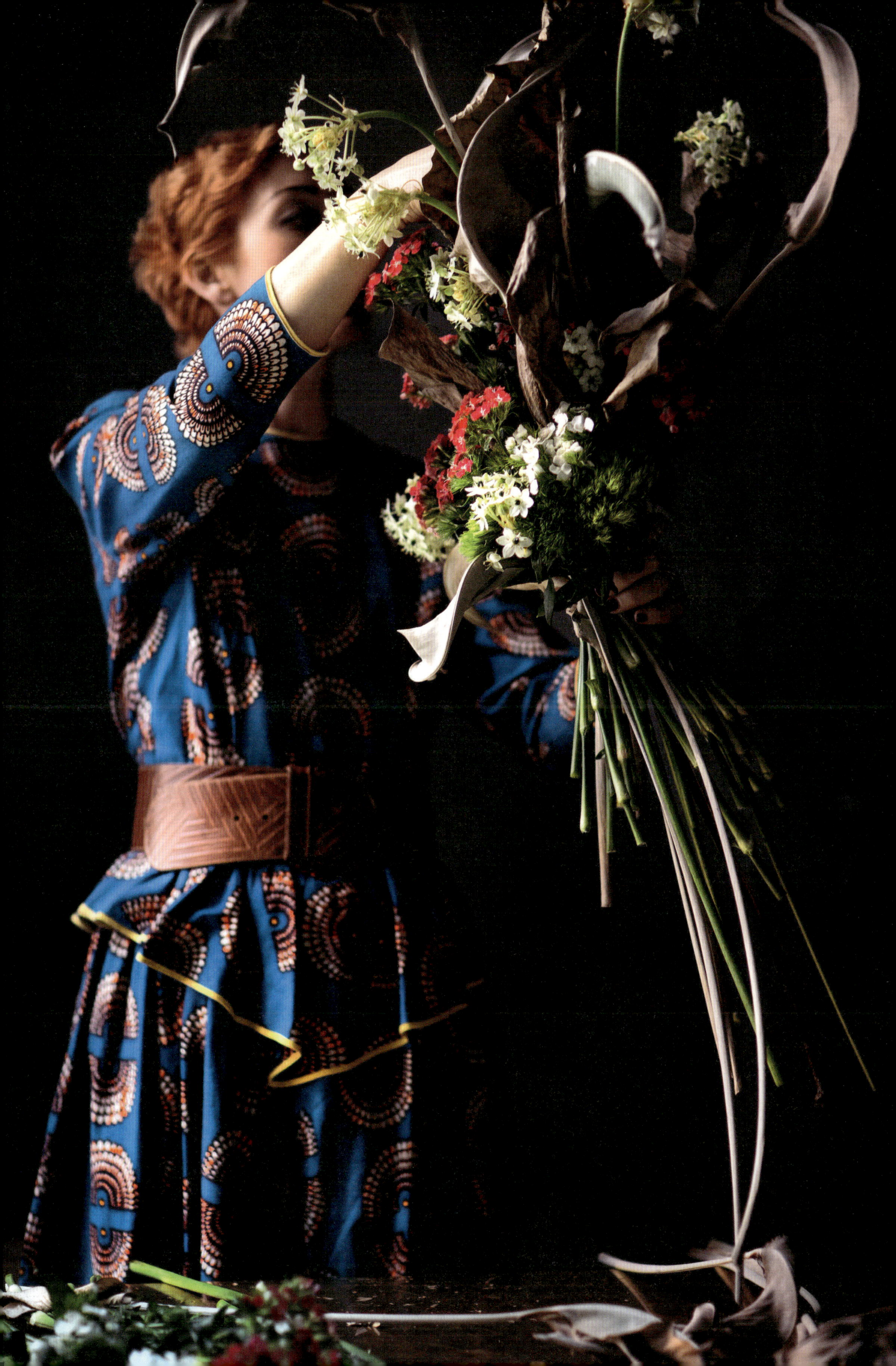

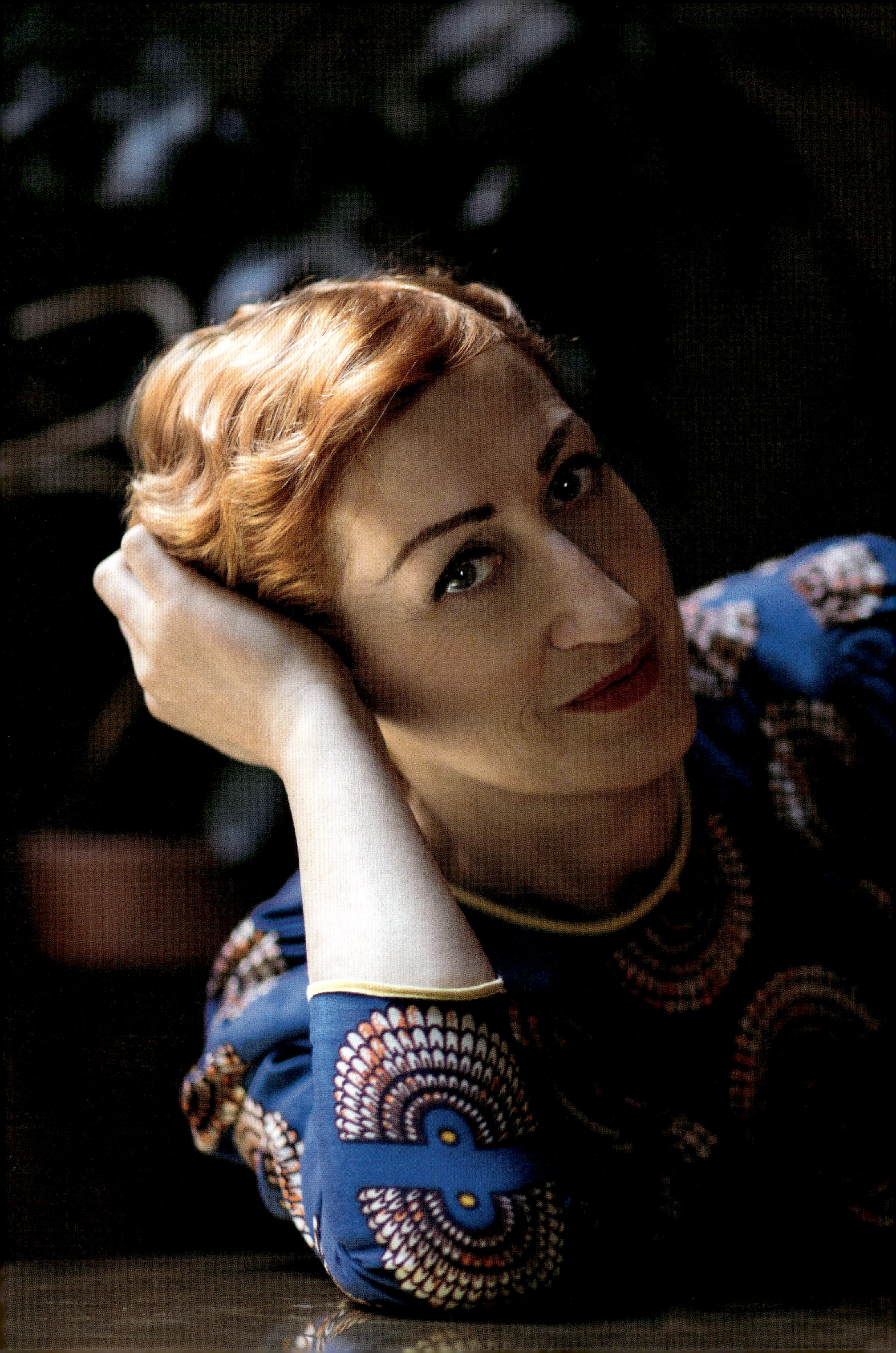

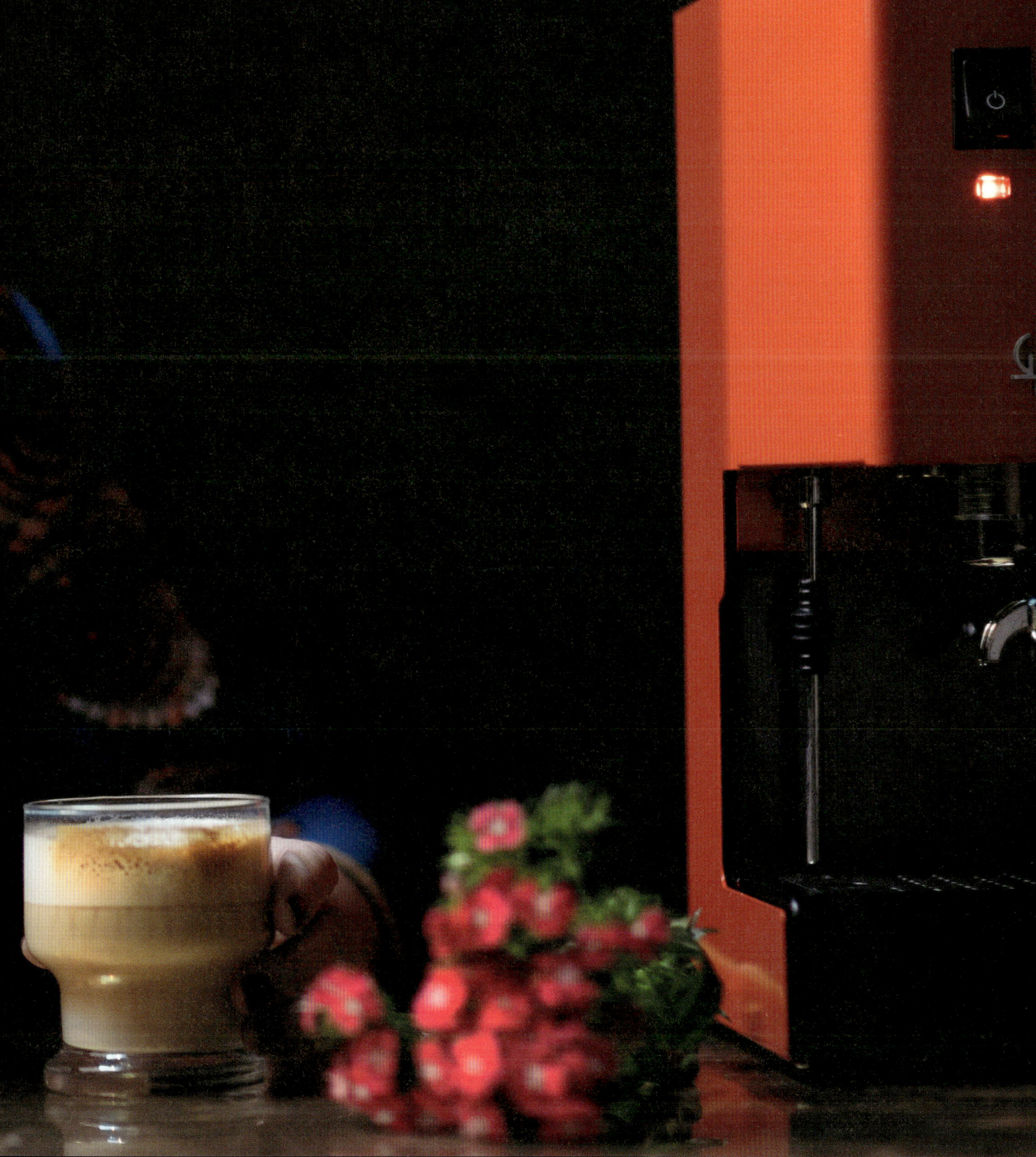

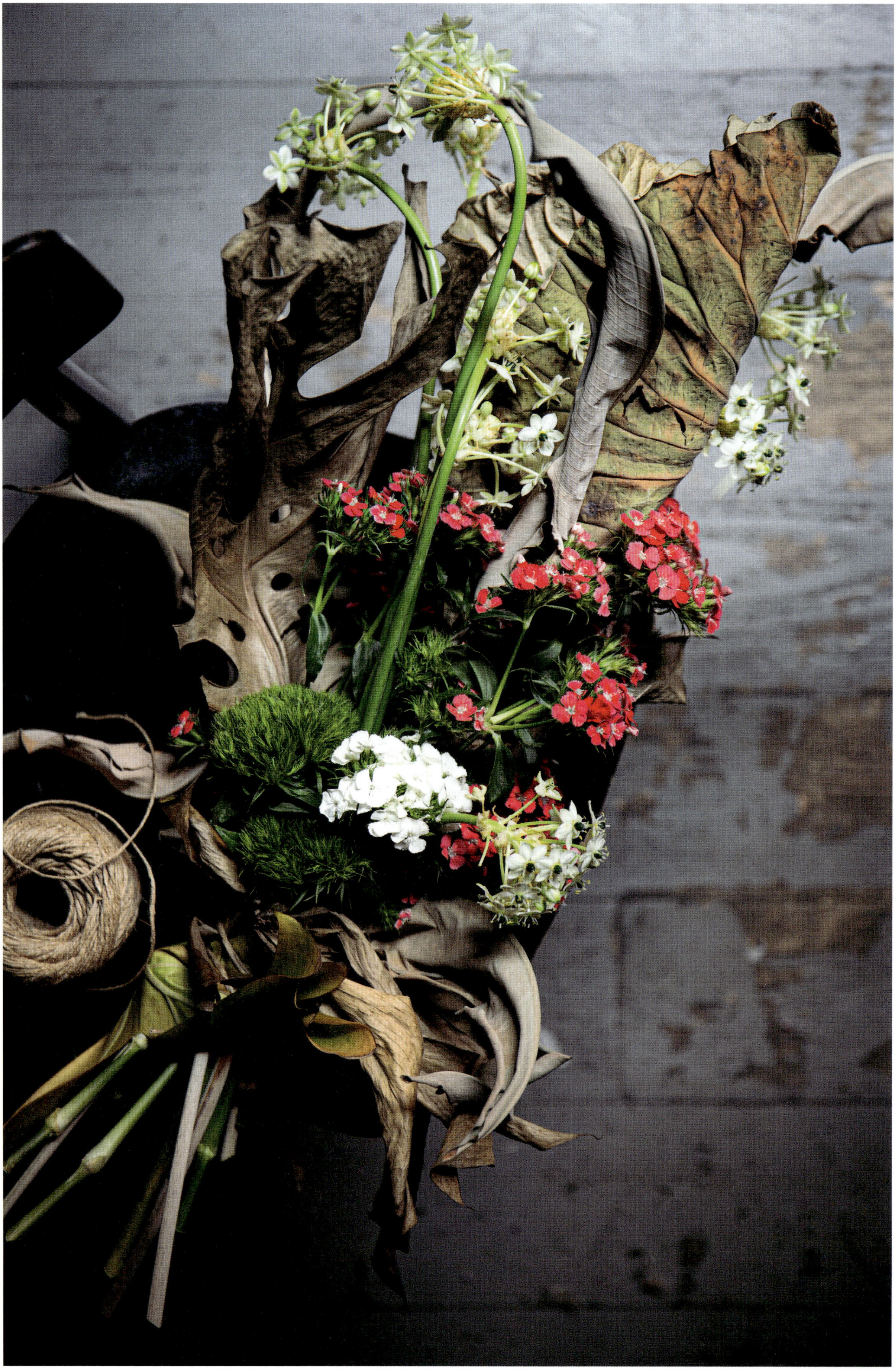

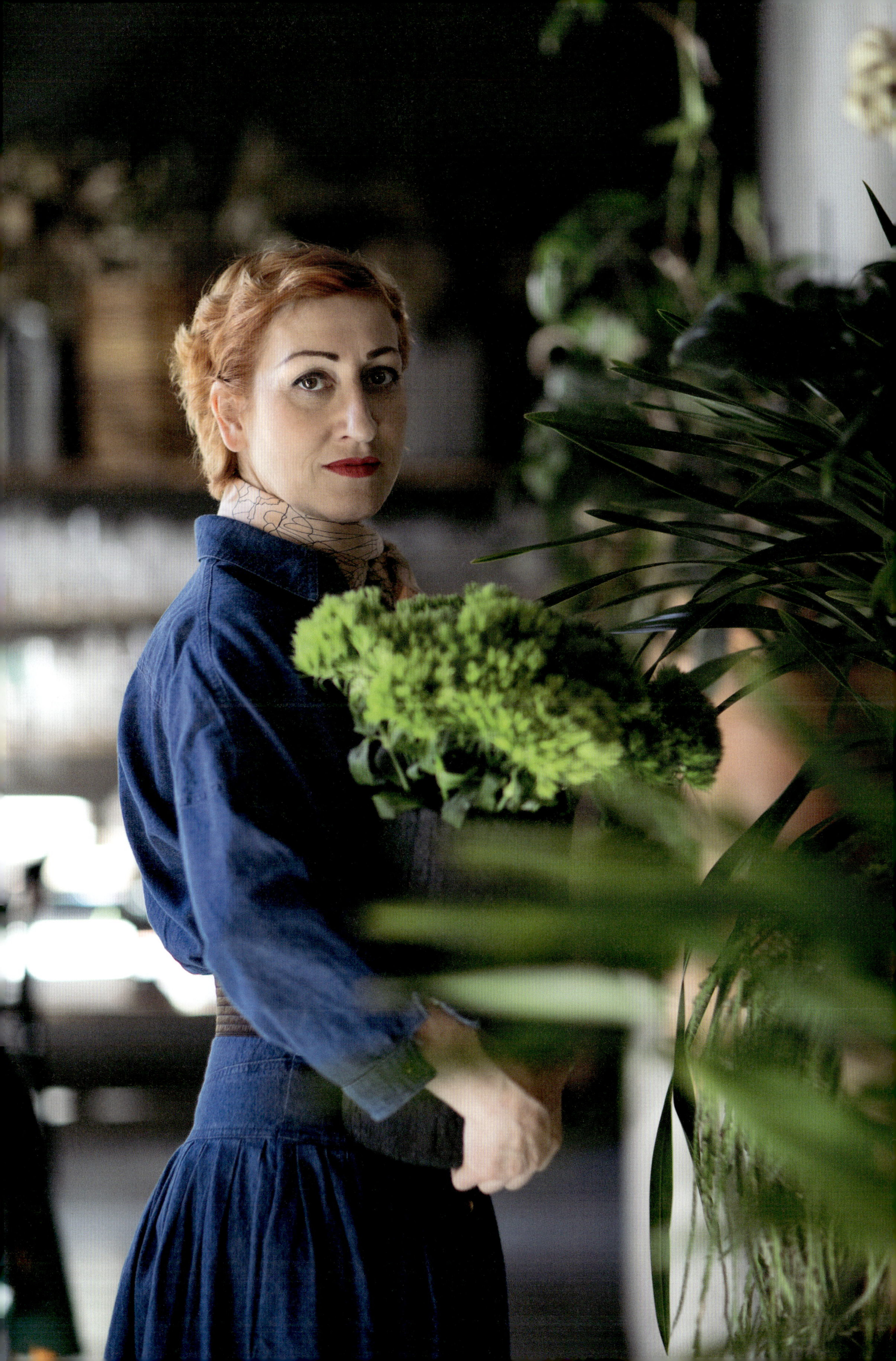

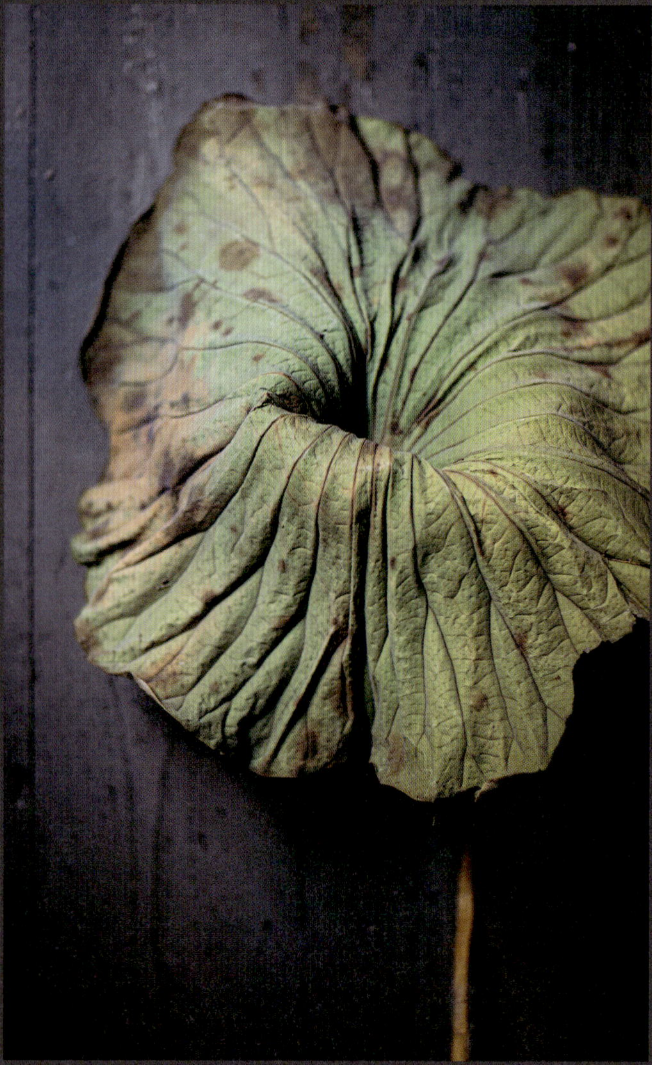
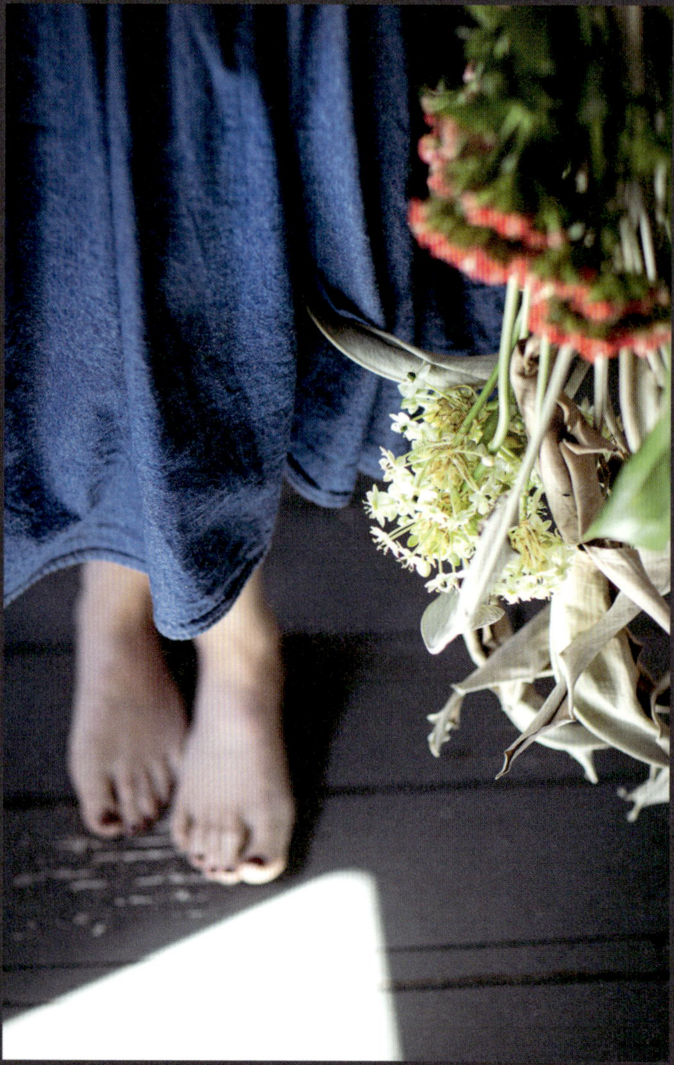

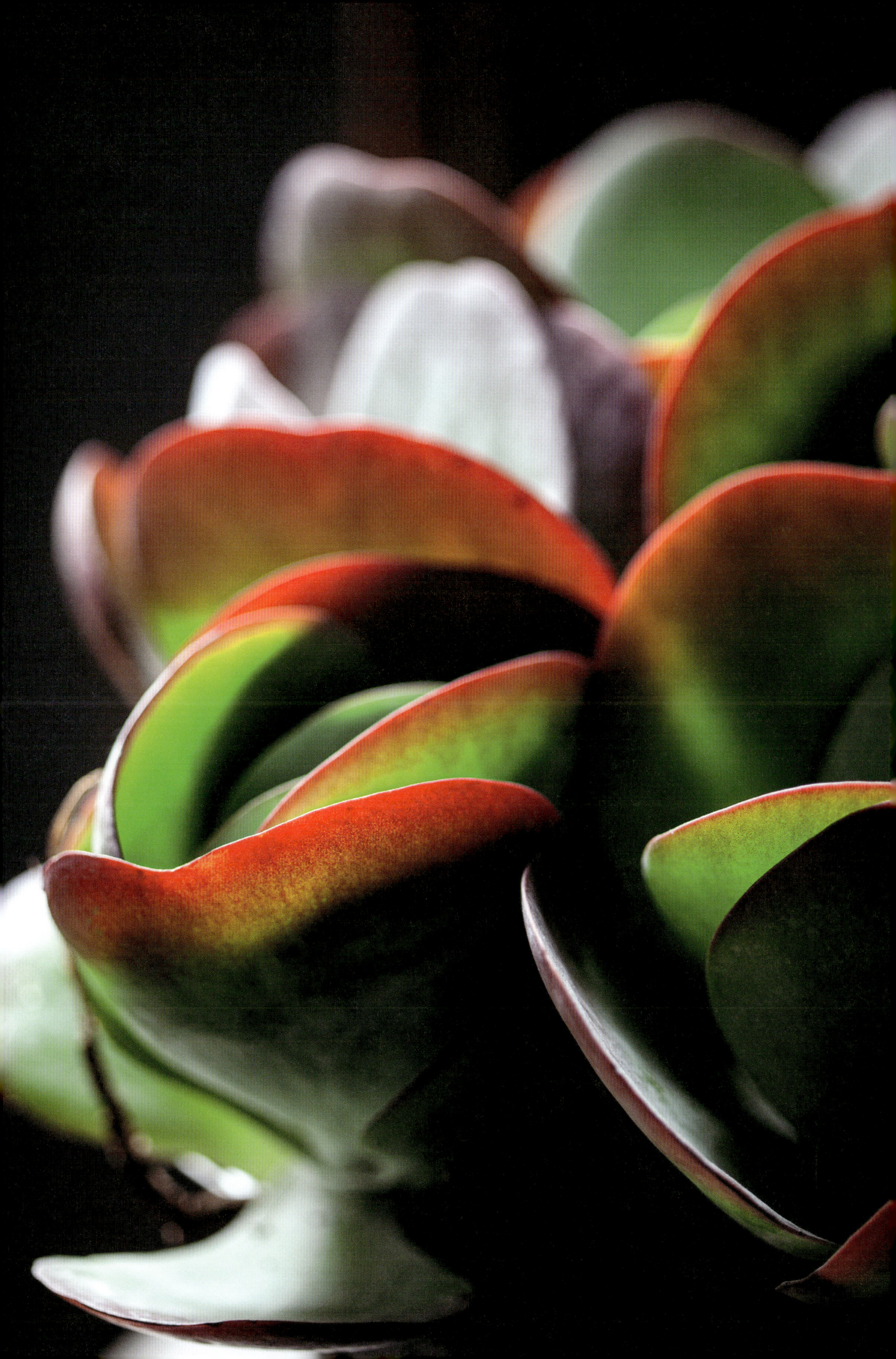

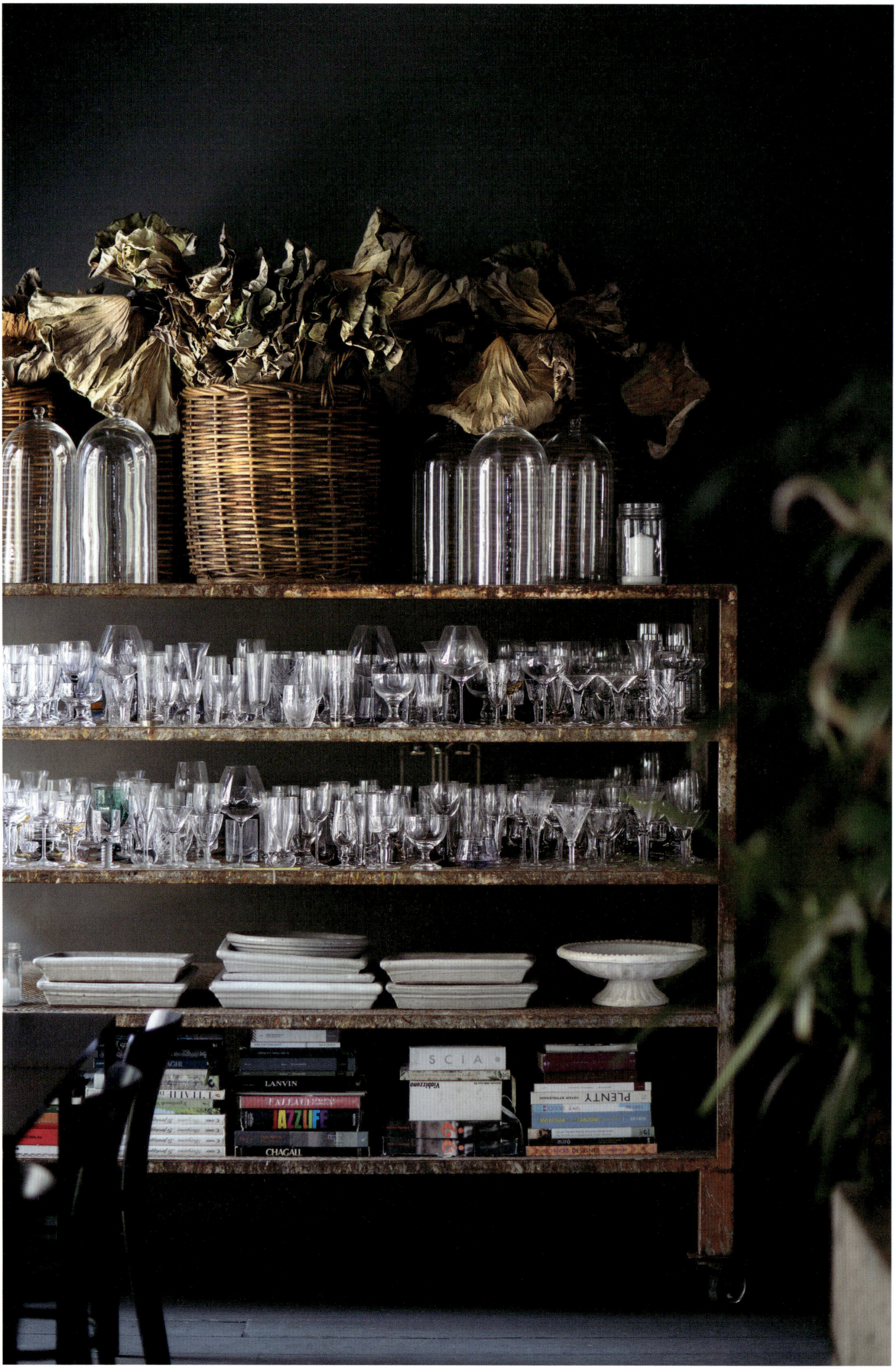
LANVIN
JAZZLIFE
CHAGALL

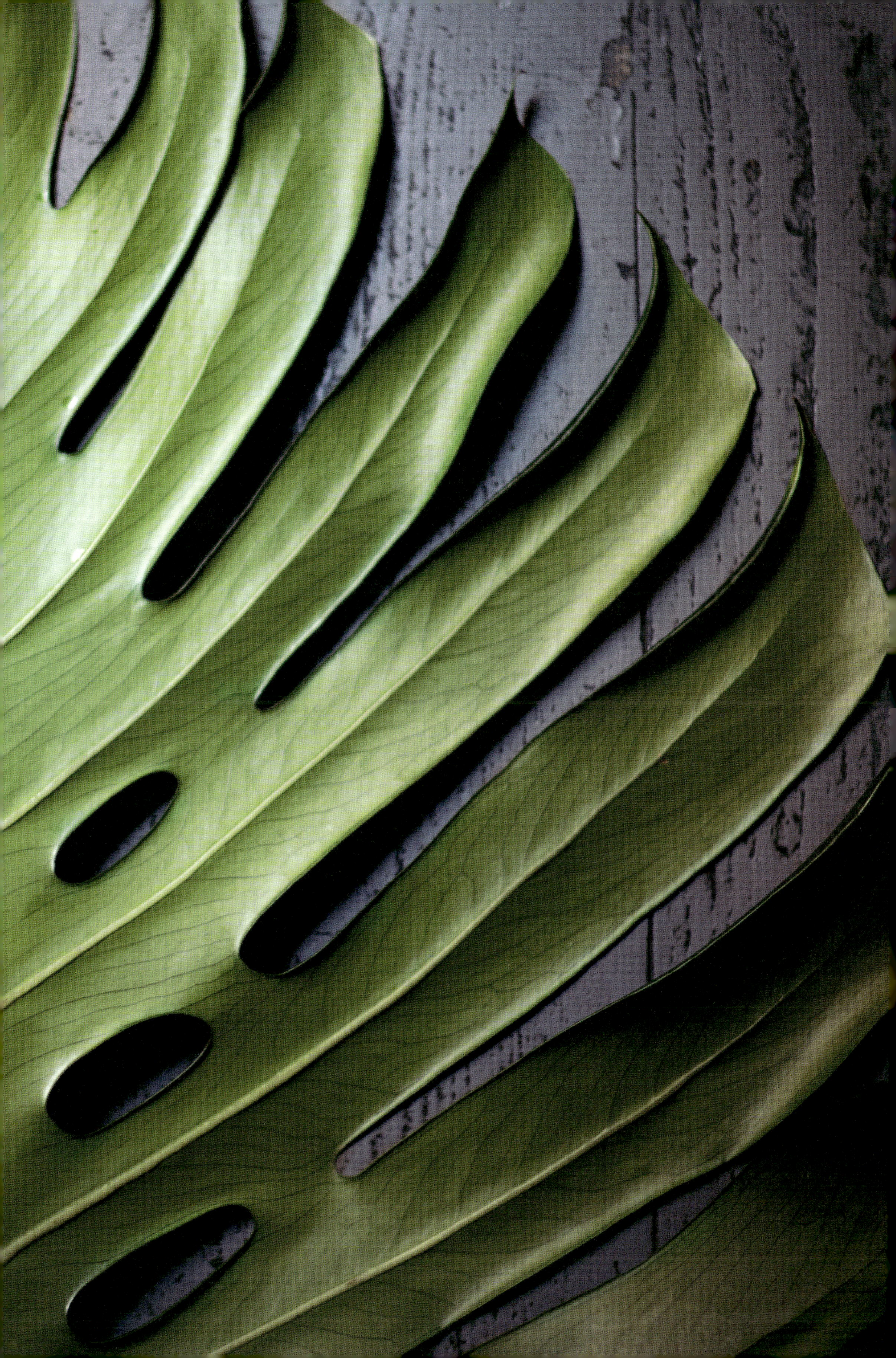

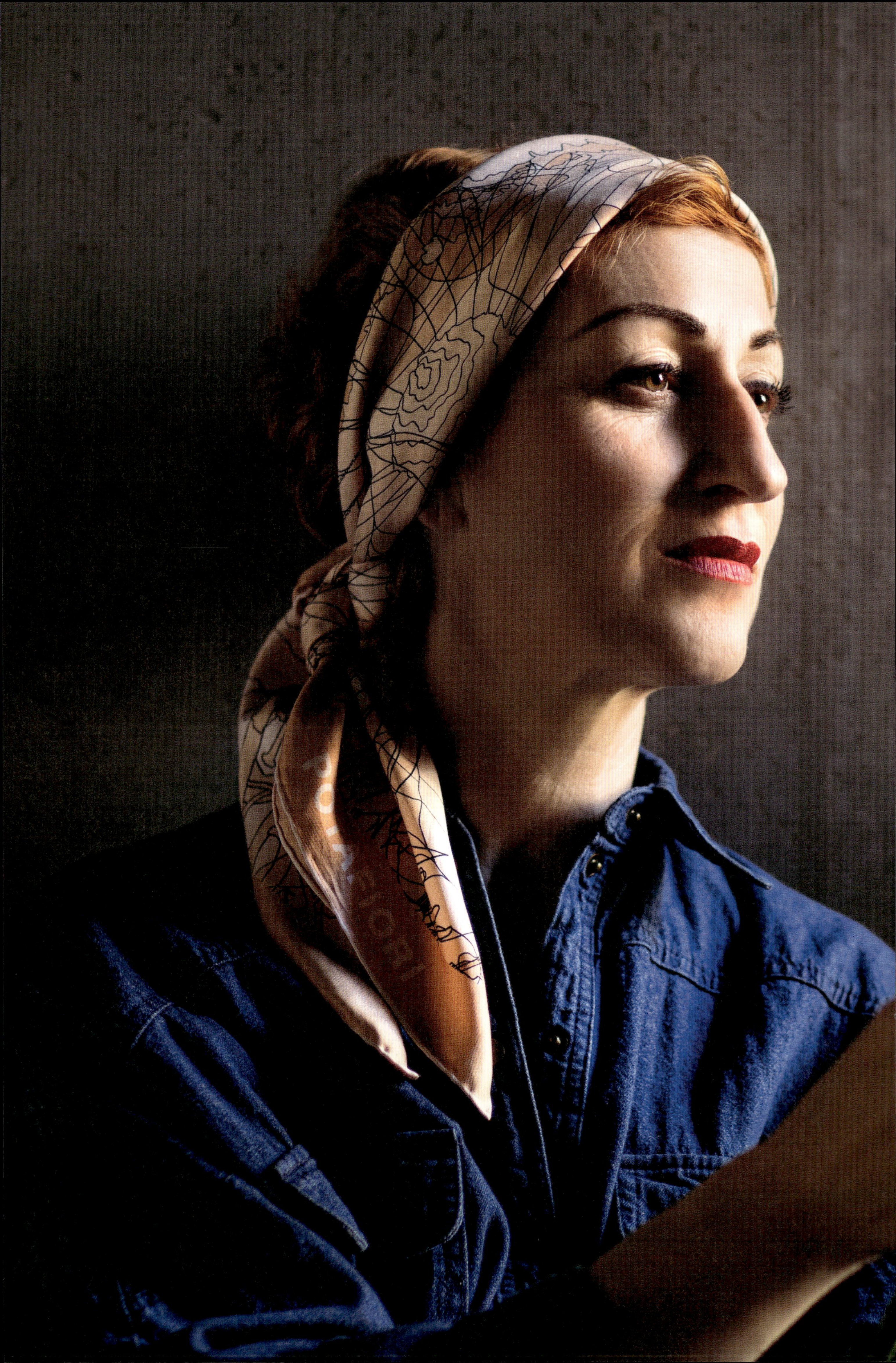

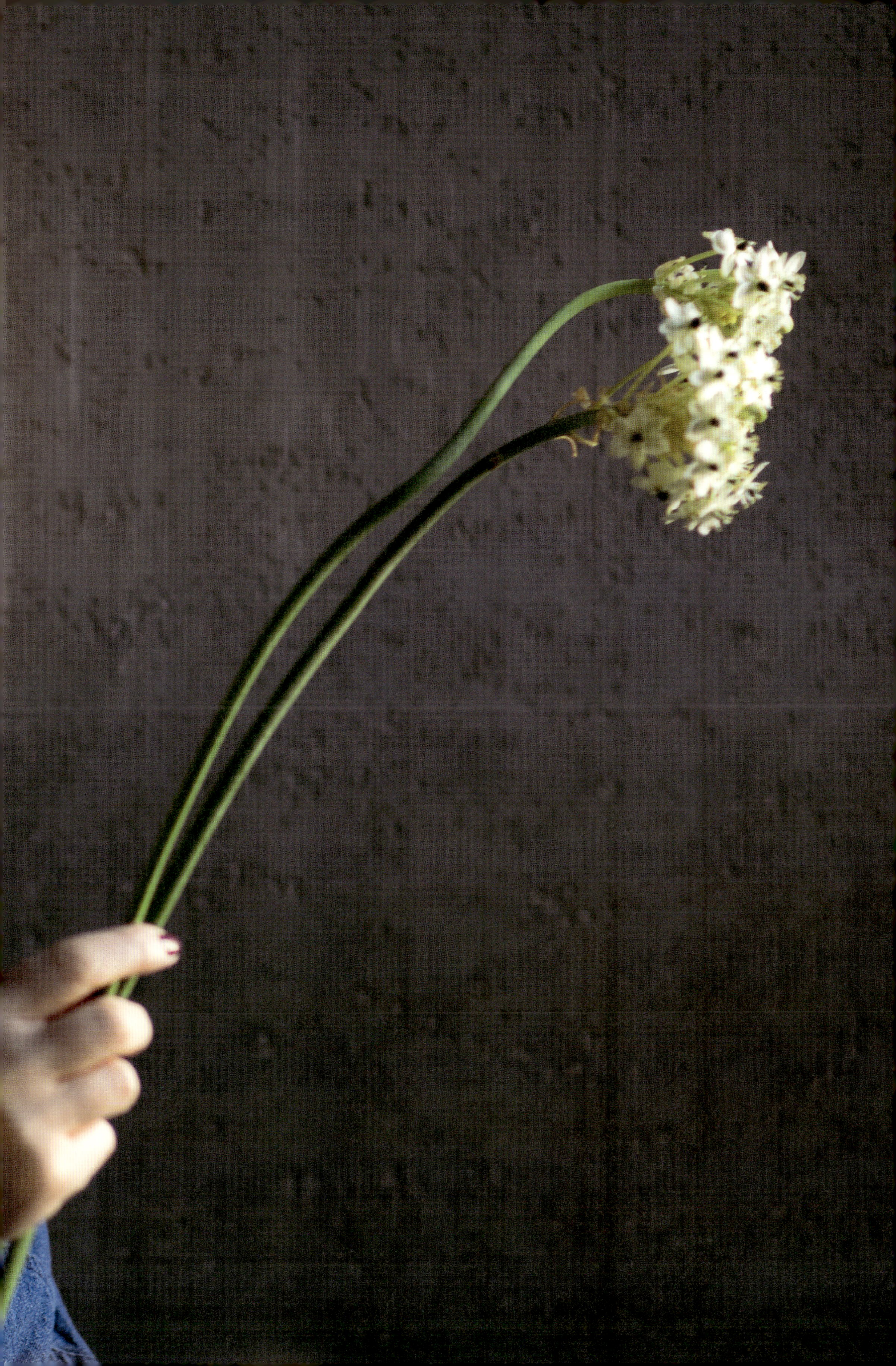

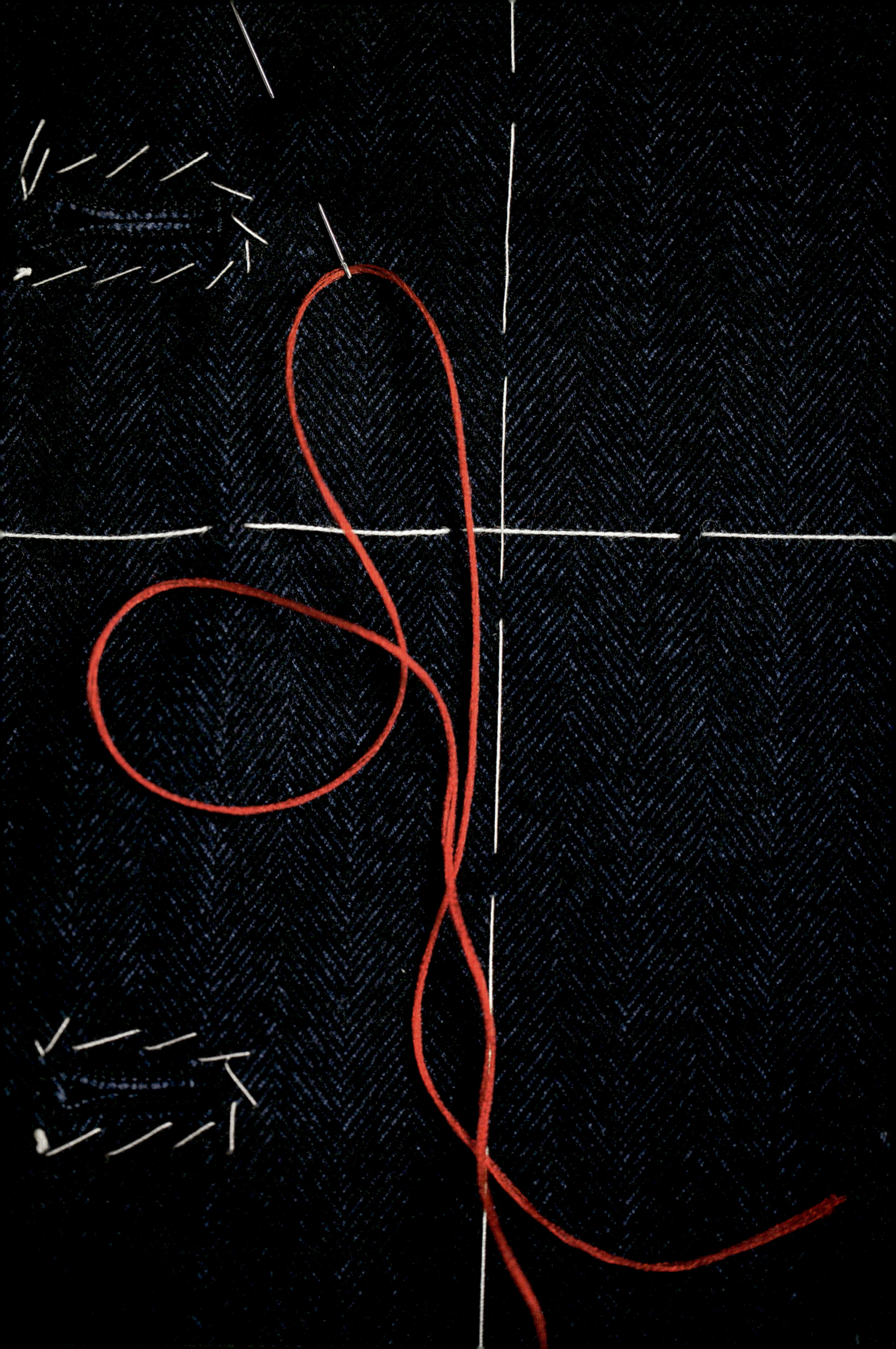

DANILO TAVERNA QUALITY

TRULY ITALIAN ROOTS

Chapter / Capitolo

6

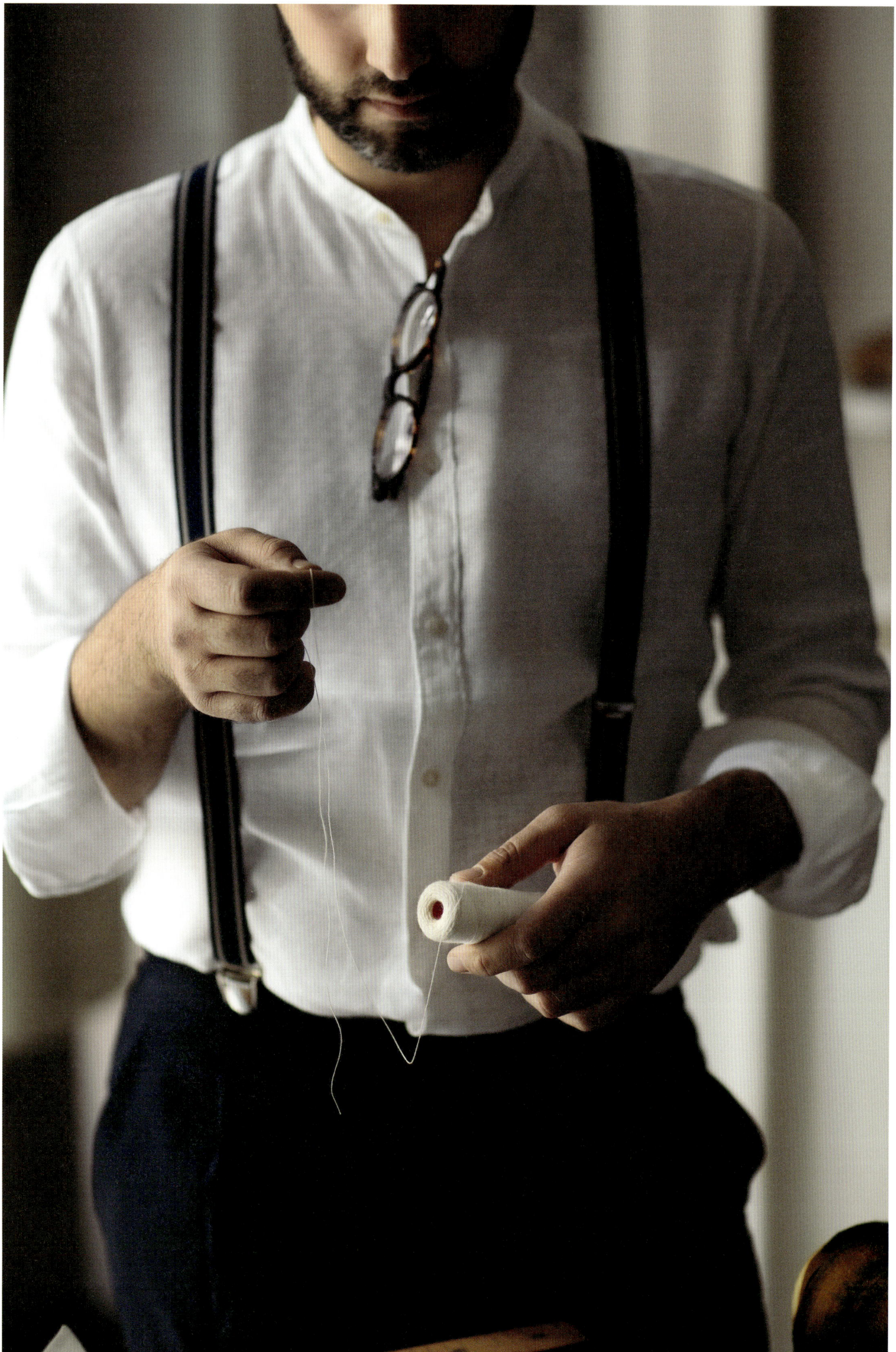

E

DANILO TAVERNA

Quality

I like to drink coffee in silence, looking at the Art Nouveau sinuous shapes that the steam makes when it comes out

HE GREW UP AMONG PIECES OF FABRIC, spools of thread in thousands of colors, needles and buttons, balls of wool neatly divided into a multicolored filing cabinet, soft-touch linings and professional scissors, chalk to mark the edges to be cut, a tape measure for lengths and widths.
"It was the undisputed realm of my mother and my maternal grandmother, both tailors. It was they who educated me in good taste, in the importance of details, in the choice of appropriate materials, in the maniacal attention to packaging," says Danilo Taverna.
The variegated universe of Italian tailoring has an ancient history: it dates back to 1575 with the founding of the University of Tailors, championed by Pope Gregory XIII to train master tailors—in Italian *sarti* from the Latin *sartor*, related to the term *sarcire*, which means to restore, or fix clothes.
A profession that has evolved over time—until the rise, in the 1950s, of Italian fashion throughout world—and whose characteristics are tied to precision, care, and attention to fine and high-quality materials.
From that universe, Danilo has preserved the value of quality, the tailoring approach, the creative dimension, even if his life has taken a different path. Around the age of eighteen, when everyone was thinking about "what to do as a grown-up," with a book dedicated to Scottish kilts in hand, he did actually think of becoming a tailor. "At home I lived the stimulating world of tailoring, and I had a girlfriend who studied the history of costume," a sealed destiny, but he wanted to travel and be exposed to new things. So, he changed tack and chose to study communications in Perugia and practice theatre, acting at the Teatro della Cometa and working for the Teatro dell'Opera in Rome.
"I liked the idea of living different lives," of inventing sets like the one for the theatrical production *The Ballad of the Old Sailor* by Coleridge, "where a simple white sheet acted as a sail, animating the scene."
After Perugia, Malta, London, and Rome, he arrived in Milan in 2017, and joined the team at Raw&Co, the showroom of curiosities that finds places for objects and furnishings from different eras, in rooms designed with great attention to ambiance and interior design, in the historic center of the Lombard capital. Always on the lookout for exceptional pieces, both for work and personal passion, he is a frequent visitor to antique and vintage markets, and shops that stand for high craftsmanship. He collects bowler hats and walking sticks, which are well suited to his appearance of a young Italian gentleman from the past.
For Raw&Co he oversees communications and events with a tailored approach, because, after all, "Just as every occasion requires the right, tailor-made clothes, every environment dresses in a manner that represents the personality of its owner." For Danilo, being a contemporary tailor has become a real way of being that finds itself in everyday life.
"My daily appointment with coffee, for example, is a unique moment in which preparation is absolutely a ritual that gets me ready for the day. The morning light that filters through the window and the reflection of the ceramic in the cup melt together in the aroma of the coffee that comes out of the machine. It is poetic and stops time. I like to drink it in silence, looking at the Art Nouveau sinuous shapes that the steam makes when it comes out, dancing as it disappears into the room that is filled with aroma. For me, this is drinking coffee."
An apparently simple action that turns into a real experience, a little event to plan with care.

I

DANILO TAVERNA

Quality

Mi piace bere il caffè in silenzio, guardando le forme liberty e sinuose che fa il fumo quando esce

È CRESCIUTO TRA TAGLI DI TESSUTI, spolette di fili di mille sfumature, aghi e bottoni, gomitoli di lana ordinatamente suddivisi in un casellario multicolore, fodere morbide al tatto e forbici professionali, gessi per segnare i contorni, il metro per misurare lunghezze e larghezze. "Era il regno incontrastato di mia madre e di mia nonna materna, entrambe sarte. Sono state loro a educarmi al buon gusto, all'importanza dei dettagli, alla scelta dei materiali appropriati, all'accuratezza maniacale della confezione", racconta Danilo Taverna.

L'universo variegato della sartoria italiana ha una storia antica: risale al 1575 la fondazione dell'Università dei Sartori voluta da papa Gregorio XIII per iniziare al lavoro gli artigiani sartori, dal latino *sartor*, collegato al termine *sarcire* che significa restaurare, sistemare gli abiti. Un mestiere che è poi evoluto nel tempo – fino all'affermarsi, negli anni Cinquanta, della moda italiana nel mondo – e le cui caratteristiche sono legate a precisione, cura e attenzione ai materiali di pregio e qualità.

Di quell'universo, Danilo conserva proprio il valore della qualità, l'approccio sartoriale, la dimensione creativa, anche se la sua vita ha avuto un percorso diverso. Attorno ai diciotto anni, quando tutti si interrogavano su cosa fare da grandi, lui con un libro dedicato ai kilt scozzesi fra le mani, pensò effettivamente di fare il sarto. "A casa vivevo l'atmosfera stimolante della sartoria e avevo una fidanzata che studiava storia del costume." Ma voleva viaggiare, conoscere l'altrove. È così che ha virato di bordo scegliendo studi di comunicazione a Perugia e la pratica del teatro, recitando al Teatro della Cometa e lavorando per il Teatro dell'Opera a Roma. "Mi piaceva l'idea di vivere vite diverse", di inventare scenografie come quella per lo spettacolo *La ballata del vecchio marinaio* di Coleridge "dove una semplice tela bianca faceva da vela, animando la scena". Dopo Perugia, Malta, Londra e Roma, è approdato a Milano e nel 2017 è entrato nel team di Raw&Co, il *cabinet de curiosités* che accoglie oggetti e arredi di epoche diverse in ambienti allestiti, con grande attenzione alle atmosfere e all'interior design, nel centro storico del capoluogo lombardo. Sempre alla ricerca di pezzi d'eccezione, sia per lavoro che per passione personale, è un frequentatore assiduo dei mercati d'antiquariato, di vintage e di botteghe espressione di alta maestria artigiana. Colleziona bombette e bastoni da passeggio che ben si addicono alla sua aria da giovane gentiluomo italiano del passato.

Per Raw&Co cura la comunicazione e gli eventi con un approccio sartoriale, perché, in fondo, "ogni occasione deve avere l'abito adatto, confezionato su misura. Così come ogni ambiente viene vestito nel modo più adatto, scegliendo tessuti e accessori dalla camera da letto alla sala da pranzo". Essere un sarto contemporaneo, è diventato, per Danilo, un vero stile di vita, che si ritrova anche nella quotidianità. "Il mio appuntamento giornaliero con il caffè, per esempio, è un momento unico in cui la preparazione è assolutamente un rito che mi predispone alla giornata. La luce del mattino che filtra dalla finestra e il riflesso della ceramica della tazzina si sciolgono insieme nell'aroma del caffè che fuoriesce dalla macchina. È poetico e ferma il tempo. Mi piace berlo in silenzio, guardando le forme liberty e sinuose che fa il fumo quando esce, danzando mentre sparisce nella stanza che si riempie di profumo. Per me questo è bere il caffè."

Un'azione apparentemente semplice, ma che diventa una vera esperienza, un piccolo evento da organizzare con cura.

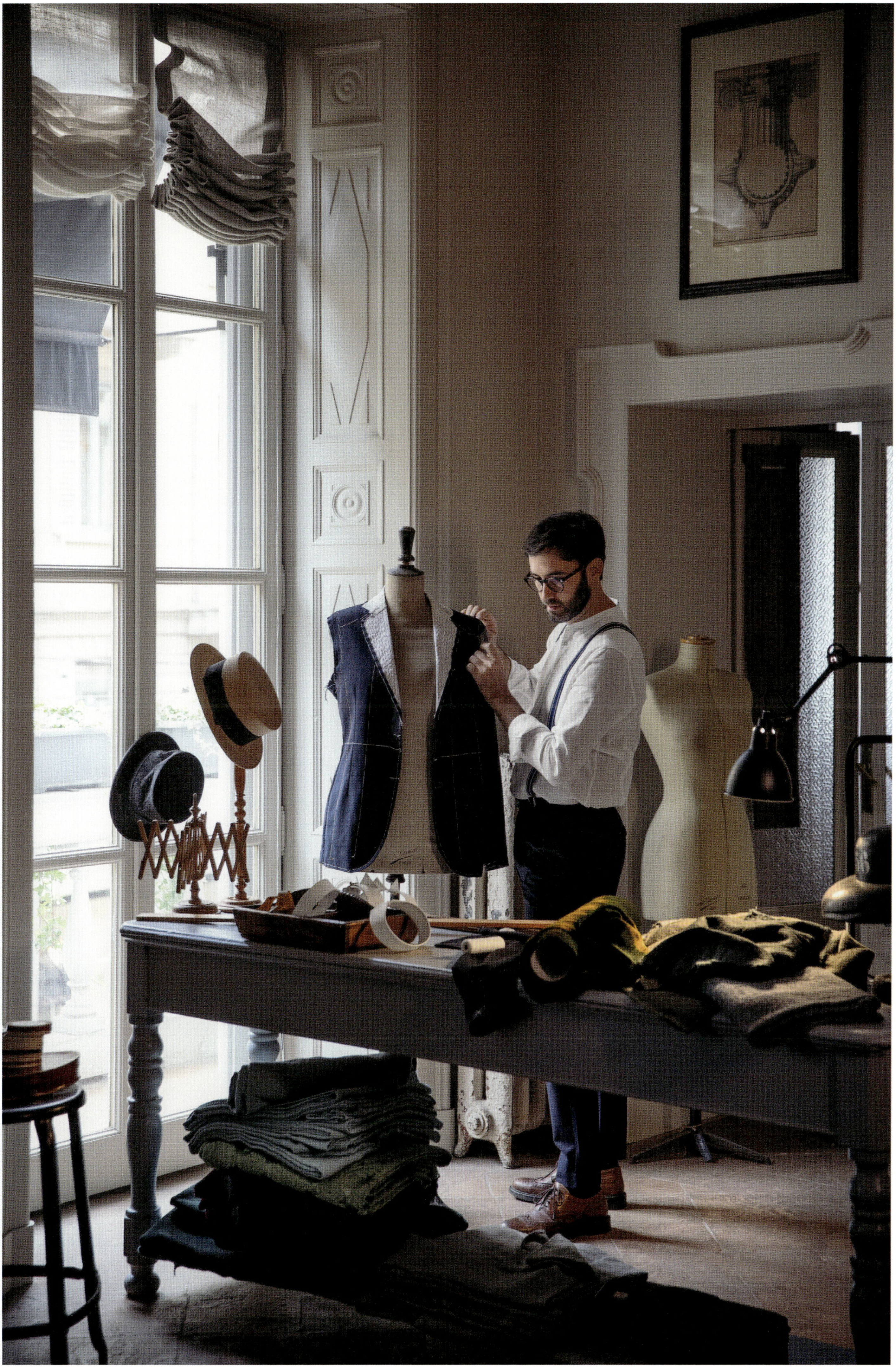

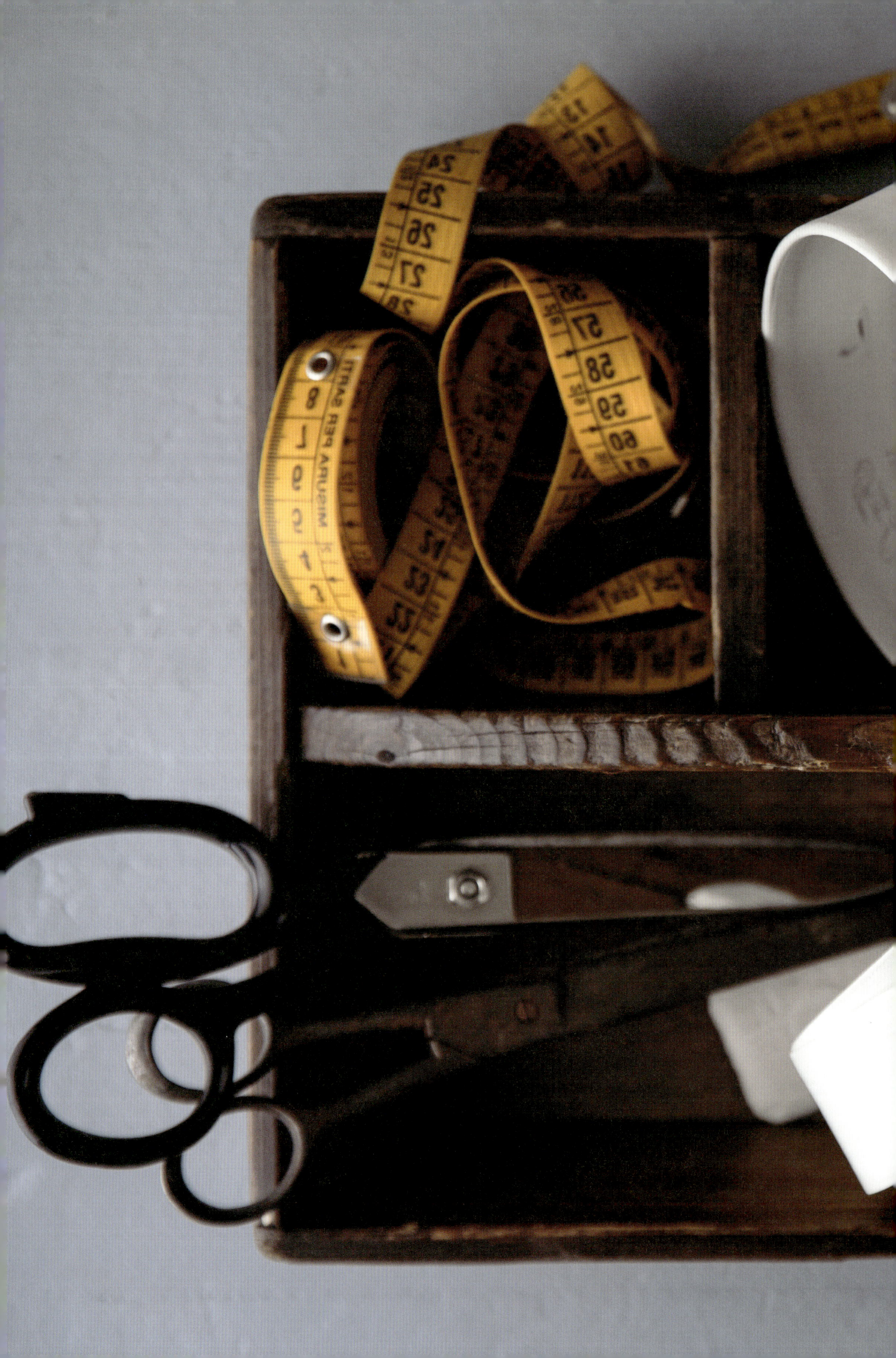

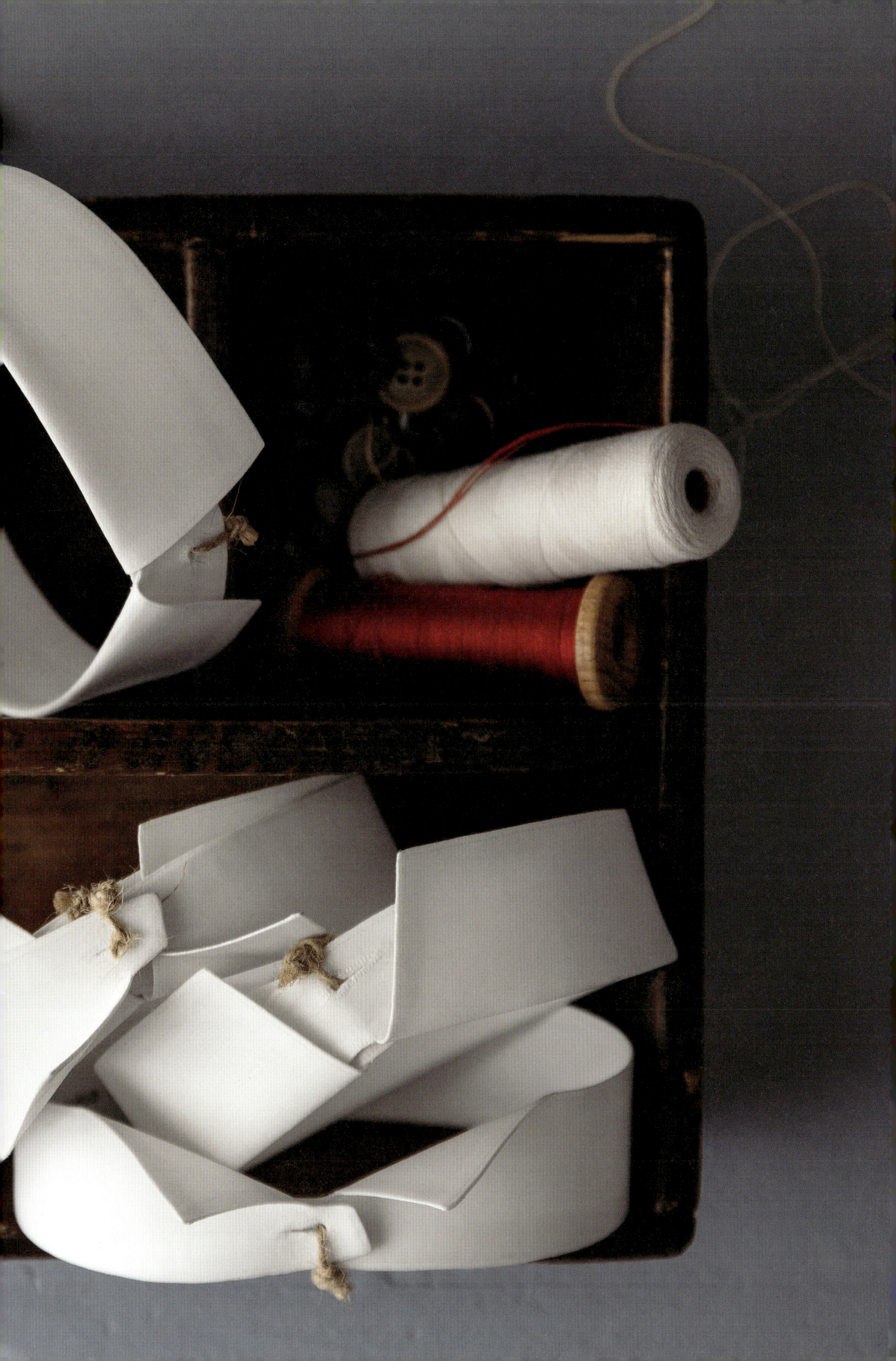

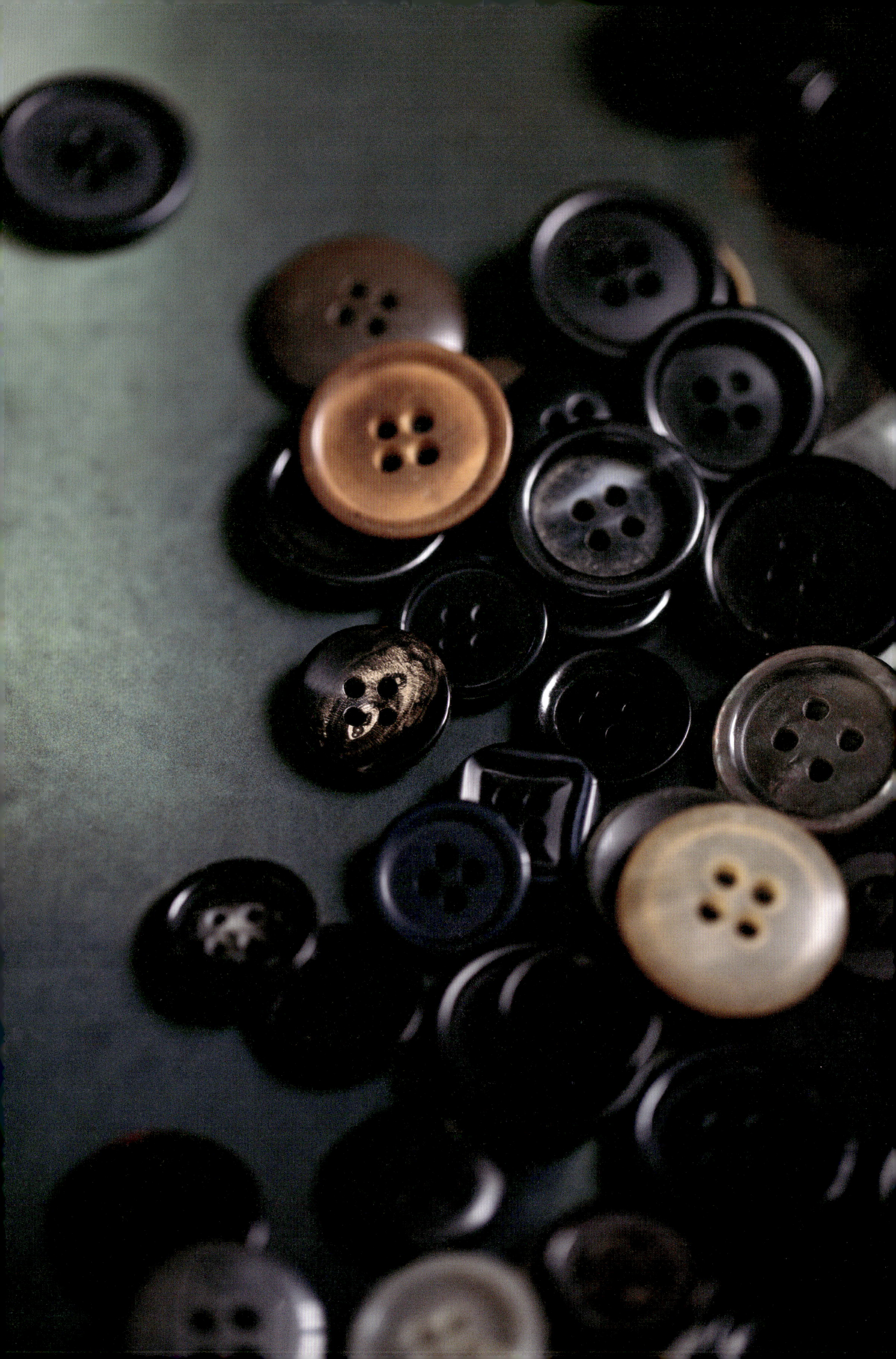

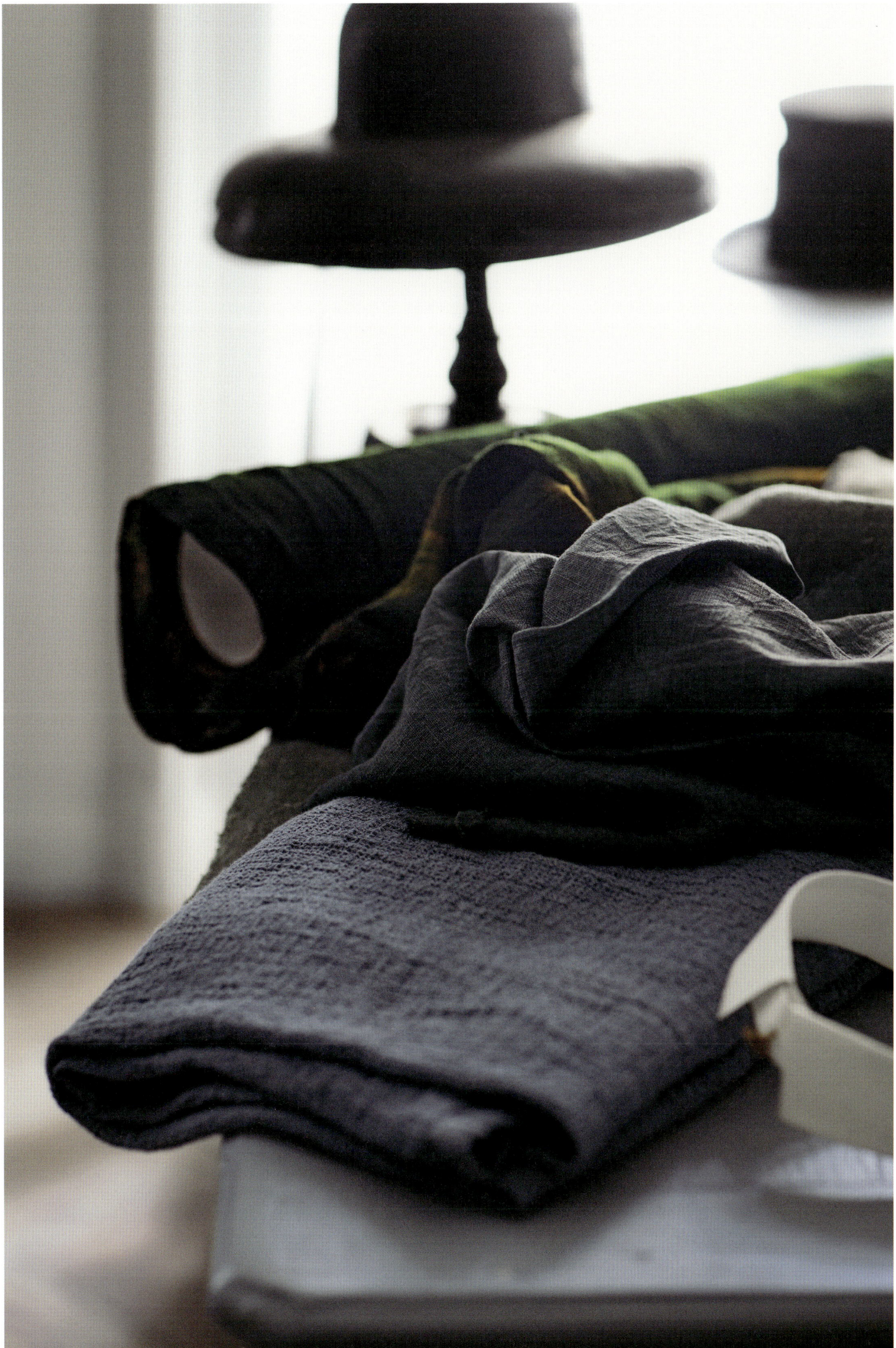

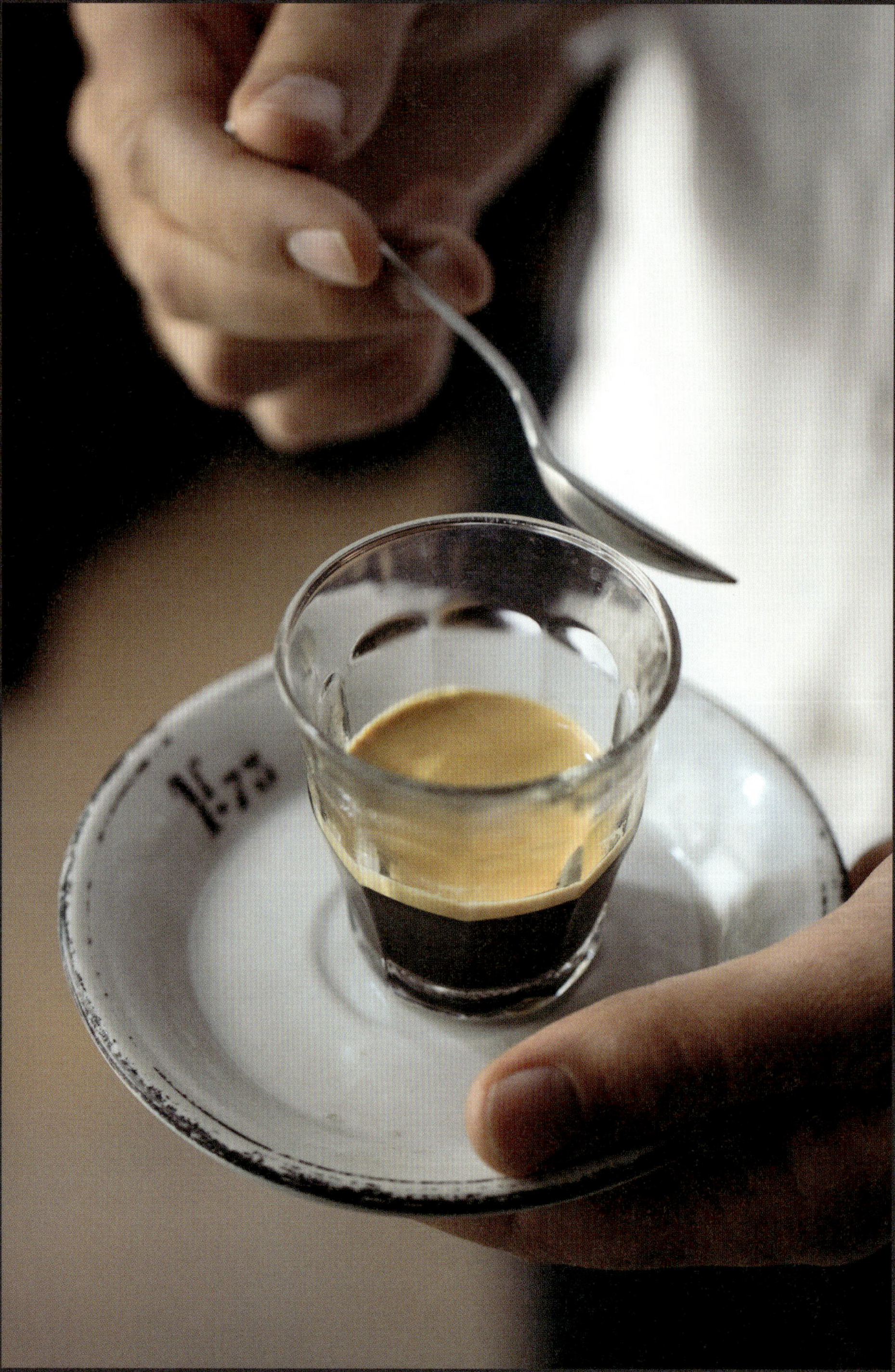

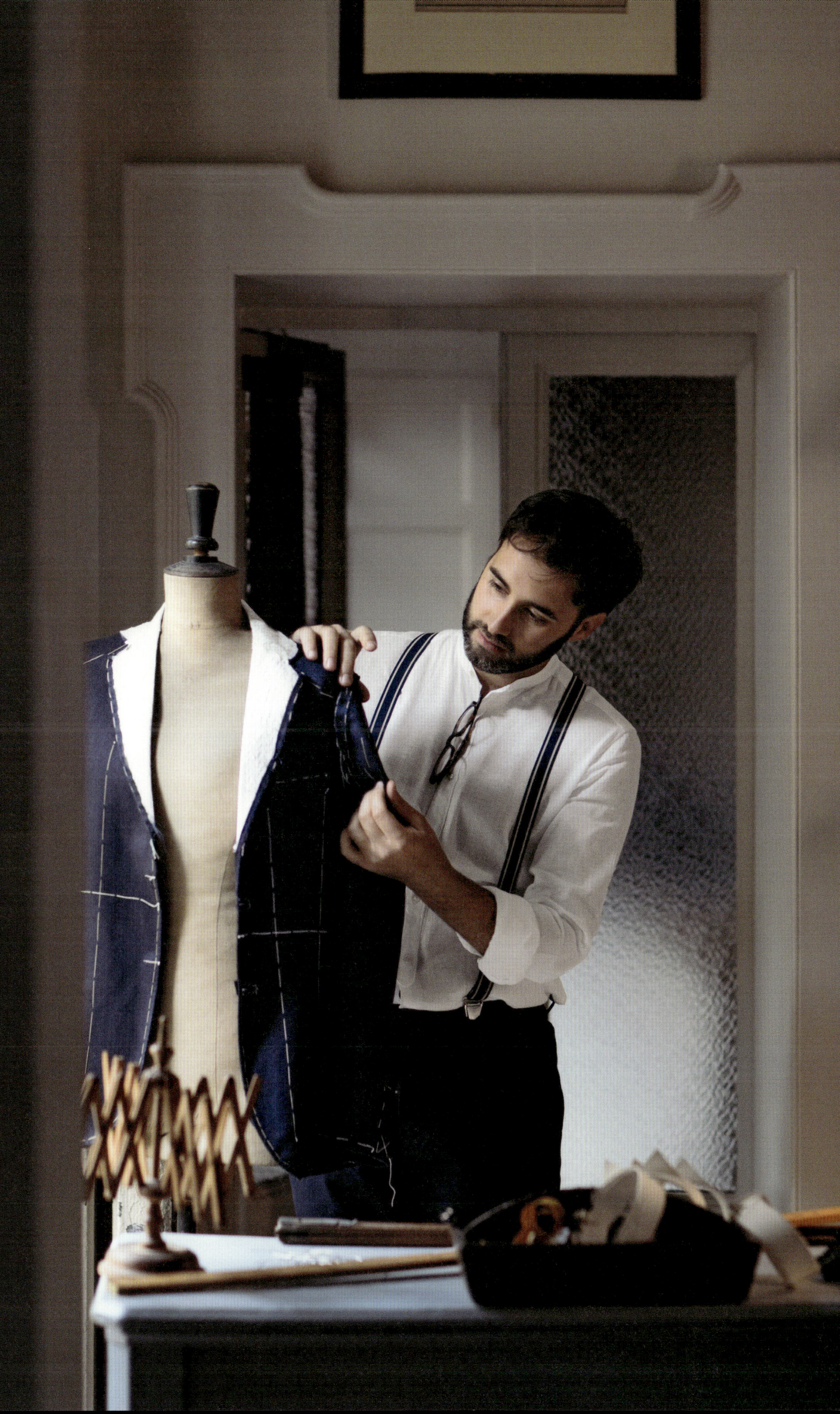

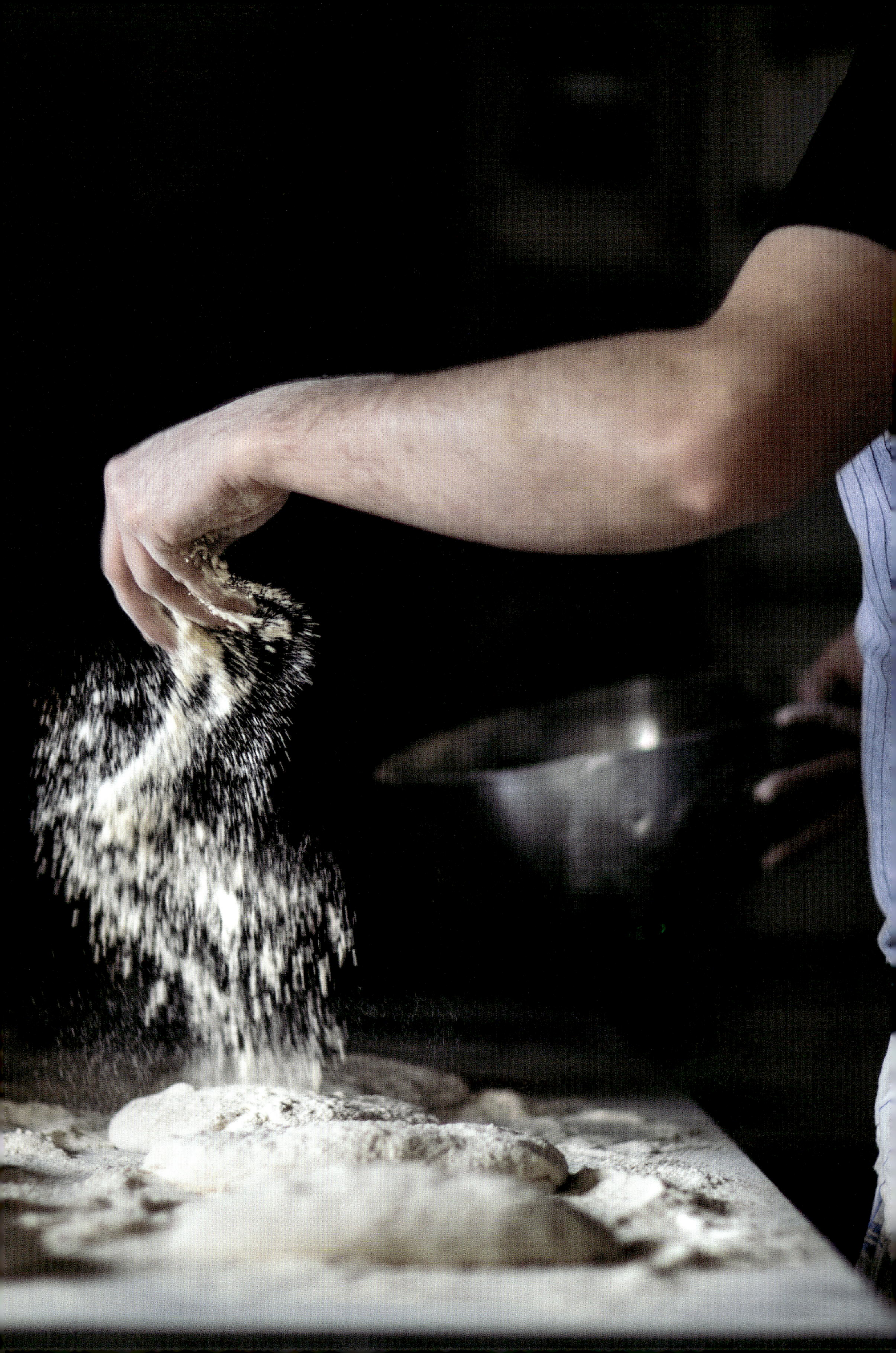

DAVIDE LONGONI AUTHENTICITY

TRULY ITALIAN ROOTS

Chapter / Capitolo

7

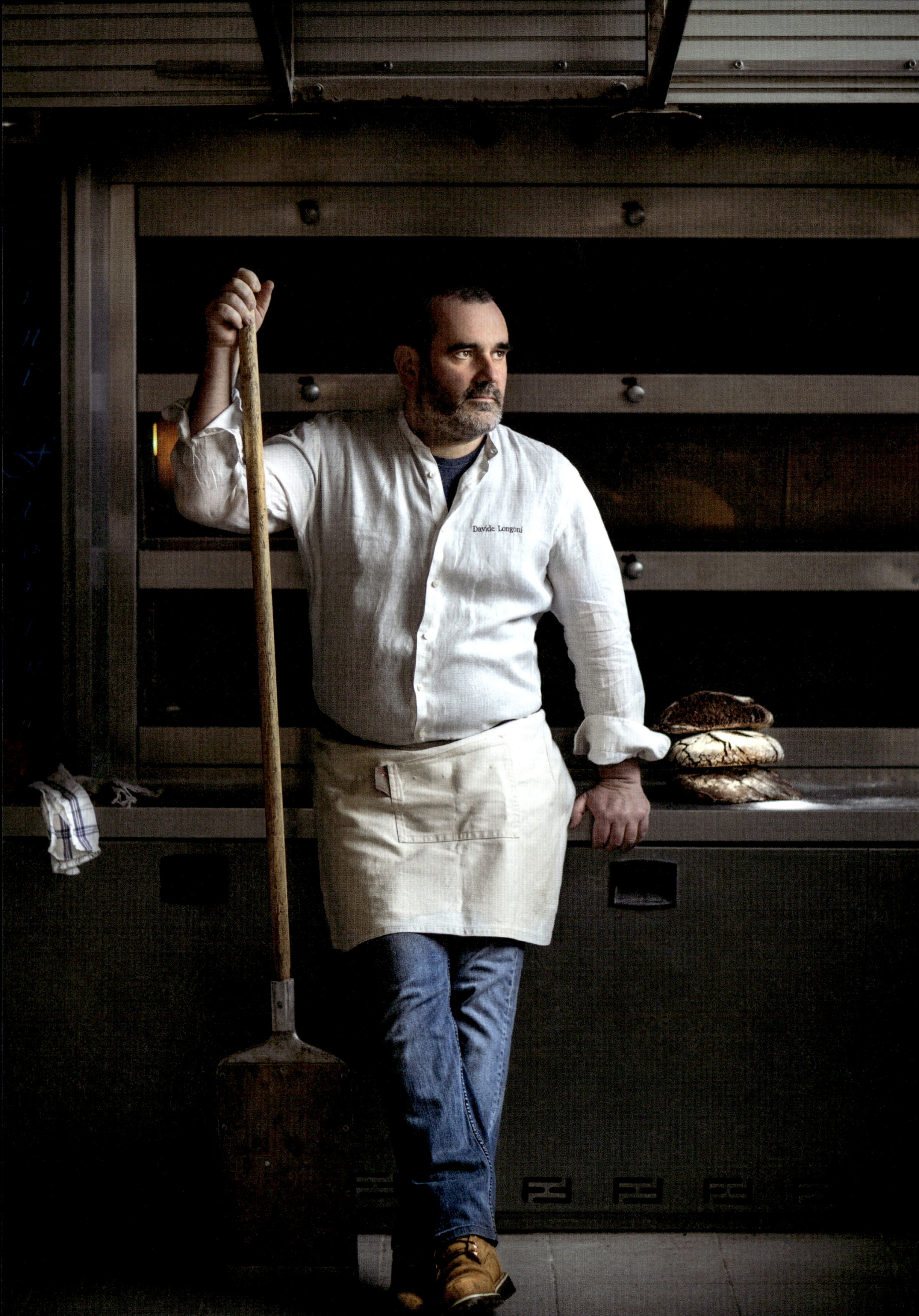
Davide Longoni

E

DAVIDE LONGONI

Authenticity

Being contemporary means being able to read the times, while remaining authentic

"YOU CANNOT LIVE WITHOUT BREAD, just as you cannot live without desire," says Davide Longoni at the end of the editor's note in *L'integrale*, the magazine he created about the culture of bread. In the pages of the magazine—made out of 100 percent recycled fibers—he reconciles his passion for literature, photography, travel, and nature with his profession, one of the oldest in the world, that of bread-maker, or baker.

He arrived at this profession at the age of almost thirty, after graduating with a degree in Modern Literature from the State University of Milan and working at Magnum Photos, the legendary international photographic agency founded in 1947, based on one of Robert Capa's ideas. Dissatisfied, he felt the need to change to a job where he could attend to all the stages of production: from the choice of raw materials to the finished product.

That is how, in 2003, as a baker's son, he returned to his roots, to the bakery that his father had opened in the 1960s in Carate Brianza. It was his testing ground, which was followed in 2012 by the opening in Milan of his store on Via Tiraboschi, followed by other ones (workshops included), going from the *michette* and *francesini* rolls, dear to the Lombards, to large loaves, *Borbonico* bread, a bread to share. Because "without bread, civilization would not exist," he says, his big hands resting on the table, his kind eyes smiling. He started "with four pillars: sourdough, stone-ground flour, large format, historic grains" and, in 2019, he entered the highest sphere of the best Italian bakers, with an endless stream of international titles and awards. It is no coincidence that his book is titled *Il senso di Davide per la farina. Storia di pane e passione. Un'impresa tutta italiana* [Davide's sense for flour. A story of bread and passion. An all-Italian enterprise] published by Ponte alle Grazie.

Today he heads up a team of 45 people, who work in his three shops and two workshops, but "unlike my father who invested in real estate, the profits go back into the company." And if bread is the bread of sharing, his projects are also shared. Like PAU—the movement of Urban Agricultural Bakers—launched in 2018 with Pasquale Polito from Forno Brisa in Bologna and Matteo Piffer from Panificio Moderno in Isera. In the movement's Manifesto we read that "making bread is an agricultural act," "the baker is a landscape architect," "bread has a name and a surname." Because today "being contemporary means being able to read the times, while remaining authentic," underscores Davide.

For some years now, on land near the abbey in Chiaravalle, in the province of Milan, he has grown rye and spelt, which are ingredients in his bread and other products. The land, originally devoted to agriculture, had been abandoned and remained uncultivated for a long time. Now, it is part of an ethical project of urban regeneration. Thanks to that positive experience, he has started cultivating land in Abruzzo, in Loreto Aprutino, in the province of Pescara, an area dedicated to growing grains because "the control of the supply chain starts from the earth." With the dream of being able to make bread only from flour he produces.

Tireless, he likes to start the day calmly, taking his time. "The day begins in a soft way when Tatiana, my partner, and I, after waking up, take our time to make two espressos." Then, he is ready to always churn out new projects that take shape in his mind, while traveling on his motorcycles—he has a collection—and during his journeys of discovery and research. In the land of the gold-miners in America, overlooking the Pacific coast, where the interest in organic food dates back to the 1960s, he found that much attention is paid to the world of bread and coffee.

I

DAVIDE LONGONI

Authenticity

Essere contemporanei vuol dire essere capaci di leggere i tempi, pur restando autentici

"NON SI PUÒ VIVERE SENZA PANE, come non si può vivere senza desiderio", afferma Davide Longoni a chiusura dell'editoriale de "L'integrale", la rivista da lui creata sulla cultura del pane. Sulle pagine del *magazine* – realizzato con il cento per cento di fibre riciclate – concilia la sua passione per la letteratura, la fotografia, i viaggi e la natura con il suo mestiere, uno tra i più antichi al mondo, quello di panettiere, o fornaio.
Vi è arrivato a quasi trent'anni, dopo la laurea in Lettere Moderne all'Università Statale di Milano e un'esperienza alla Magnum Photos, la leggendaria agenzia fotografica internazionale fondata nel 1947 da un'idea di Robert Capa. Insoddisfatto, avvertiva la necessità di un cambiamento in favore di un lavoro dove poter seguire tutte le fasi della produzione: dalla scelta delle materie prime al prodotto finito.
Così, nel 2003, figlio d'arte, è tornato alle sue radici, al panificio che il padre aveva aperto negli anni Sessanta a Carate Brianza. È stato il suo banco di prova, a cui è seguita, nel 2012, l'apertura a Milano del suo spazio in Via Tiraboschi e via via degli altri (laboratori compresi) passando dalle michette e i francesini, cari ai lombardi, al pane di taglio grosso, il pane borbonico, il pane della condivisione.
Perché "senza pane la civiltà non esisterebbe", racconta, le grandi mani appoggiate sul tavolo, gli occhi gentili che sorridono. È partito "da quattro pilastri: pasta madre, farine macinate a pietra, grande formato, grani storici" e, nel 2019, è entrato nell'empireo dei migliori panificatori italiani, in un *continuum* di titoli e premi internazionali. Non a caso il suo libro si intitola *Il senso di Davide per la farina. Storia di pane e passione. Un'impresa tutta italiana* (Ponte alle Grazie).
Oggi è a capo di una squadra di quarantacinque persone, che lavorano tra i suoi tre negozi e i due laboratori, ma "diversamente da mio padre che investiva negli immobili, gli utili finiscono in azienda". E se il pane è il pane della condivisione, anche i suoi progetti sono condivisi. Come il PAU – il movimento dei Panificatori Agricoli Urbani – lanciato nel 2018 con Pasquale Polito di Forno Brisa a Bologna e Matteo Piffer del Panificio Moderno di Isera.
Nel Manifesto del movimento si legge che "fare il pane è un atto agricolo", "il panificatore è un paesaggista", "il pane ha nome e cognome". Perché oggi "essere contemporanei vuol dire essere capaci di leggere i tempi, pur restando autentici", sottolinea Davide.
Da alcuni anni, nei terreni vicini all'abbazia di Chiaravalle, in provincia di Milano, coltiva segale e farro, ingredienti del suo pane e dei suoi prodotti. Le terre, in origine votate all'agricoltura, erano state abbandonate e rimaste incolte per lungo tempo. Ora, sono parte di un progetto virtuoso di rigenerazione urbana. Grazie all'esperienza positiva, ha messo a regime terreni in Abruzzo, a Loreto Aprutino in provincia di Pescara, una zona dedicata alla coltivazione dei cereali perché "il controllo della filiera parte dalla terra". Con il sogno di poter panificare solo con farine di propria produzione.
Instancabile, preferisce iniziare la mattina con calma, prendendosi del tempo. "La giornata entra con più morbidezza se io e Tatiana, la mia compagna, ci prendiamo del tempo al risveglio per farci due espressi."
Sforna sempre nuovi progetti che prendono forma nella sua mente mentre viaggia a bordo delle sue moto – ne ha una collezione – e durante i suoi viaggi di scoperta e ricerca. Nelle terre americane dei cercatori d'oro, affacciate sulla costa del Pacifico, dove l'interesse per il biologico data agli anni Sessanta, ha trovato grande attenzione per il mondo del pane e del caffè.

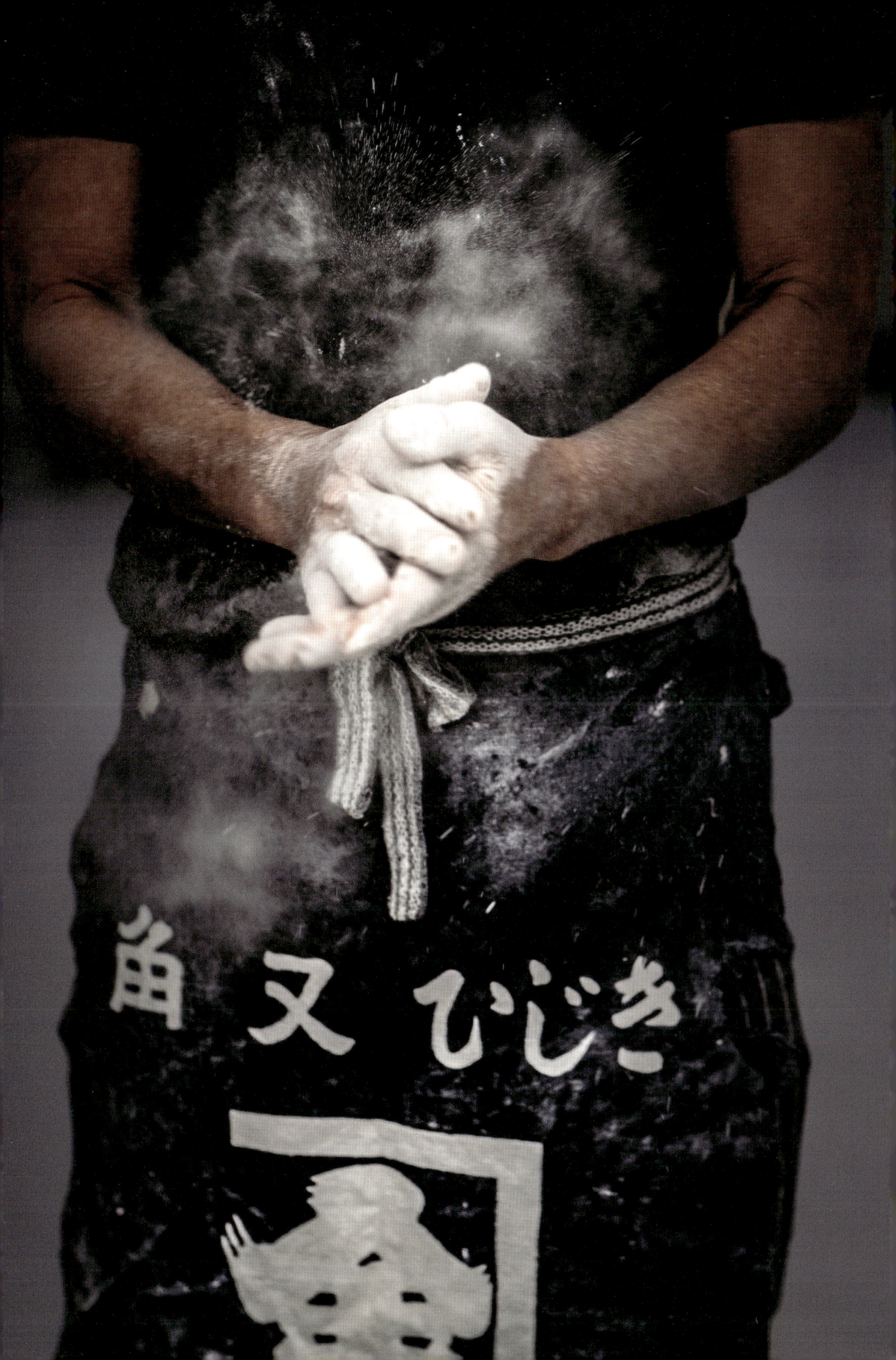
角又ひじき

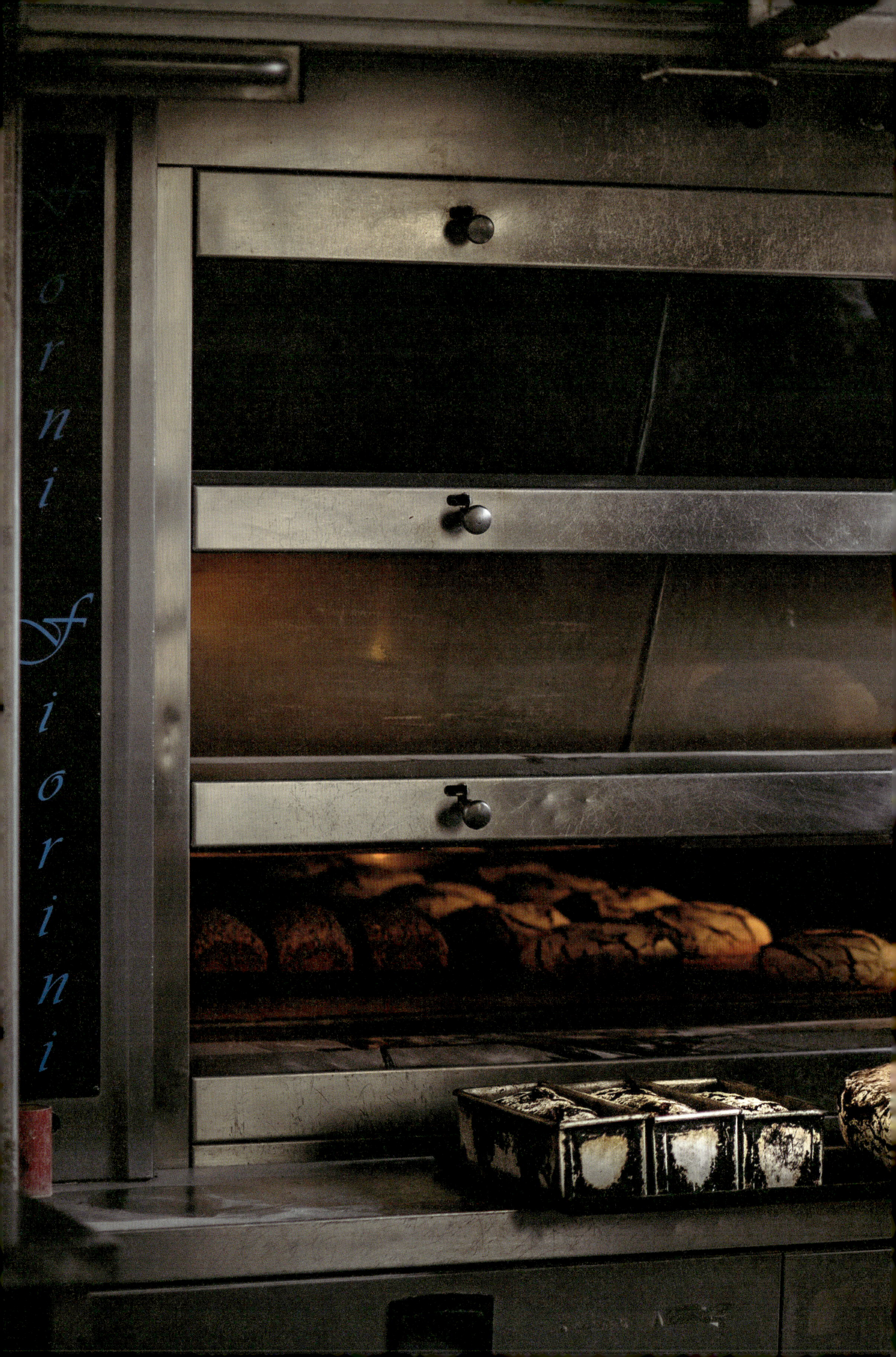
orni Fiorini

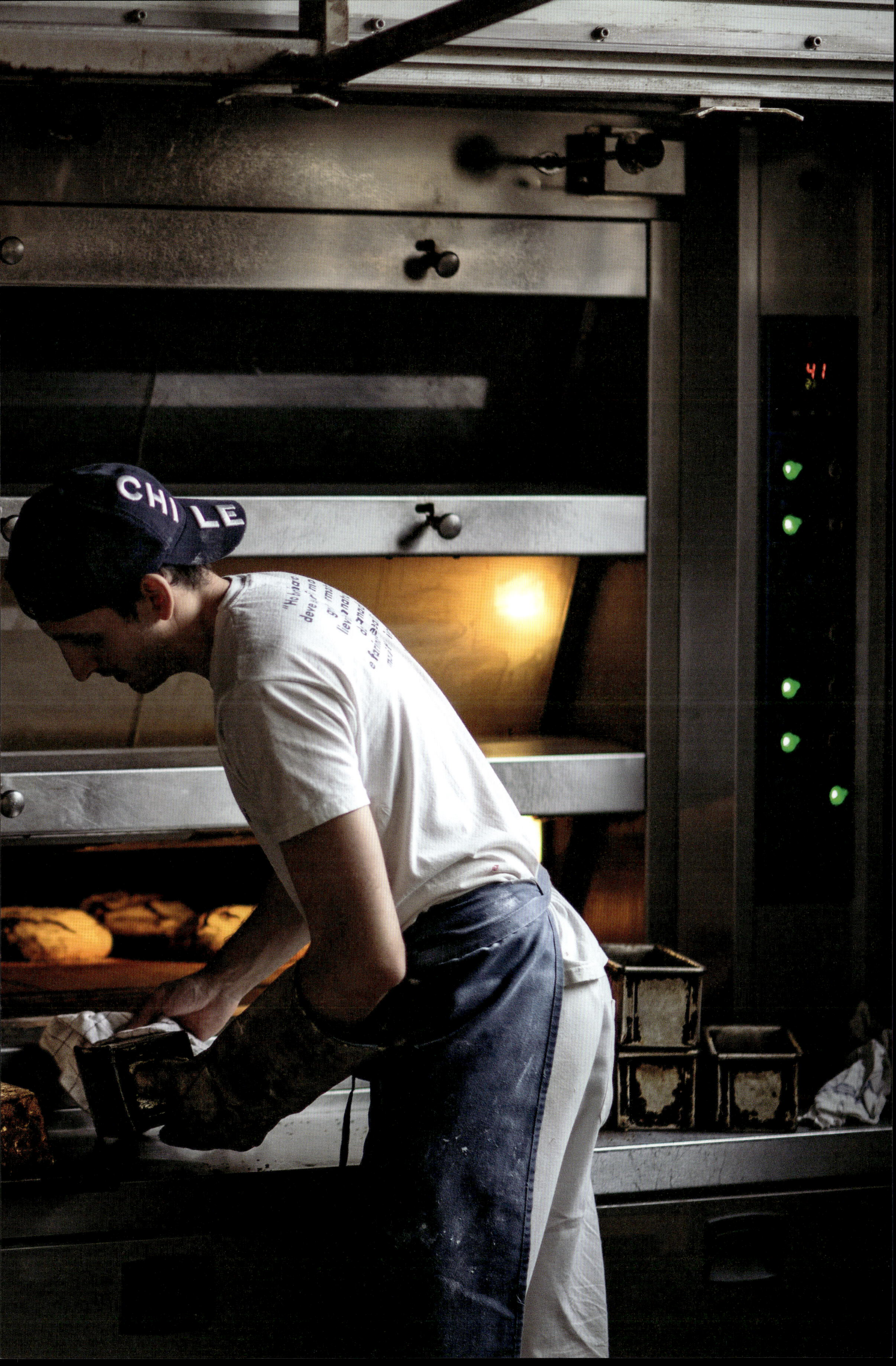
CHILE

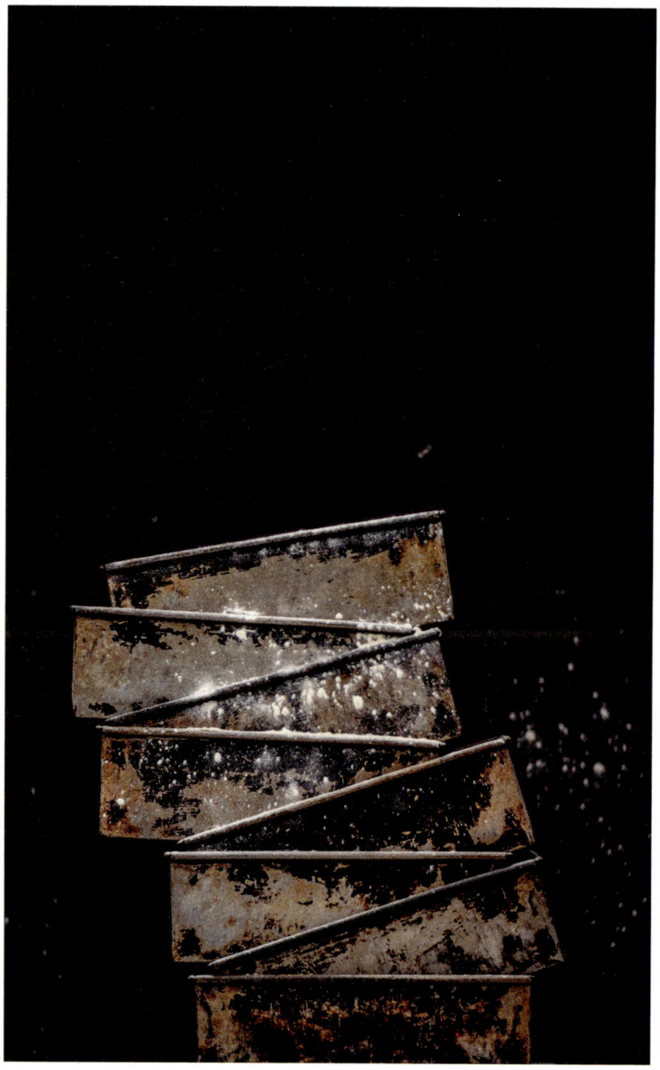

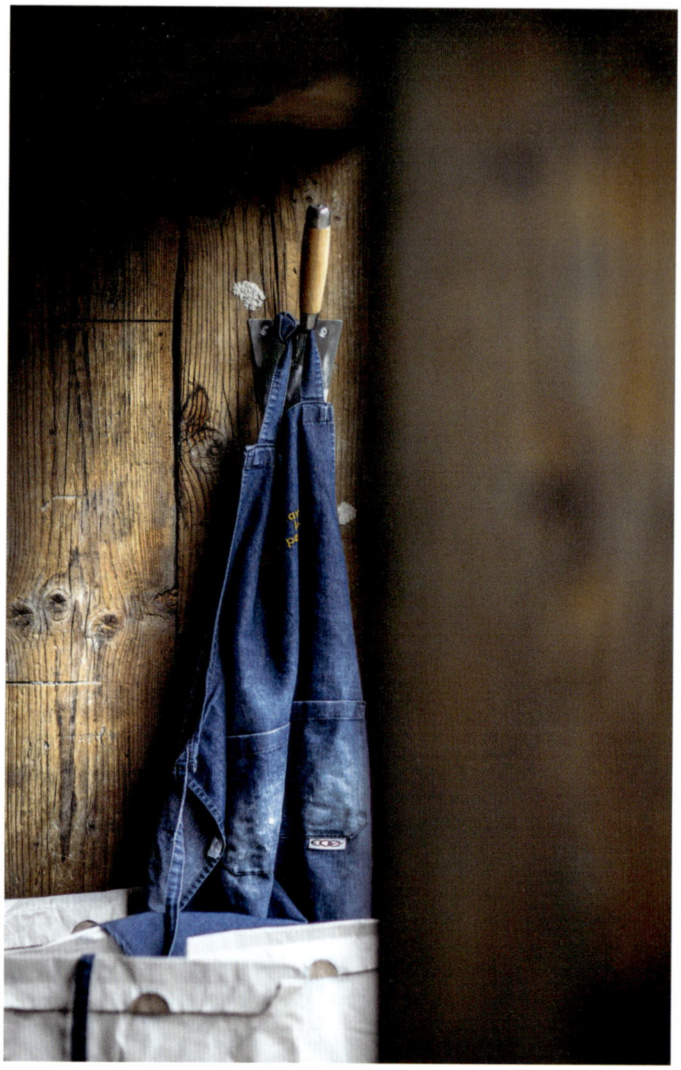

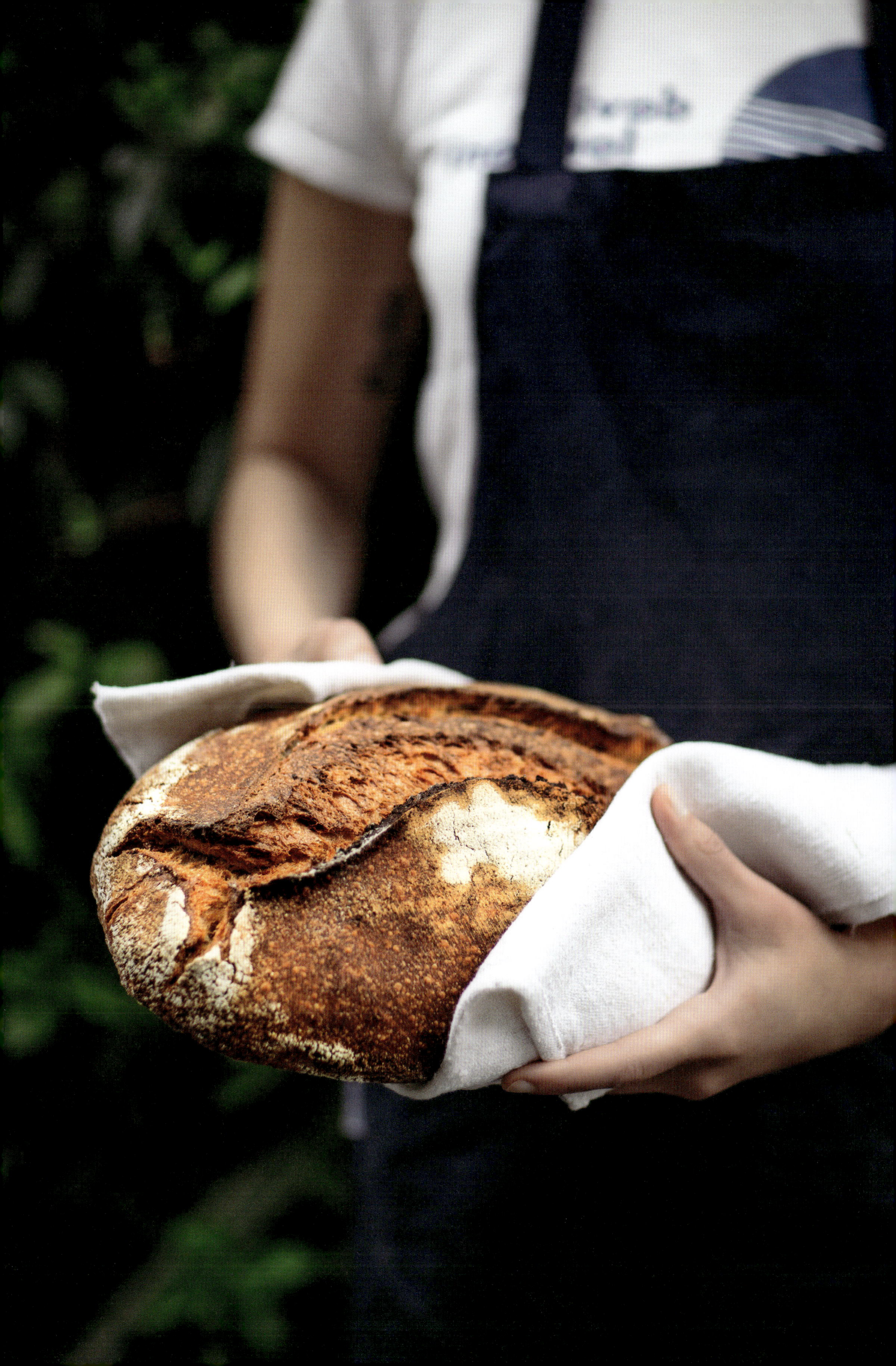

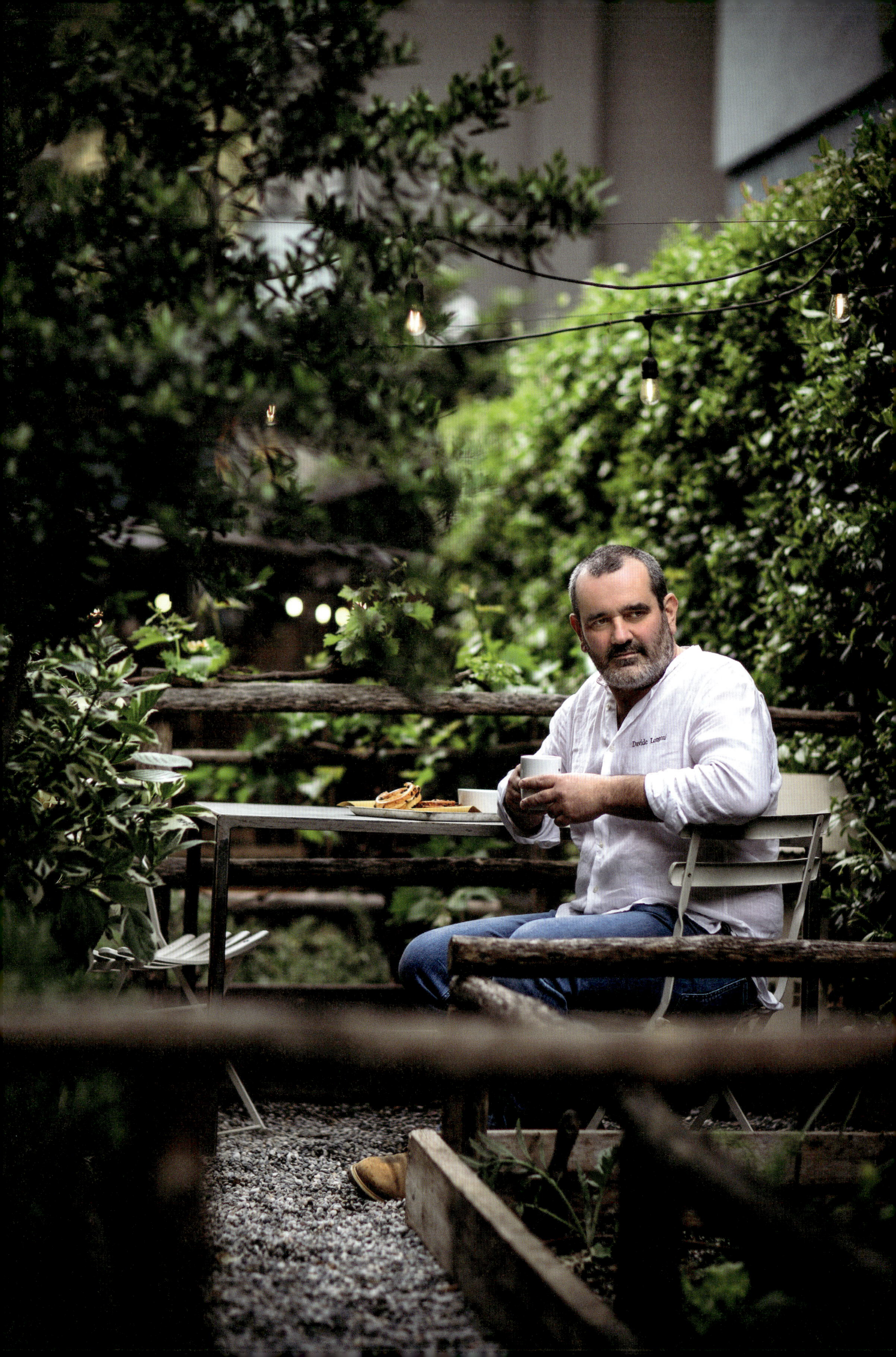
Davide Longoni

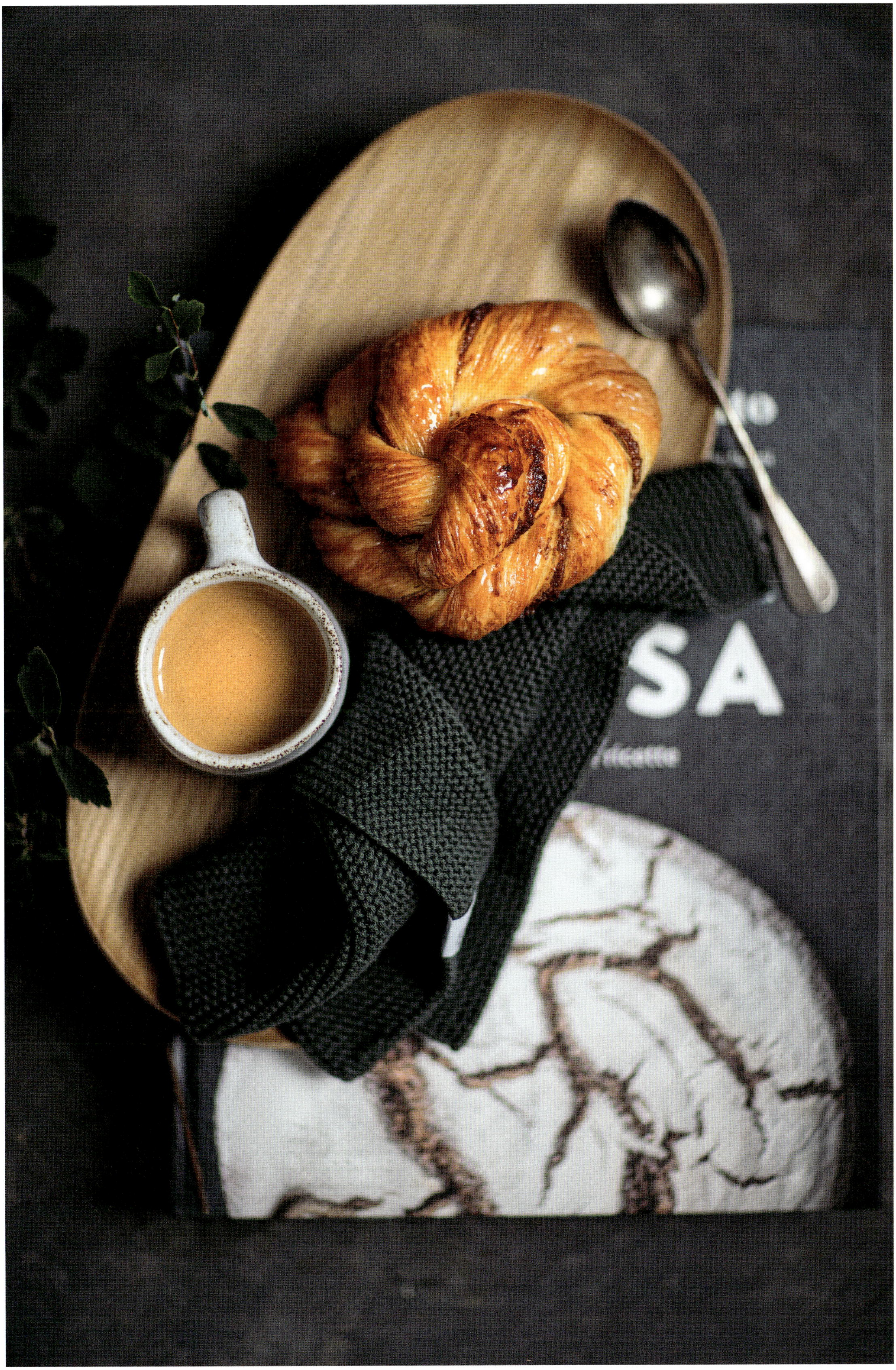

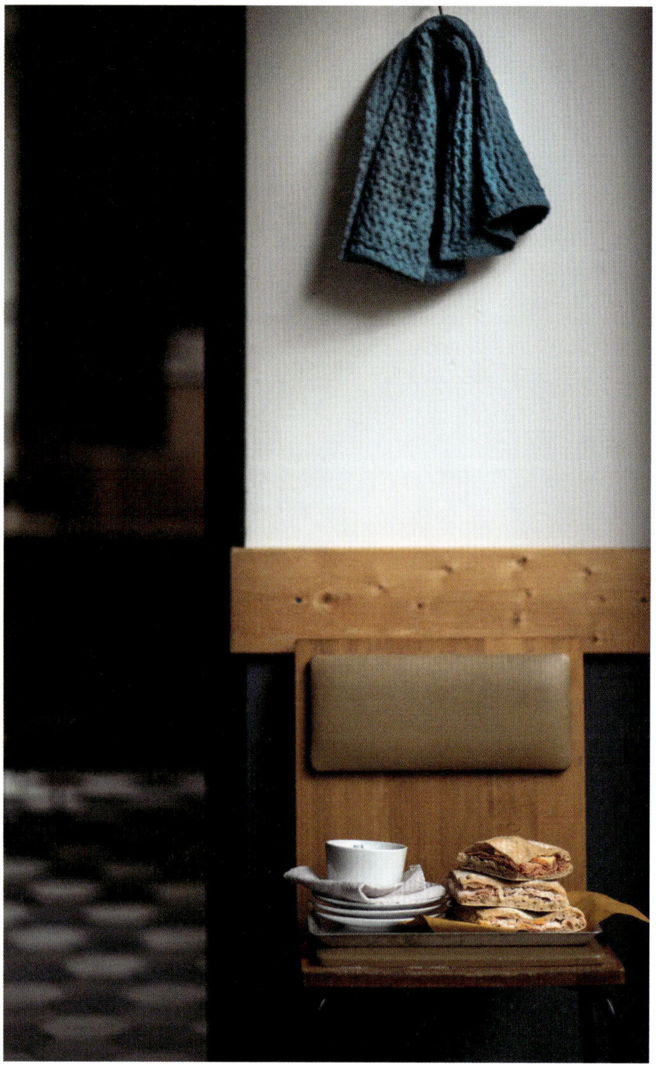
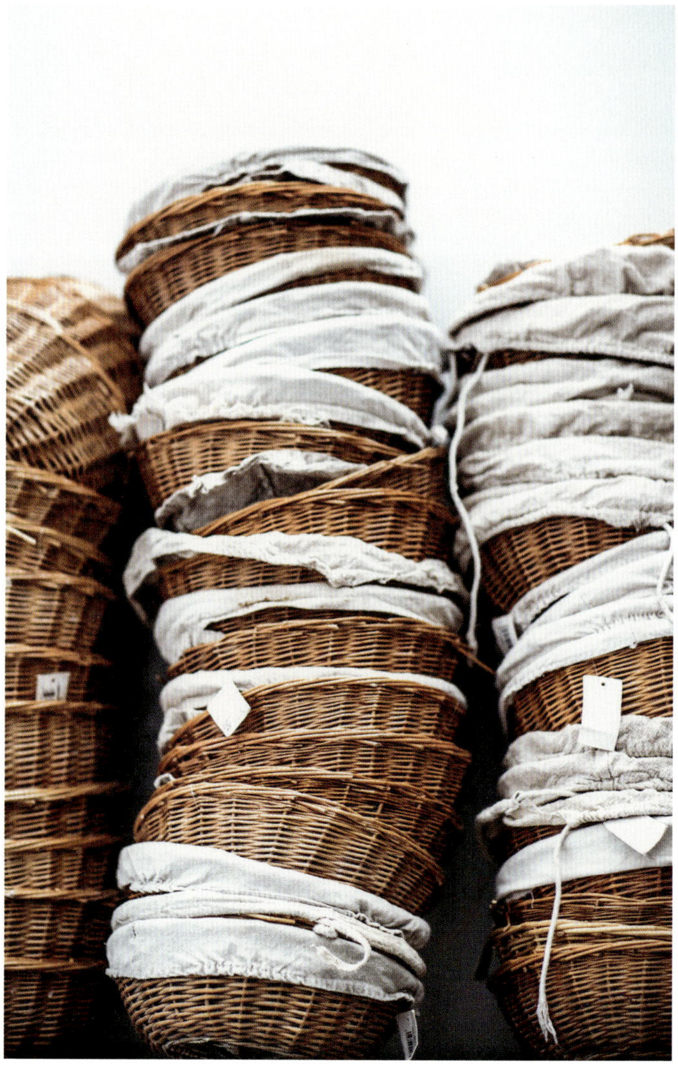

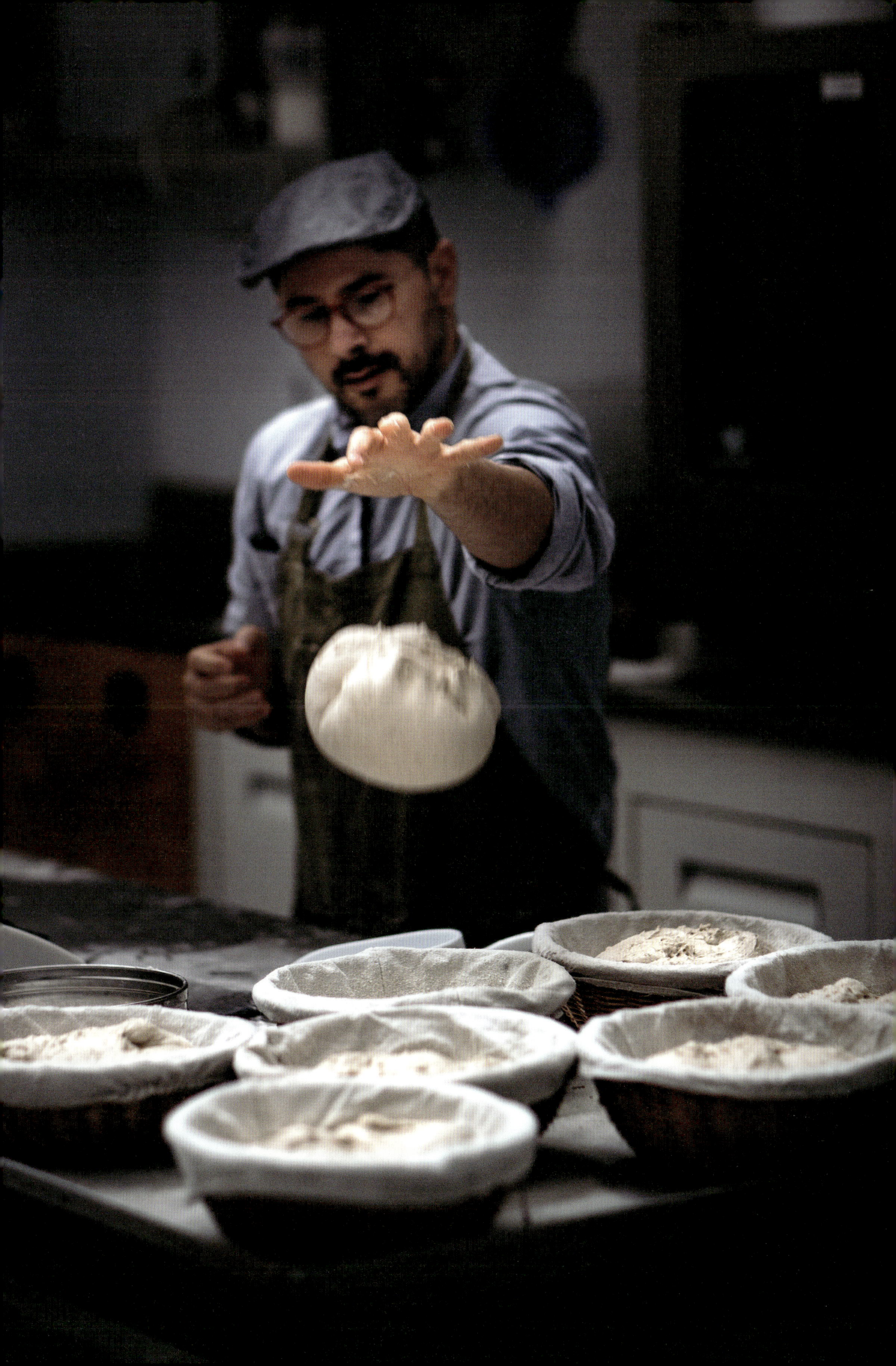

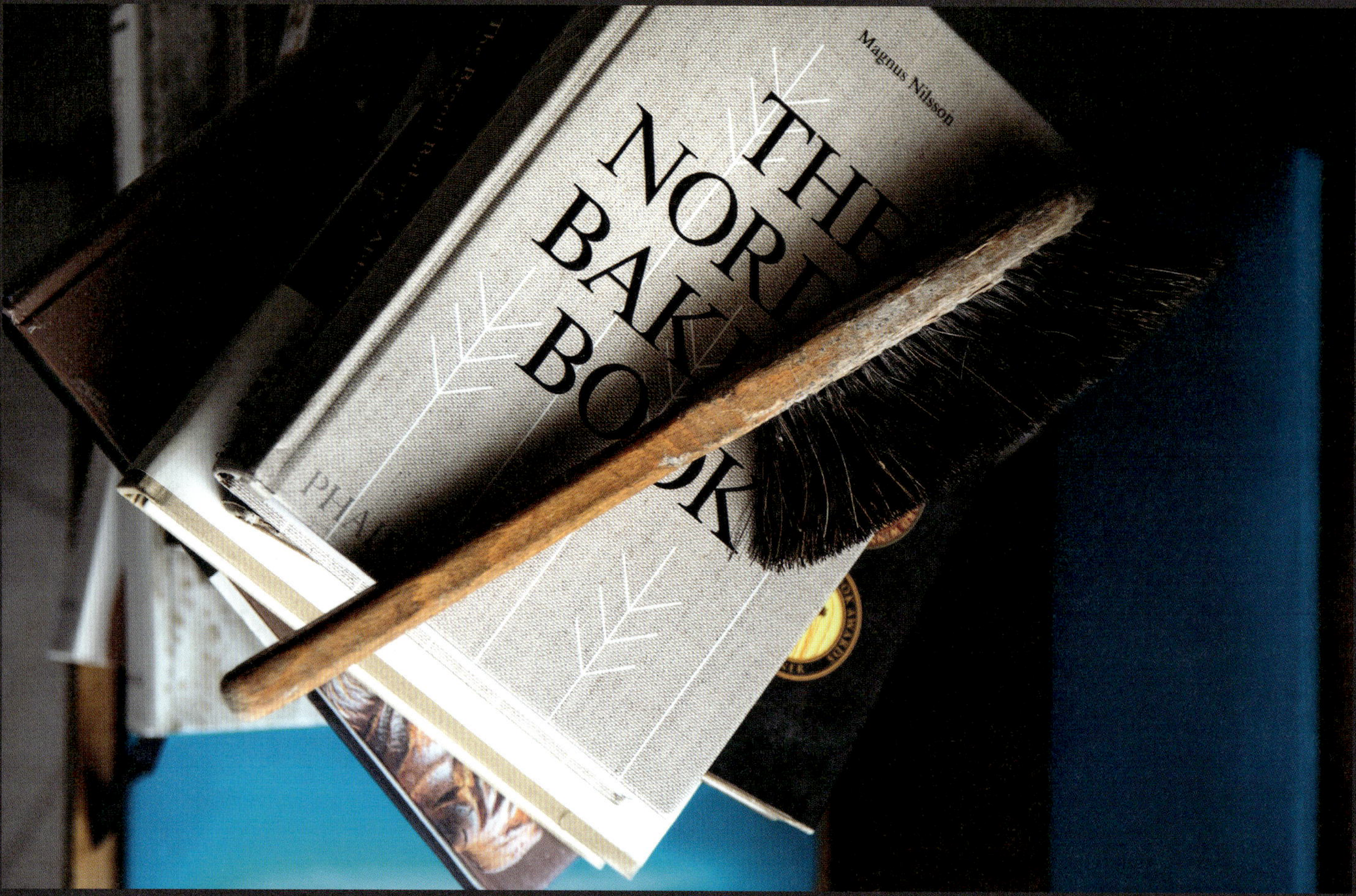
Magnus Nilsson

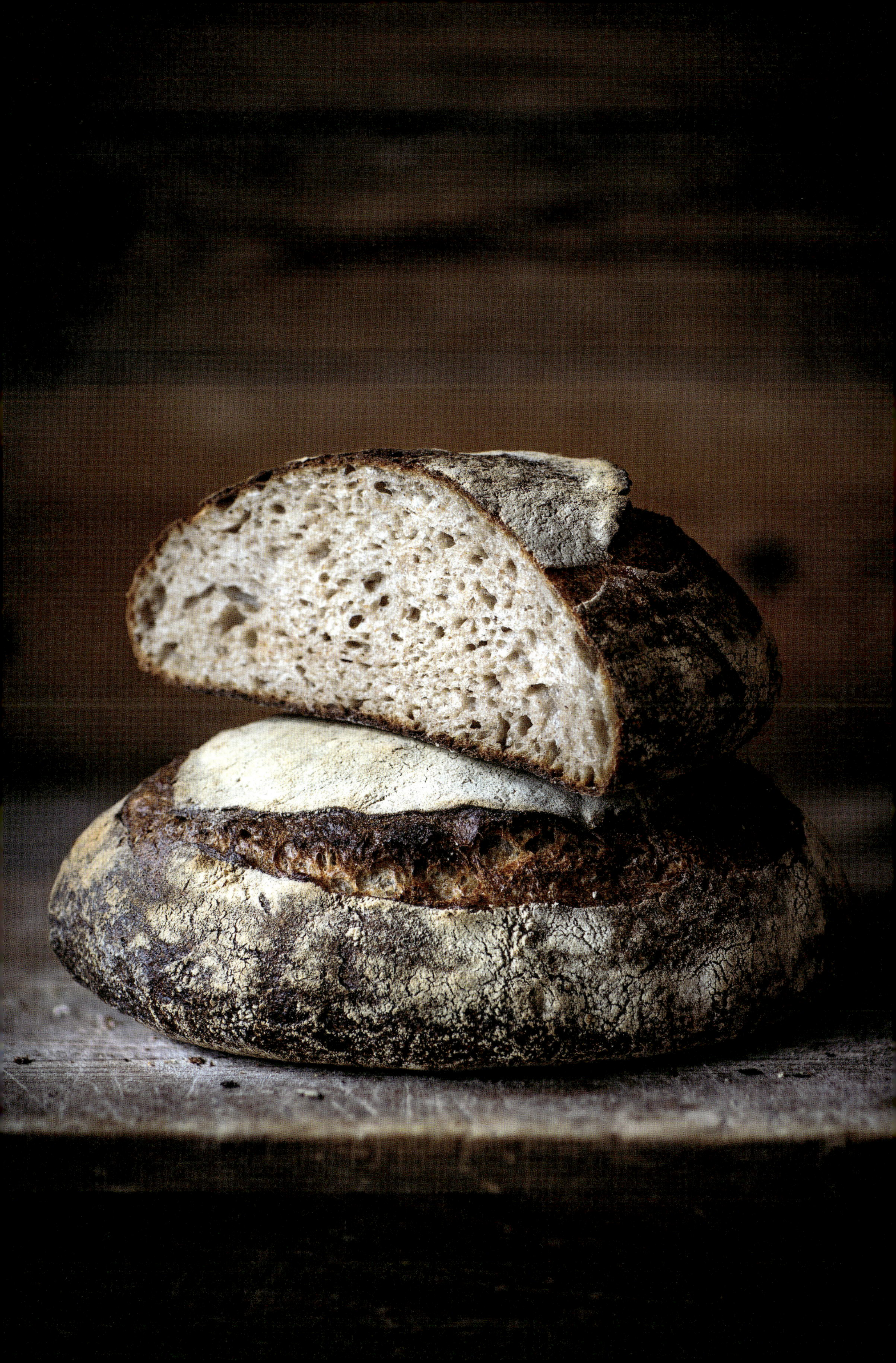

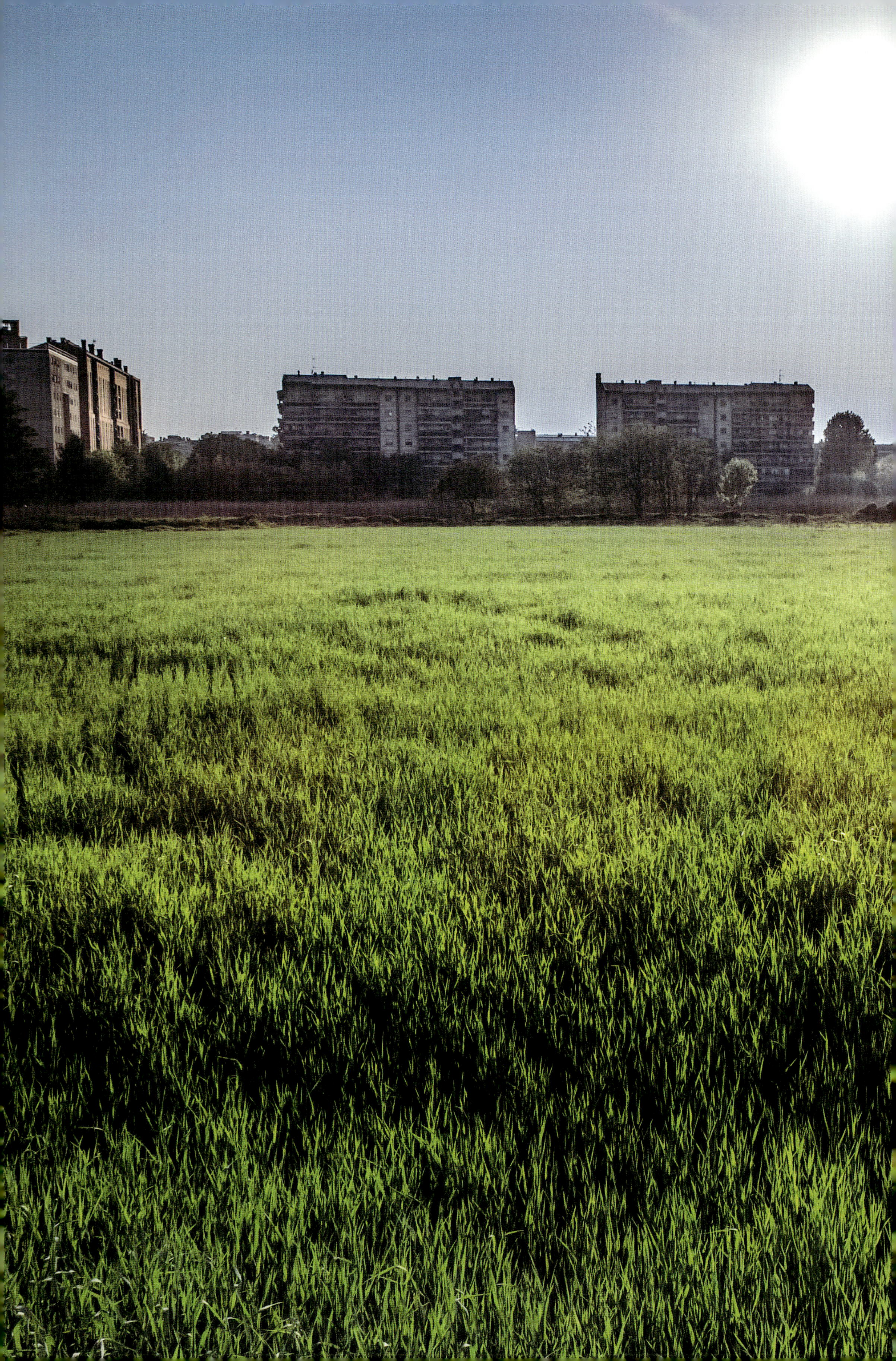

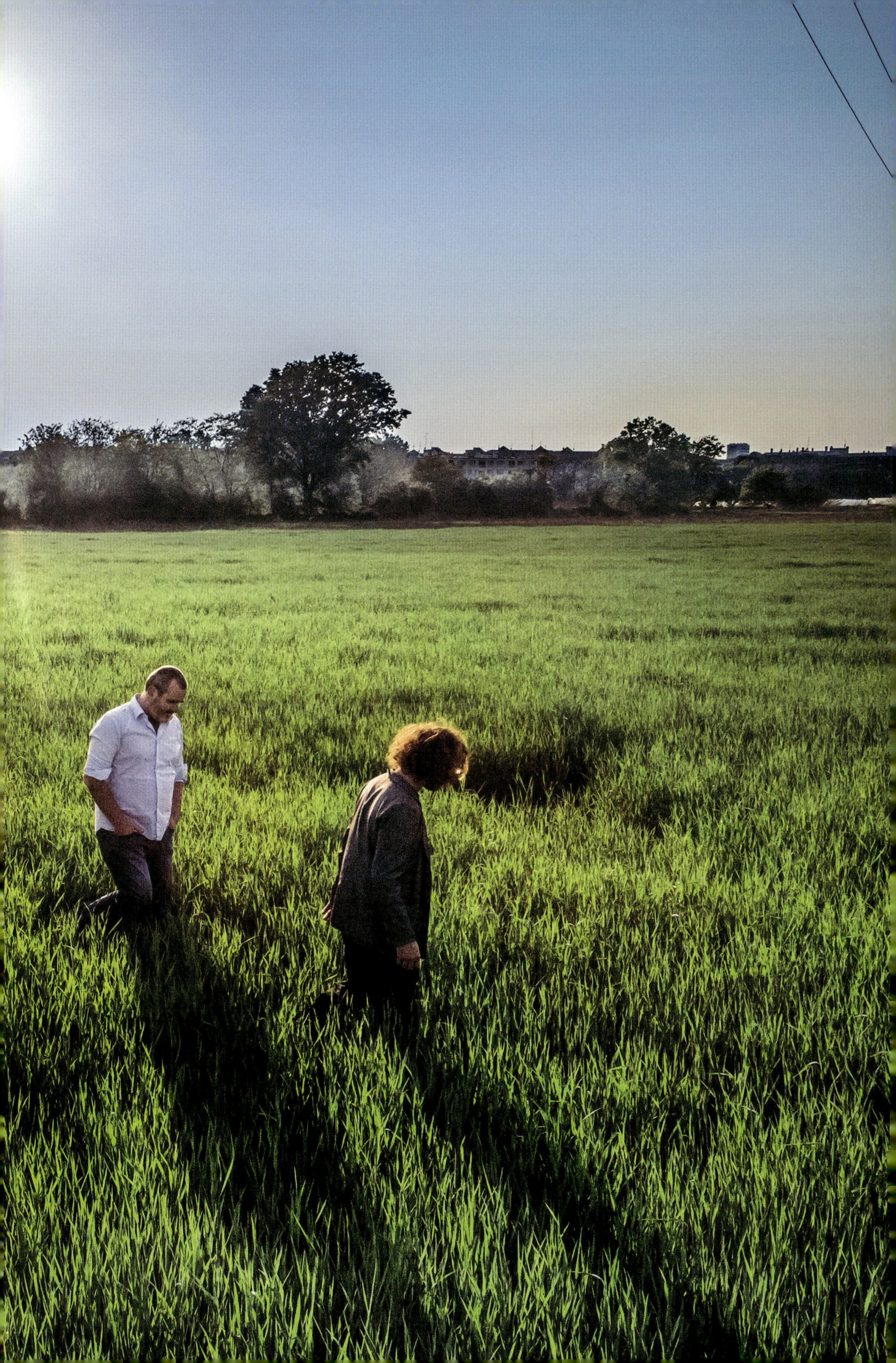

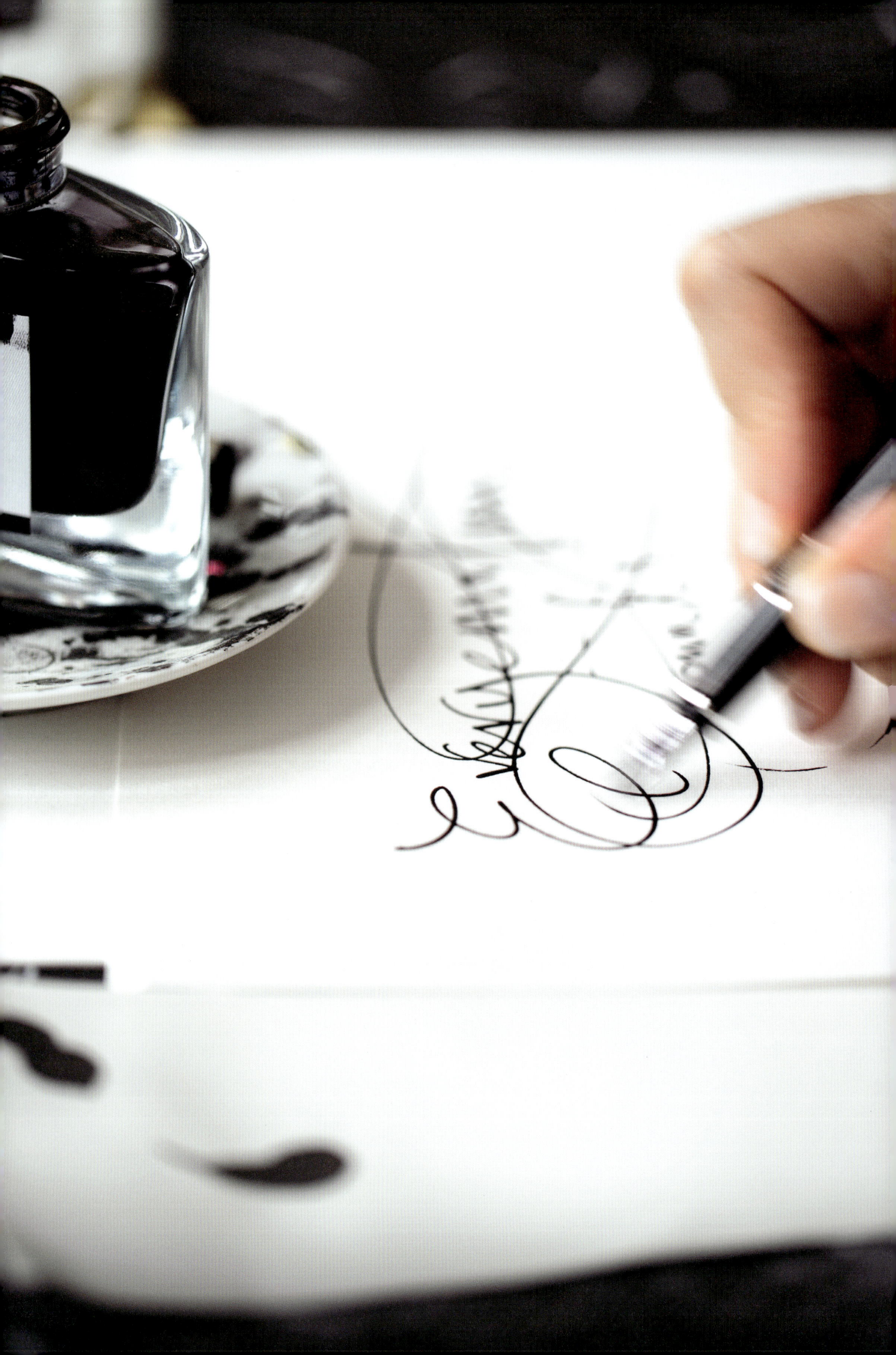

BETTY SOLDI EMOTION

TRULY ITALIAN ROOTS

Chapter / Capitolo

8

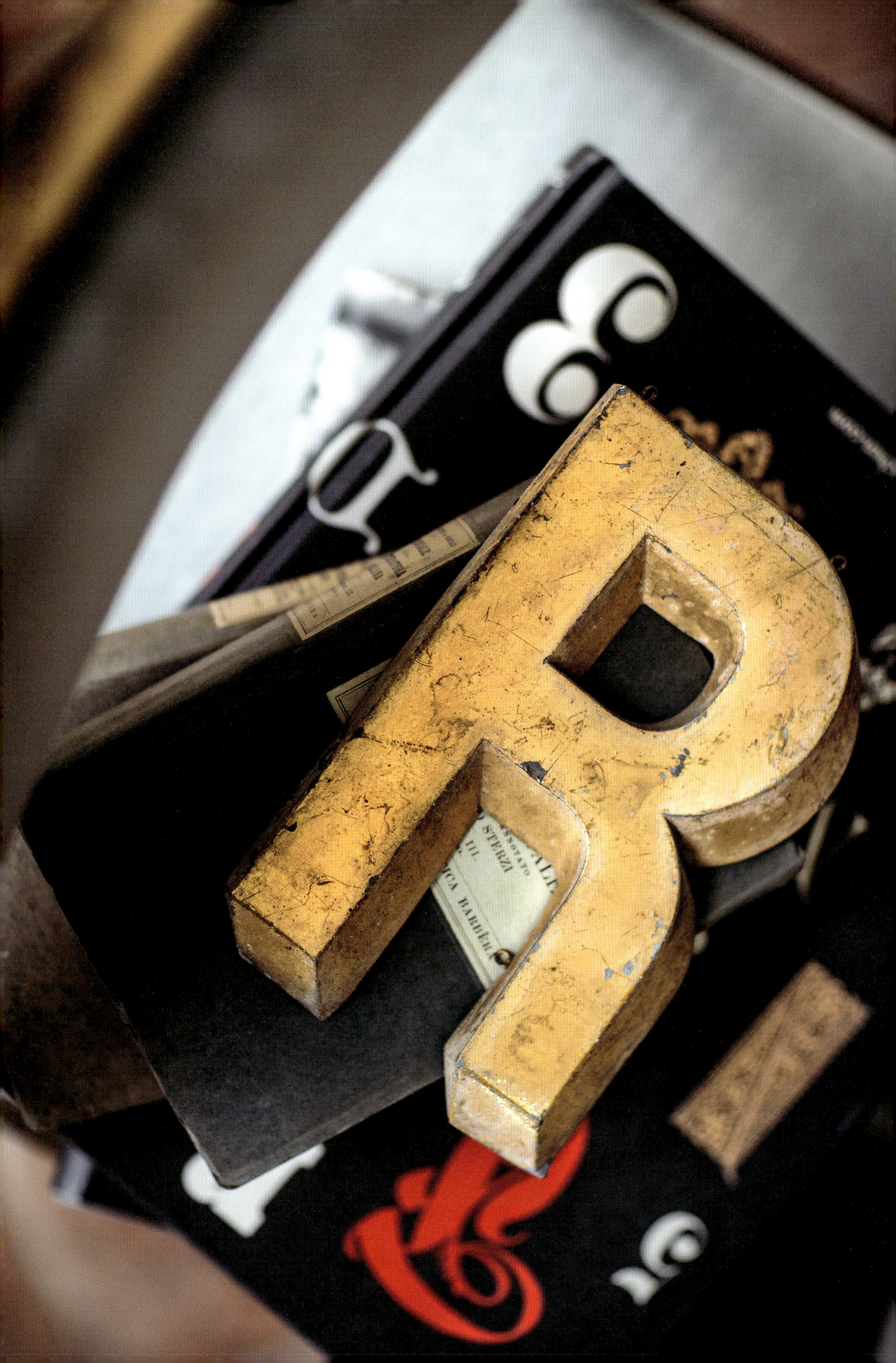

E

BETTY SOLDI

Emotion

It's not what you look at that matters, it's what you see

FOR HER STUDIO, BETTY SOLDI, calligrapher by profession, as well as a graphic designer and a 360-degree creative, chose a *limonaia* [or lemon greenhouse], built in 1801, in the Neoclassical style, open onto a garden suspended in time and space, and surrounded by an original Medici wall. It was in Florence, in the Oltrarno district, where there was still countryside in the Renaissance period, and from where you can see the historic Boboli Gardens that surround the Pitti Palace in an embrace. A place rich in history and Italian style that evokes humanistic thought, centered on man, on the appreciation of the ego and the self, on his interior universe yet to be discovered, on his ability to express himself in multiple facets. Here, once past the threshold decorated with a plaster ornamentation of flowers and fruit, Betty works, among the thousand tools of her trade and the inspirational objects collected over the years. "It is my *hortus conclusus*, that expression of the walled garden that is often depicted in the paintings of the Annunciation. Where the walls figuratively enclose our inner garden, a place that we must nourish, care for, even when it is bare in winter, so it can bloom again in spring," recounts the artist. "I often use this analogy to explain my calligraphy, where letters bloom, thanks to a swirl, to a flowering that you add to the body of the writing. In England, where I studied, they actually use the verb to flourish to indicate it."

The surprise effect, the emotion that her works generates, is linked to the history of the family business, Florentine pyrotechnic craftsmen since 1869. "I was born with fireworks, with stardust, in my veins. In fact, as I always say, now I make fireworks with ink because the way I express myself is explosive and provokes amazement."

To understand her passion for writing you have to go back to when, at the age of seven, having moved to London with her family, she found herself sitting at her desk at school, totally lost, in a world where she did not understand the language. The moment the teacher started writing with white chalk on the black board, she realized writing was a part of her. "And my love for written words was born." Then, after completing her English schooling, at eighteen she returned to Florence where she attended an art course and, not having a specific artistic preparation, "I started writing with words, I created calligrams, I drew with words, as was already being done in ancient times by the Persians, the Arabs, people in the Far East. So back in London, I completed my training with a Bachelor of Arts tied to the teachings of the Bauhaus, where the calligraphy teacher, after teaching me the traditional techniques, urged me to express myself in a personal, modern way." To this day "when I approach a new project, even for a brand, I always choose to honor the past, tradition, to seek out the innate heritage of the brand and make it contemporary. I follow Michelangelo's teaching: 'I saw the angel in the marble and carved until I set him free.'"

Italian by birth and expression, Anglo-Saxon by training, Betty Soldi lived in England for thirty-five years. Among her memories, the moment of relaxation spent in the company of a traditional cup of tea, even if "every time I came to Italy, the scent of coffee returned to tickle my reminiscences, an espresso became a vehicle for exchanging ideas and a moment of sharing." A real instant of time to treasure, and to share with others. Now, besides espresso, she admits she loves cappuccino "despite the disapproval of purists, at any time of day!"

Over time, in her work, the activity related to calligraphy flourished more and more "because in the technological world people really appreciate things written by hand. It reveals the self, it elicits emotion. It's no coincidence, we all write at heart level." In addition to having published the book *Inkspired*, translated into eight languages and a bestseller in Germany, where she invites the readers to find their own personal style of calligraphy, she organizes Inksperiences. They are workshops or special moments in which to rediscover the joy of writing by hand, guiding attendees to open up to the infinite possibilities offered by creativity in the role of a calligraphy coach, as she likes to call it. There are many proposed sources of inspiration—a painting, a keyword, a topic—because Betty made her own the affirmation by the American philosopher and poet Henry David Thoreau: "It's not what you look at that matters, it's what you see."

I

BETTY SOLDI

Emotion

Ciò che conta non è quello che guardi ma quello che vedi

COME ATELIER, BETTY SOLDI, calligrafa di professione, oltre che graphic designer e creativa a trecentosessanta gradi, ha scelto una limonaia del 1801, in stile neoclassico, aperta su un giardino sospeso nel tempo e nello spazio, e chiusa da un muro mediceo originale. Siamo a Firenze, Oltrarno, là dove in età rinascimentale si stendeva ancora la campagna, e da dove si scorgono gli storici Giardini di Boboli che cingono in un abbraccio Palazzo Pitti. Un luogo ricco di storia e di italianità che evoca il pensiero umanistico, centrato sull'uomo, sull'apprezzamento dell'Io e del Sé, sul suo universo interno tutto da scoprire, sulla sua possibilità di esprimersi in molteplici sfaccettature.

Qui, varcata la soglia decorata da un trofeo di fiori e frutta in gesso, Betty lavora, tra i mille strumenti del suo mestiere e gli oggetti d'ispirazione raccolti nel corso degli anni. "È il mio *hortus conclusus*, quell'espressione del giardino murato che si trova spesso raffigurato nei dipinti dell'Annunciazione. Dove le mura racchiudono figurativamente il nostro giardino interiore, un luogo che dobbiamo nutrire, curare, anche quando è spoglio d'inverno, per poi farlo rifiorire in primavera", racconta l'artista. "Uso spesso quest'analogia per spiegare la mia calligrafia, dove le lettere fioriscono, grazie a uno svolazzo, a una fioritura che aggiungi al corpo della scrittura. In Inghilterra, dove ho studiato, si usa proprio il verbo *to flourish* per indicarla."

L'effetto sorpresa e l'emozione che generano i suoi lavori si ricollegano alla storia dell'attività familiare, artigiani fiorentini pirotecnici dal 1869. "Sono nata con i fuochi d'artificio, con la polvere delle stelle, nelle vene. Infatti, come dico sempre, ora faccio i fuochi d'artificio con l'inchiostro perché il modo in cui mi esprimo è esplosivo e suscita meraviglia."

Per capire la sua passione per la scrittura bisogna risalire a quando, a sette anni, trasferita a Londra con la famiglia, si è ritrovata sui banchi di scuola, totalmente persa, in un mondo dove non comprendeva la lingua. Nel momento in cui la maestra ha iniziato a scrivere col gesso bianco sulla lavagna nera, ha capito che la scrittura le apparteneva. "Ed è nato il mio amore per le parole scritte." Poi, ultimato il percorso scolastico inglese, a diciotto anni è tornata a Firenze dove ha frequentato un corso d'arte e, non avendo una preparazione artistica specifica, ha iniziato "a scrivere con le parole, creavo dei calligrammi, disegnavo con le parole, come già facevano nell'antichità i persiani, gli arabi, gli orientali. Quindi tornata a Londra, ho concluso la mia formazione con un Bachelor of Arts legato agli insegnamenti della Bauhaus, in cui l'insegnante di calligrafia, dopo avermi insegnato le tecniche tradizionali, mi ha sollecitato a esprimermi in maniera personale, moderna". Ancora oggi, "quando approccio un nuovo progetto, anche di branding, scelgo sempre di onorare il passato, la tradizione, di ricercare l'eredità insita nel marchio e renderla contemporanea. Seguo l'insegnamento di Michelangelo: 'Ho visto l'angelo nel marmo e l'ho scolpito finché non l'ho liberato'".

Italiana per nascita e per espressione, anglosassone per formazione, Betty Soldi ha vissuto trentacinque anni in Inghilterra. Tra le sue memorie, vi è il momento relax legato alla tradizionale tazza di tè, anche se "ogni volta che arrivavo in Italia, tornava il profumo del caffè a solleticare i ricordi, l'espresso farsi veicolo di scambi di idee e momento di condivisione". Un vero attimo di cui far tesoro, da condividere con gli altri. Oggi, oltre all'espresso, afferma che "nonostante la disapprovazione dei puristi, amo il cappuccino a tutte le ore!"

Nel corso del tempo, nel suo lavoro è fiorita sempre più l'attività legata alla calligrafia, "perché nel mondo tecnologico le persone apprezzano molto la scrittura a mano. Rivela il proprio io, suscita emozione. Non a caso, scriviamo tutti all'altezza del cuore". Oltre ad aver pubblicato il libro *Inkspired* – tradotto in otto lingue e bestseller in Germania – in cui invita il lettore a trovare il proprio stile personale di calligrafia, organizza le Inksperiences. Si tratta di laboratori o momenti speciali in cui far riscoprire la gioia di scrivere a mano, guidando gli intervenuti ad aprirsi alle infinite possibilità che offre la creatività nel ruolo di *calligraphy coach*, come ama definirlo. Molte le fonti d'ispirazione proposte – un quadro, una parola chiave, un tema – perché Betty ha fatto sua l'affermazione del filosofo e poeta statunitense Henry David Thoreau: "Ciò che conta non è quello che guardi ma quello che vedi".

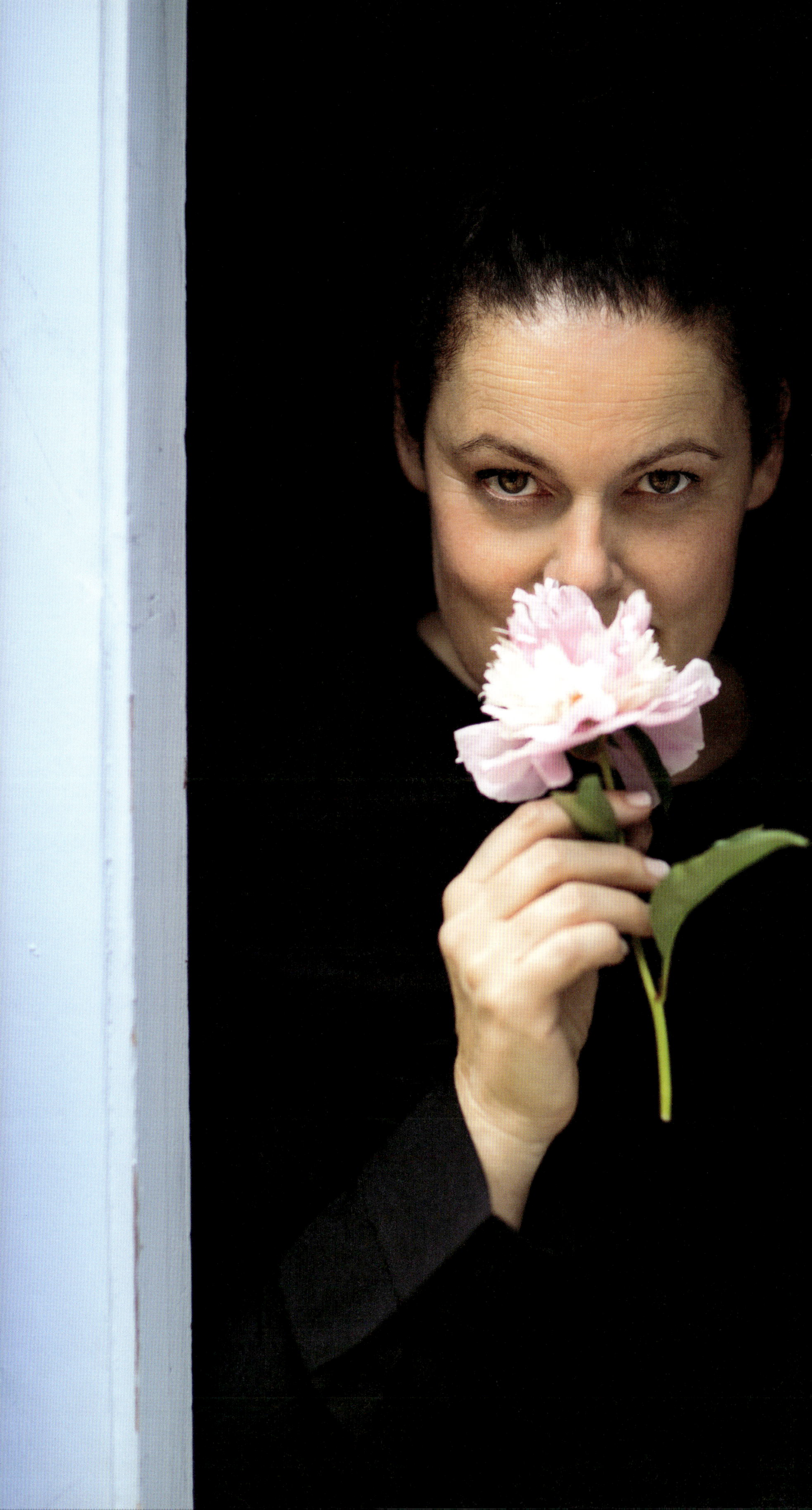

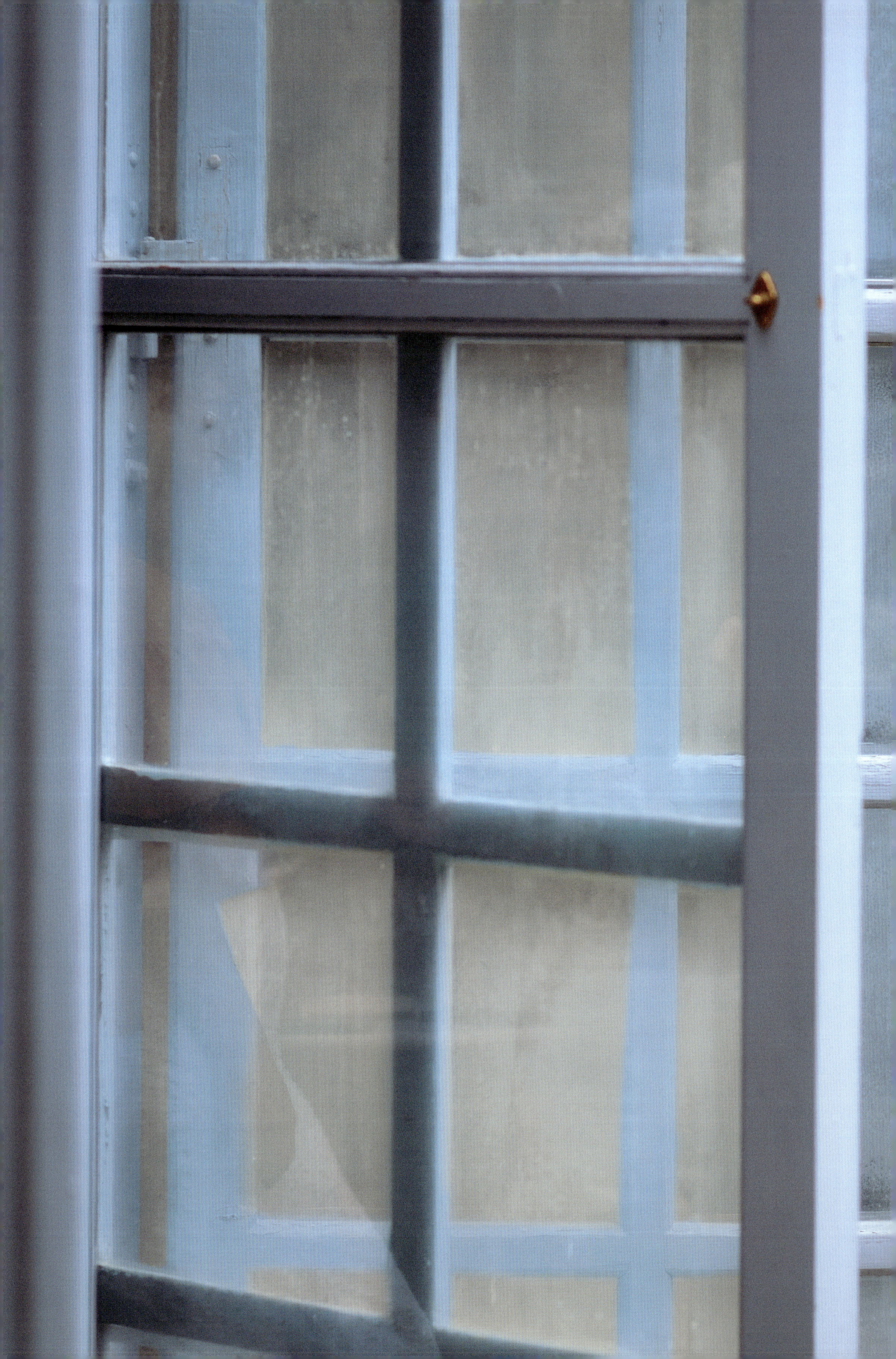

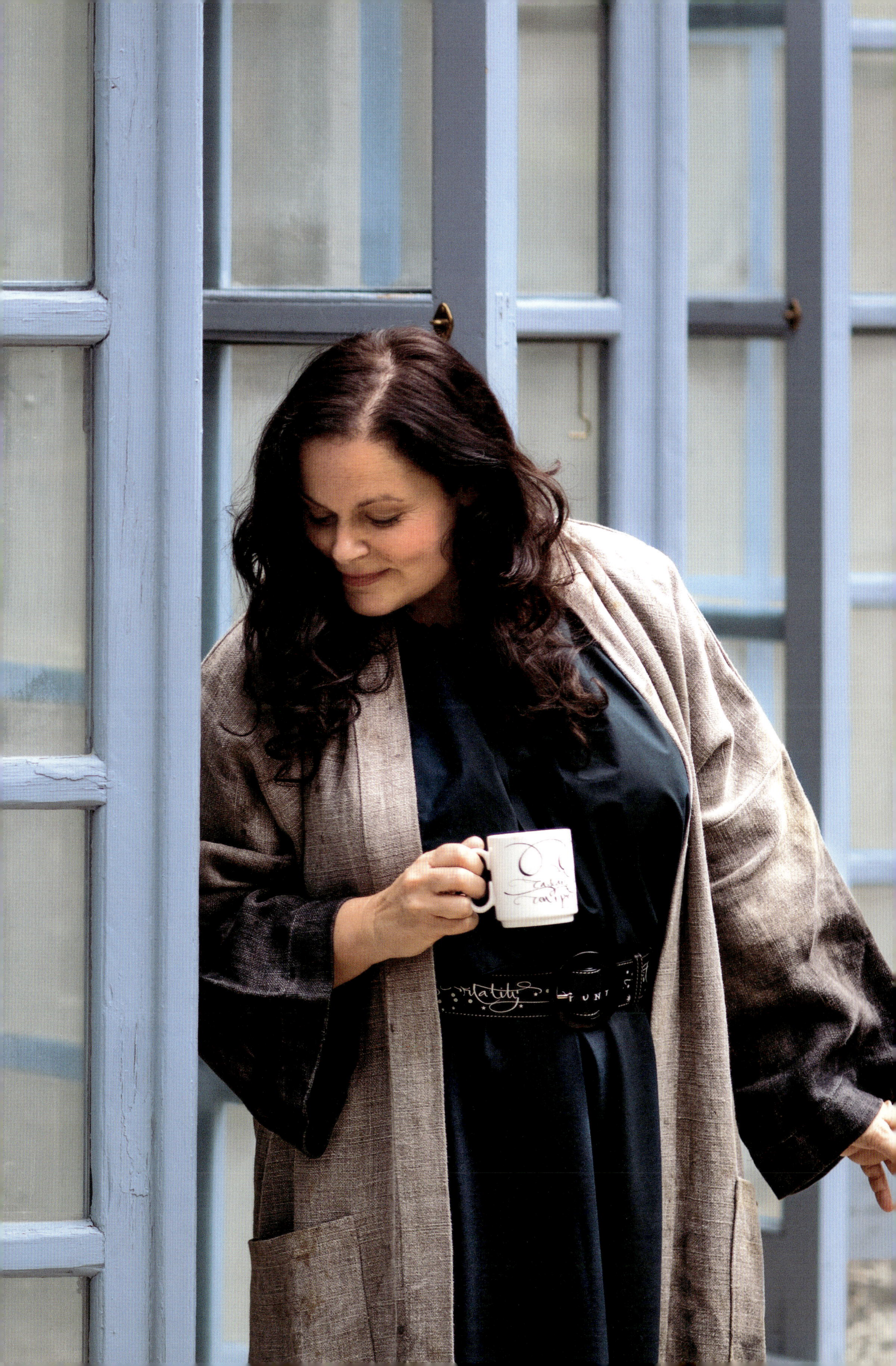

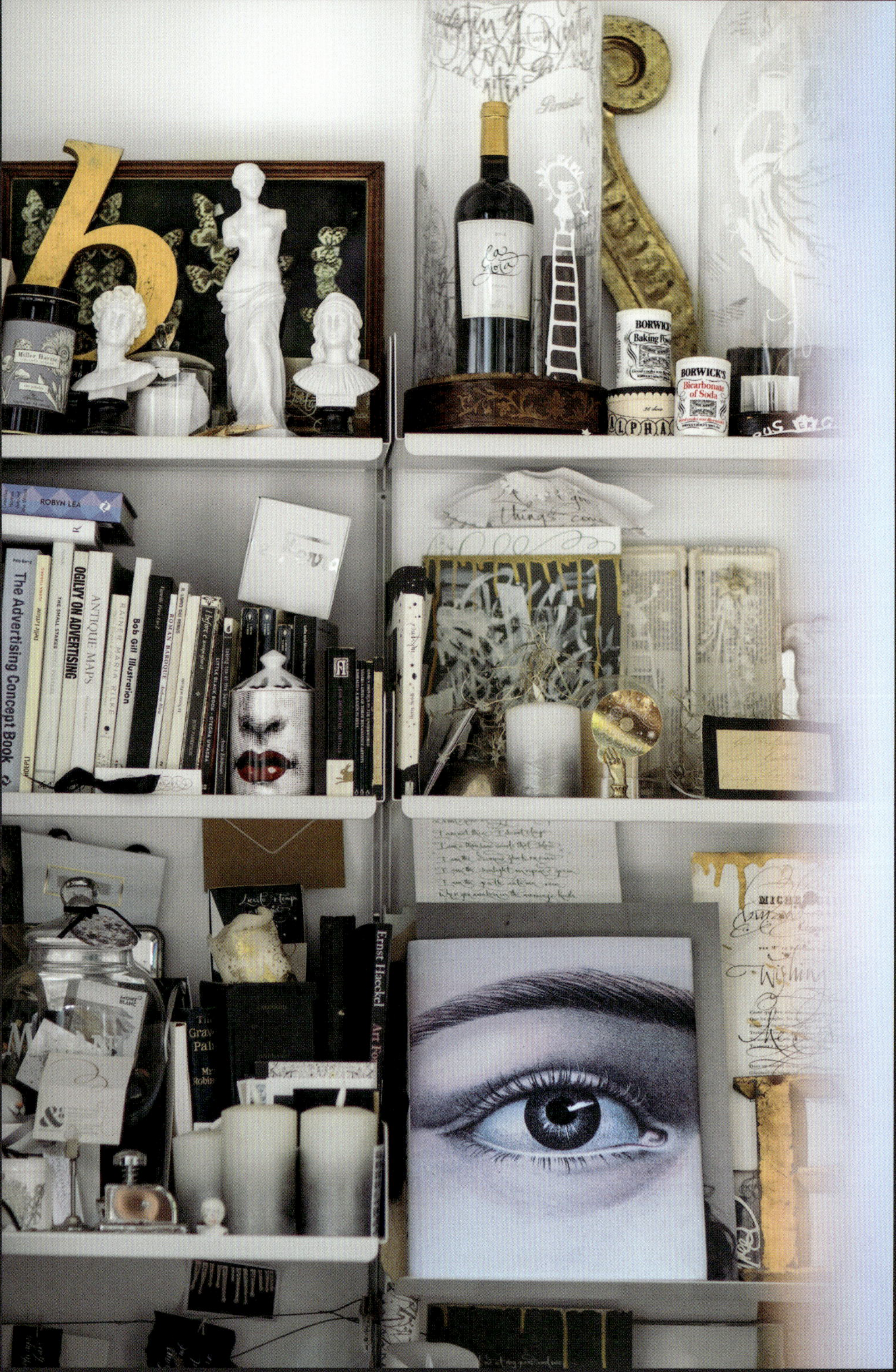

ROBYN LEA
The Advertising Concept Book
OGILVY ON ADVERTISING
ANTIQUE MAPS
Bob Gill Illustration
ROMAN BANQUET
BORWICK'S
Baking Powder
BORWICK'S
Bicarbonate of Soda
Ernst Haeckel

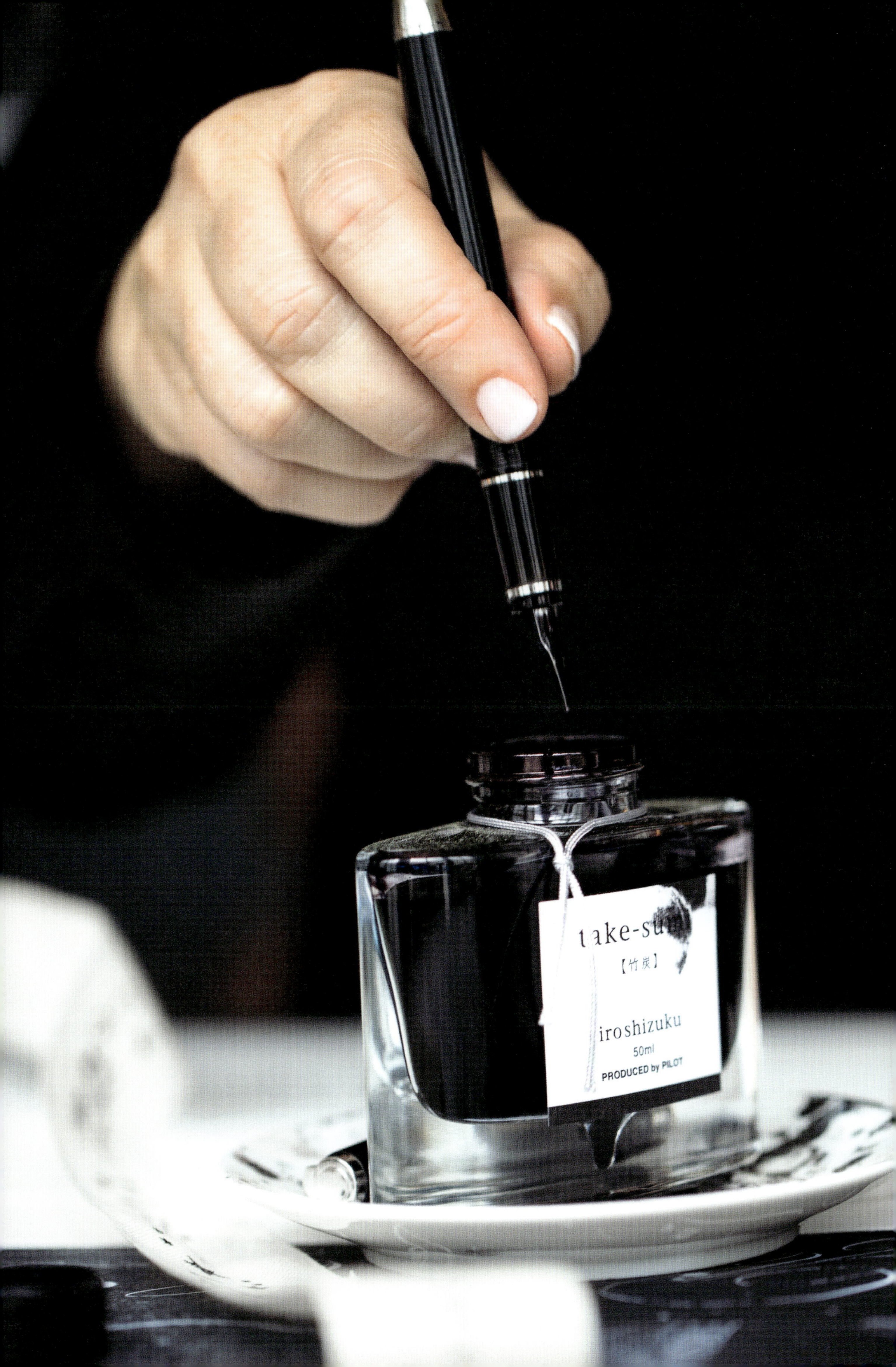
take-sum
【竹炭】
iroshizuku
50ml
PRODUCED by PILOT

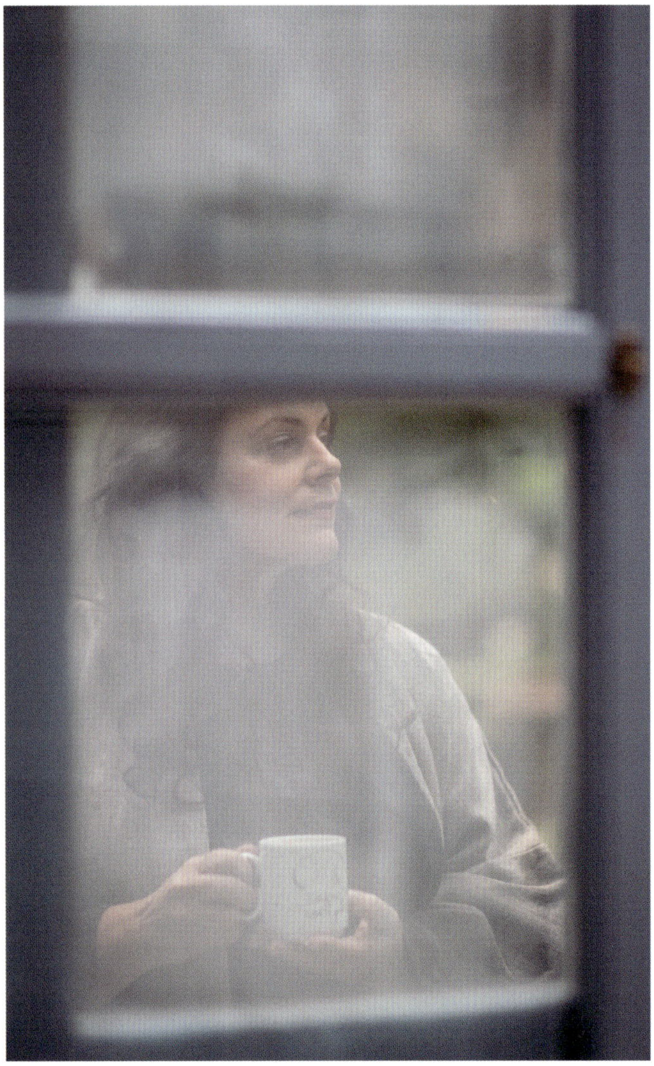
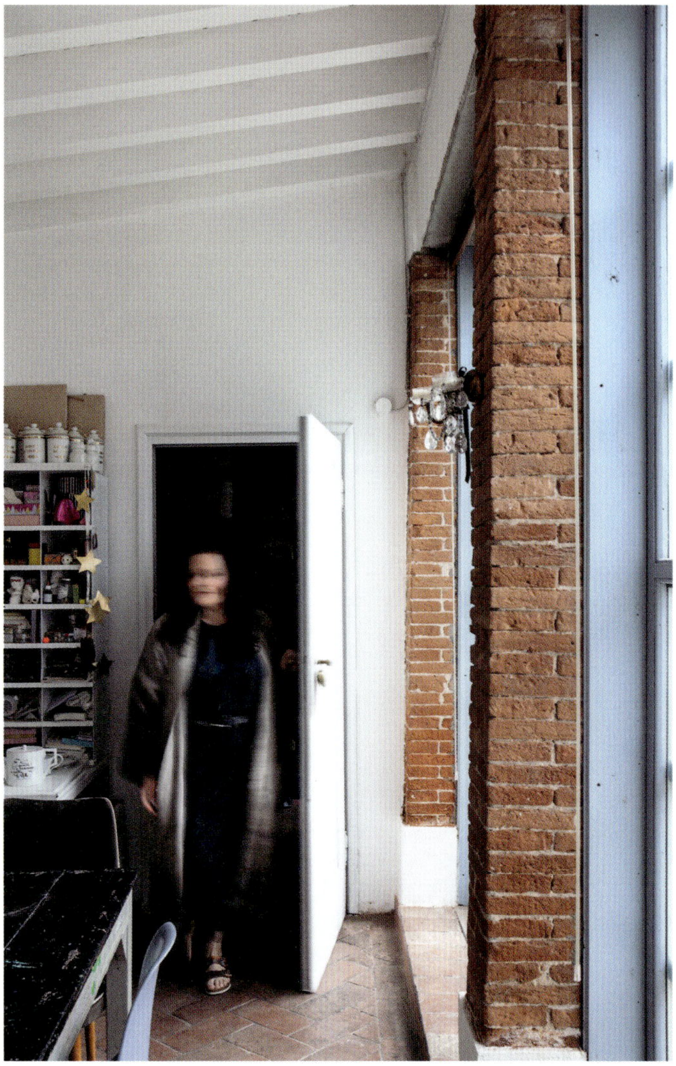

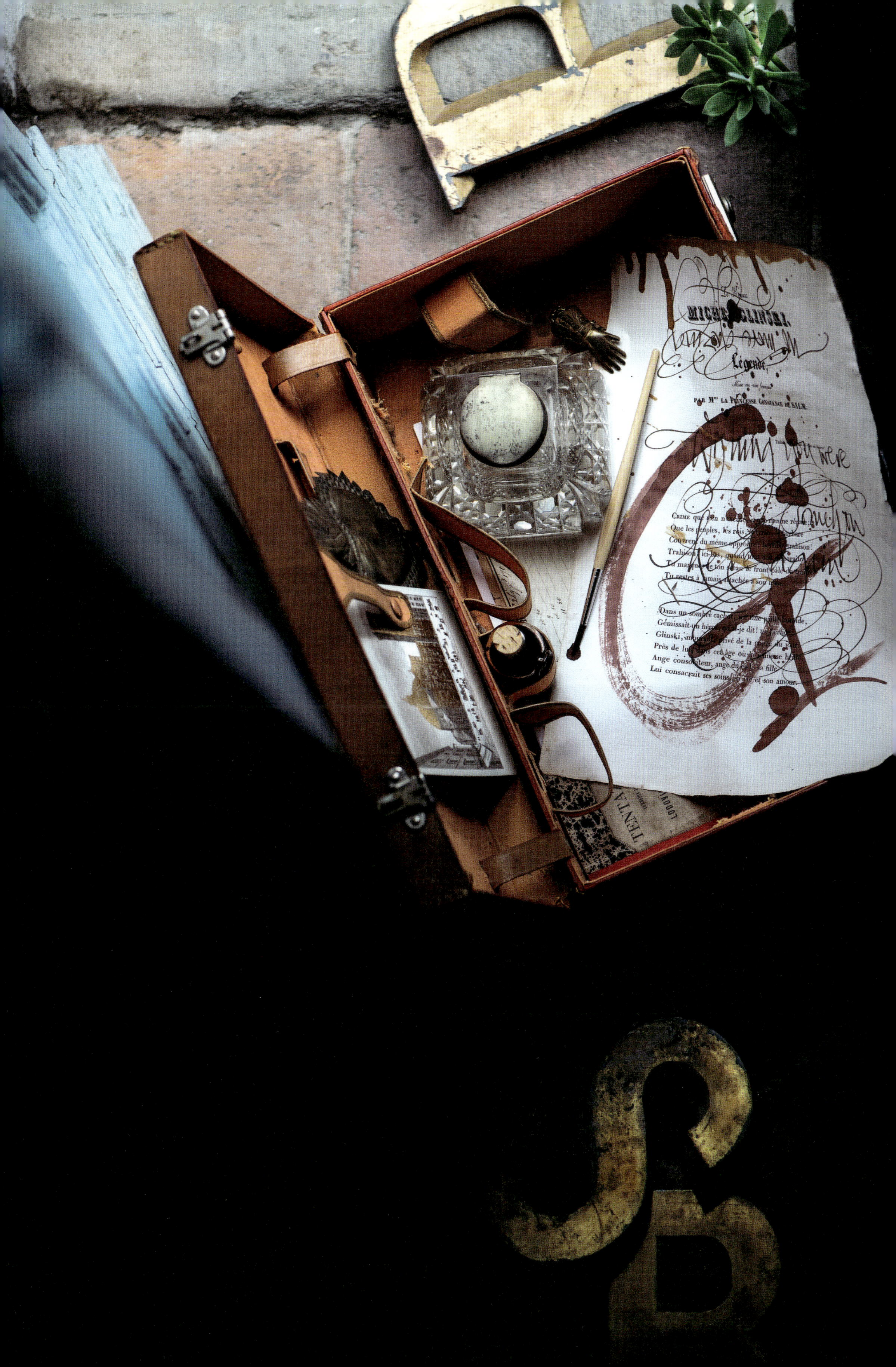
Légende
PAR Mme LA PRINCESSE CONSTANCE DE SALM.

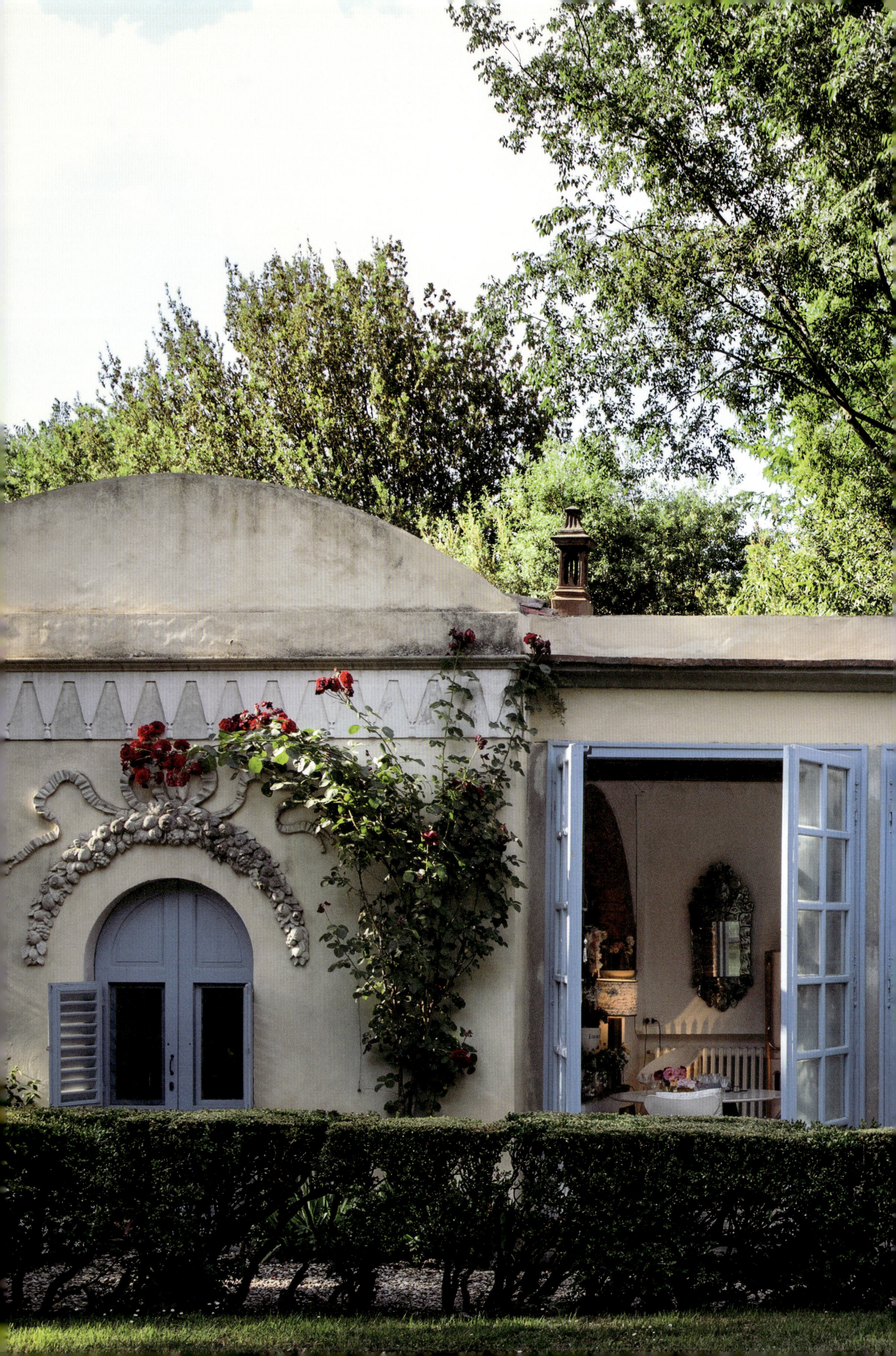

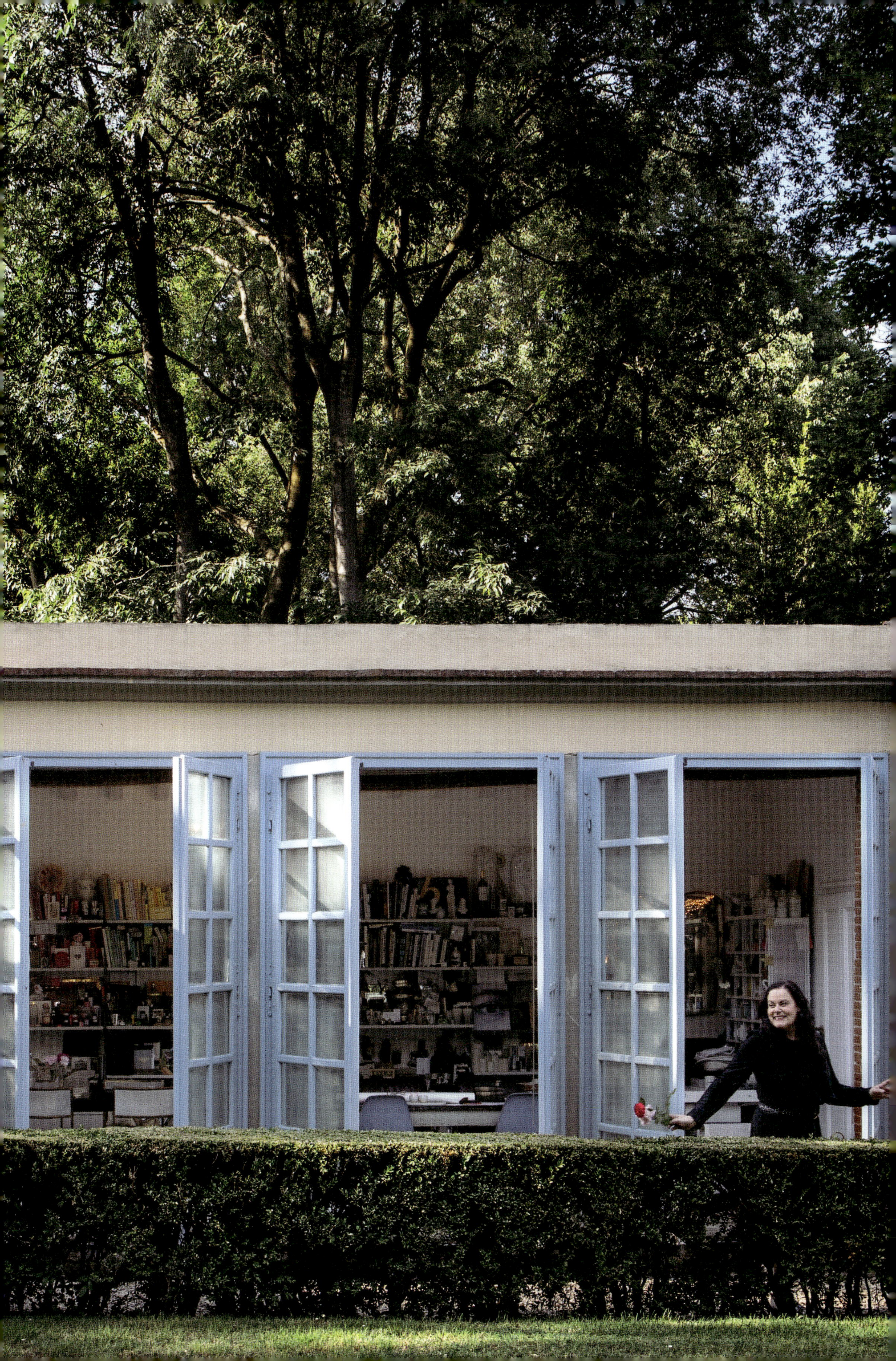

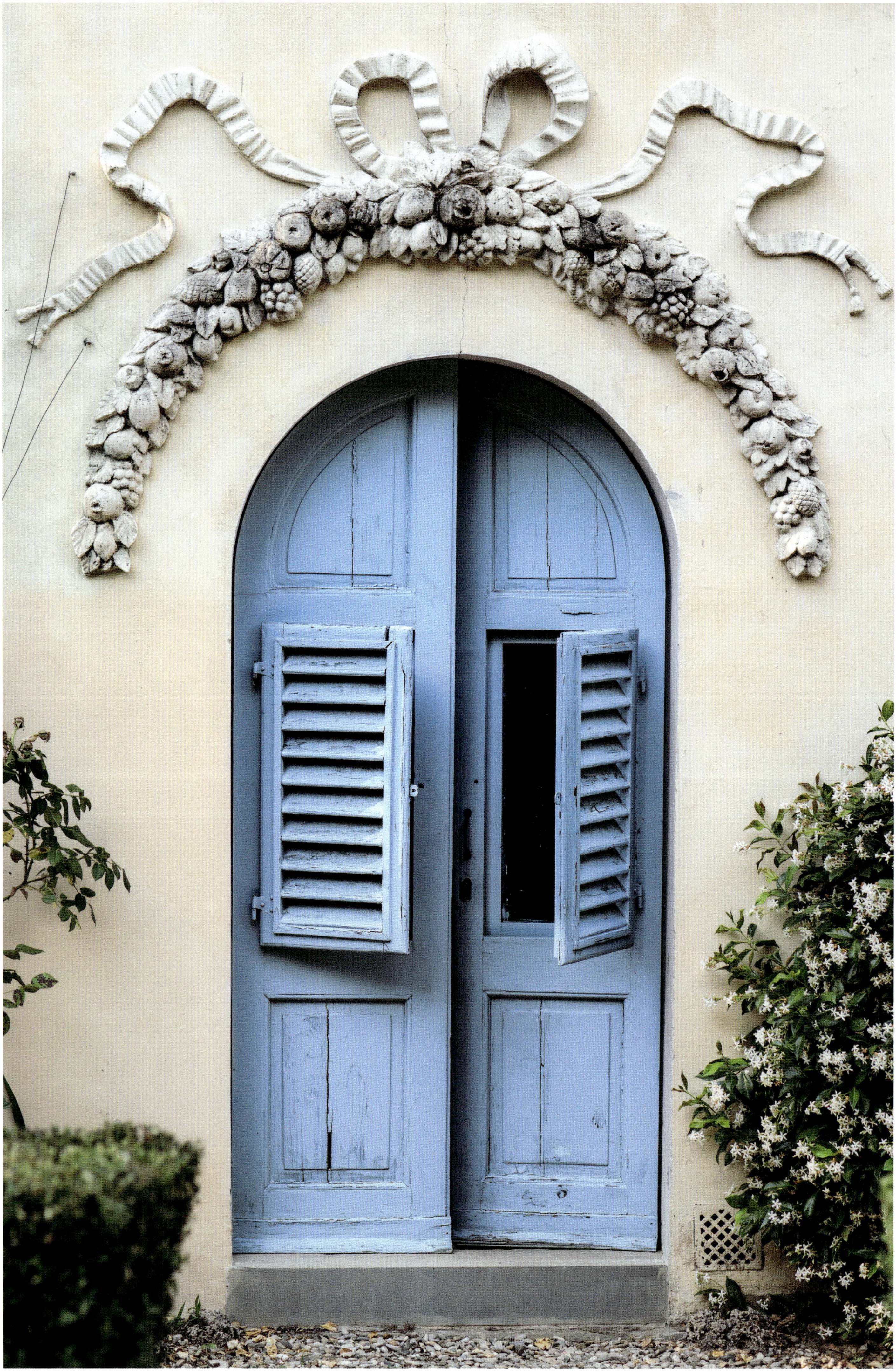

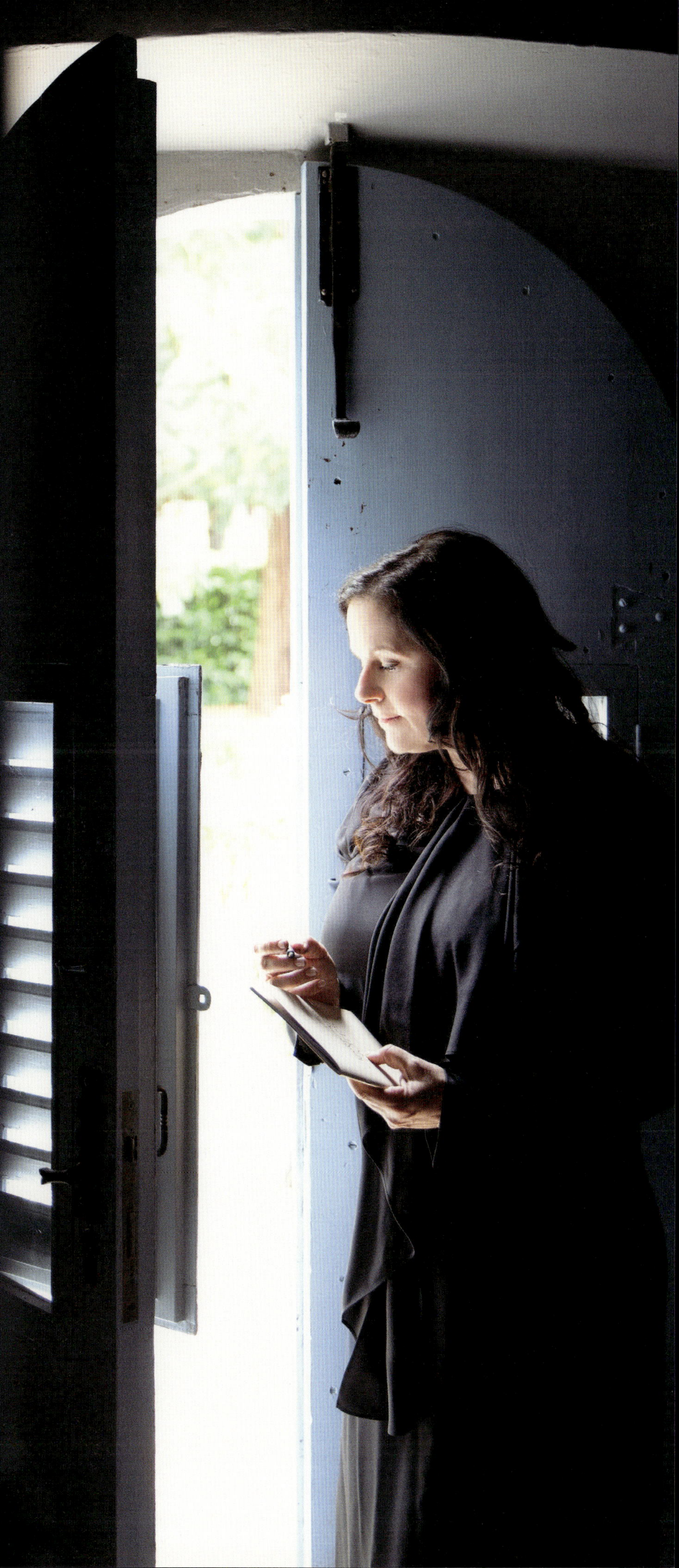

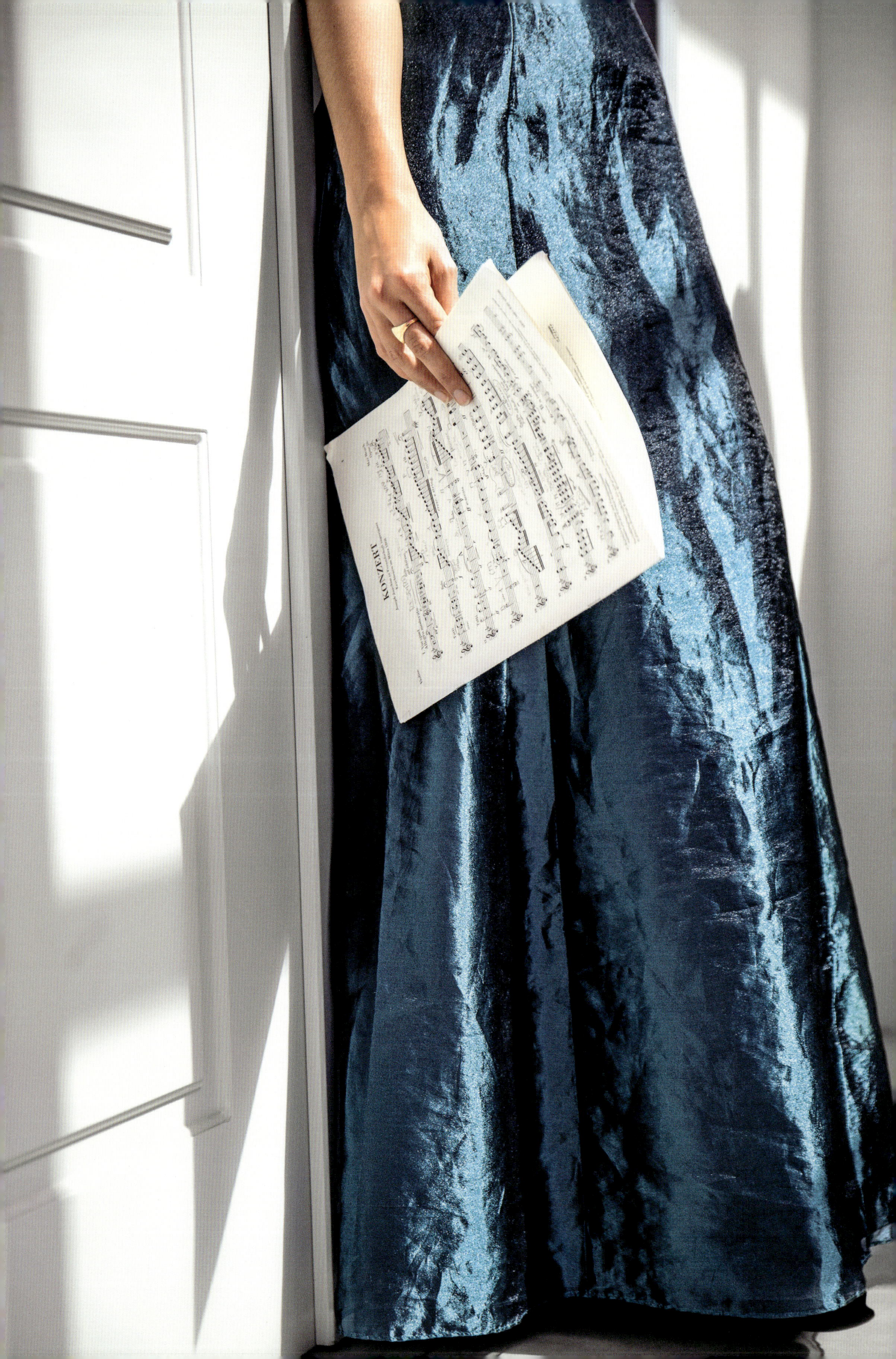
KONZERT

EVE ENSEMBLE BALANCE

TRULY ITALIAN ROOTS

Chapter / Capitolo

9

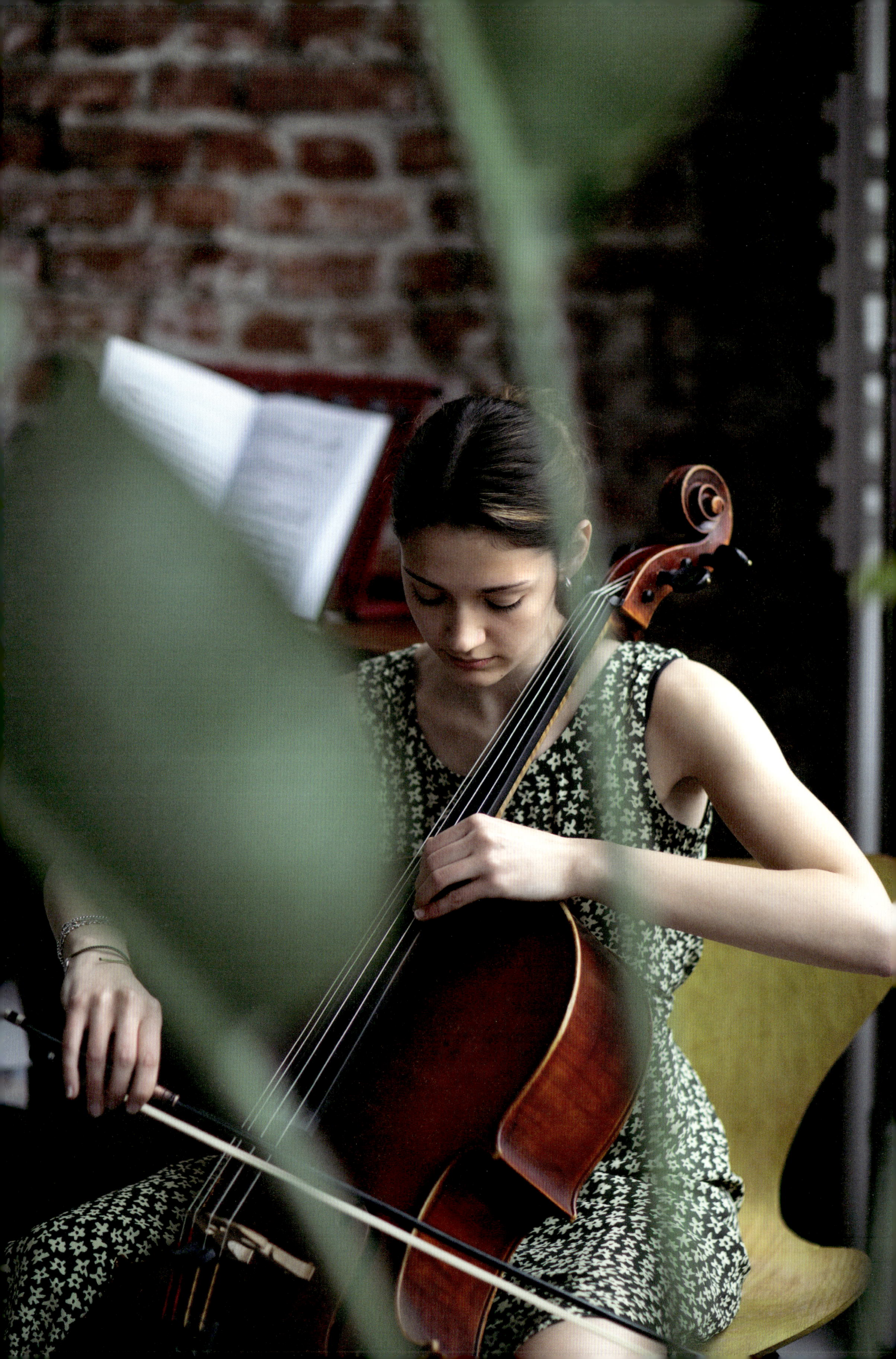

E

EVE ENSEMBLE

Balance

Feeling the instrument is also a satisfying physical feeling

MUSIC AS THEIR SHARED PASSION; the Gaetano Donizetti Conservatory in Bergamo, one of the oldest in Italy, as the place where they met. Quite young—cellist Elena Poleni is nineteen, violinist Elena Vittoria Vincifori Troili is twenty, and the soprano Virginia Genovese is twenty-two—they met while studying. We talked with them at the Musical Atelier of the Casa degli Artisti in Milan where, with their own skill sets, they breathed life into an ensemble of bows and a solo voice. They offered an example of how individual elements can contribute to the creation of a harmonious whole, balancing and harmonizing different components, and showing that a perfect formula is the result of a thoughtful eurythmy.
Finding the balance "between different instruments is a real challenge," says the violinist, "often, the writing is very complex." Elena Vincifori has always loved music, and she first encountered the violin at the age of five, during a concert in Bergamo Alta. With a child's innocence, she asked the violinist if she could hold the violin, and she has never let it go since then. Despite aiming to become a soloist, she loves to play in ensembles and orchestras, and to take part in a collective moment of creation.
Elena Poleni, on the other hand, embraced the cello a little by chance. She wanted to study piano, but during a presentation to aspiring musicians, she fell in love with the cello. In the future, she doesn't see herself as a soloist, but as part of an ensemble of bows or an orchestra, where she feels "protected, less exposcd." Now, she is part of a string quartet at the Conservatory. She says "Music makes me feel good. Feeling the instrument, holding it in your hand, is also a satisfying physical feeling."
Playing together means each person must constantly work with the others to find the perfect harmony. As for the soprano, Virginia Genovese, her role as a soloist "creates inevitable relationships of interdependence with the others," because, as she points out, "you have to create a connection with the instruments." Virginia chose singing instead of an instrument "because voice is the most immediate form of expression, it comes directly out of you, you are your own instrument" and the opera "because it is an art that combines several expressive forms—theatre, music, poetry, and staging—and it's the one that is most like me." The decisive moment came at the age of twelve. "I was in the White Voices Choir of the Teatro alla Scala, we were on stage in the second act of *La Bohème*, Anna Jur'evna Netrebko was next to me, in the role of Mimi. I realized that my place in the world was on stage, with the orchestra, among the thousands of colors of the opera."
After rehearsals, there is always time for a coffee, or for the special embrace of an Italian cappuccino. It's a moment to share and meet, an encounter with yourself, or with others. It gives a break during long hours in the studio, and it is comforting, like a regenerating hug. No matter the place, it is a moment not to be missed.
The space that hosts the EVE Ensemble—a name born from the initials of its members—is one of the eleven ateliers of the Casa degli Artisti, in the Garibaldi neighborhood of Milan. It is a historic place encompassing 1,500 square meters created in 1909 by the Bogani brothers, philanthropists, and collectors, with the intention of housing artists who came from outside Milan, attracted by the cultural ferment of the city and the nearby Accademia di Brera. After a few divergences, which lasted almost a century, the building, the subject of a careful restoration intervention, has returned to its original purpose and is now managed by five non-profit organizations. It offers an art residency program that embraces various disciplines—music, writing, painting, sculpture, visual, and urban arts—and reaches out across the territory, thanks in part to the work of Christian Gangitano and Lorenzo Vatalaro, members of the board and cofounders of the Casa degli Artisti's ATS [Temporary Special-Purpose Association]. A good example of how to welcome and develop the arts that are part of Italy's heritage, in a space where we can see the awakening of contemporary Milan.

I

EVE ENSEMBLE

Balance

Sentire lo strumento è anche una sensazione fisica appagante

LA MUSICA COME PASSIONE COMUNE; il Conservatorio Gaetano Donizetti di Bergamo, tra i più antichi d'Italia, come luogo d'incontro. Giovanissime – diciannove anni Elena Poleni, violoncellista; venti Elena Vittoria Vincifori Troili, violinista; ventidue Virginia Genovese, soprano – si sono conosciute durante gli studi. Le abbiamo incontrate presso l'Atelier Musicale della Casa degli Artisti di Milano dove, ognuna con la propria competenza, hanno dato vita a un ensemble di archi e voce solista, offrendo un esempio di come singoli elementi possano concorrere a creare un tutto armonioso, bilanciando e armonizzando componenti diverse, mostrando come una formula perfetta sia frutto di un'accurata euritmia.

Trovare l'equilibrio "tra strumenti diversi è una vera sfida", afferma la violinista, "spesso le scritture sono molto complesse". Elena Vincifori ama la musica da sempre, ha incontrato il violino a cinque anni durante un concerto a Bergamo Alta: con l'innocenza di una bambina, ha chiesto al violinista di poterlo tenere in mano e non l'ha mai lasciato. Pur con l'obiettivo di diventare solista, ama suonare negli ensemble e nelle orchestre, ed essere partecipe di un momento collettivo di creazione.

Elena Poleni ha invece abbracciato il violoncello un po' per caso. Voleva studiare pianoforte, ma durante una presentazione agli aspiranti musicisti si è lasciata sedurre dallo strumento ad arco. Nel futuro non si vede solista, ma come parte di un ensemble di archi o di un'orchestra, dove si sente "protetta, meno esposta". Fa parte di un quartetto d'archi del Conservatorio. "La musica mi fa stare bene. Sentire lo strumento, averlo in mano è anche una sensazione fisica appagante."

Suonare insieme comporta un continuo lavoro personale di affiatamento con gli altri per trovare l'armonia perfetta. Come per il soprano Virginia Genovese, il cui ruolo di solista rende però "inevitabile creare un rapporto di interdipendenza con gli altri", perché, come sottolinea, "devi entrare in rapporto con gli strumenti". Virginia ha scelto il canto invece di uno strumento "perché la voce è la forma più immediata di espressione, esce direttamente da te, sei tu il tuo strumento", e l'opera "perché è una forma d'arte che combina più forme espressive – teatro, musica, poesia e scenografia – ed è quella che mi assomiglia di più".

A dodici anni il momento decisivo: "Ero nel Coro di Voci Bianche del Teatro alla Scala, eravamo in scena al secondo atto della *Bohème*, Anna Jur'evna Netrebko era a fianco a me, nel ruolo di Mimì. Ho capito che il mio posto nel mondo era sul palco, con l'orchestra, fra i mille colori dell'opera".

Tra una prova e l'altra, c'è sempre spazio per un caffè, o per la coccola speciale di un cremoso cappuccino all'italiana. È un momento di scambio e di incontro, un appuntamento con se stessi, o gli altri. Spezza la fatica delle lunghe prove in sala e conforta, come un abbraccio rigenerante.

Non importa dove ci si trova, è davvero un attimo a cui non si può rinunciare.

Oggi, lo spazio che accoglie l'EVE Ensemble – nome nato dalle iniziali delle sue componenti – è uno degli undici atelier della Casa degli Artisti, nel quartiere Garibaldi, a Milano. È un luogo storico di millecinquecento metri quadri creato nel 1909 dai fratelli Bogani, filantropi e collezionisti, con l'intenzione di ospitare artisti che arrivavano da fuori Milano attratti dal fermento culturale della città e della vicina Accademia di Brera. Dopo alterne vicende, durate quasi un secolo, l'edificio, oggetto di un accurato intervento di recupero, è tornato alla sua destinazione originaria ed è gestito da cinque associazioni no profit. Offre un programma di *art residency* abbracciando diverse discipline – musica, scrittura, pittura, scultura, arti visive, performative e urbane – che si allargano al territorio, grazie anche all'opera di Christian Gangitano e Lorenzo Vatalaro, membri del direttivo e cofondatori ATS della Casa degli Artisti. Un esempio virtuoso di come ospitare e sviluppare le arti del patrimonio italiano in uno spazio che è parte del risveglio della Milano contemporanea.

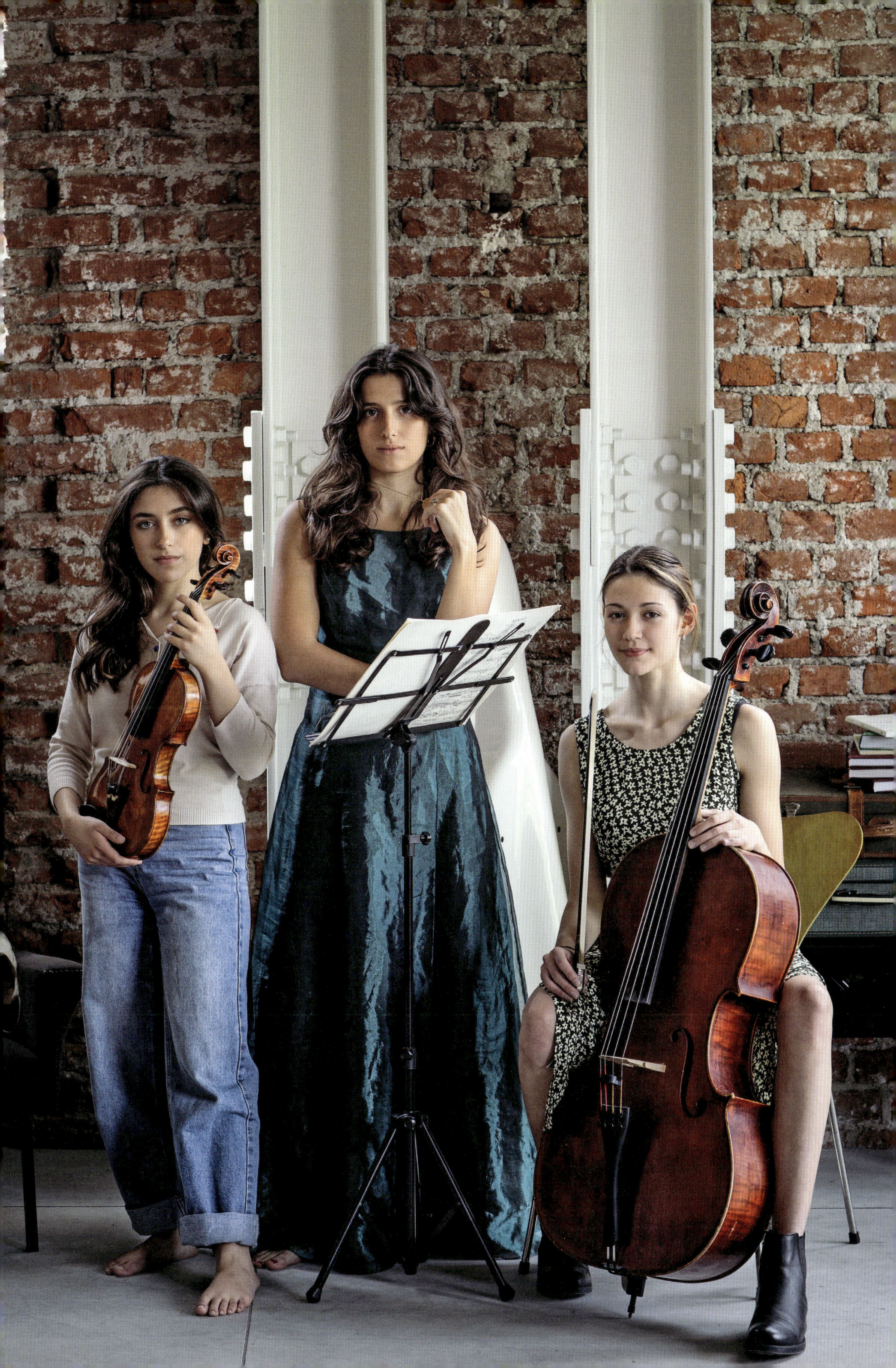

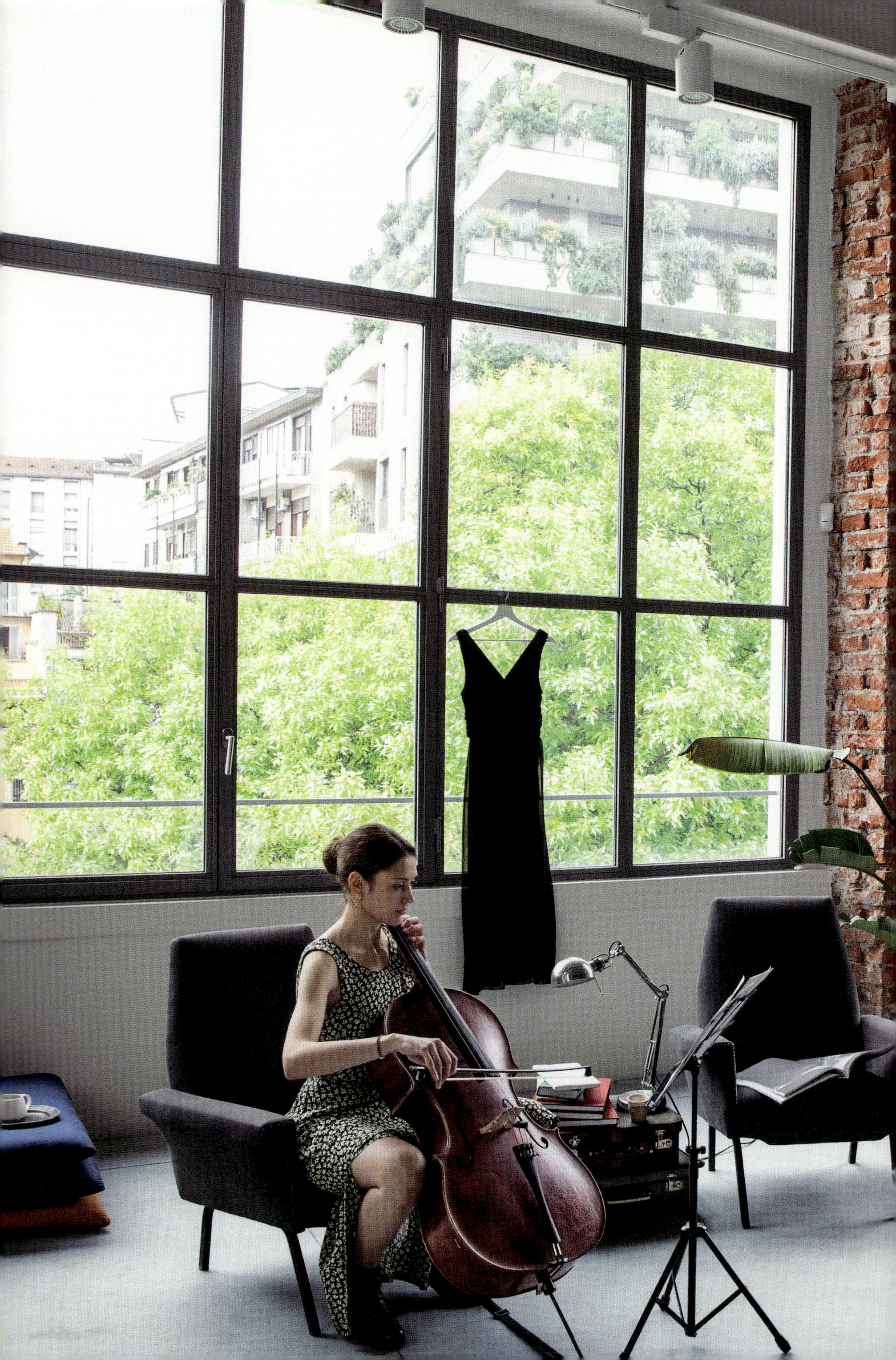

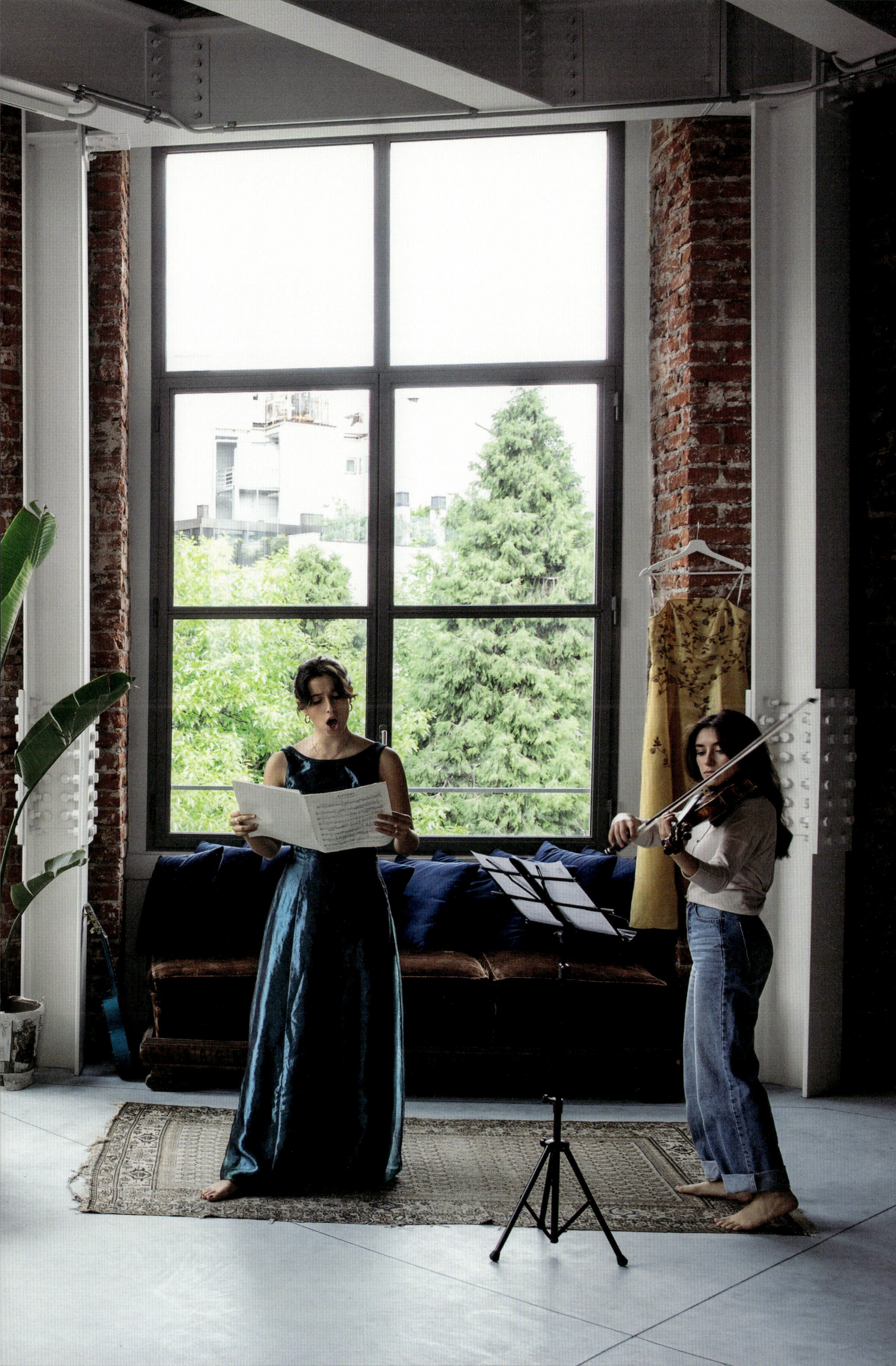

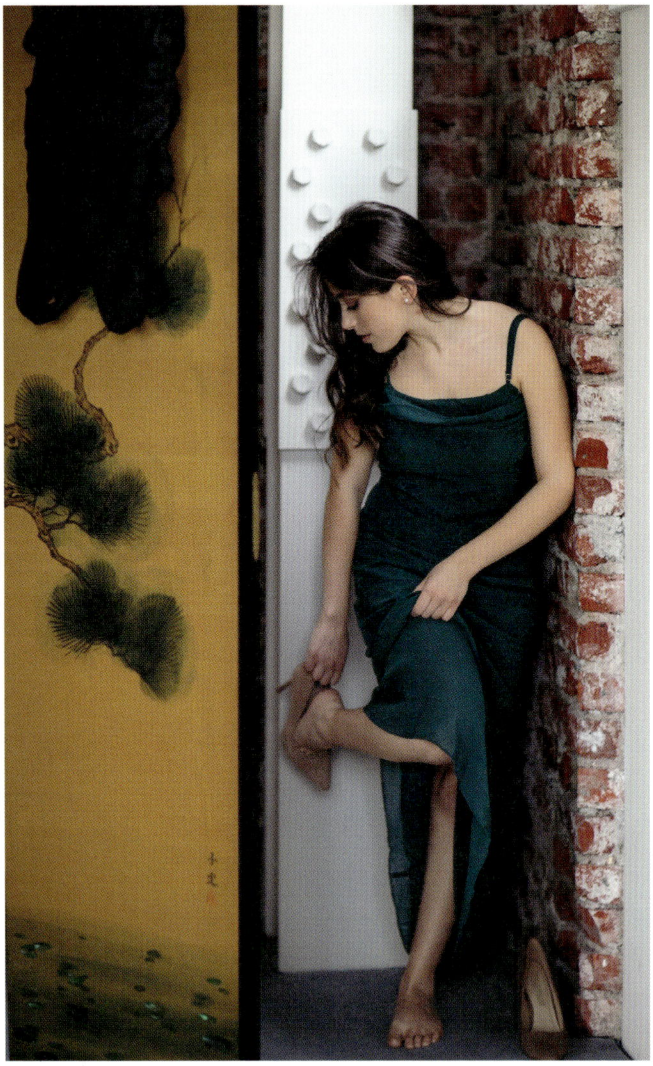

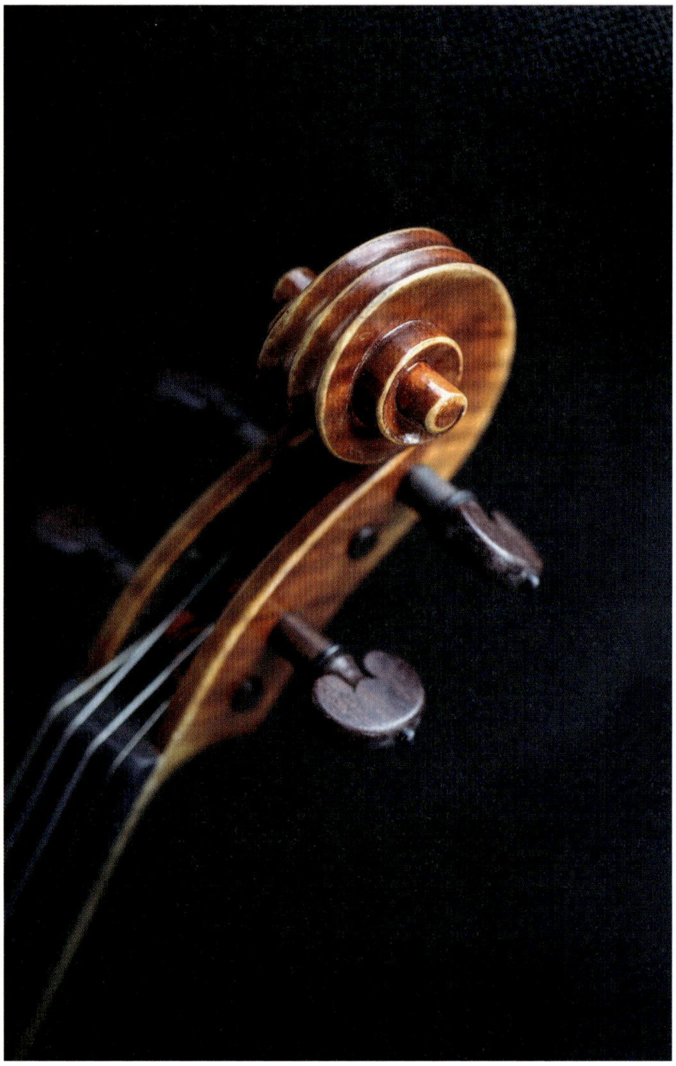

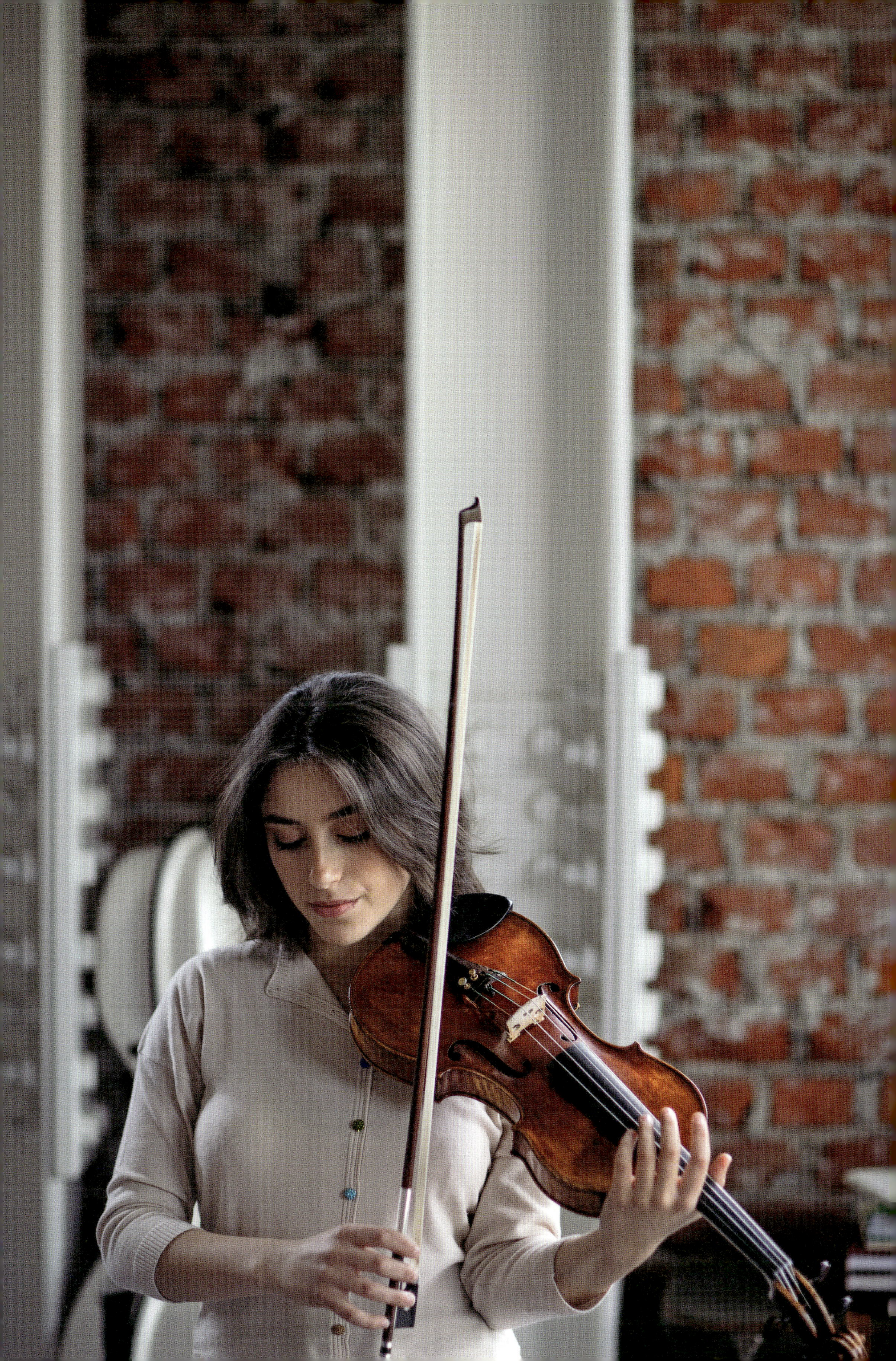

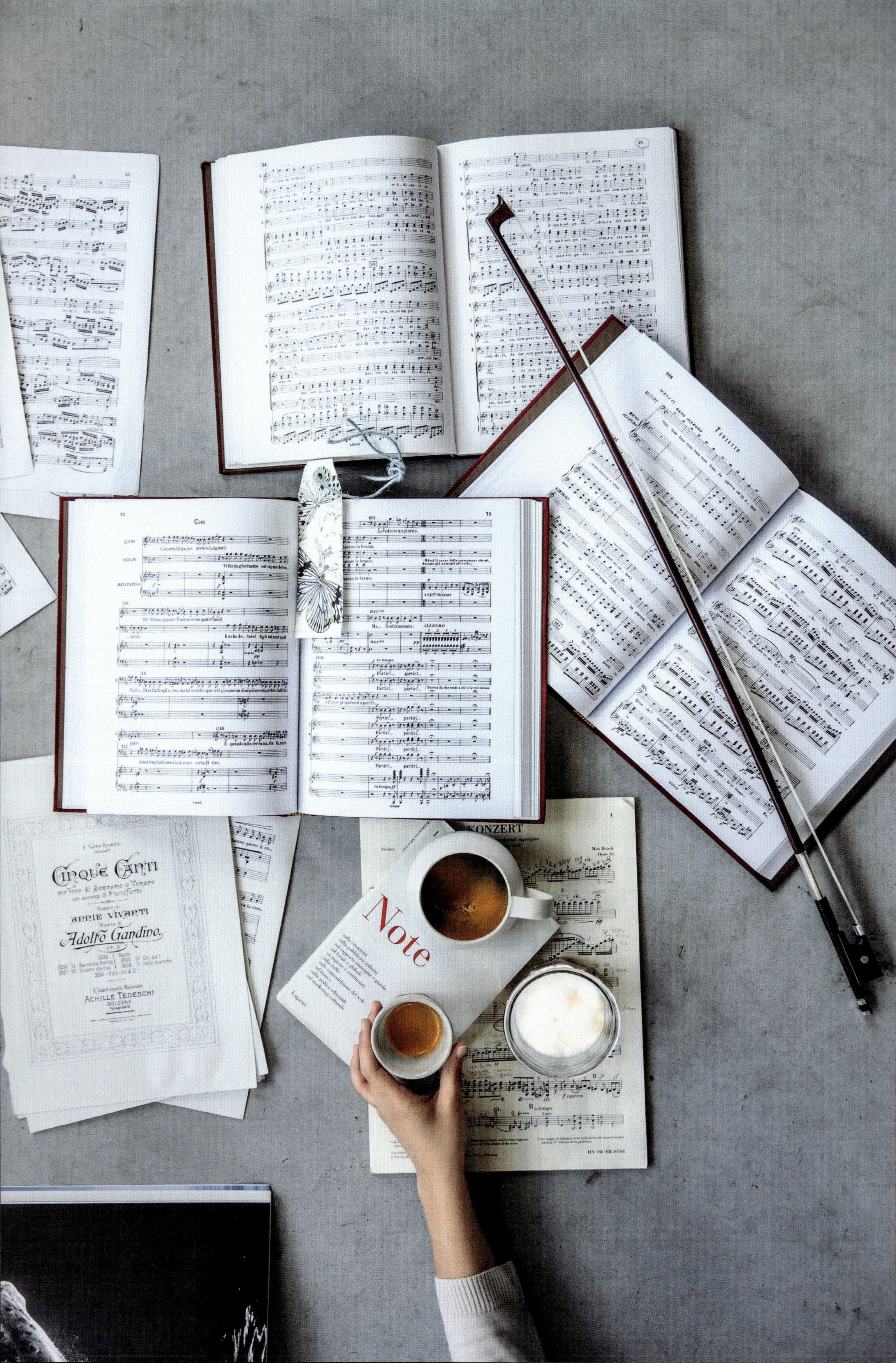

CINQUE CANTI
per Voce di Soprano o Tenore
con accomp. di Pianoforte
ANNIE VIVANTI
Adolfo Gandino
ACHILLE TEDESCHI
BOLOGNA
Note
KONZERT
Max Bruch
Opus 26

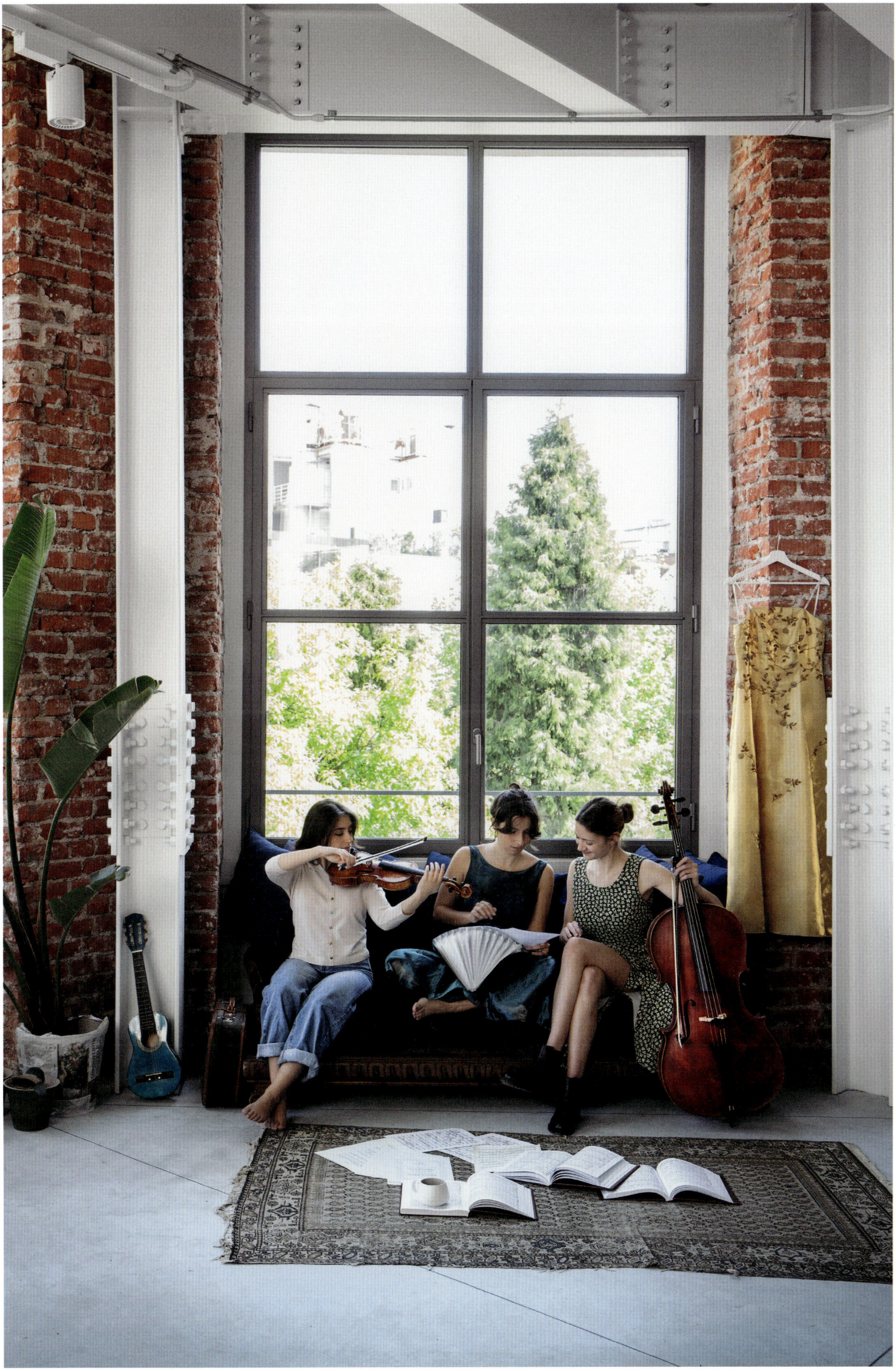

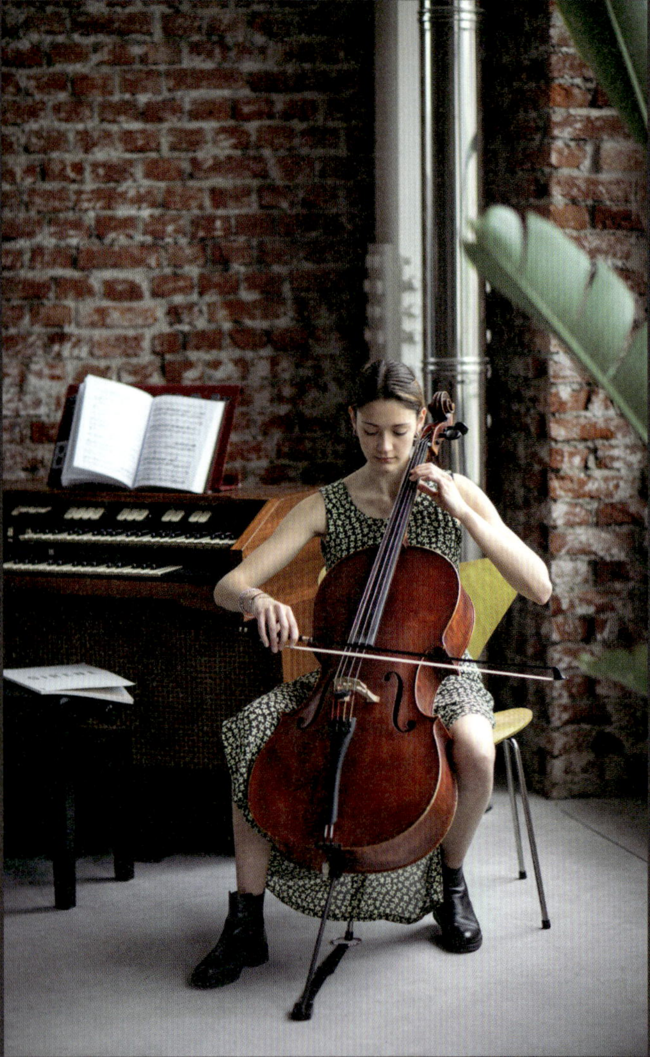

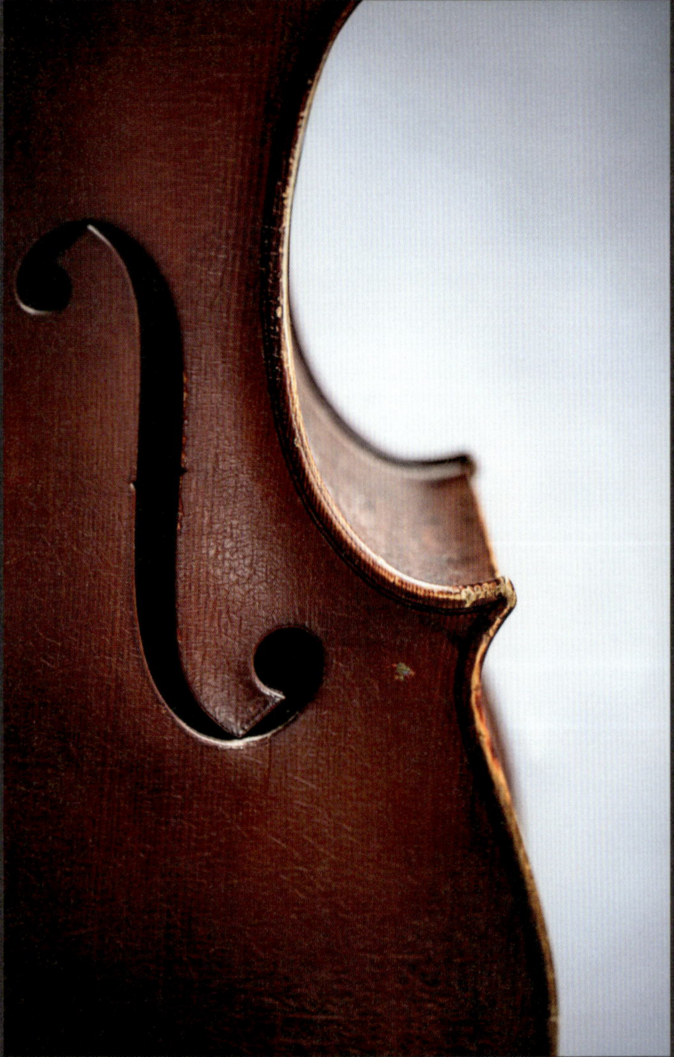

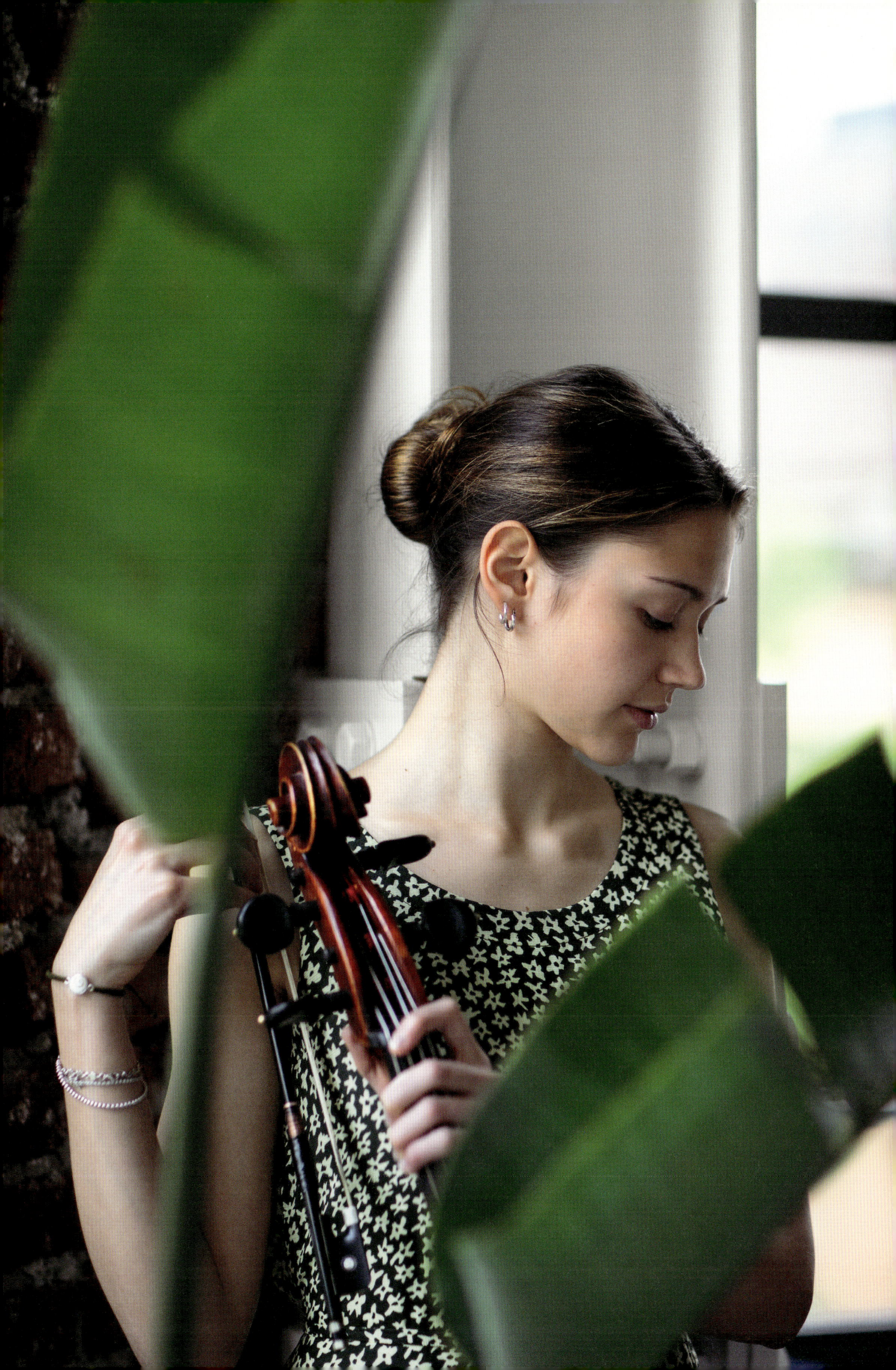

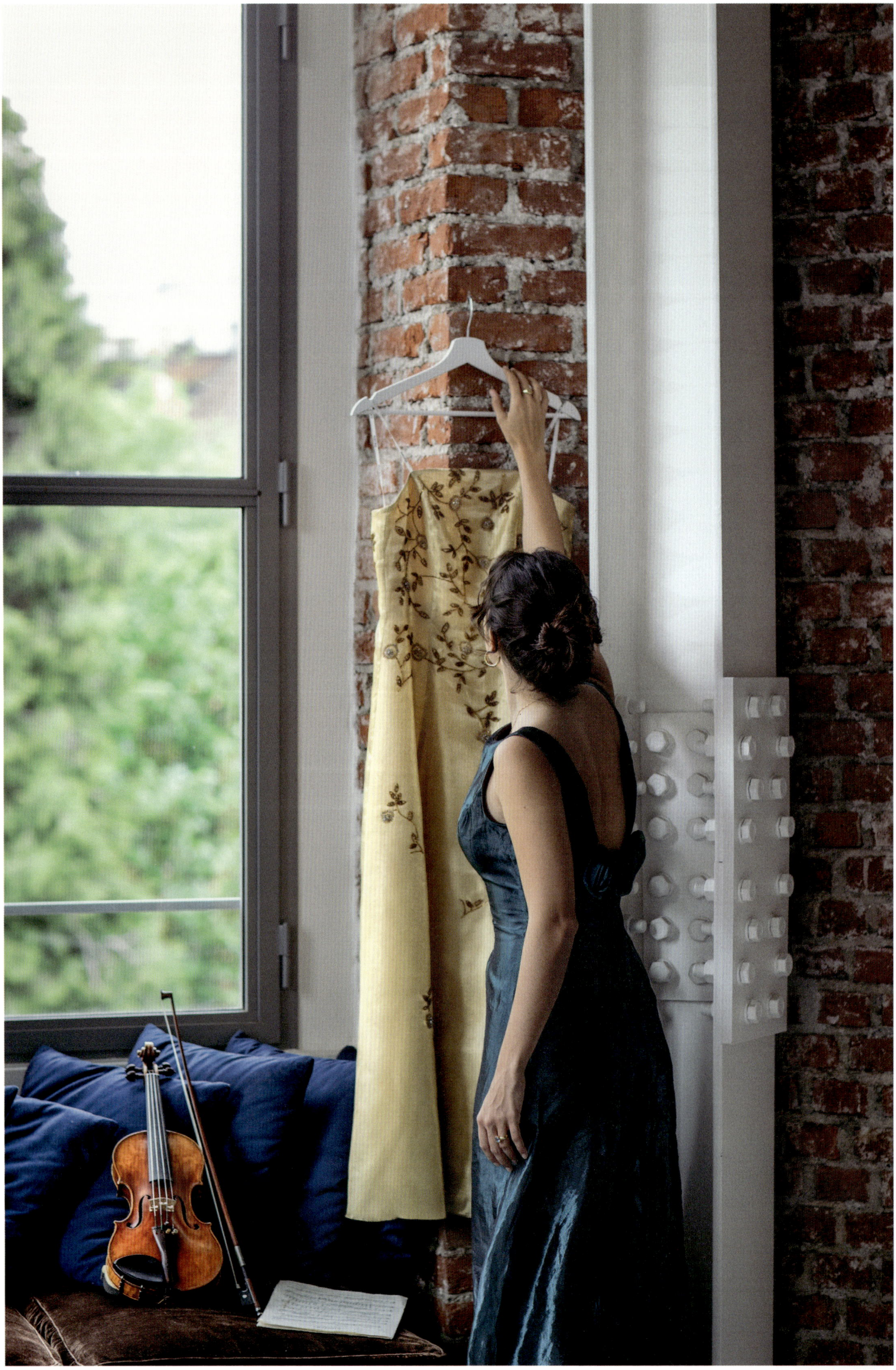

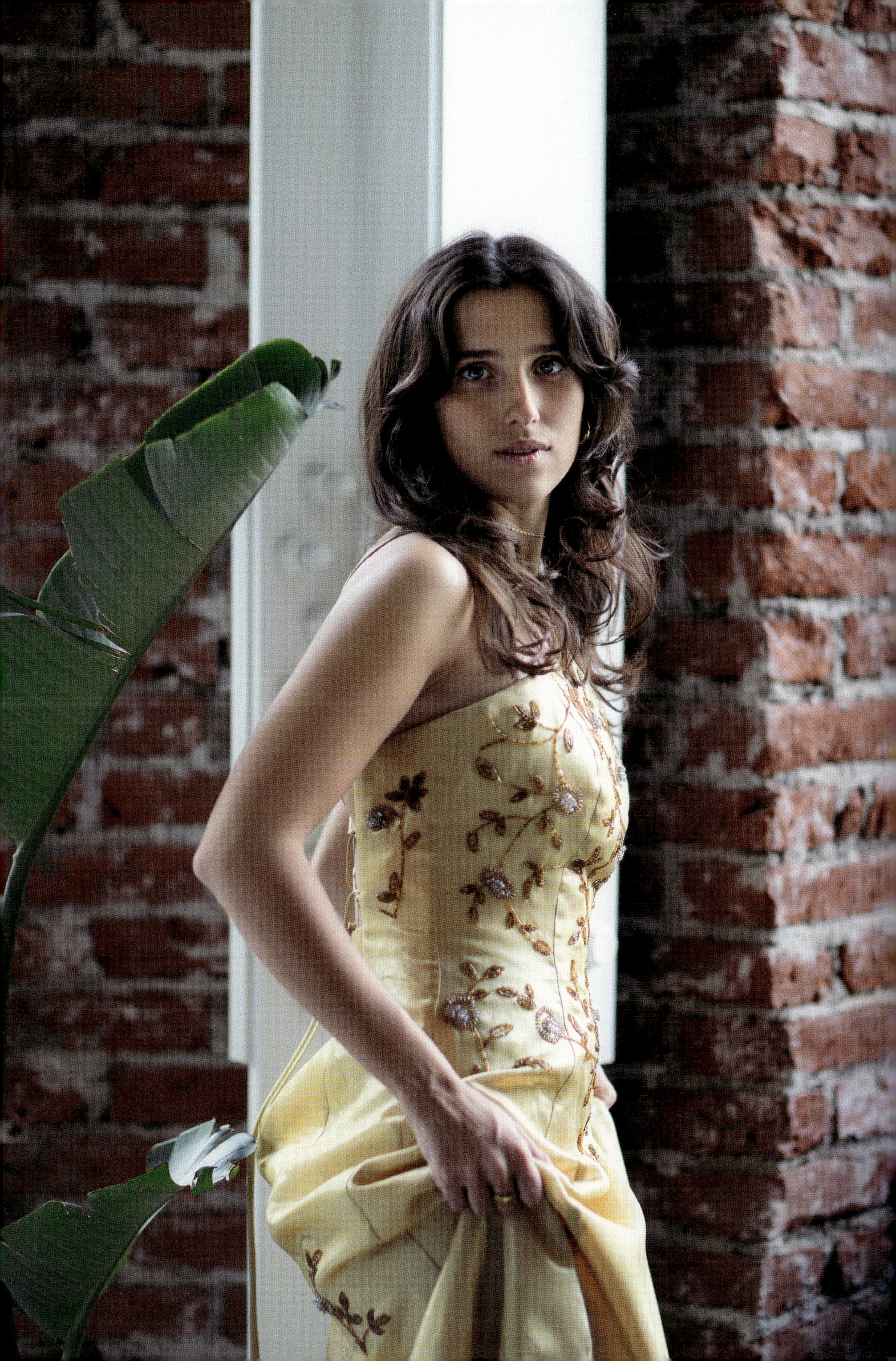

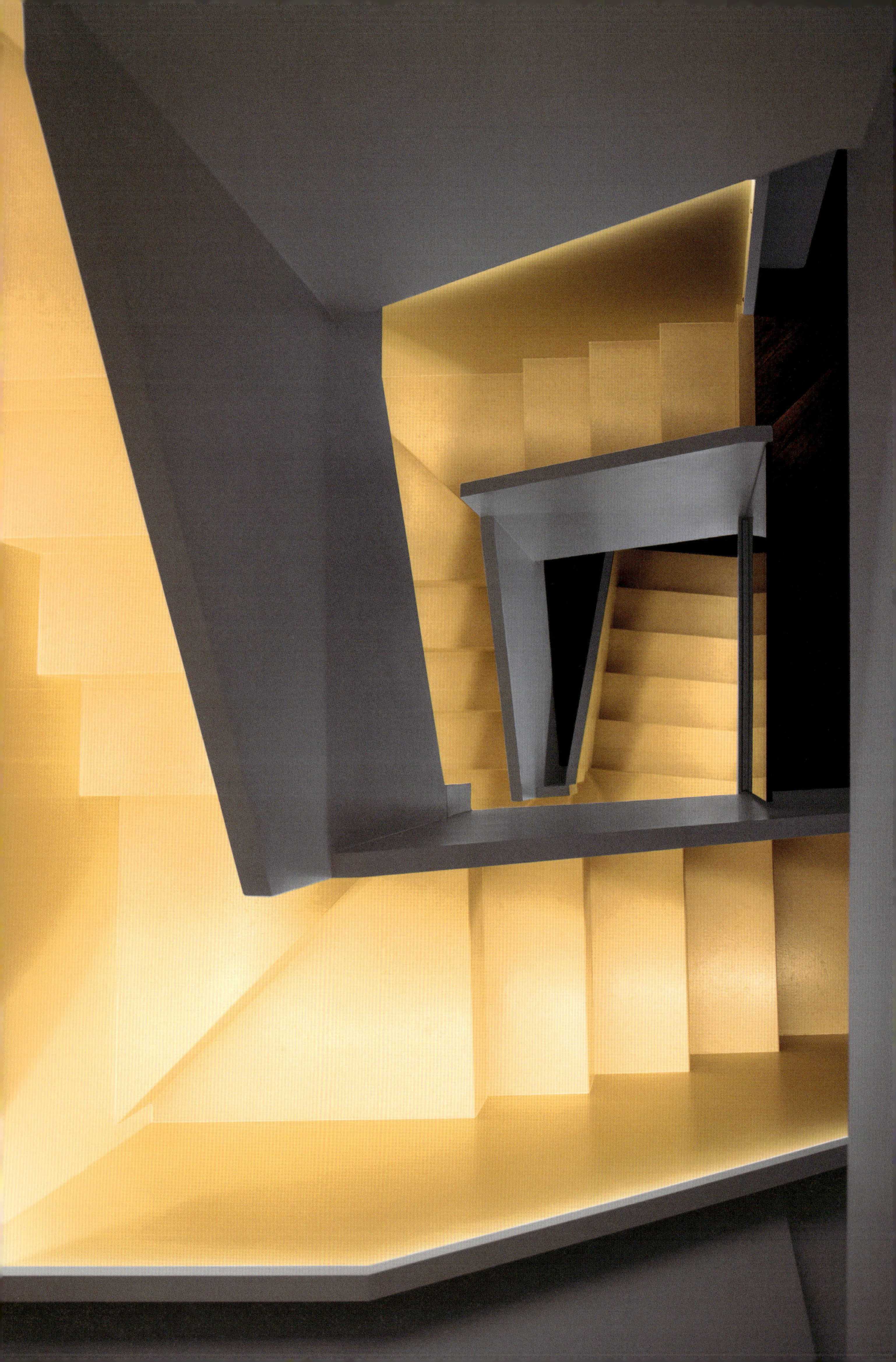

GIANLUCA PASINI DESIGN

TRULY ITALIAN ROOTS

Chapter / Capitolo

10

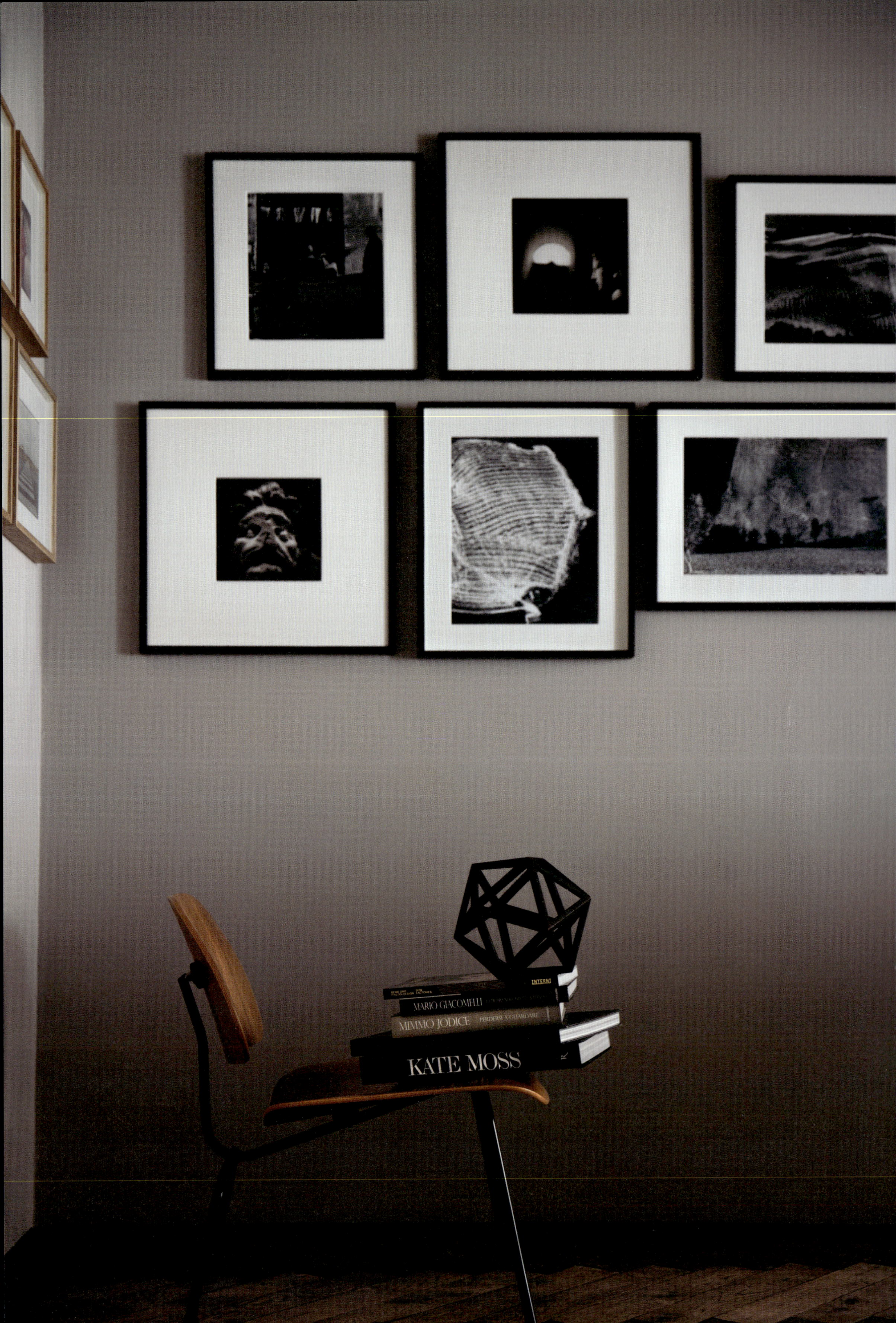
INTERNI
MARIO GIACOMELLI
MIMMO JODICE
PERDERSI A GUARDARE
KATE MOSS

E

GIANLUCA PASINI

Design

The sixteenth-century house where he lives with his family in Mantua is the most complete expression of his design approach

THE ADVICE THAT ACHILLE CASTIGLIONI, one of the great masters in the field of design in Italy, constantly gave to his students—"If you're not curious, don't even try"—has become the mantra of Gianluca Pasini, an entrepreneur with a strong passion for design, as well as for architecture and visual arts. His curiosity led him to explore new territories, to travel the world, to learn about different cultures, to cultivate his many interests and to seek innovative solutions for his company, Molino Pasini.
"I'm a miller," he says with simplicity and irony, being the head of a family business that spans four generations, with one hundred years of history, a leader in the milling sector and with the art of flour carved into his DNA. Following his studies in France and after working in Spain and Argentina for years, Gianluca returned to Mantua to live and oversee the production of historic flours, becoming the CEO in 1999. With his eye trained to see beauty, he gave a new boost to a world linked to a tradition of quality. In addition to entrusting Vandersande Studio with the interiors of the Atelier at the Cesole facility, furnished with historic and contemporary pieces, he supported the restyling of the logo and the packaging for the flours, now dressed in pastel hues, from mint green to baby blue. Thanks to a clever combination of colors, company messages, and important contributions, he managed to build an eclectic world where flour is the undisputed rock star, not just an ingredient in a recipe. In addition there was the collaboration with the Milanese studio of the architect Piero Lissoni, who designed the restyling of the company magazine and the latest special editions dedicated to important pastry chefs and award-winning chefs. Gianluca Pasini's attention for design is evident also in this communication project, which has a strong identity and a refined style.
The sixteenth-century house where he lives with his family in Mantua is the most complete expression of his design approach: here, in harmonious dialogue with the old architecture, in rooms where the antique frescoes have been carefully restored, he has gathered the pieces that are most dear to him, by the Castiglioni brothers, Franco Albini, Angelo Mangiarotti, Scandinavian designers, and the works of Nathalie Du Pasquier, as well as a refined collection of photographs by the great masters of the twentieth century. The house is located in the historic center of the city of the Gonzagas and includes a green space, in memory of a childhood spent in the Mantuan countryside. After entrusting the renovation to the architect Davide Cerini, he asked his landscape architect friend, Stefano Baccari, to design the garden. The project sees shrubs, flowers, and grass occupying the spaces that the ground floor looks out over, and a green mantle covering the roof of the *barchesse* [porticoes] "in full respect of the *genius loci*, but with striking effects, like the presence of mirrors, a trait that Stefano gets from his past in fashion and theatre." The interior design is a four-handed affair by Gianluca and his wife Constanza, whom he met while studying on an Erasmus course in Paris, who shares his passions, and whose sensibility and aesthetic vision is in part due to years spent working in the world of fashion and design. Inside the house, the entrepreneur has created a room just for himself, a private gallery where he displays photographs by the masters he loves, such as Luigi Ghirri, Mario Giacomelli, Mimmo Jodice, Giuseppe Cavalli, Gabriele Basilico, and Franco Fontana. Here, among masterful images and countless books dedicated to photography, Gianluca relaxes when he can take a break from his intense job, also because "I have no social life," he confesses. His day invariably begins with a coffee, "it's the ritual gesture that gets me going, it wakes me up. It's the moment when all my reflections begin. I could never give that up."

I

GIANLUCA PASINI

Design

Il palazzo del Cinquecento, dove vive con la famiglia a Mantova, è l'espressione più completa del suo approccio progettuale

L'INVITO CHE ACHILLE CASTIGLIONI – uno dei maestri di riferimento nel campo del progetto in Italia – rinnovava costantemente ai suoi studenti, "se non siete curiosi, lasciate perdere", è diventato il mantra di Gianluca Pasini, imprenditore con una forte passione per il design, oltre che per l'architettura e le arti visive. La curiosità l'ha spinto a esplorare nuovi territori, a viaggiare nel mondo, a conoscere culture diverse, a coltivare i suoi molteplici interessi e a ricercare soluzioni innovative per la sua impresa, la Molino Pasini. "Faccio il mugnaio", racconta con semplicità e ironia essendo a capo di un'azienda familiare da quattro generazioni, con cent'anni di storia, leader nel settore molitorio e con l'arte della farina impressa nel Dna. Dopo gli studi in Francia e gli anni di lavoro in Spagna e Argentina, Gianluca è tornato a vivere a Mantova e ad occuparsi della produzione delle storiche farine diventandone amministratore nel 1999. Con il suo sguardo educato alla bellezza, ha dato un nuovo impulso a un mondo legato a una tradizione di qualità. Oltre ad affidare a Vandersande Studio gli interni dell'Atelier dello stabilimento di Cesole, arredati con pezzi storici e contemporanei, ha promosso il restyling del logo e del packaging delle farine, ora vestite di tonalità pastello, dal verde menta all'azzurro. Grazie a un sapiente gioco fra colori, messaggi aziendali e contributi importanti, è riuscito a costruire un mondo eclettico dove la farina è pop star indiscussa, non solo ingrediente di una ricetta. Importante è la collaborazione con lo studio milanese dell'architetto Piero Lissoni che ha firmato la riprogettazione del *magazine* aziendale e le ultime *special edition* dedicate a rinomati pasticcieri e chef stellati. L'attenzione di Gianluca Pasini per il design è evidente anche in questo progetto di comunicazione, raffinato e fortemente identitario.
Il palazzo del Cinquecento, dove vive con la famiglia a Mantova, è l'espressione più completa del suo approccio progettuale: qui, in dialogo virtuoso con l'architettura antica, nelle stanze dove sono stati recuperati gli affreschi del tempo, ha raccolto i pezzi che più ama, a firma dei fratelli Castiglioni, di Franco Albini, di Angelo Mangiarotti, di designer scandinavi e le opere di Nathalie Du Pasquier, oltre alla raffinata collezione di fotografie dei grandi autori del Novecento. La casa si trova nel centro storico della città dei Gonzaga e accoglie uno spazio verde, a ricordo dell'infanzia trascorsa nella campagna mantovana. Affidata la ristrutturazione all'architetto Davide Cerini, ha chiesto all'amico paesaggista Stefano Baccari di disegnarne il giardino. Il progetto vede arbusti, fiori e graminacee occupare gli spazi su cui si affaccia il piano terra, e un manto verde coprire il tetto delle barchesse "in un rispetto totale del *genius loci*, ma con effetti scenografici come la presenza di specchi, un tratto che Stefano deve al suo passato nella moda e nel teatro". L'interior design è firmato a quattro mani da Gianluca e dalla moglie Constanza, incontrata durante l'Erasmus a Parigi, che ne condivide le passioni e la cui sensibilità e visione estetica è frutto anche degli anni trascorsi lavorando nel mondo della *fashion* e del design.
All'interno del palazzo, l'imprenditore si è ricavato una stanza tutta per sé, una galleria privata dove sono esposte le fotografie dei maestri dell'obiettivo che ama: Luigi Ghirri, Mario Giacomelli, Mimmo Jodice, Giuseppe Cavalli, Gabriele Basilico, Franco Fontana. Qui, tra immagini d'autore e i tanti libri dedicati alla fotografia, Gianluca si rilassa nei momenti di pausa dall'intensa attività lavorativa, anche perché "la mia vita sociale è pari a zero", confessa.
Le sue giornate iniziano immancabilmente con un caffè: "È il gesto rituale che mi dà il via, mi mette in *mood on*. È il momento in cui iniziano tutte le mie riflessioni, non potrei rinunciarvi".

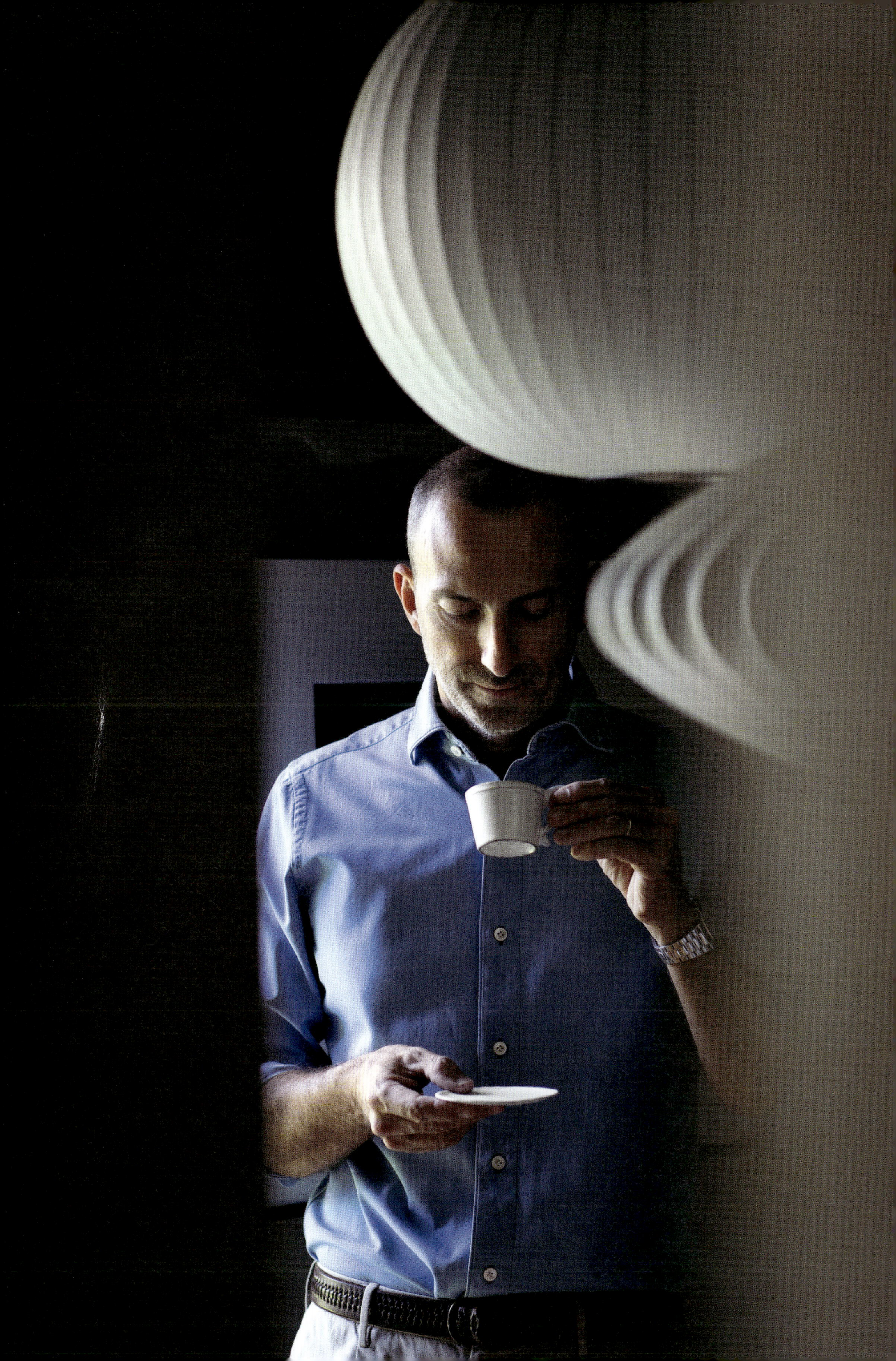

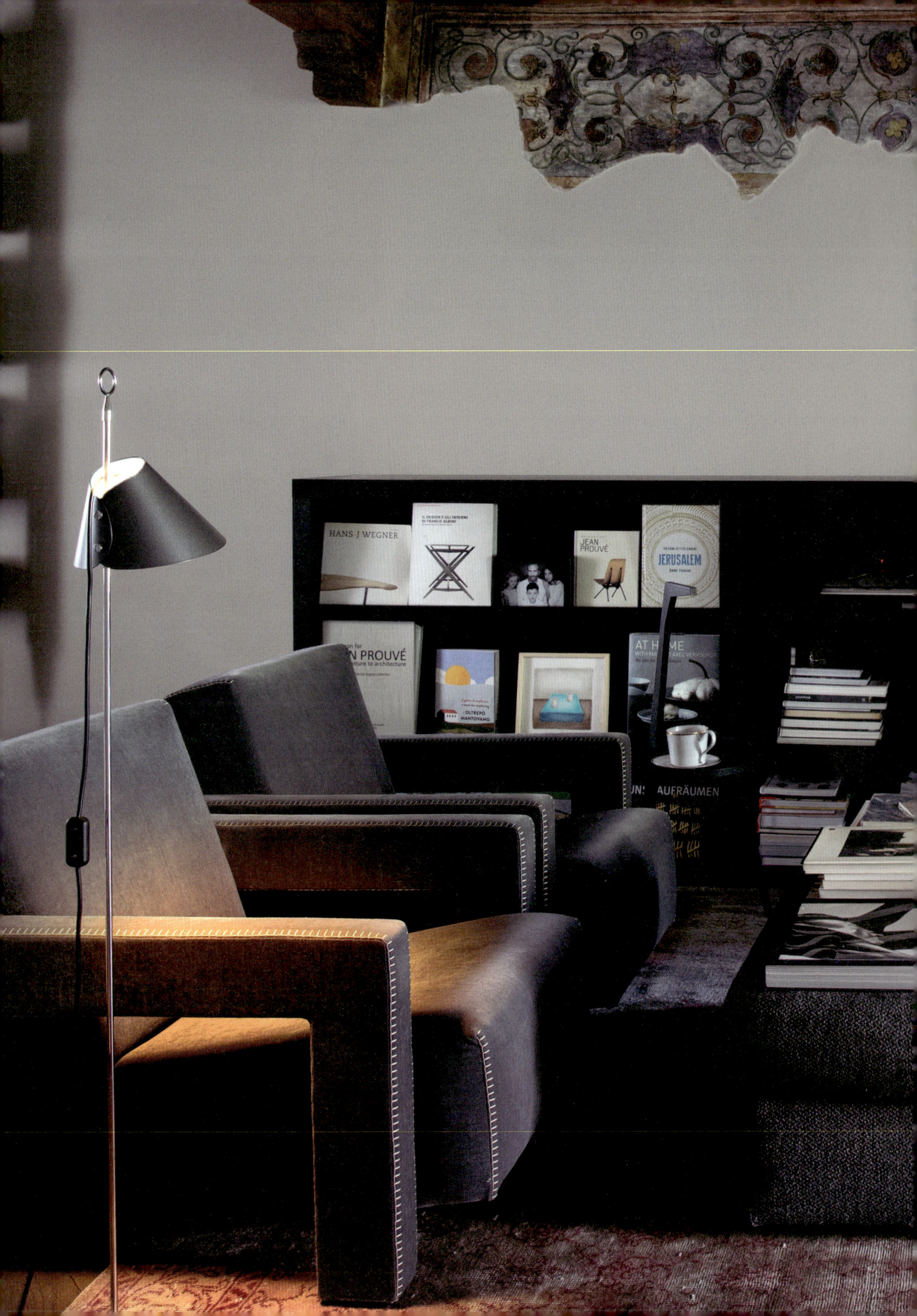
HANS J WEGNER
IL DESIGN E GLI INTERNI DI FRANCO ALBINI
JEAN PROUVÉ
JERUSALEM
OLTREPÒ MANTOVANO
AUFRÄUMEN

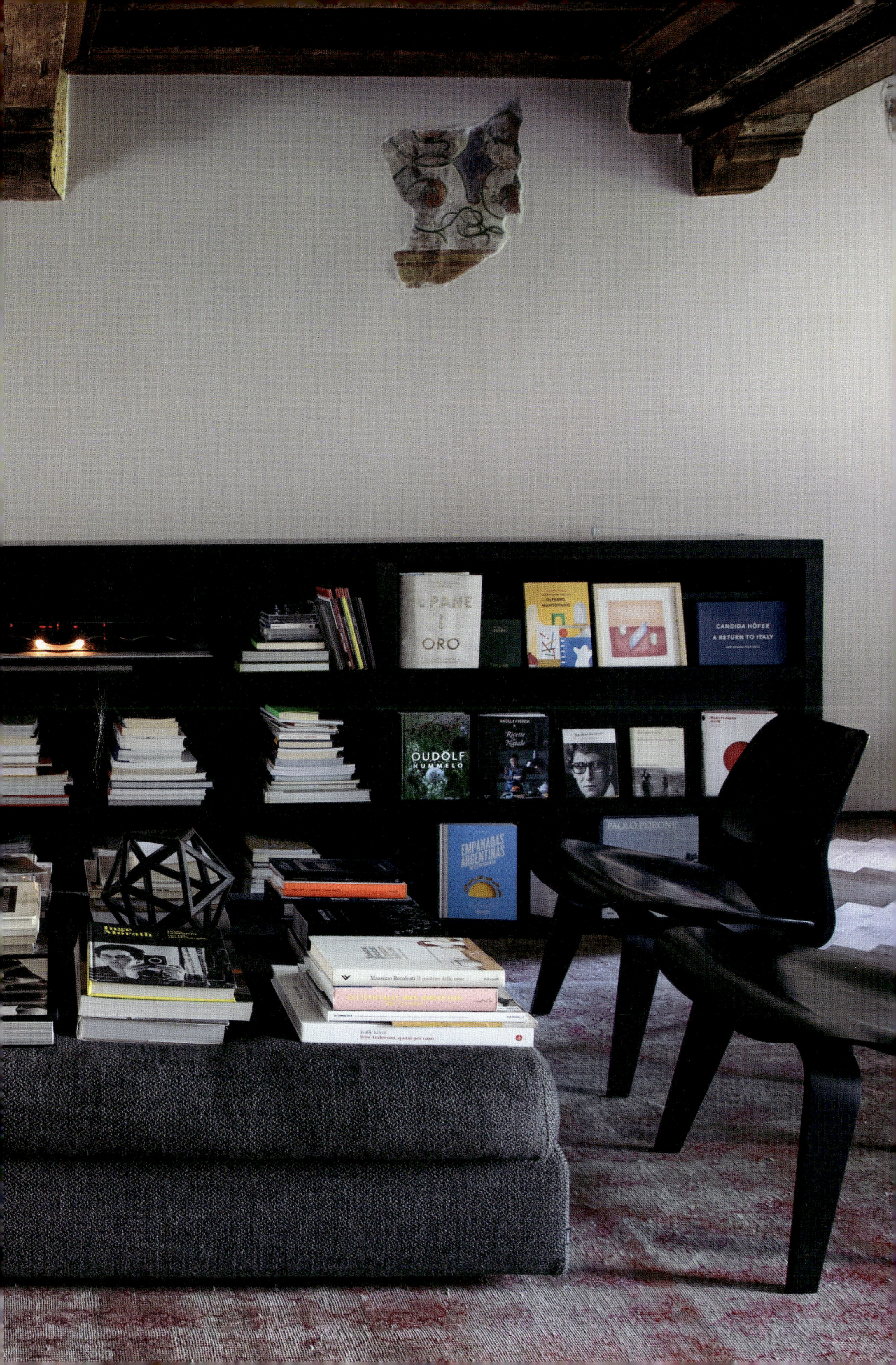

ORO
CANDIDA HÖFER
A RETURN TO ITALY
OUDOLF
HUMMELO
ANGELA FRENDA
EMPANADAS
ARGENTINAS
PAOLO PEIRONE
Inge Morath
Massimo Recalcati Il mistero delle cose
Wes Anderson, quasi per caso

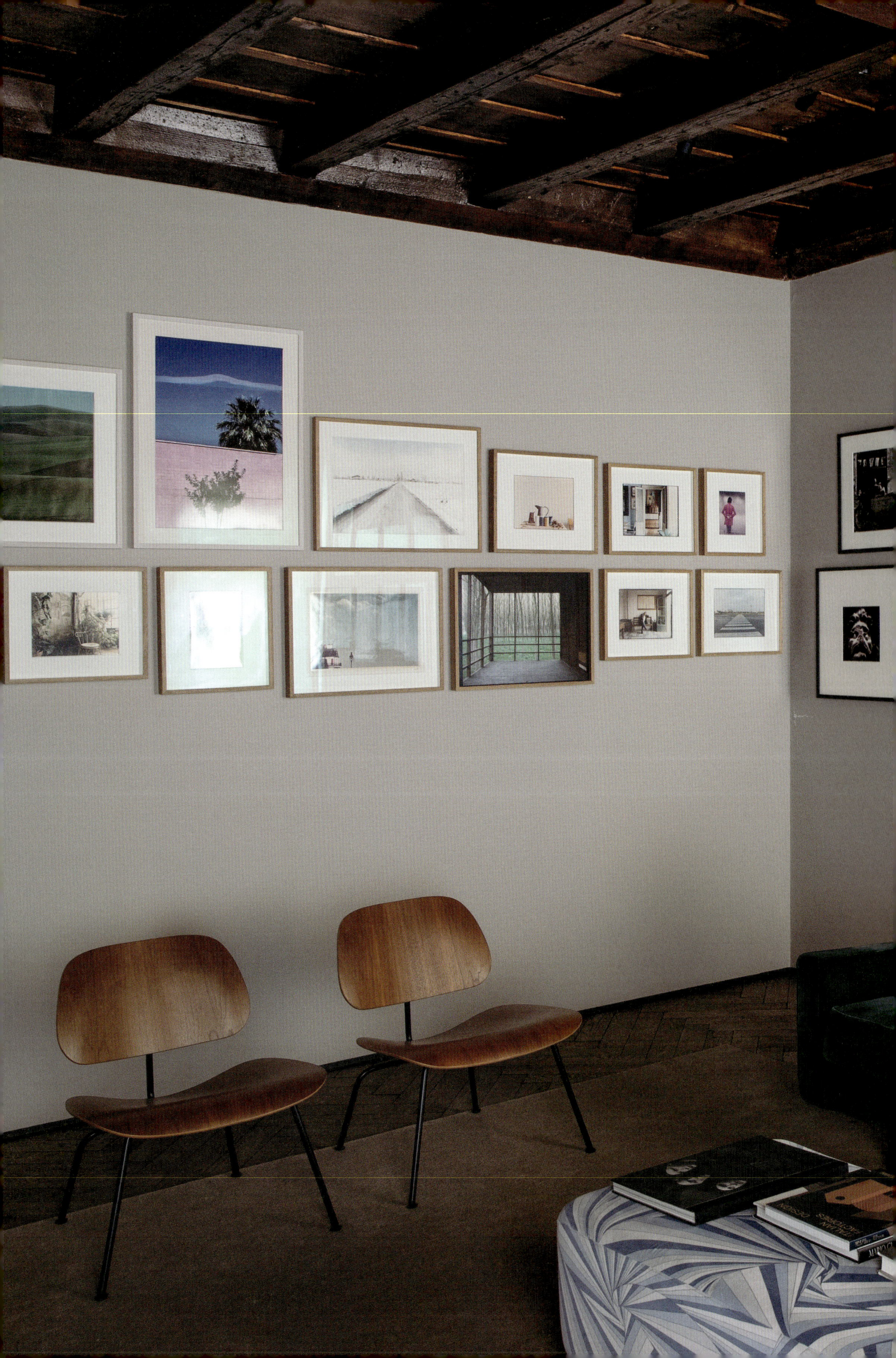

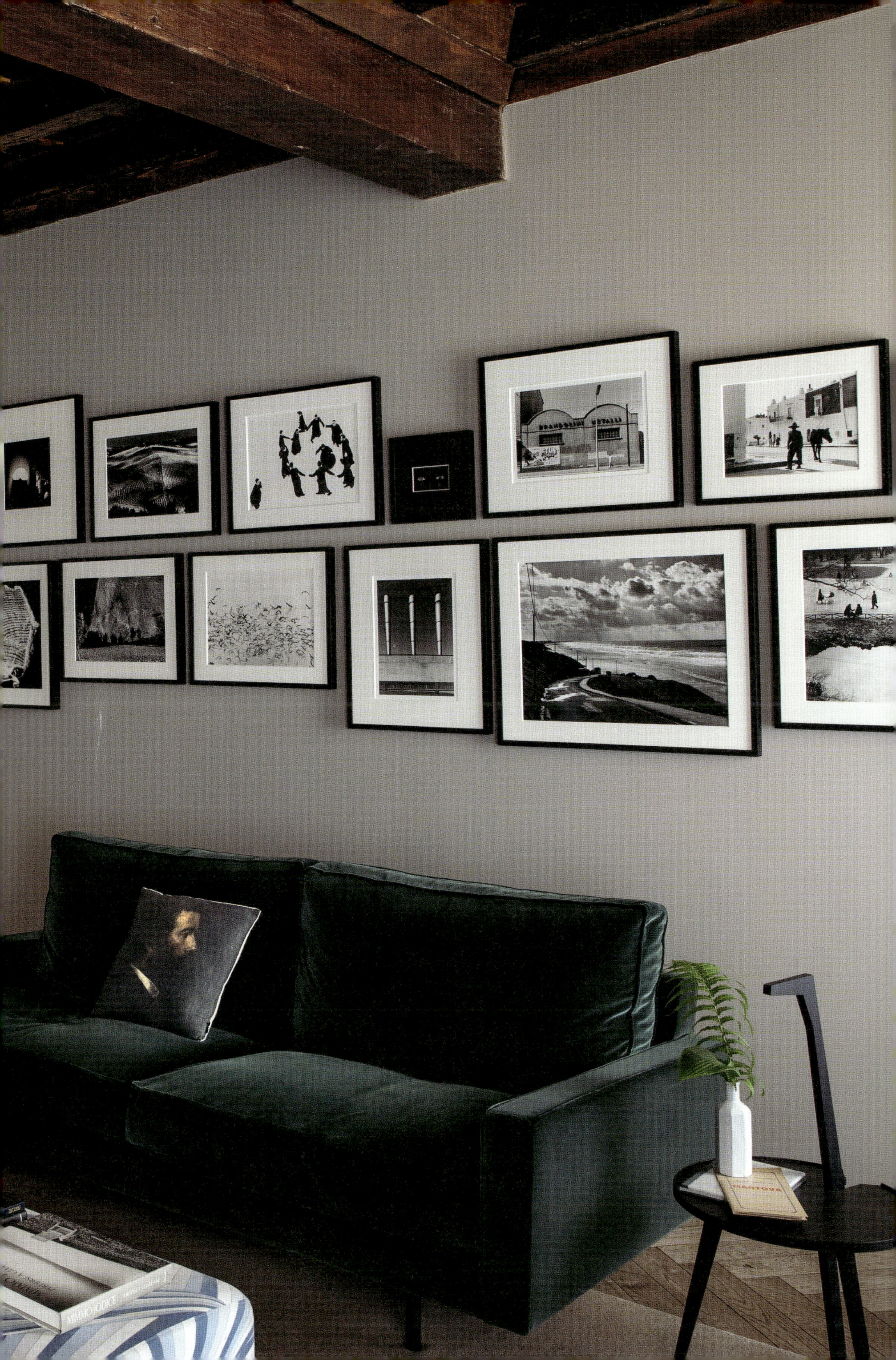
MIMMO JODICE
MANTOVA

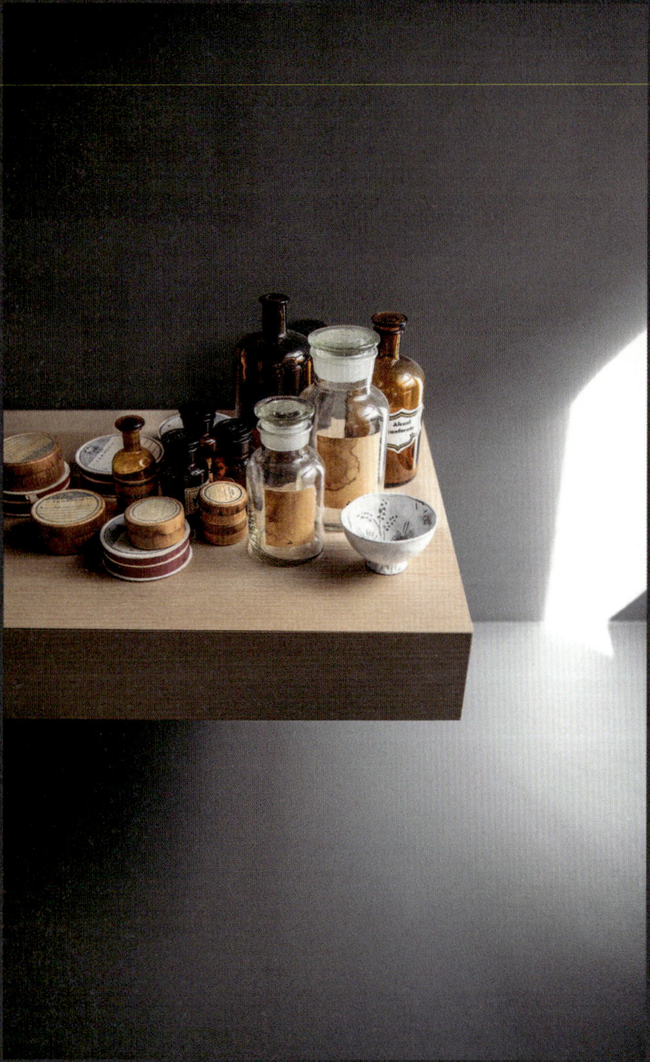

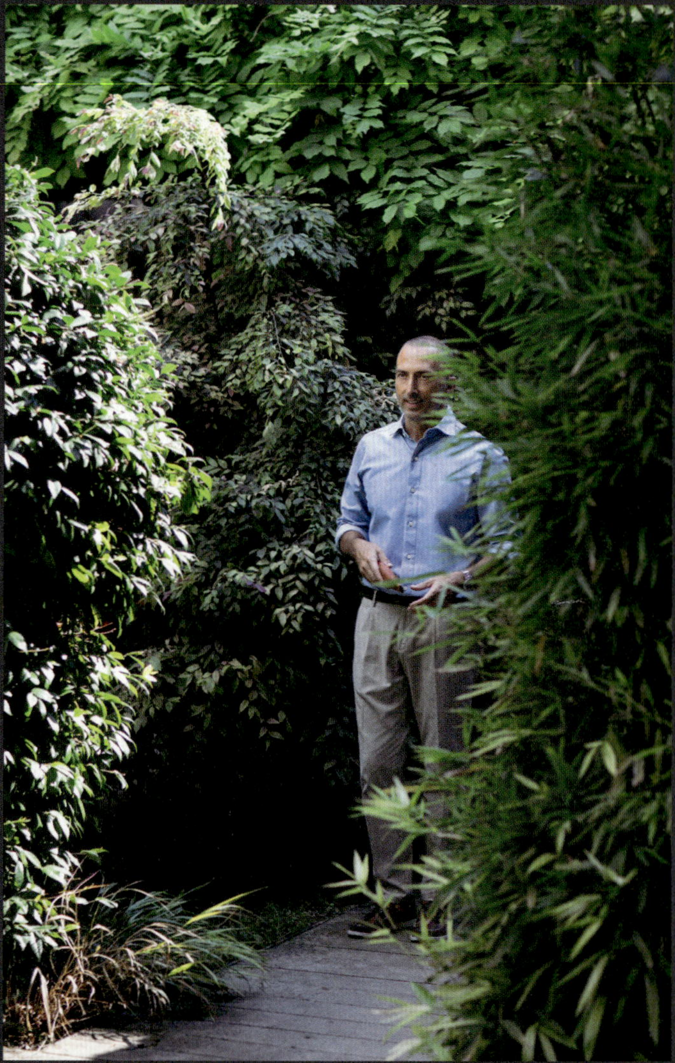

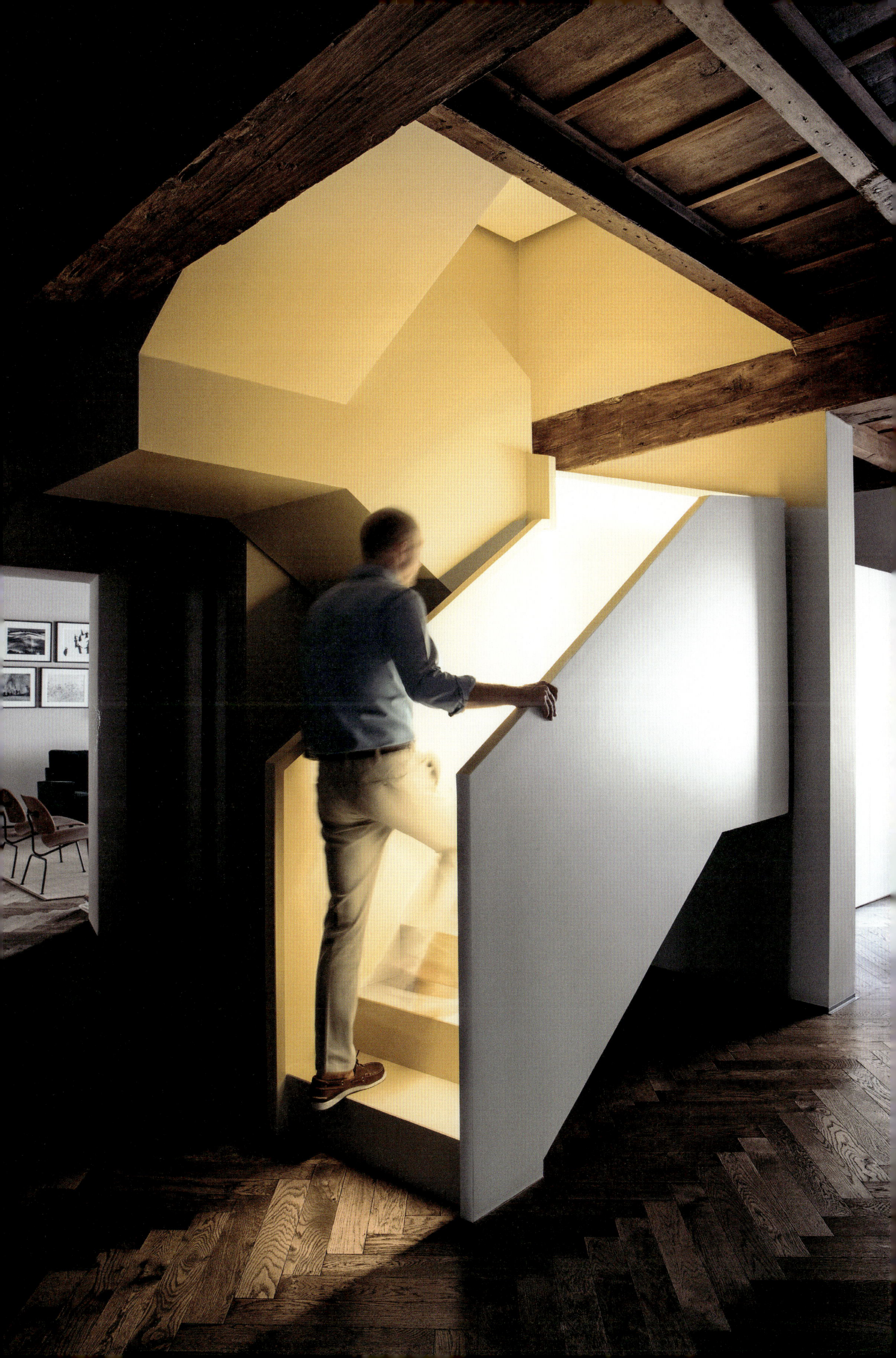

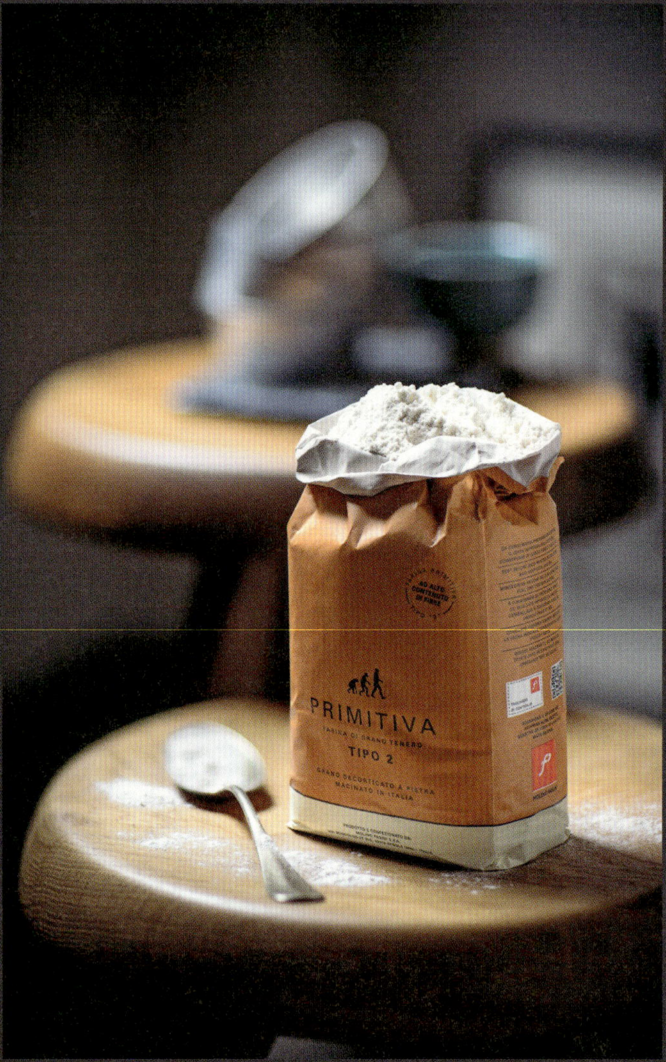
PRIMITIVA
TIPO 2

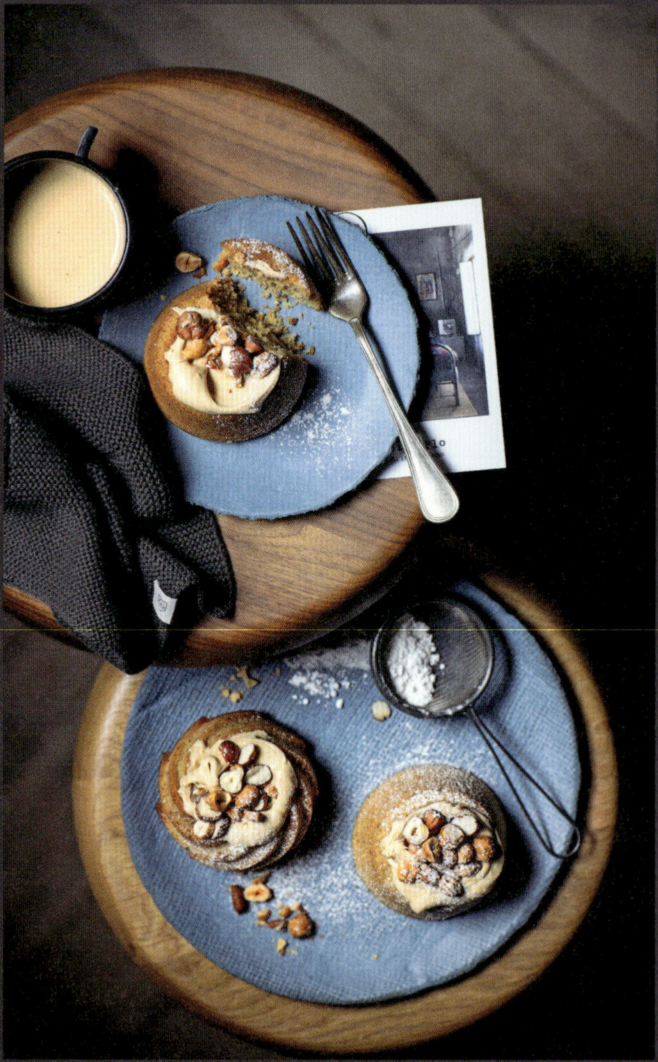

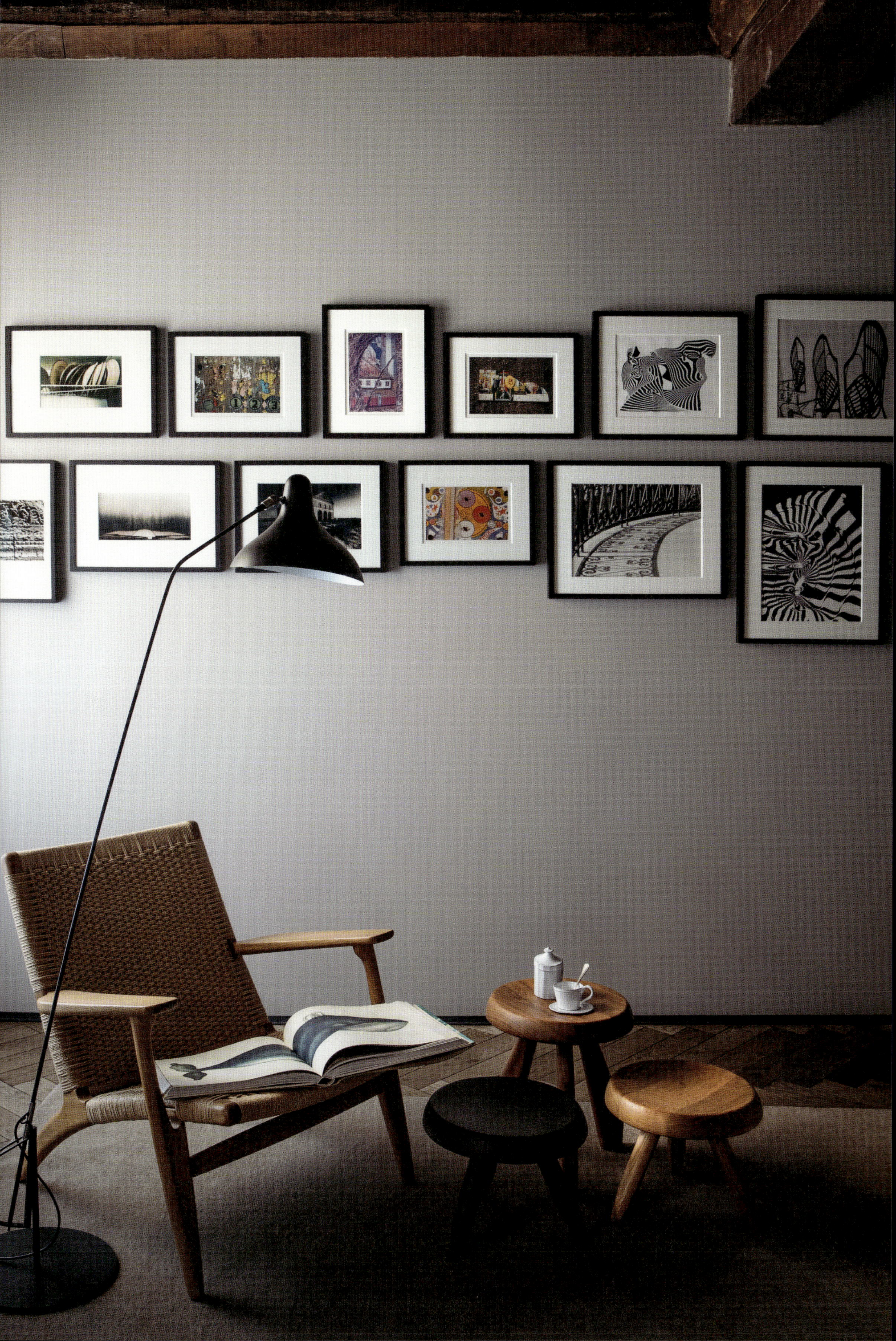

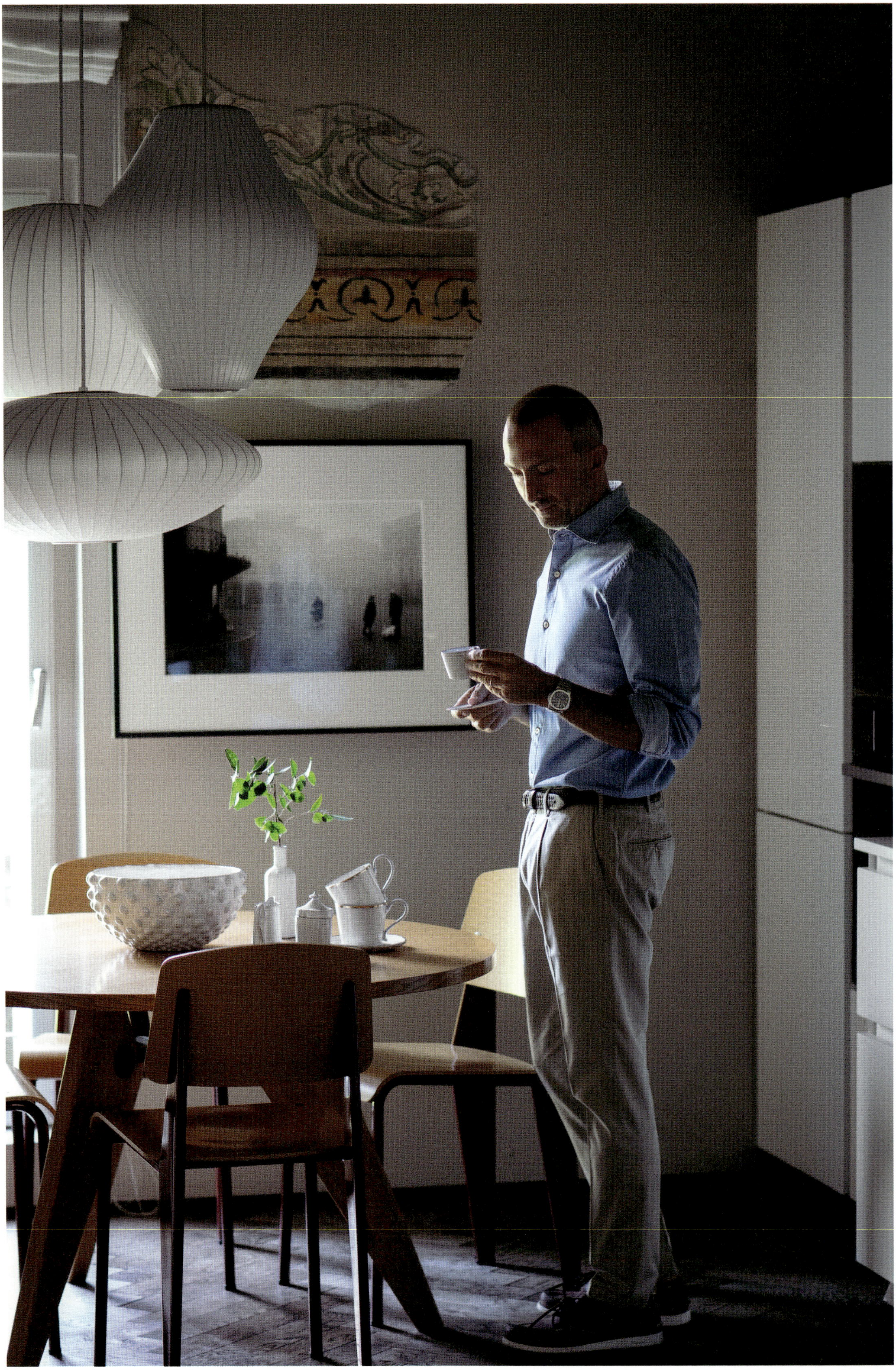

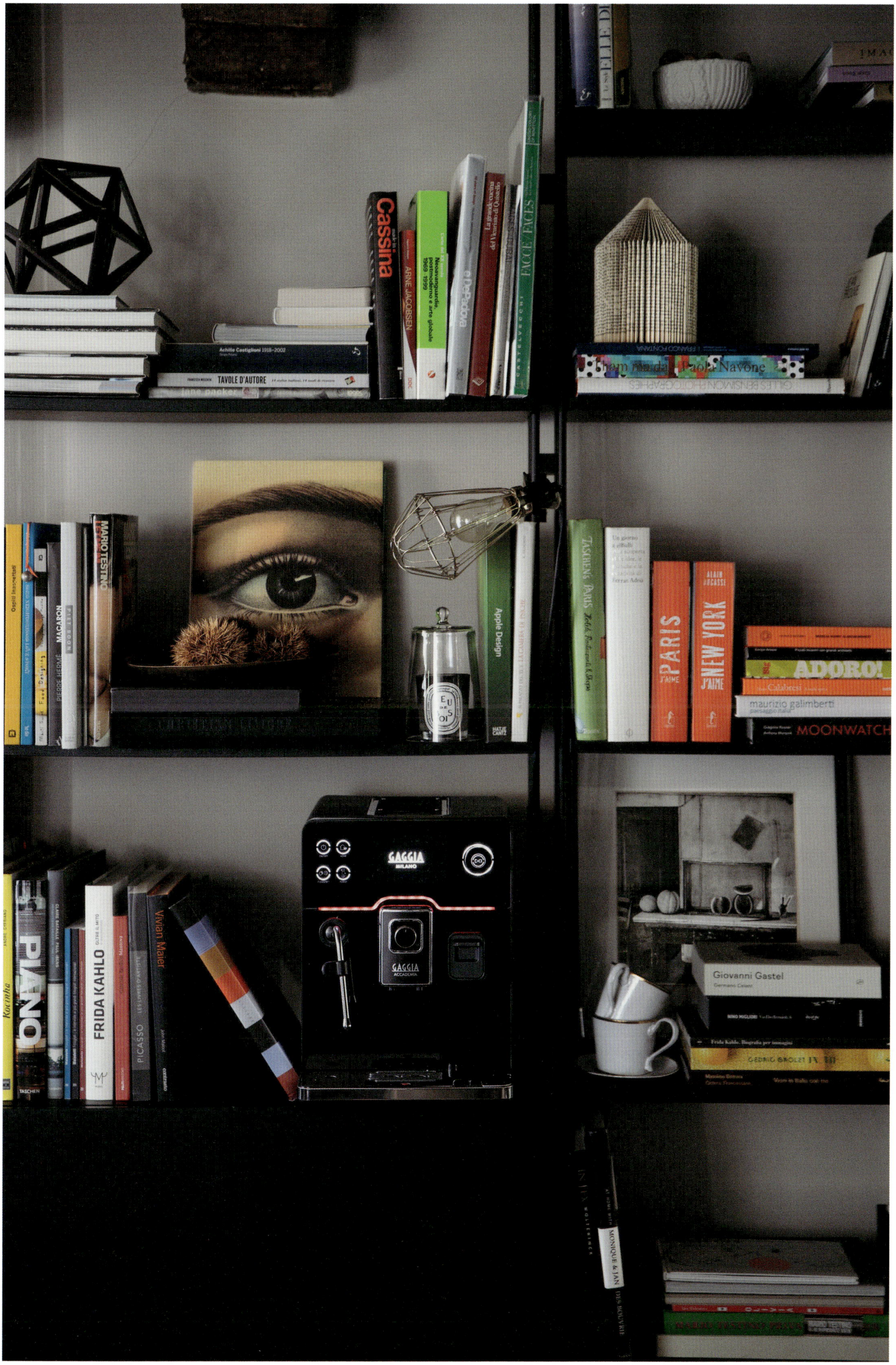
Cassina
ARNE JACOBSEN
FACCE/FACES
Achille Castiglioni 1918-2002
TAVOLE D'AUTORE
MARIO TESTINO
MACARON
PIERRE HERMÉ
Apple Design
PARIS
J'AIME
NEW YORK
J'AIME
ADORO!
maurizio galimberti
MOONWATCH
GAGGIA
MILANO
PIANO
TASCHEN
FRIDA KAHLO
PICASSO
Vivian Maier
Giovanni Gastel

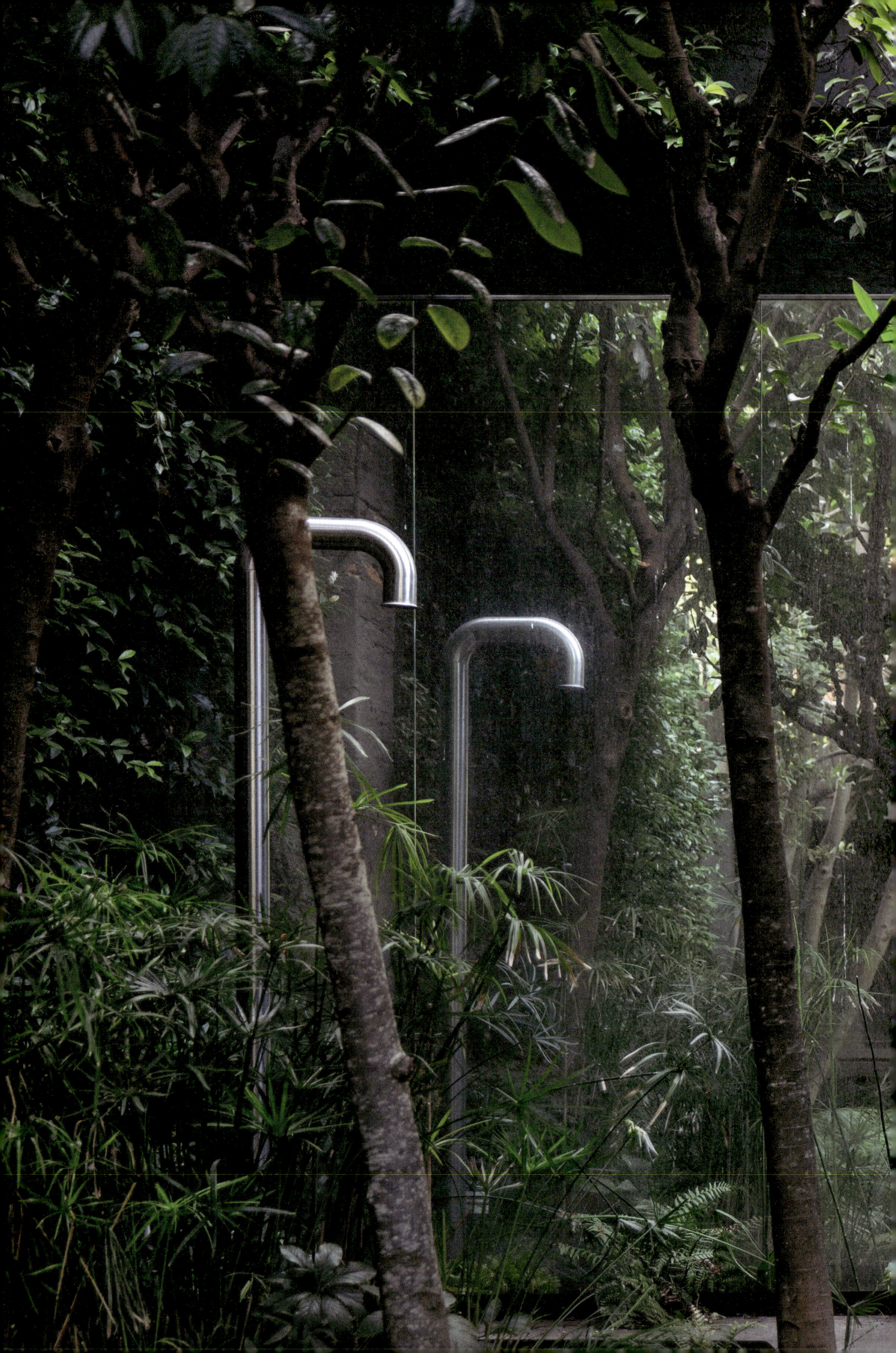

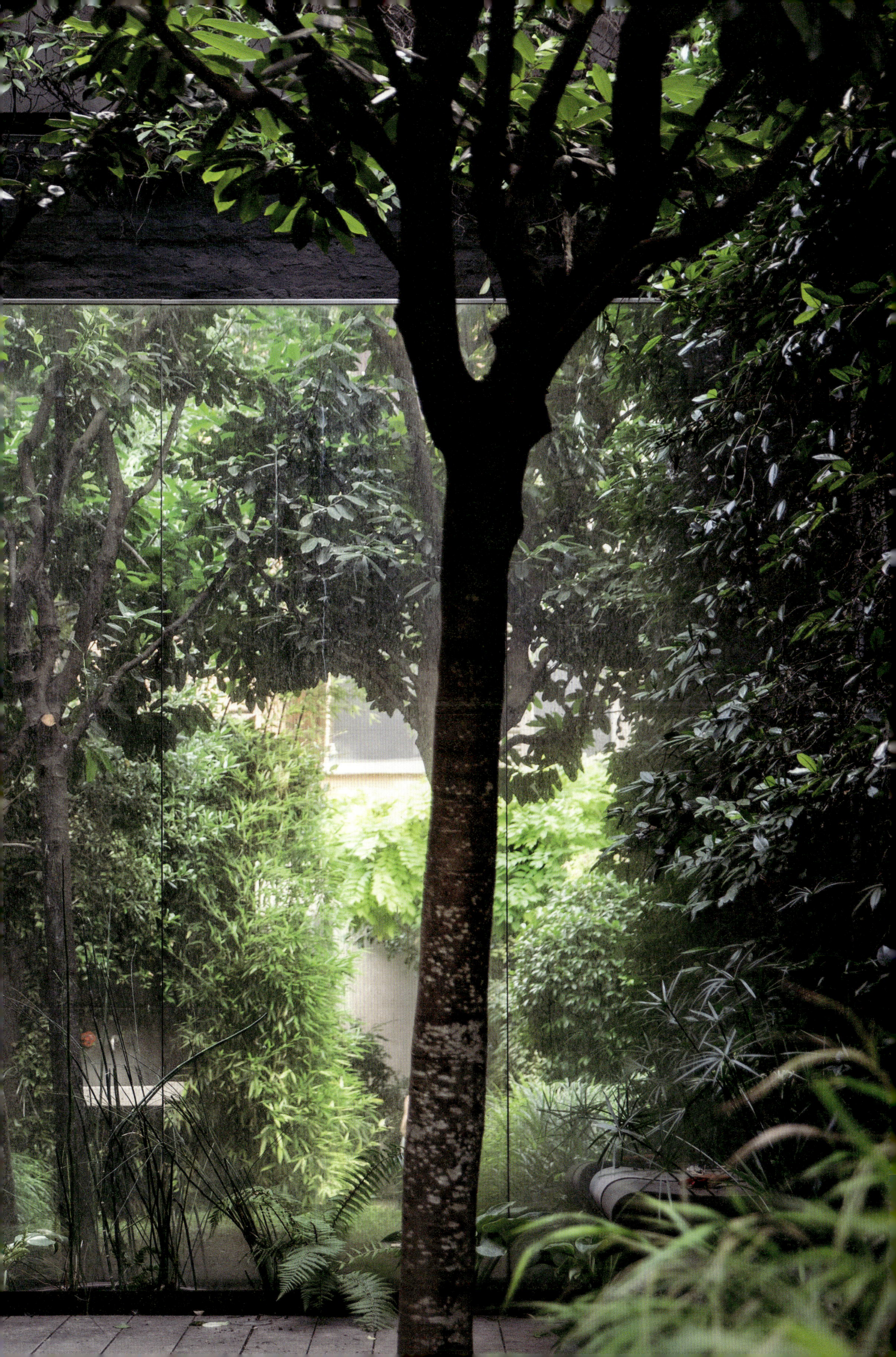

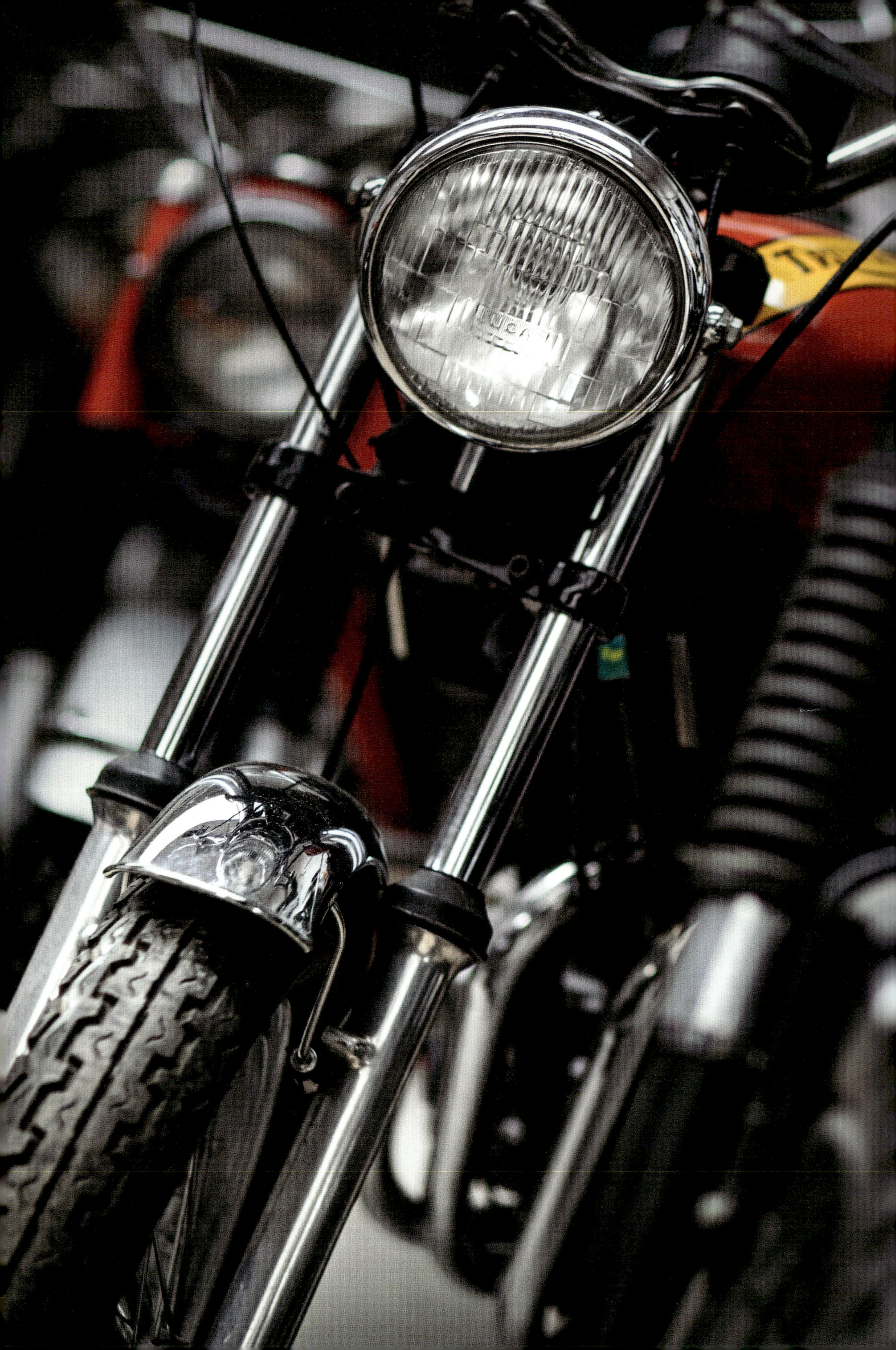

ROBERTO TOTTI HERITAGE

TRULY ITALIAN ROOTS

Chapter / Capitolo

11

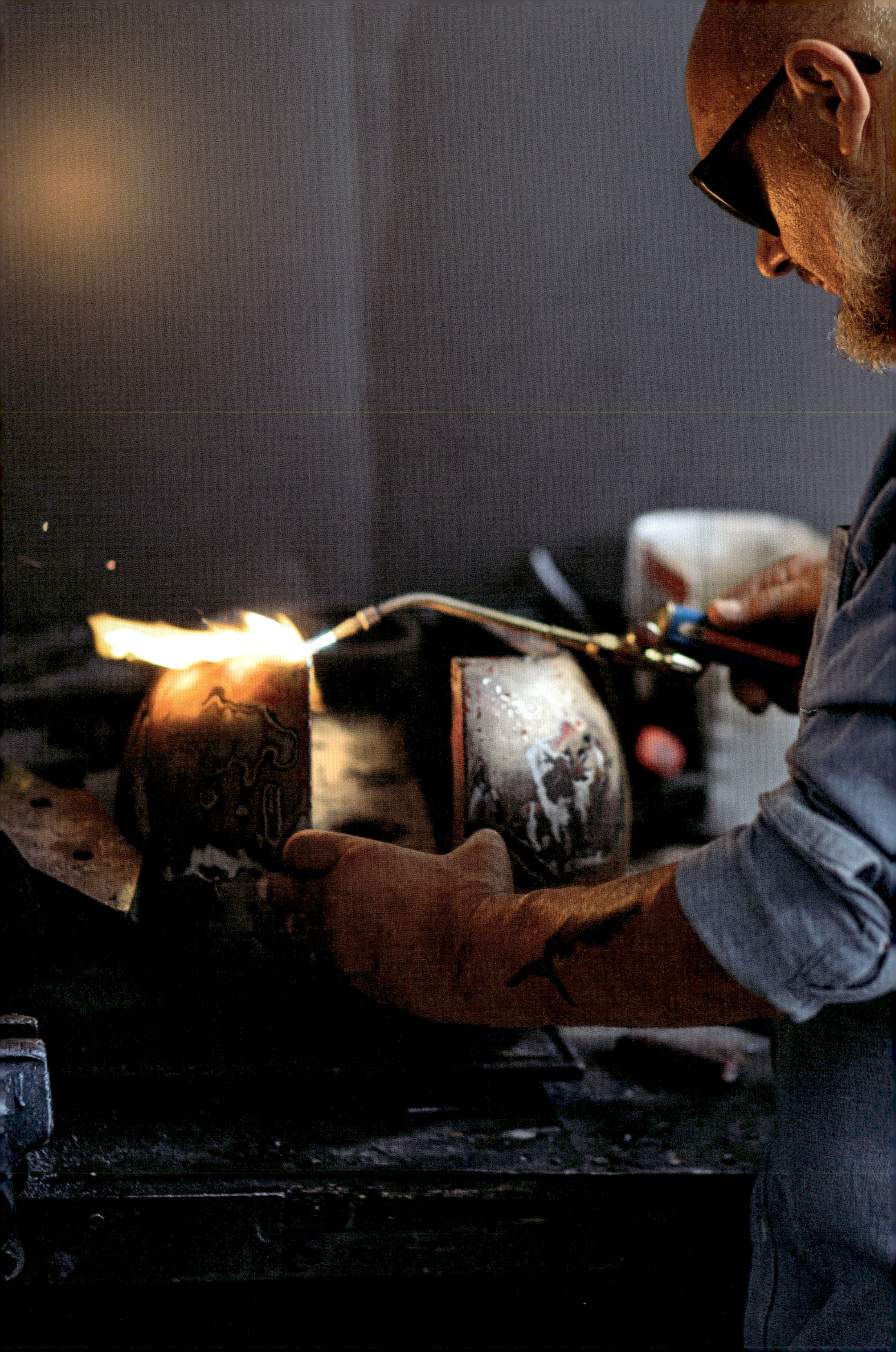

E

ROBERTO TOTTI

Heritage

The workshop is his kingdom, amid sheet metal to beat, engines, and tools of the trade

IN THE MOTOR VALLEY, the land of motors in Emilia Romagna, famous all over the world for the Imola and Misano circuits, as well as for the factories and museums of cult cars and motorcycle brands, there are hidden gems and super-specialized workshops created to respond to the demands of customized motorcycle devotees. Like TottiMotori, founded by Roberto Totti, who creates exclusive motorcycle models.

Out of its headquarters near Bologna, come tailor-made creations designed by Totti according to his customers' wishes. They are the *specials* that uphold the Italian tradition of Guzzi, Ducati, Moto Morini, and international brands.

As a customizer—the American name given to someone who brings together the various specialties of motorist, sheet metal worker, designer, and upholsterer—Roberto has followed his passion for motorcycles since high school when he fixed his friends' bikes. One of whom, in 1973, created the TottiMotori brand, even before the company was born, writing it on the tank "to show everyone that his bike was going fast because it was souped-up by me," he says.

Although Totti studied law, he taught himself about bikes, opened his first workshop in Bologna in 1981, and then moved on, at the end of the 1980s, to exclusively designing and constructing one-off models, winning countless national and international prizes. Among them, in 2021, the top title conferred on a customizer, the highly coveted one of Master Bike Builder Level II, awarded in Europe to only four professionals in the industry.

"We are strongly anchored to our territory and to the traditions of the Motor Valley, and we want to pass on the values and culture of Emilia," he affirms decisively, while showing the different phases of the interventions necessary for the development of the desired model, which can be made from scratch or by modifying a motorcycle: design, construction of the prototype, and final completion. "Unlike other craftsmen in the field, for every bike we respect the history of the model, even the components, while allowing ourselves, in certain cases, some admixtures, with the addition of ultra-modern details in materials like carbon, without ever distorting the identity of the history of the motorcycle."

In 2014, the Heritage TottiMotori association was established to preserve and promote the legacy of the *specials* and the history of the motorcycle. For the last 20 years, he has been working with six satellite firms, specializing in painting, upholstery, and in the preparation of technological components for the creation of the highest quality *specials*, multi-award winners in the many international Bike Shows he takes part in.

The workshop is his kingdom, amid sheet metal to beat, engines, and tools of the trade. Here, he works with two other mechanics, often in religious silence, each absorbed in his own precision task. Small talk is rare, reserved for the customary breaks. "For us, coffee becomes an important moment to take stock of the work underway, and exchange ideas and suggestions. We have strategically placed the machine in a separate area, so we are forced to physically move from our workstations to reach it. And we really unplug." Even if the thoughts are on the next *special*.

I

ROBERTO TOTTI

Heritage

L'officina è il suo regno, tra lastre di metallo da battere, motori e attrezzi del mestiere

NELLA MOTOR VALLEY, la Terra dei Motori dell'Emilia Romagna, famosa in tutto il mondo per i circuiti di Imola e di Misano, oltre che per le fabbriche e i musei dei marchi cult di automobili e moto, si celano realtà gioiello e officine superspecializzate, nate per rispondere alle richieste dei cultori delle moto customizzate. Come TottiMotori, fondata da Roberto Totti, che crea modelli esclusivi di motociclette.

Dalla sede, nei pressi di Bologna, escono le creazioni su misura ideate da Totti in accordo con i *desiderata* del cliente: *special* che mantengono alta la tradizione italiana di Guzzi, Ducati, Moto Morini e di marchi internazionali. Come *customizer* – come viene definito negli States chi riunisce in sé le diverse competenze di motorista, battilastra, designer e tappezziere – Roberto coltiva la sua passione per le moto dai tempi del liceo, quando sistemava quelle degli amici. Uno di questi, nel 1973, creò il marchio TottiMotori, prima ancora che nascesse l'azienda, scrivendolo sul serbatoio "per mostrare a tutti che la sua moto andava veloce perché elaborata da me", racconta. Vero autodidatta, con studi in giurisprudenza, Totti ha aperto la prima officina nel 1981 a Bologna, per poi passare, alla fine degli anni Ottanta, all'ideazione e costruzione di modelli esclusivamente *one-off*, aggiudicandosi innumerevoli premi nazionali e internazionali. Tra tutti, nel 2021, il massimo titolo attribuito a un *customizer*, quello ambitissimo di Master Bike Builders Level 2, conferito in Europa solo a quattro professionisti del settore.

"Siamo fortemente ancorati al nostro territorio e alla tradizione della Motor Valley, e vogliamo tramandare i valori e la cultura dell'Emilia", afferma con decisione mentre mostra le diverse fasi degli interventi necessari alla messa a punto del modello desiderato, che può essere realizzato *ex novo* o intervenendo su una moto da modificare: progettazione, costruzione del prototipo e completamento finale.

"A differenza di altri artigiani in questo ambito, noi, in ogni moto, rispettiamo la storicità del modello, anche nella componentistica, pur concedendoci, in alcuni casi, alcune commistioni con l'addizione di particolari ultramoderni in materiali come il carbonio, senza mai snaturare l'identità della storia della motocicletta."

Nel 2014 viene così costituita l'associazione Heritage TottiMotori per la conservazione e la promozione del patrimonio *special* e della storia della motocicletta. Da vent'anni lavora con sei ditte satellite, specializzate nella verniciatura, nella tappezzeria e nella preparazione di componentistica tecnologica per poter realizzare *special* di altissima qualità, pluripremiate nei tanti *bike shows* internazionali cui partecipa.

L'officina è il suo regno, tra lastre di metallo da battere, motori e attrezzi del mestiere. Qui, lavora con altri due meccanici, spesso in religioso silenzio, ciascuno assorto nel proprio lavoro di precisione. Rare sono le chiacchiere, riservate alle pause canoniche. "Per noi il caffè diventa un momento importante per fare il punto sui lavori in corso e per scambiarci idee e suggerimenti. Abbiamo strategicamente collocato la macchina in una zona appartata, così dobbiamo spostarci anche fisicamente. E stacchiamo sul serio." Anche se il pensiero è rivolto alla prossima *special*.

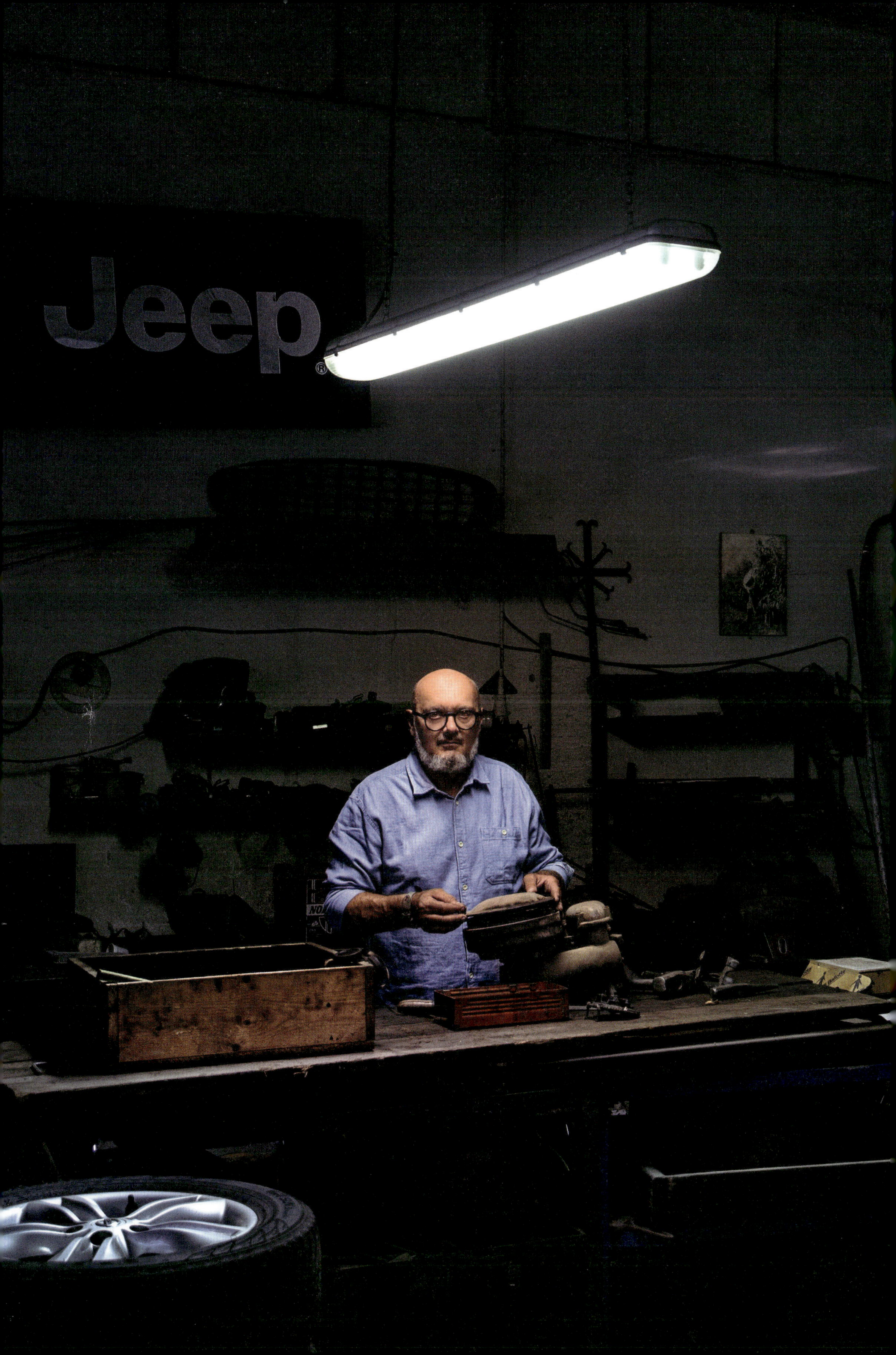
Jeep

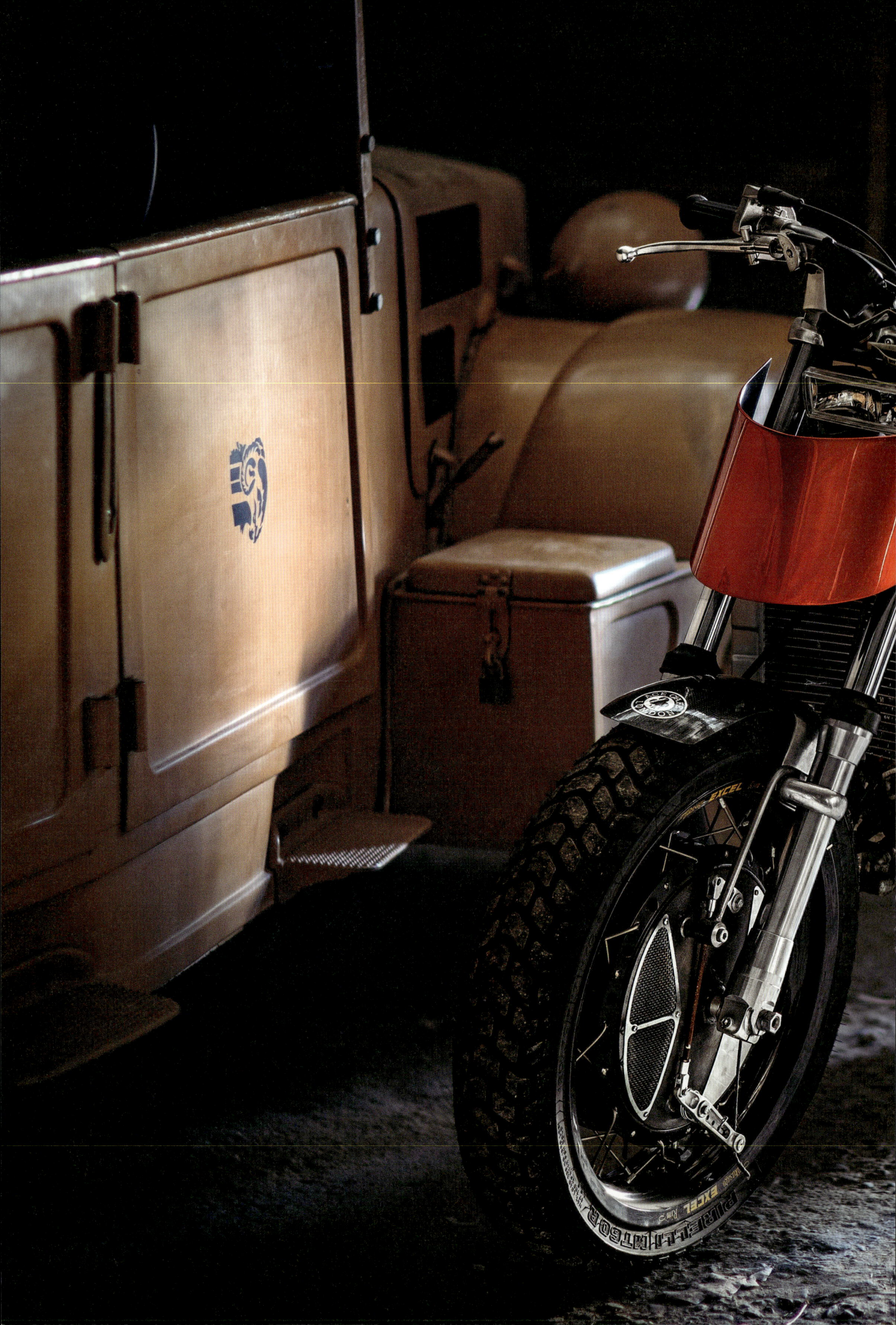
EXCEL

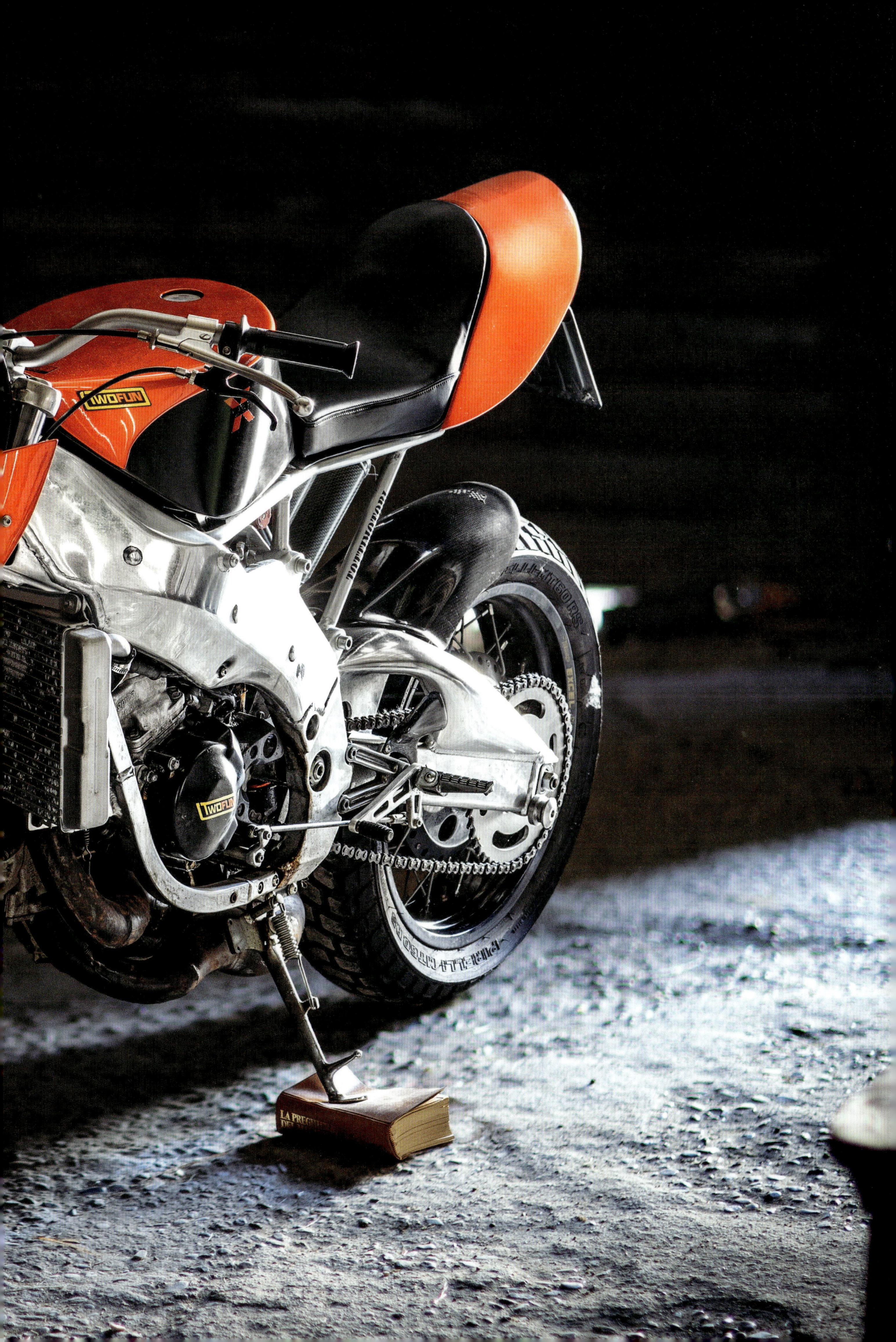
TWOFUN
TWOFUN

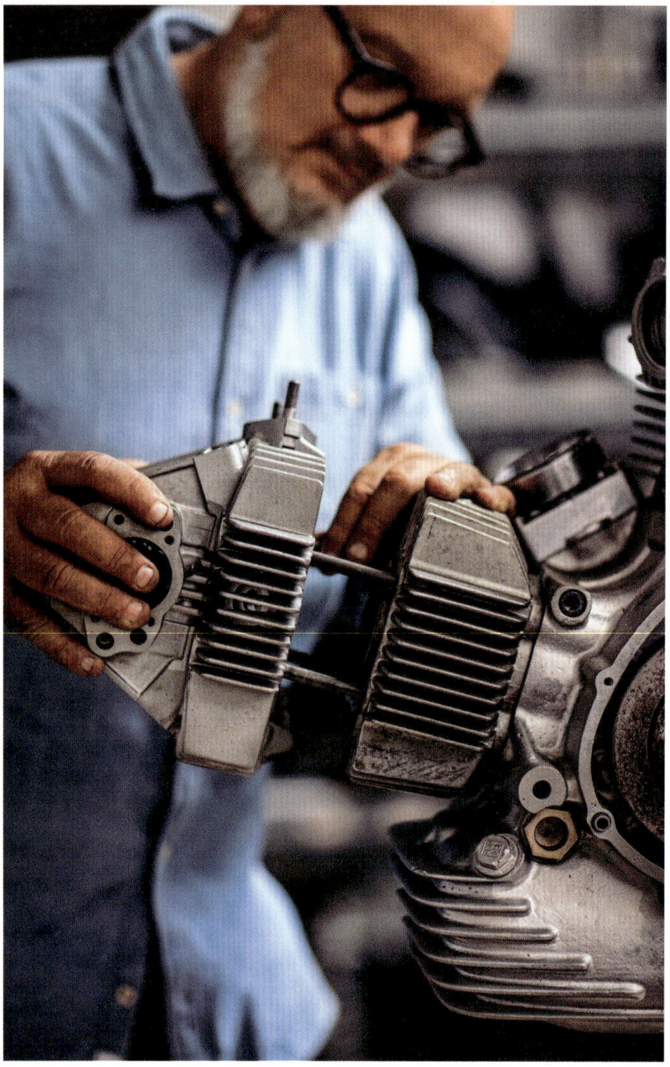

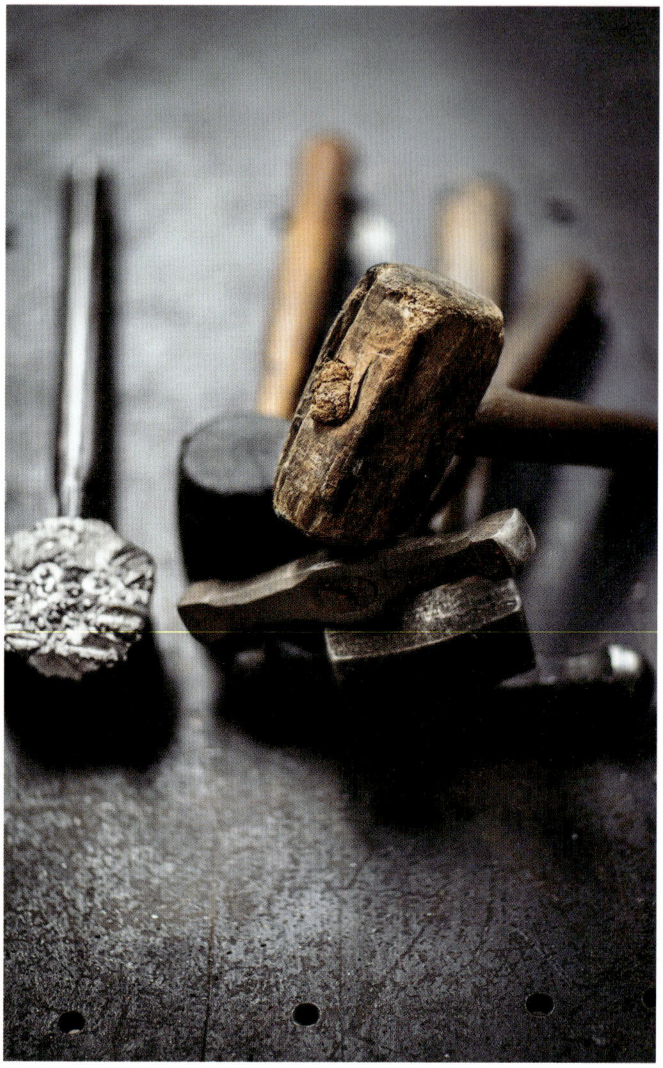

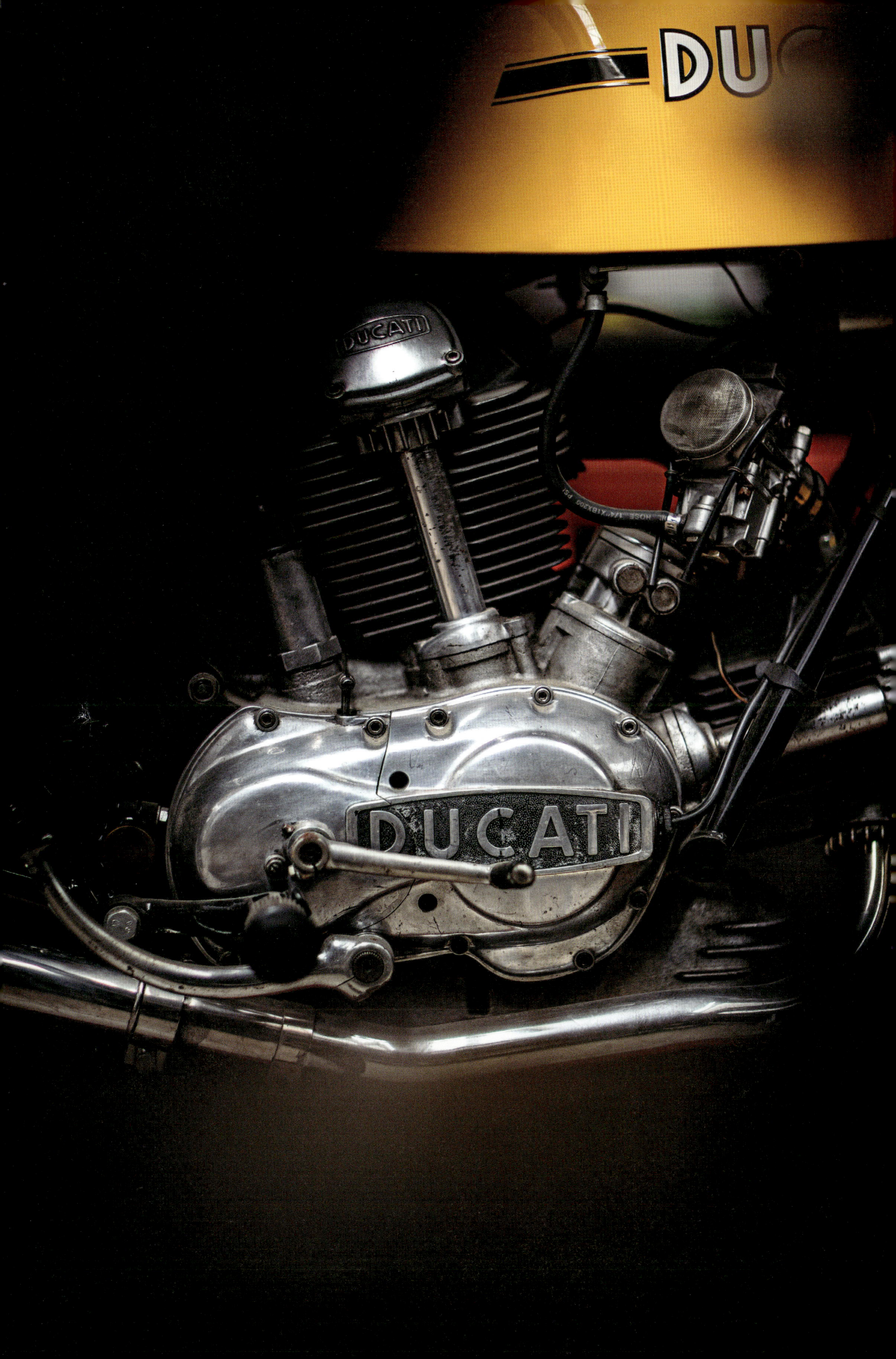
DUCATI
DUCATI

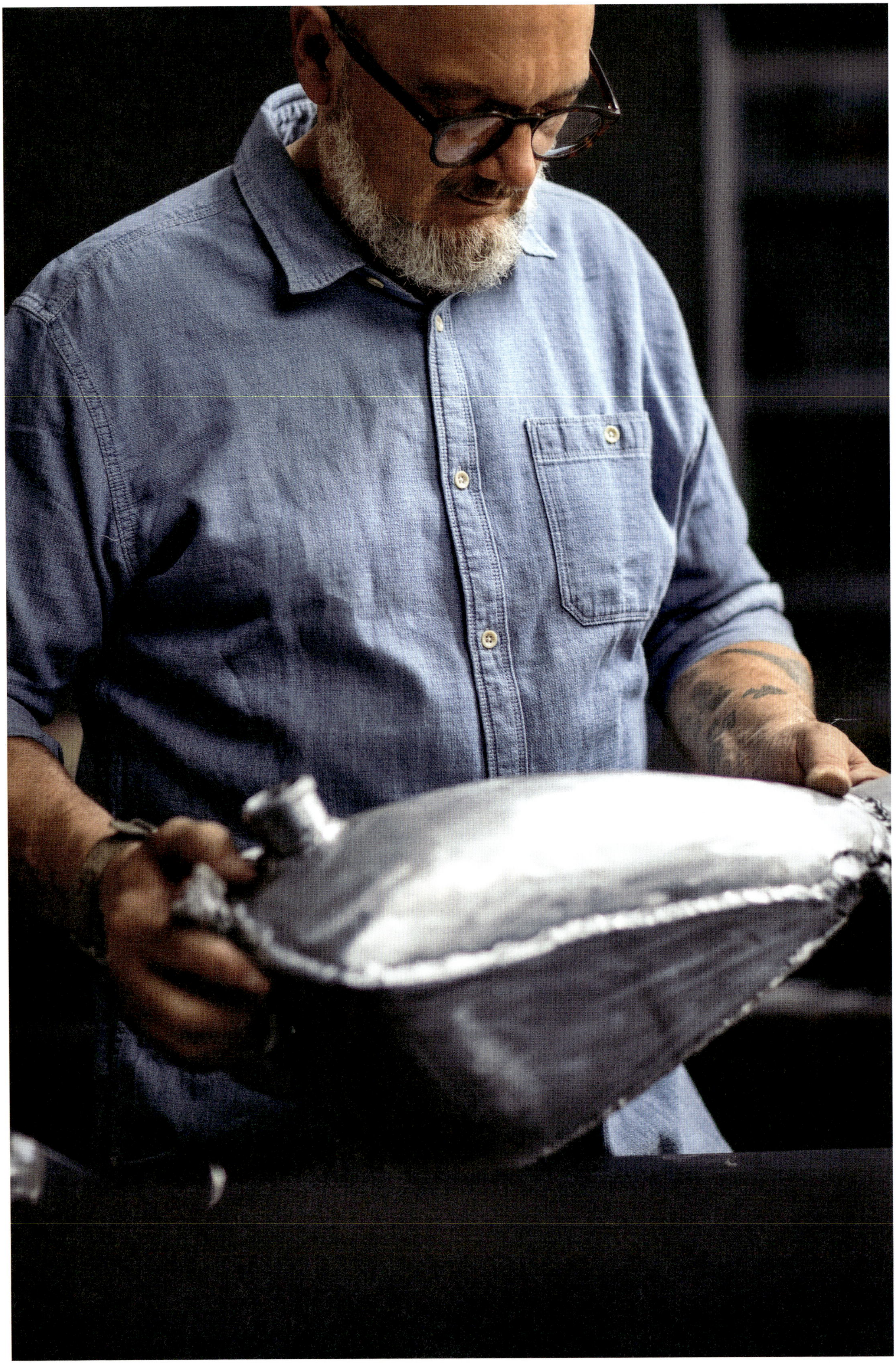

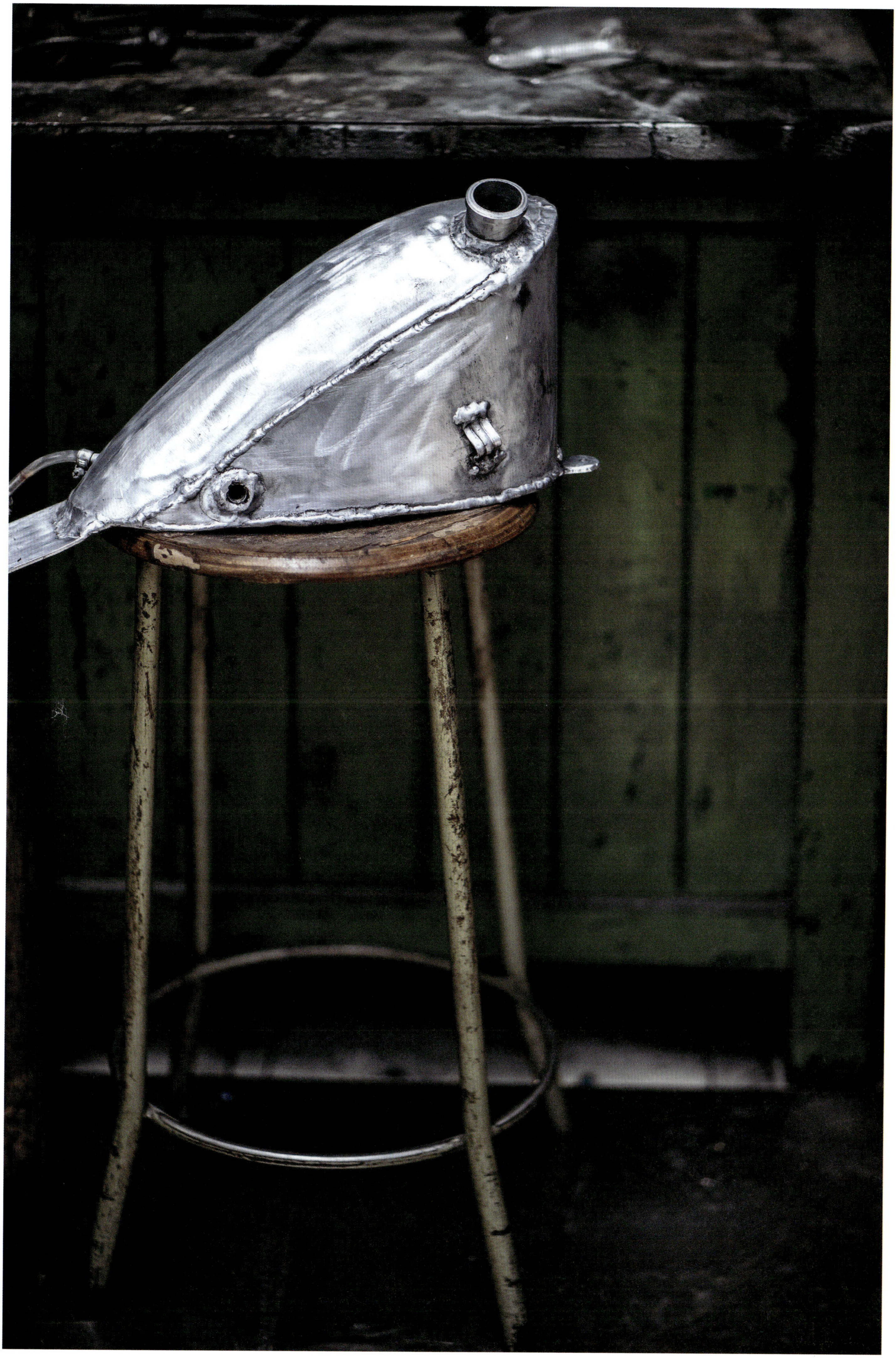

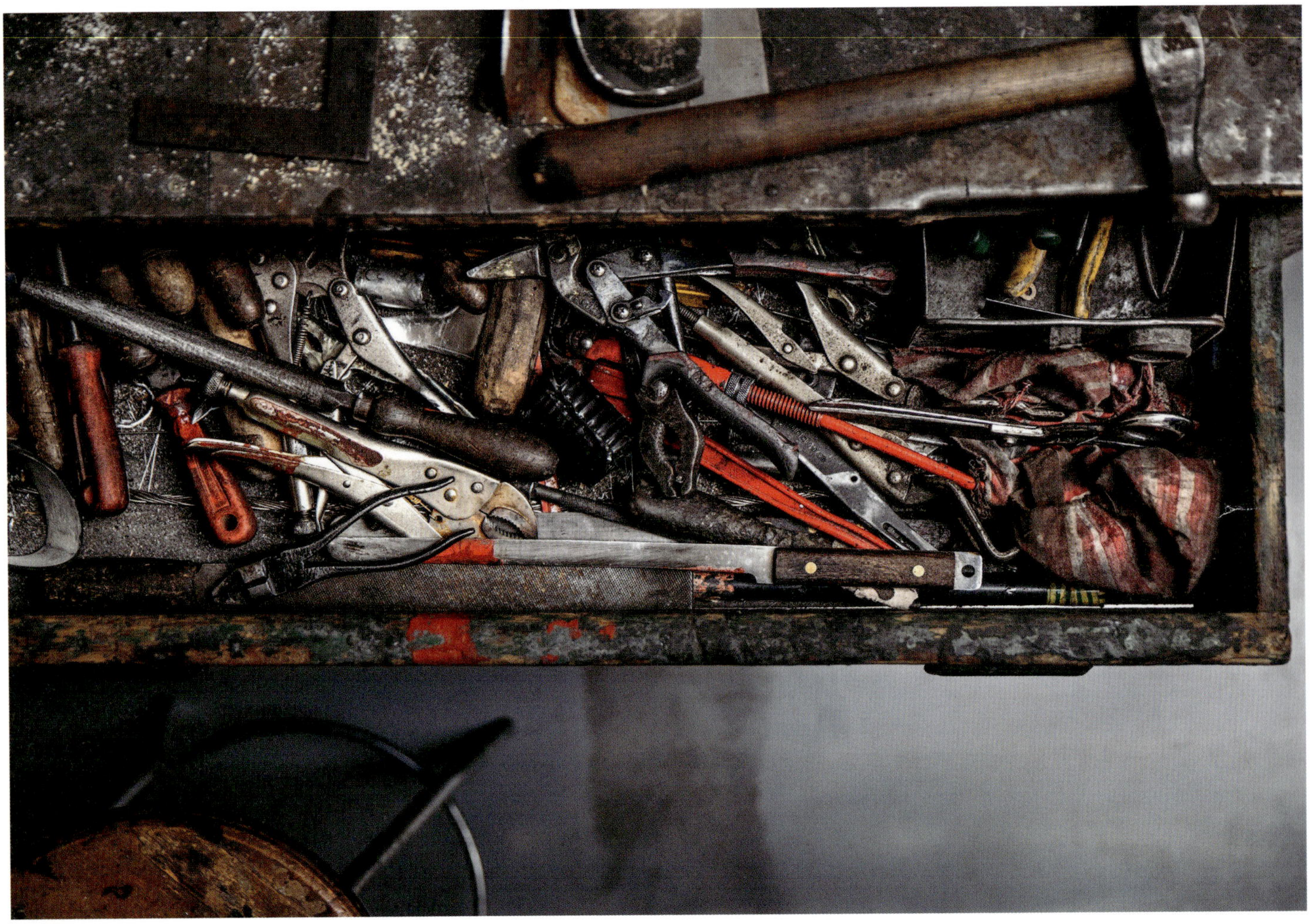

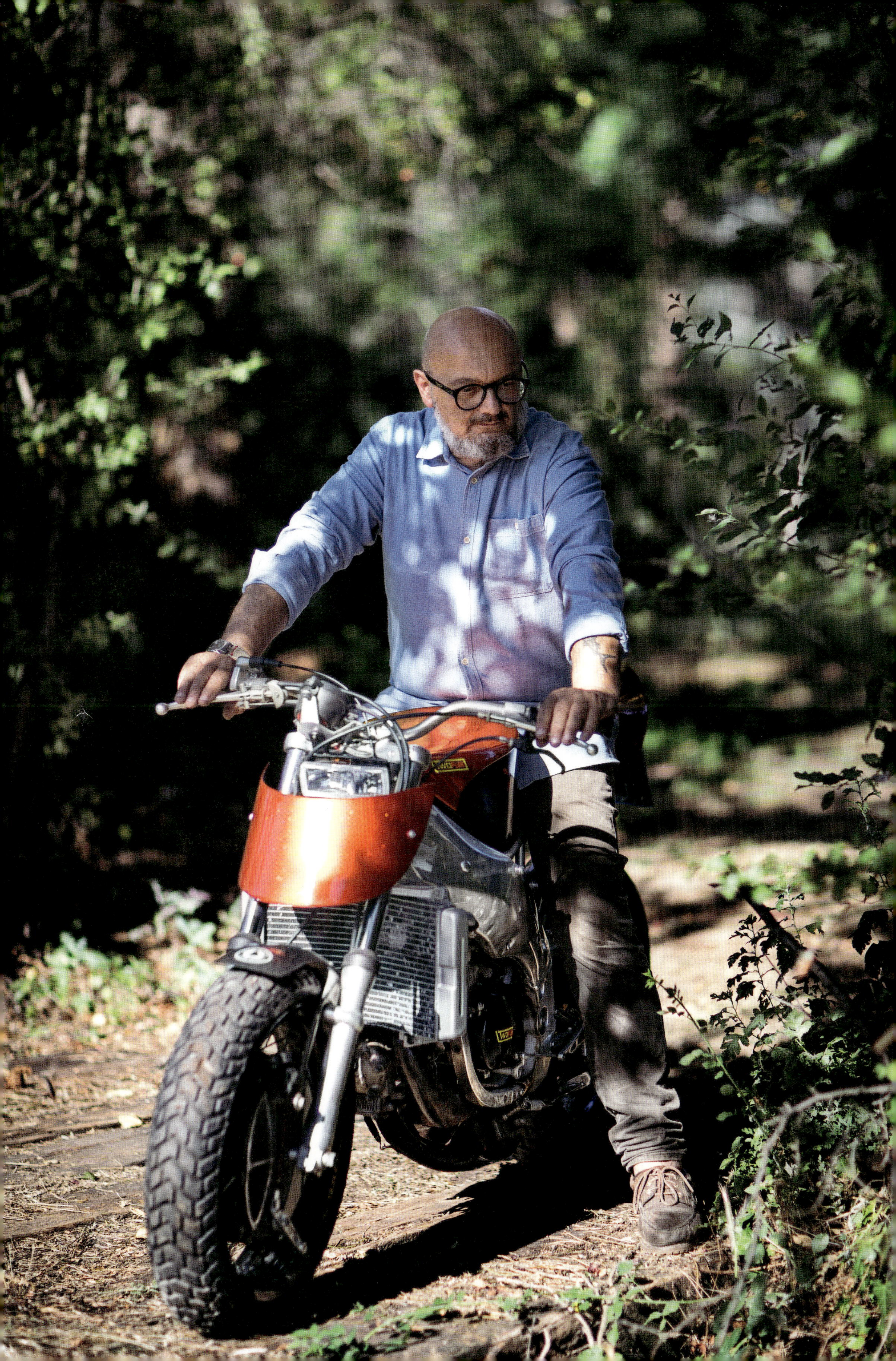

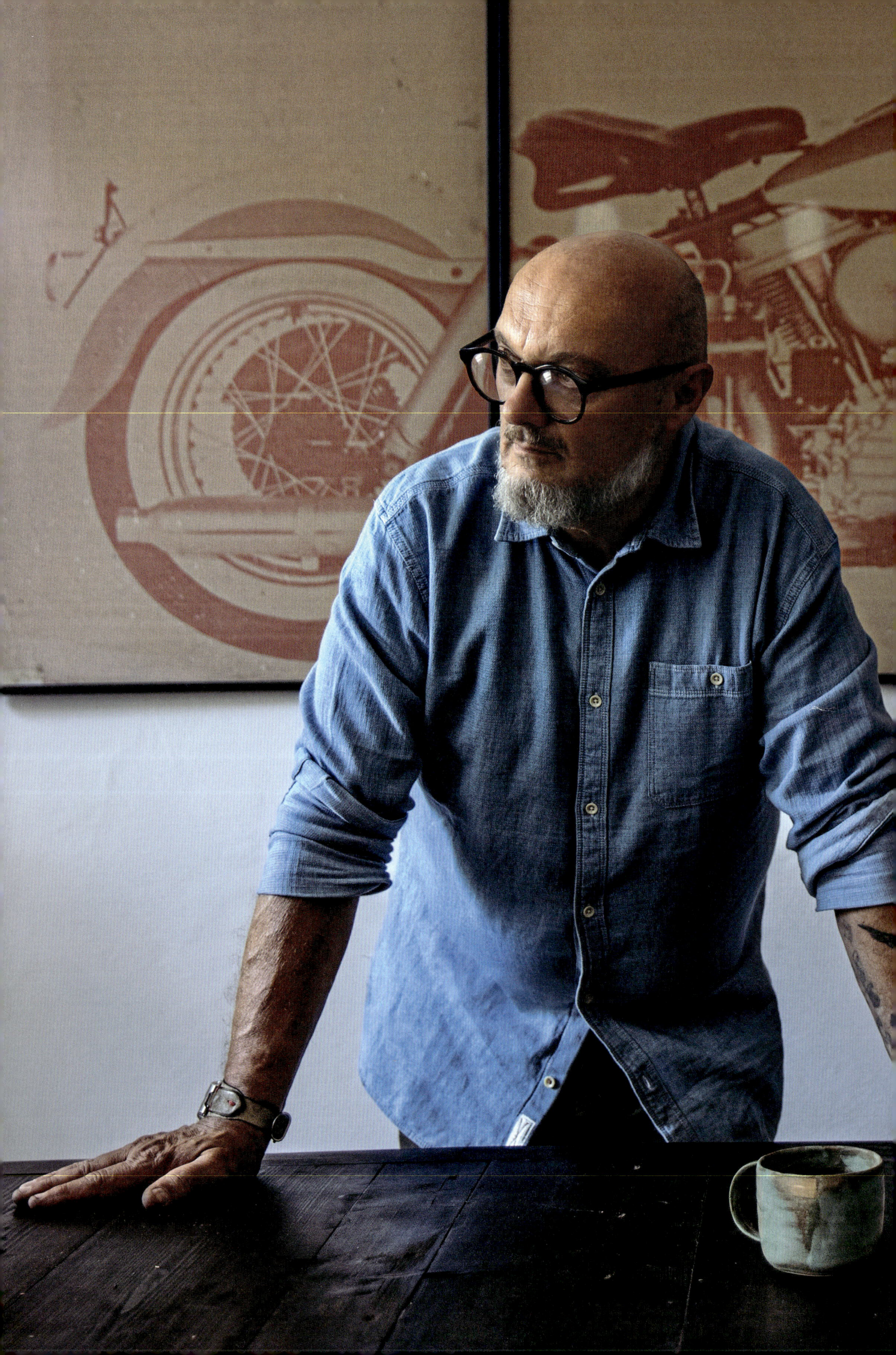

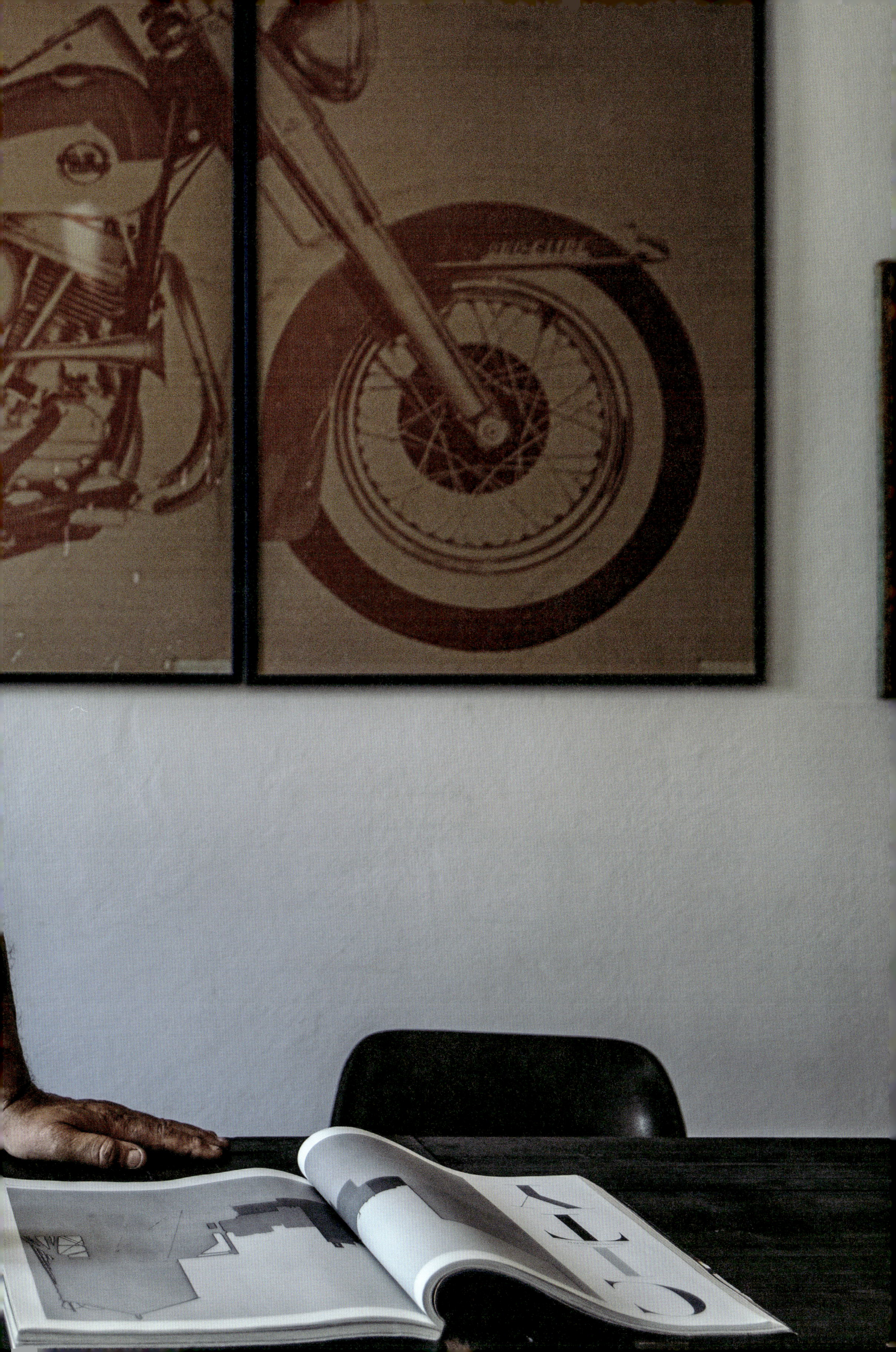

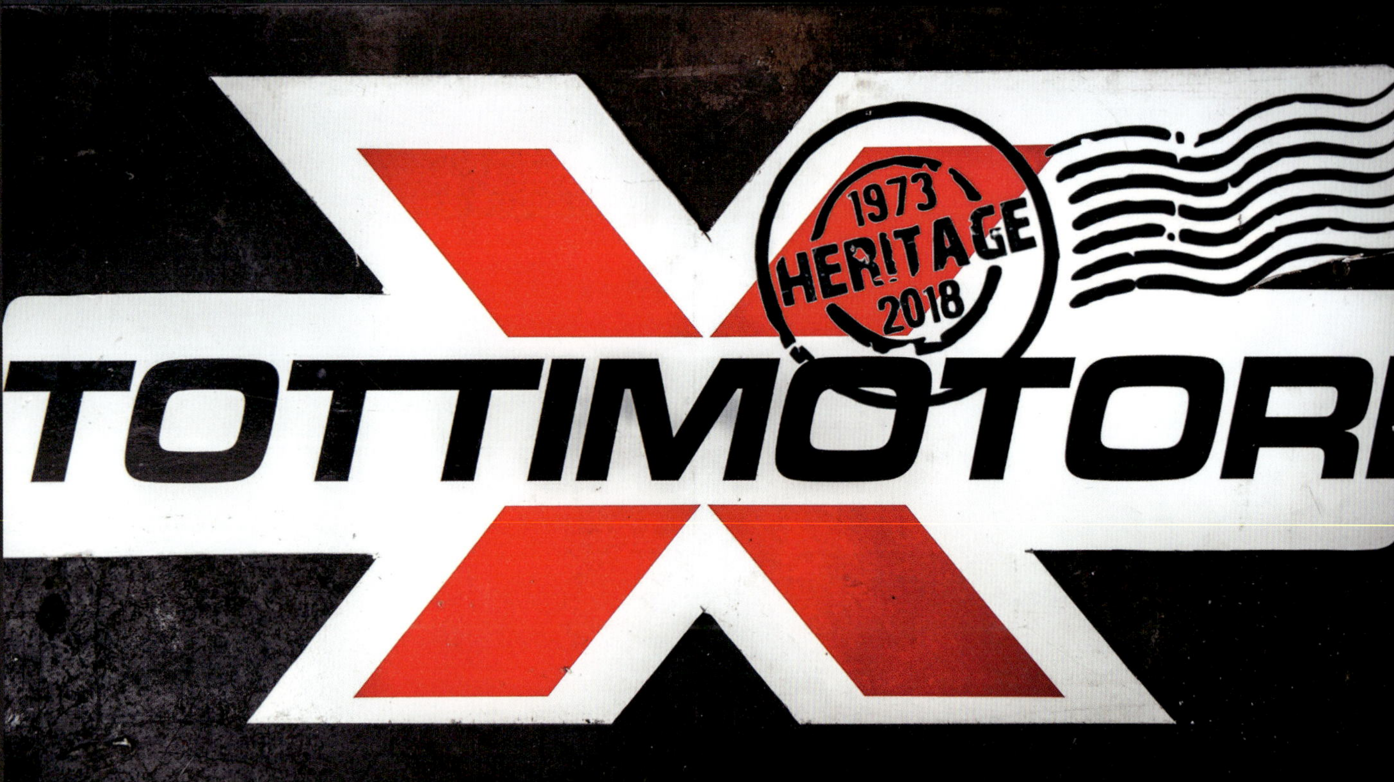
1973
HERITAGE
2018
TOTTIMOTORI

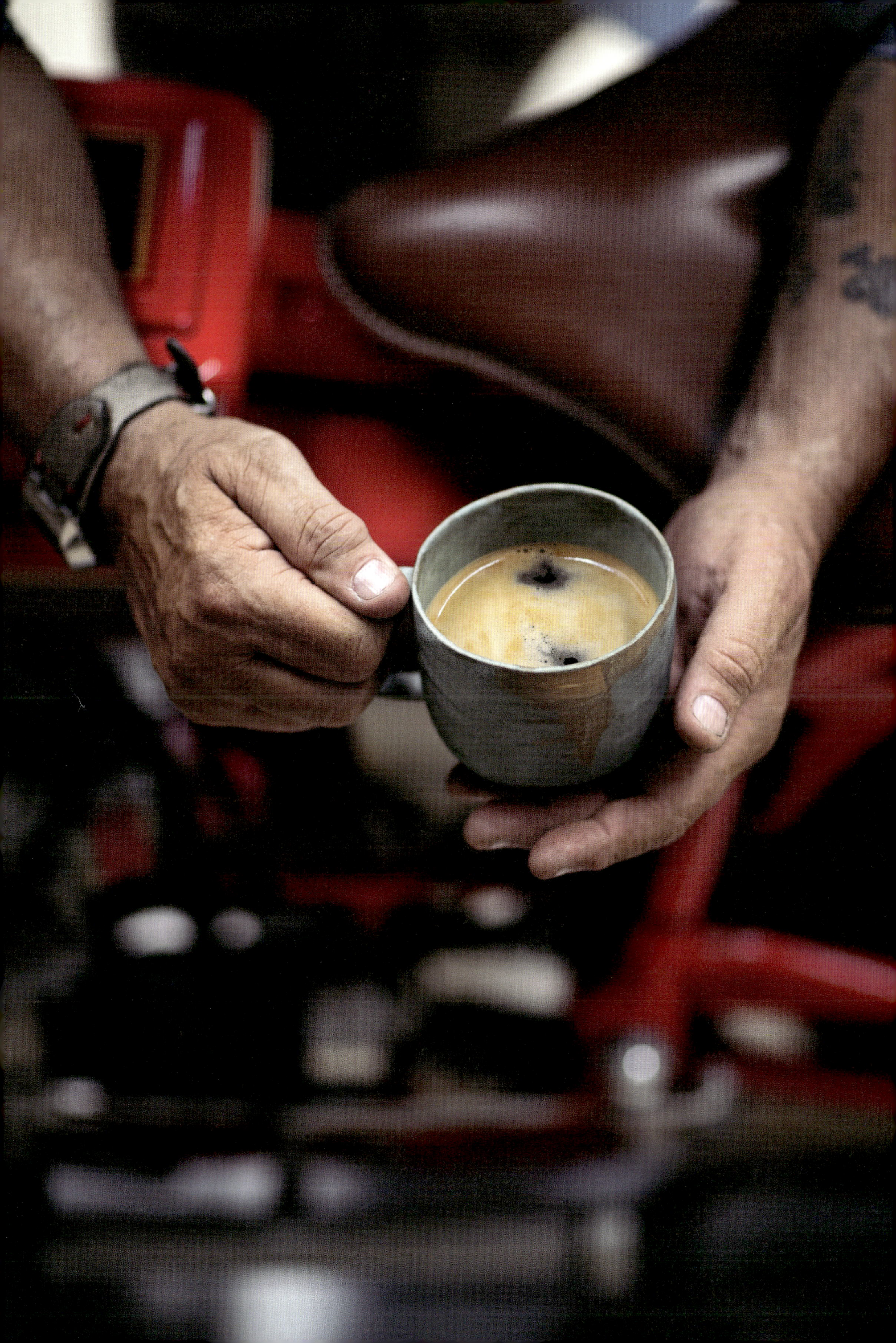

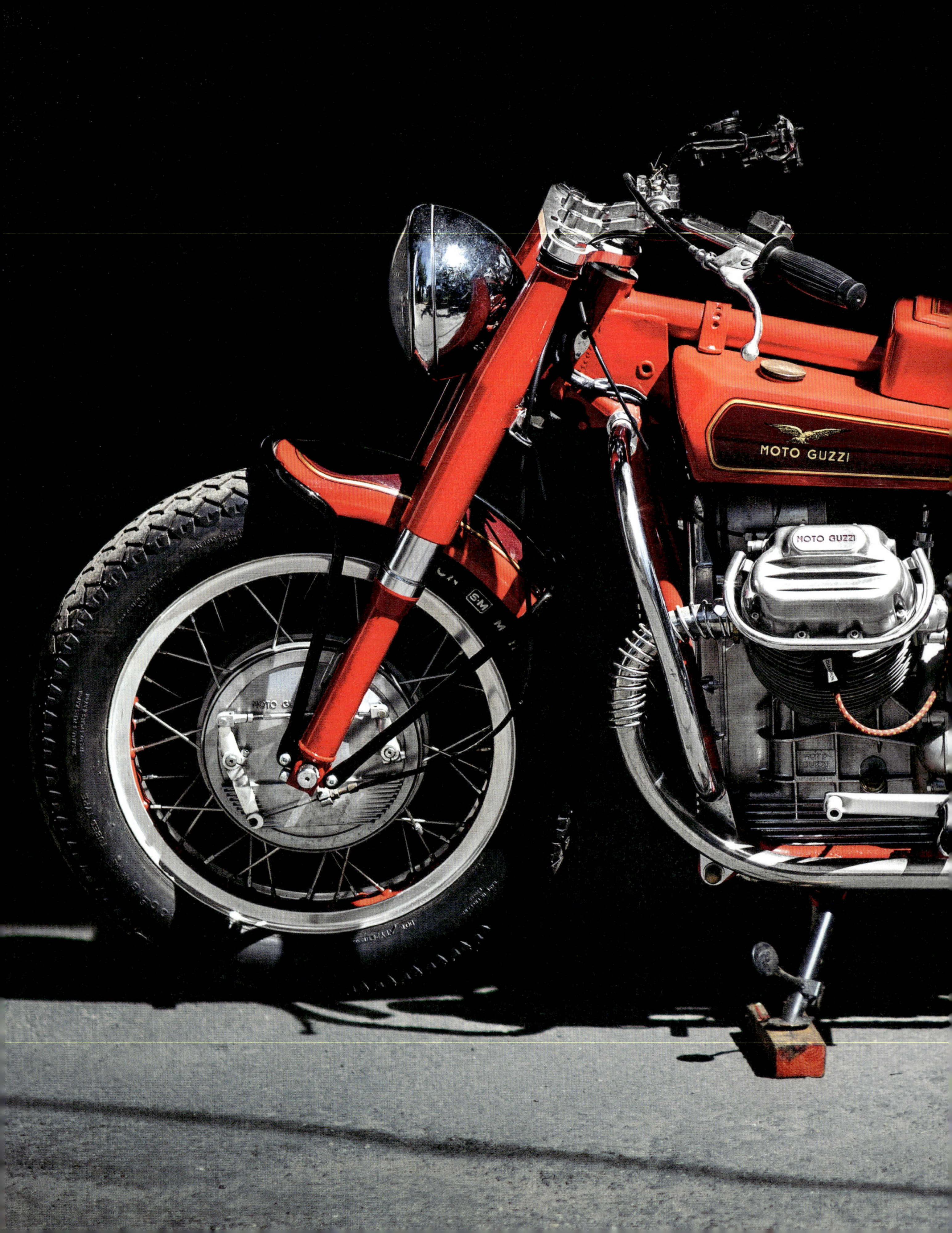
MOTO GUZZI
MOTO GUZZI

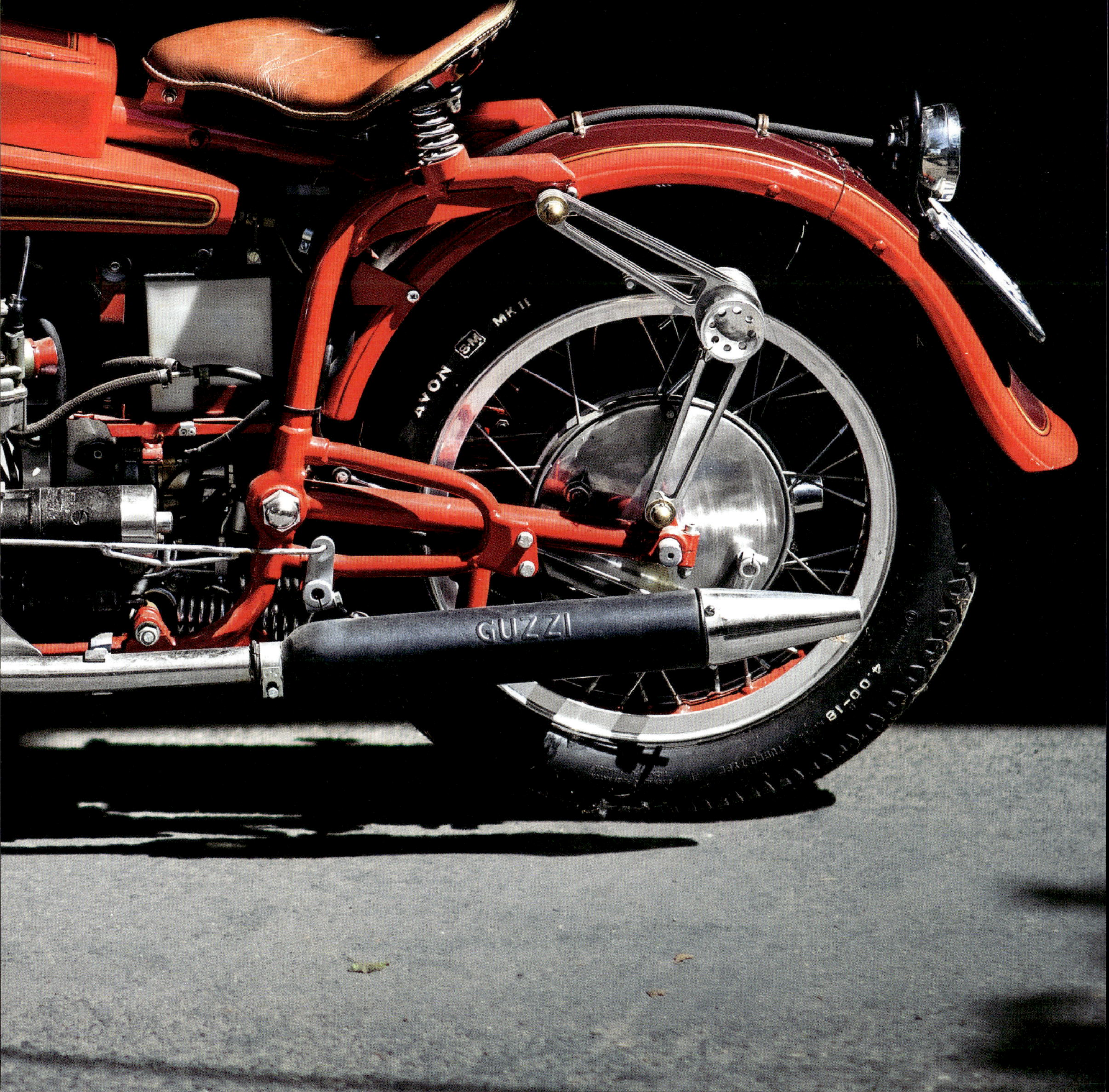
AVON
SM
MK II
GUZZI
4.00-18

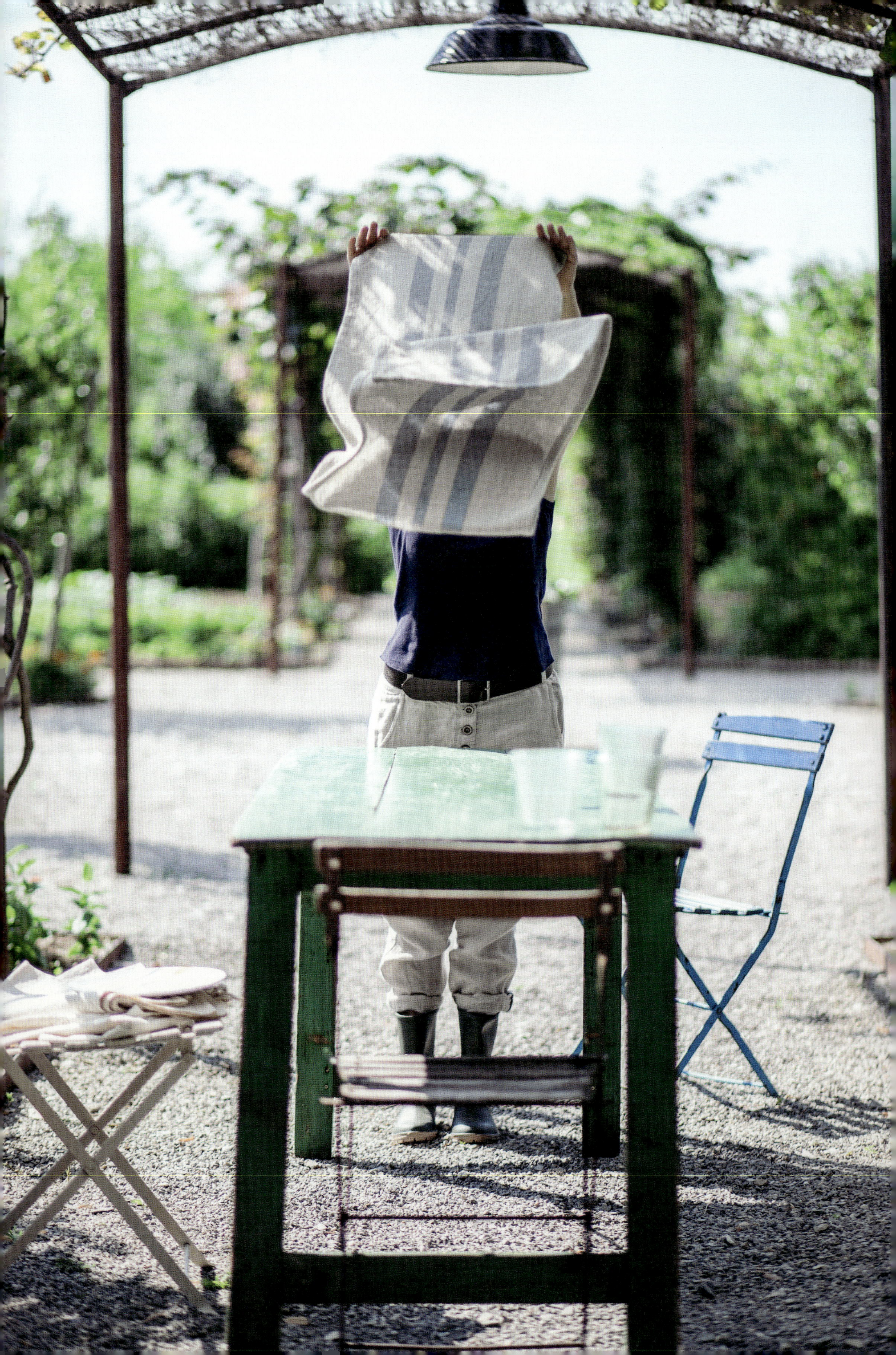

BARBANERA PEOPLE

TRULY ITALIAN ROOTS

Chapter / Capitolo

12

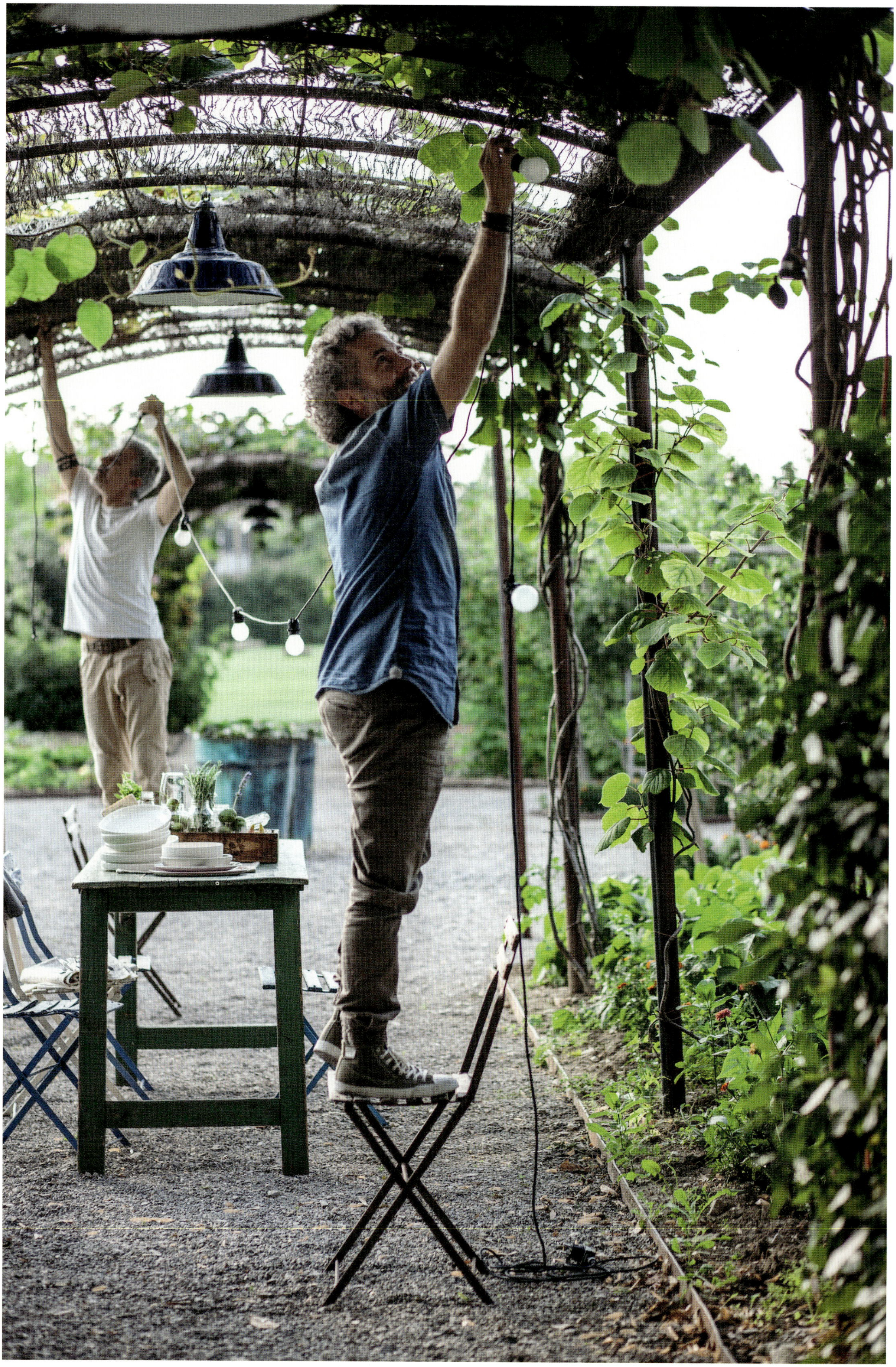

E

BARBANERA

People

We are lucky to have editorial meetings among irises

TWO HUNDRED AND SIXTY is the number of springs that have bloomed since *Barbanera*, the most famous Italian almanac and calendar, was published for the first time in 1762, in Foligno, which in 2022, even with the rise of digital, NFTs, and the metaverse, is printed in three million copies. It owes its name to the homonymous astronomer (Barbanera, Blackbeard), philosopher, and hermit, known for the wisdom of his predictions, and who, it is said, published the first issue.
Since then, the almanac has been published continuously with such a wide circulation that it was included by UNESCO in the heritage safeguarded by the Memory of the World registry, as a global representative of the literary genre of almanacs, considering their value in spreading popular culture.
Today *Barbanera*, published by Editoriale Campi and edited by Feliciano Campi and Luca Baldini, is the result of the research and work of an editorial team that is still based in Umbria, in Spello, a place that boasts great charm. The headquarters are in an old eighteenth-century silkworm farm with an adjoining seasonal kitchen-garden, an orchard of arboreal archaeology, and lots of mulberry trees.
"We are lucky to have editorial meetings among irises, Russian sage, pumpkins, St. John's wort, and lavender, under grape arbors, or among the ancient roses of Fondazione Barbanera 1762," says Baldini. "That is how we like to work as a team. In contact with nature and living what we write. Because the almanac is the result of so many voices and experiences, attuned to the seasons. There are those who know something about astronomy, about astrology, those who know the names of plants, what they need, and their uses according to tradition. Those who know how to calculate an azimuth or the epact–the days that separate January 1 from the last new moon of the previous year, essential for determining the date of Easter–who scrutinize the stars, and who know how to embroider words."
In a collegial way, the editorial team tackles the issues that have heralded its success, paying close attention to its original roots and identity, thanks in part to the possibility of consulting the vast collection of 40,000 documents–popular, lunar, and almanac publications–of the nearby Fondazione Barbanera 1762. There are many collaborators specializing in the various topics that contribute to the yearly publication, so that the subjects are accorded the requisite in-depth scientific analysis.
Gabriele D'Annunzio said: "Regular people think that at my bedside I have *The Odyssey* or *The Iliad* (there is deeper poetry in *The Odyssey* than in *The Iliad*), or the Bible, or Virgil, or Flaccus, or Dante, or Gabriele D'Annunzio's *Alcyone*. The book at my bedside is the one where 'the flower of times and the wisdom of Nations' come together: *Barbanera*."
The almanac "is a meeting place," continues Luca Baldini, "a virtual piazza, a confluence of knowledge that comes from tradition to be shared in the family, always finding new life and relevance. Not surprisingly, while once it was street vendors in fairs and markets who distributed copies, today they are particularly sought after by large-scale retail chains which, with shopping centers, have replaced traditional squares and markets."
The almanac "is a bard of everyday life," as Baldini defines it, "it is the spokesperson for time that passes cyclically, and of the gestures necessary to fill it with meaning, according to rites and methods that human civilization has refined over the centuries." And unexpectedly, given that it deals with ancient best practices, herbal medicine, vegetable gardens and gardening according to the seasons, the moons, and traditional techniques, we discover that it is mainly distributed in metropolitan areas. This, "because it is a way to identify with one's own roots and to be in harmony with the cycles of nature," and it echoes the values of the golden age of Arcadia but, above all, it raises awareness about the urgent environmental issues of our time, which are so important and strongly felt even among the youngest supporters of a green world.
Working together on a collective publication that is aimed at everyone, "as good Italians, coffee is an indispensable shared ritual for us," affirms the director, "it is our kykeon (the ancient drink tied to the cult of Demeter), it is an ingredient of that good Italian life that we describe in the pages of our almanac, strictly to be consumed together. In the morning, while taking stock of a situation, or during the day, for a quicker and more informal break; among ourselves or with guests, who feel more at home in front of a coffee. And with the coffee, unlike kykeon that required fasting, there is always a basket of fruit from the garden: strawberries in May, cherries in June, kiwis in October, and also walnuts, hazelnuts, almonds, apples, figs, pears.
To remind us that 'a year of happiness,' the wish that *Barbanera* has always offered its readers from the cover of its almanac, is a cornucopia that comes from the land, which must be fed and enjoyed day by day."

I

BARBANERA

People

Abbiamo la fortuna di fare riunioni di redazione tra gli iris

DUECENTOSESSANTA SONO LE PRIMAVERE che ha visto fiorire "Barbanera", il più celebre almanacco e calendario italiano, pubblicato per la prima volta nel 1762 a Foligno, che nel 2022, durante la piena ascesa del digitale, degli NFT e del metaverso, è stampato in tre milioni di copie. Deve il suo nome all'omonimo astronomo, filosofo ed eremita, noto per la saggezza delle sue previsioni, che – si tramanda – diede alle stampe la copia numero uno.
Da allora è stato pubblicato ininterrottamente con una diffusione così ampia da essere inserito dall'Unesco nei patrimoni tutelati dal Memory of the World, come rappresentante mondiale del genere letterario degli almanacchi per il valore nella diffusione della cultura popolare.
Oggi "Barbanera", pubblicato dall'Editoriale Campi e diretto da Feliciano Campi e Luca Baldini, è frutto della ricerca e del lavoro corale di una redazione che ha sede sempre in Umbria, a Spello, in un luogo di grande fascino: un antico bachificio del Settecento con annesso Orto Giardino delle Stagioni, un frutteto di archeologia arborea e tanti alberi di gelso.
"Abbiamo la fortuna di fare riunioni di redazione tra iris, *perovskia*, zucche, iperico o lavanda, sotto pergole d'uva o tra le rose antiche della Fondazione Barbanera 1762", racconta Baldini. "Così ci piace lavorare in gruppo. A contatto con la natura e sperimentando ciò che scriviamo. Perché l'almanacco è frutto di tante voci ed esperienze, accordate sulle stagioni. C'è chi sa di astronomia, chi di astrologia, chi conosce il nome delle piante, le loro necessità o gli usi suggeriti dalla tradizione. Chi sa calcolare l'azimut o l'epatta (i giorni che separano il primo gennaio dall'ultimo novilunio dell'anno precedente, indispensabile per determinare la data della Pasqua), chi scruta le stelle e chi sa ricamare parole."
In modo collegiale la redazione affronta i temi che ne hanno decretato il successo, con uno sguardo attento alle radici originarie e identitarie, forte anche della possibilità di consultare la vasta raccolta di quarantamila documenti (editoria popolare, lunari e almanacchi) della vicina Fondazione Barbanera 1762. Molti sono i collaboratori specializzati nei diversi argomenti che contribuiscono alla revisione, affinché i temi vengano trattati con i dovuti approfondimenti scientifici.
Gabriele D'Annunzio disse: "La gente comune pensa che al mio capezzale io abbia l'*Odissea* o l'*Iliade* – vi è più profonda poesia nell'*Odissea* che nell'*Iliade* –, o la Bibbia, o Virgilio, o Flacco, o Dante, o l'*Alcyone* di Gabriele D'Annunzio. Il libro del mio capezzale è quello ove s'aduna il fiore dei Tempi e la saggezza delle Nazioni: il Barbanera". L'almanacco "è un luogo d'incontro", prosegue Luca Baldini, "una piazza virtuale, una confluenza di saperi che arrivano dalla tradizione per essere condivisi in famiglia, trovando sempre nuova vita e attualità. Non a caso, se un tempo a diffondere le copie erano i venditori ambulanti nelle fiere e nei mercati, oggi sono richieste particolarmente dalle catene della grande distribuzione che, con i centri commerciali, hanno sostituito le piazze e i mercati tradizionali".
L'almanacco "è un cantore del quotidiano", come lo definisce Baldini, "è portavoce del tempo che scorre ciclico, e dei gesti necessari a riempirlo di senso, secondo riti e modalità che la civiltà degli umani ha affinato nel corso dei secoli". E inaspettatamente, visto che tratta di buone pratiche antiche, di erboristeria, di orto e di giardino seguendo le stagioni, le lune e le tecniche della tradizione, scopriamo che ha una distribuzione soprattutto metropolitana. Questo, "perché è un modo per ritrovare identità con le proprie radici e stare in armonia con i cicli della natura" che richiamano i valori dell'età dell'oro dell'Arcadia, ma, soprattutto, sensibilizzano sulle urgenze ambientali del nostro tempo, importantissime e sentite anche tra i più giovani sostenitori di un mondo green.
Lavorando insieme a una pubblicazione corale che si rivolge a tutti "il caffè, da buoni italiani, è per noi un rito condiviso irrinunciabile", afferma il direttore. "È il nostro ciceone (l'antica bevanda legata al culto di Demetra), è un ingrediente di quel buon vivere italiano che raccontiamo nelle pagine del nostro almanacco, da consumare rigorosamente insieme: al mattino, mentre facciamo il punto della situazione, o durante la giornata, per una pausa più veloce e informale; tra di noi o insieme agli ospiti, che di fronte a un caffè si sentono più a casa. E con il caffè, a differenza del ciceone che richiedeva digiuno, c'è sempre un cesto di frutta che viene dall'orto: fragole a maggio, ciliegie a giugno, kiwi in ottobre. E poi noci, nocciole, mandorle, mele, fichi, pere. Per ricordarci che 'un anno di felicità', l'augurio che 'Barbanera' fa da sempre ai lettori dalla copertina del suo almanacco, è una cornucopia che viene dalla terra, che va alimentata e goduta giorno per giorno."

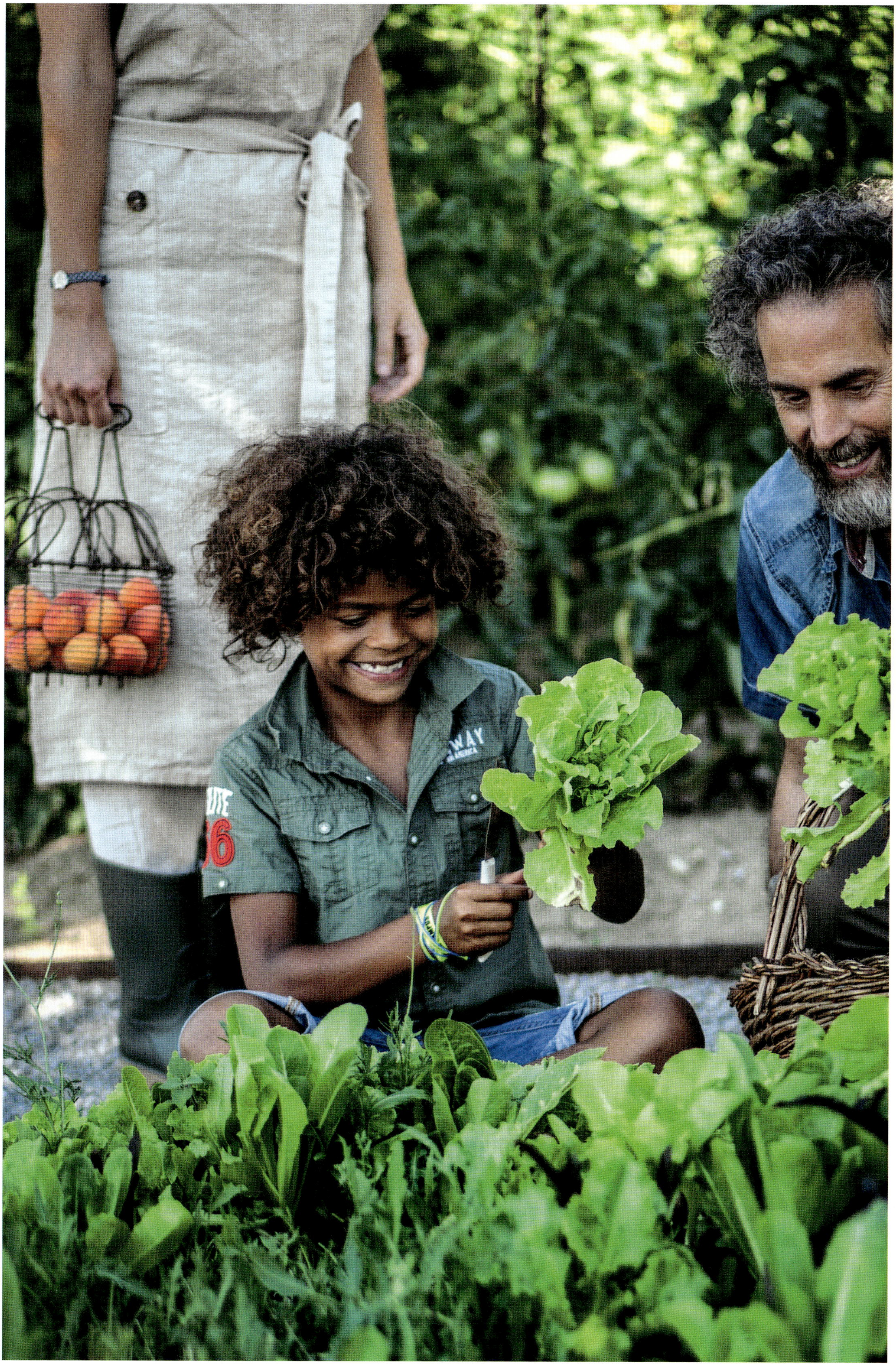

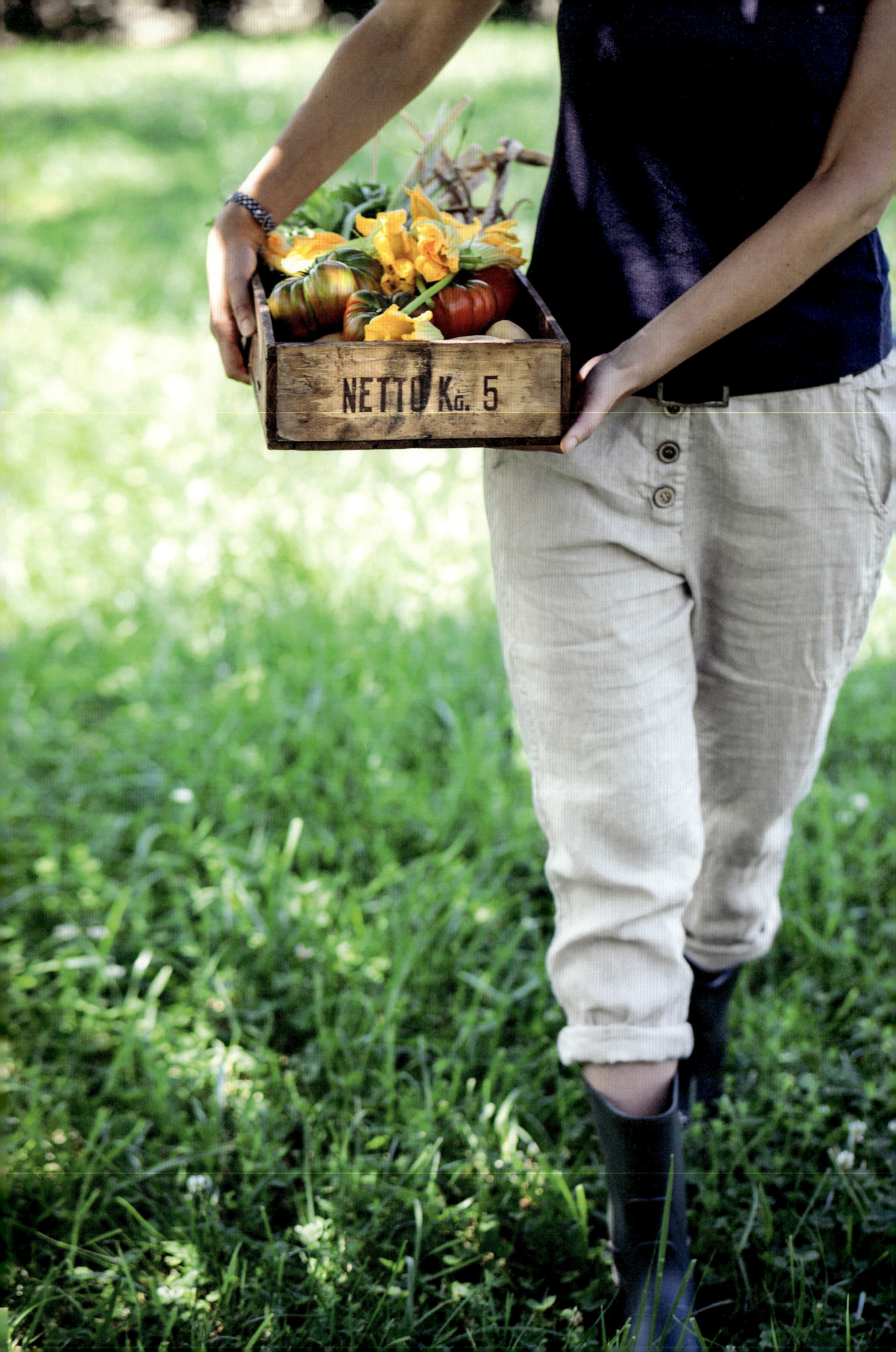
NETTO Kg. 5

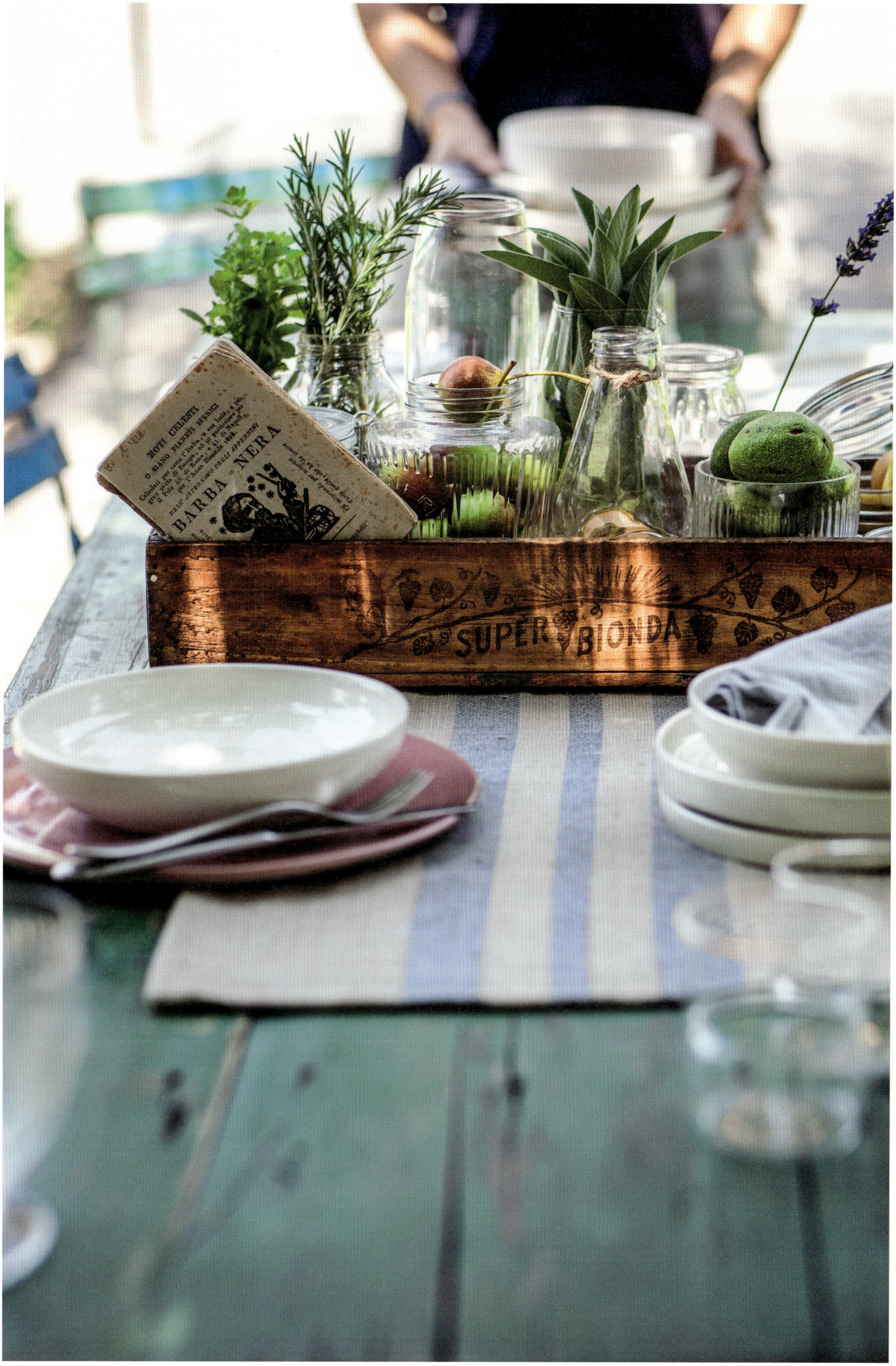
BARBA = NERA
SUPER BIONDA

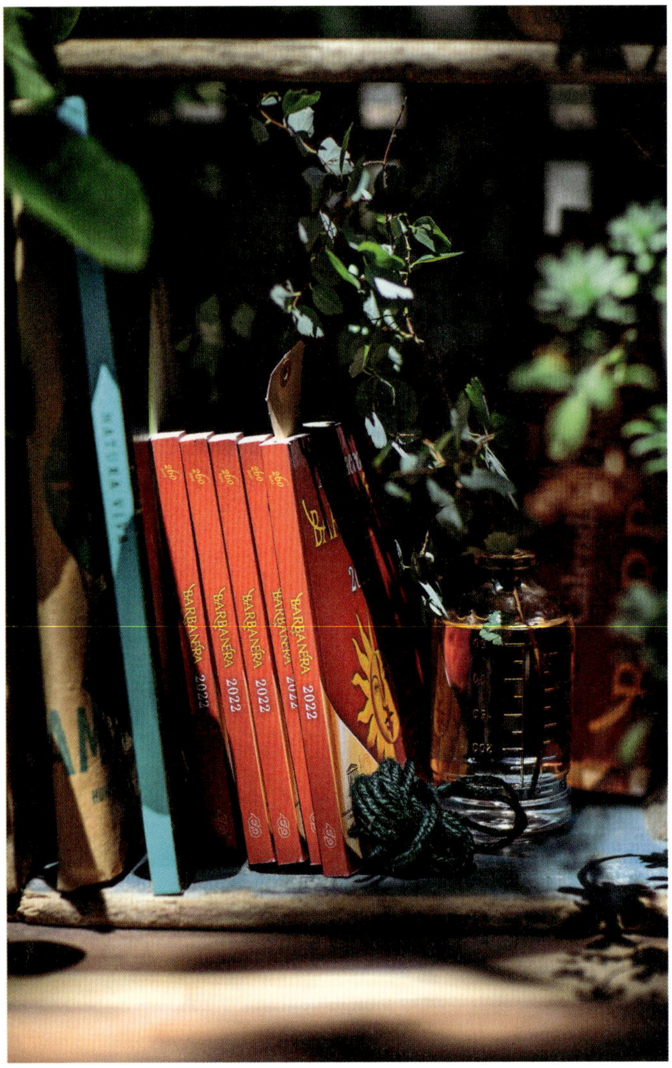
BARBANERA 2022
BARBANERA 2022
BARBANERA 2022
BARBANERA 2022
BARBANERA 2022

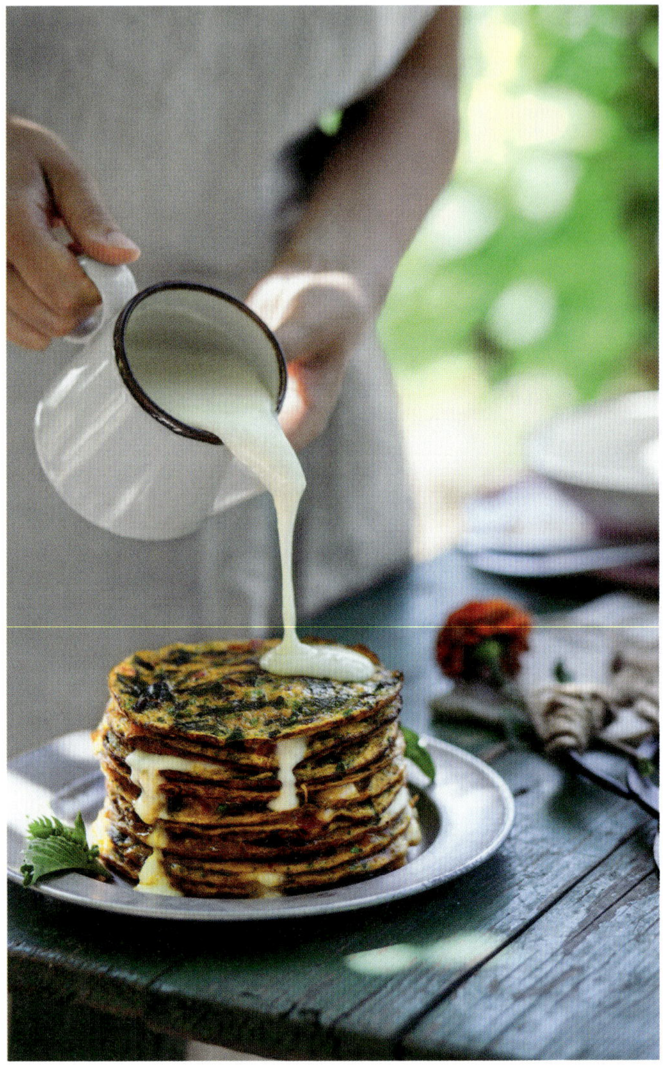

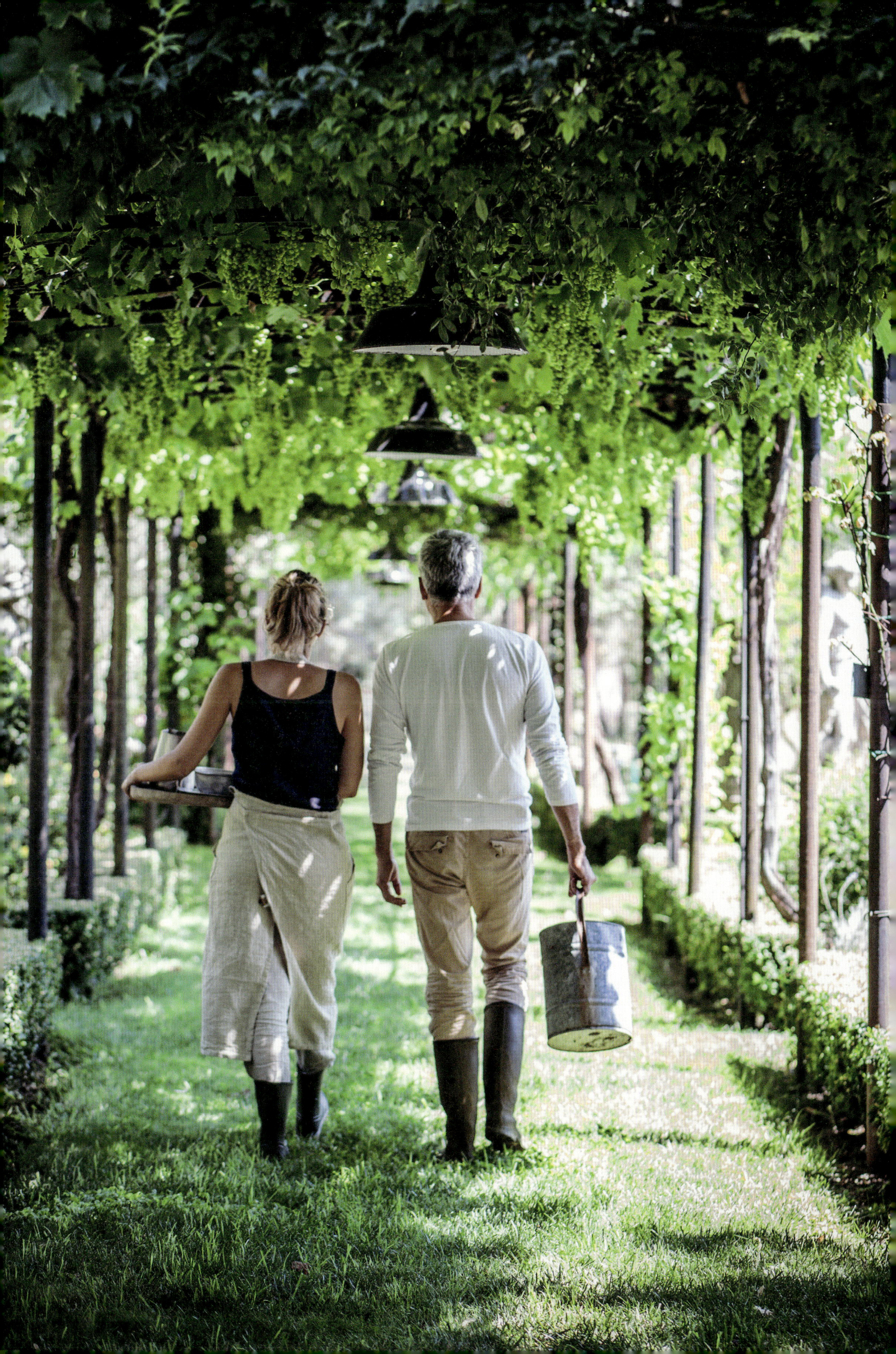

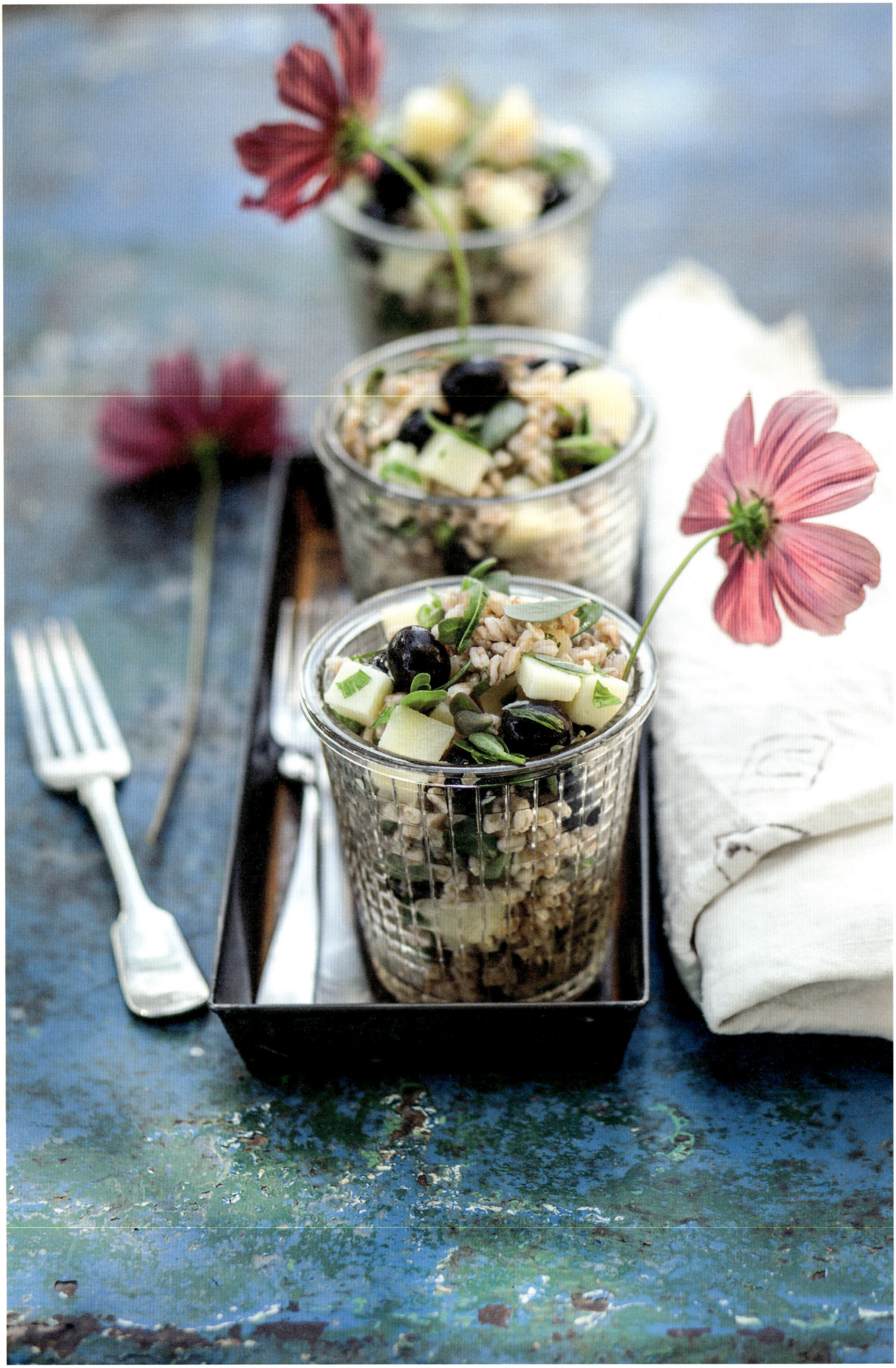

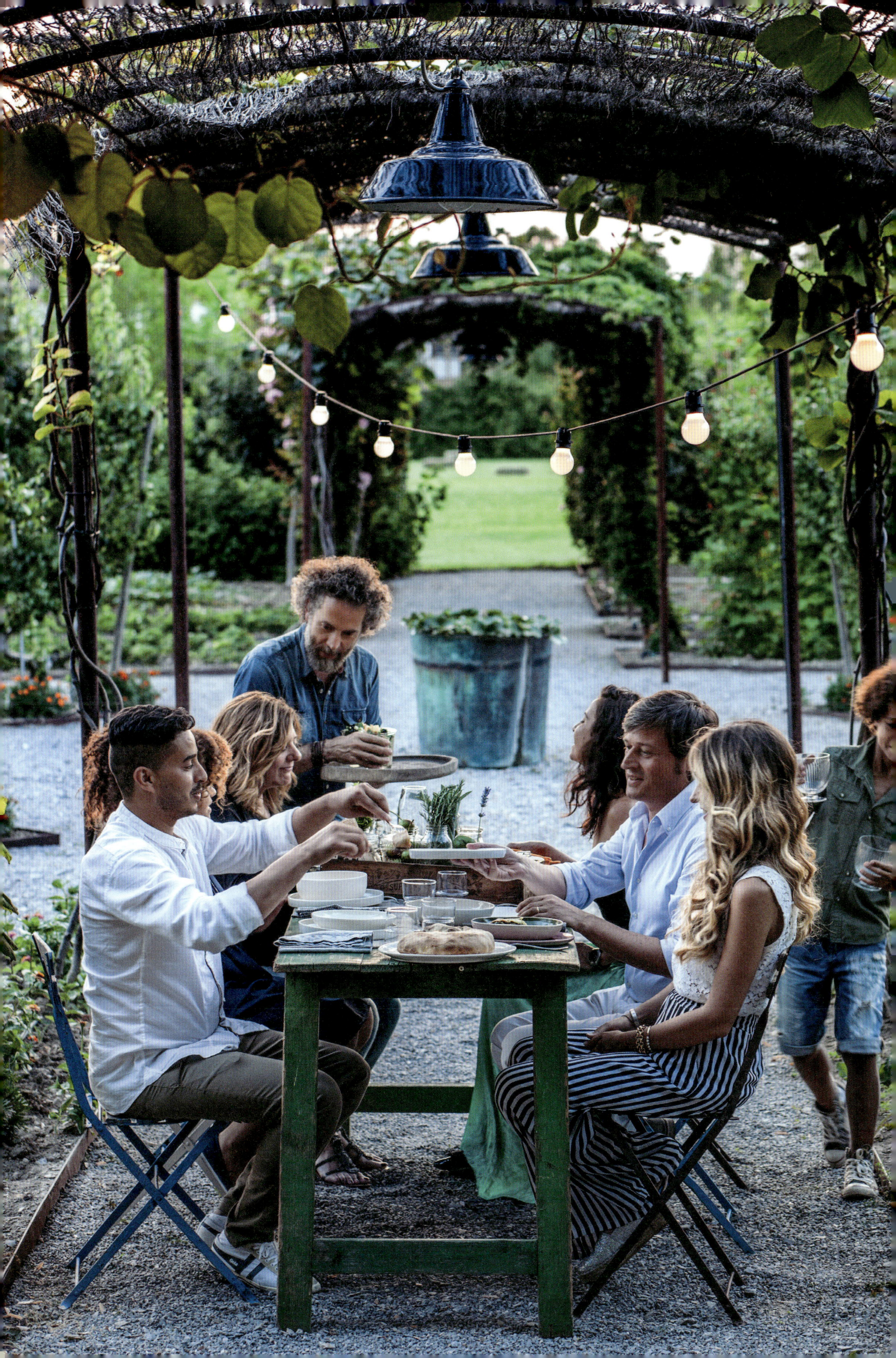

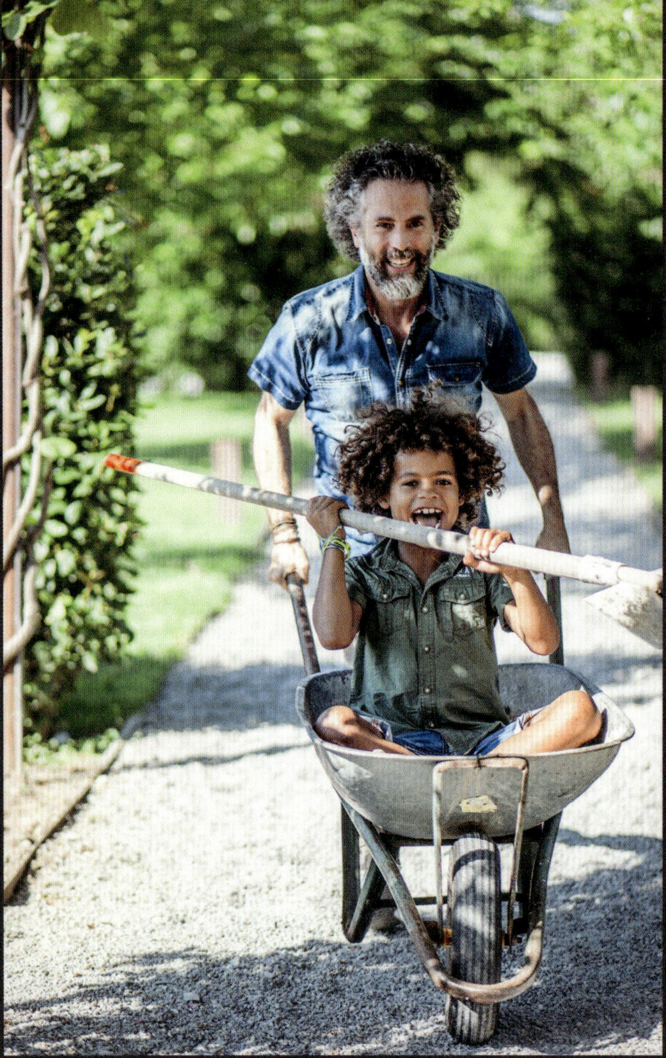

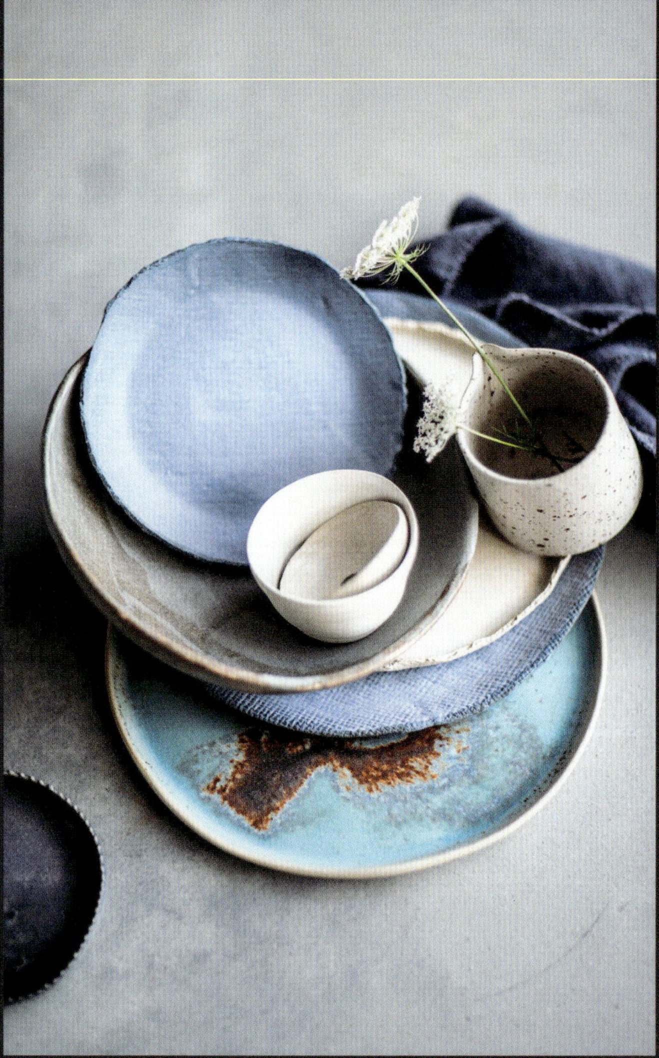

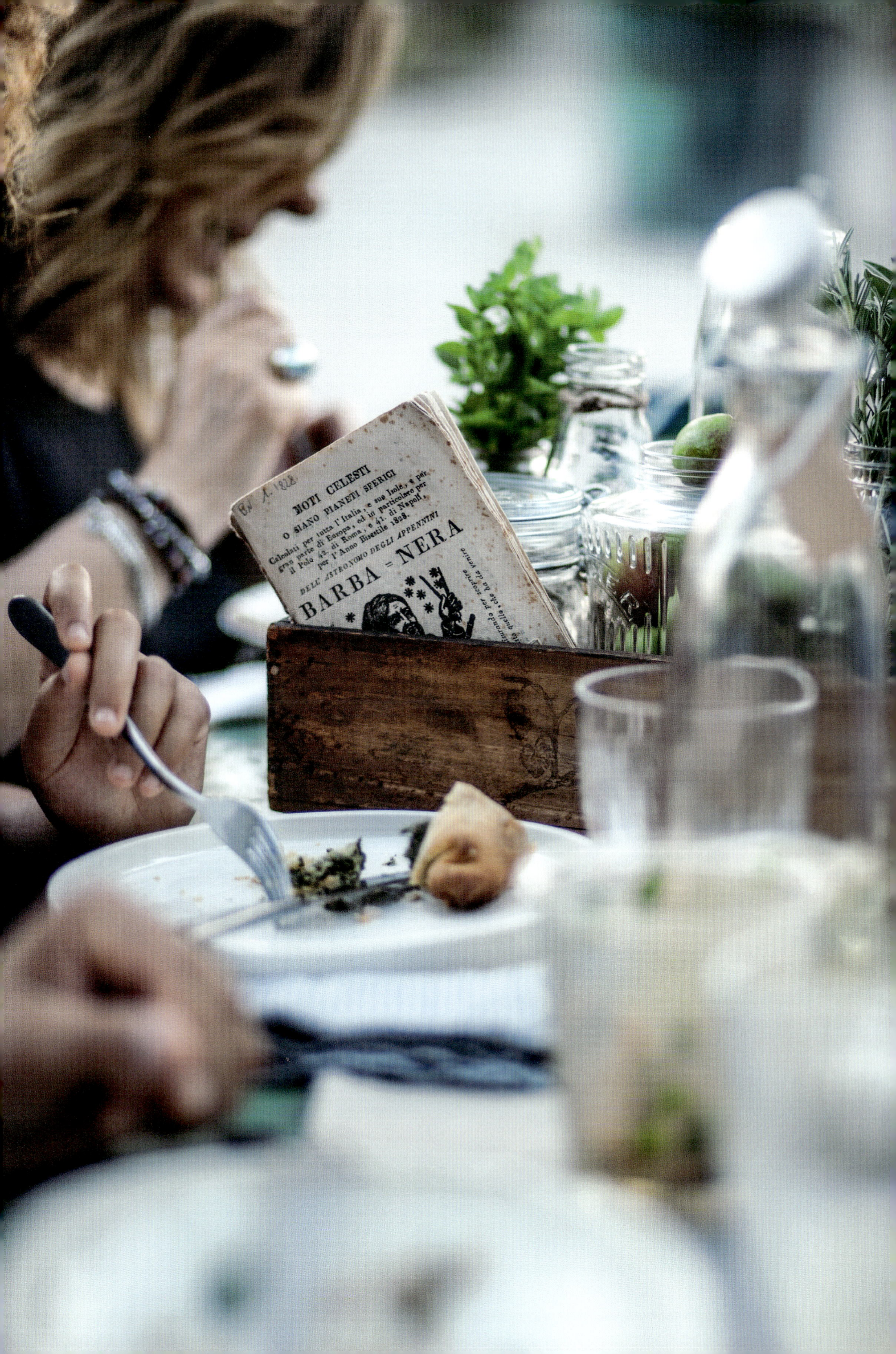
MOTI CELESTI
O SIANO PIANETI SFERICI
Calcolati per tutta l'Italia, e sue Isole, e per gran parte di Europa, ed in particolare per il Polo 42. di Roma, e 41. di Napoli, per l'Anno Bisestile 1828.
DELL'ASTRONOMO DEGLI APPENNINI
BARBA = NERA

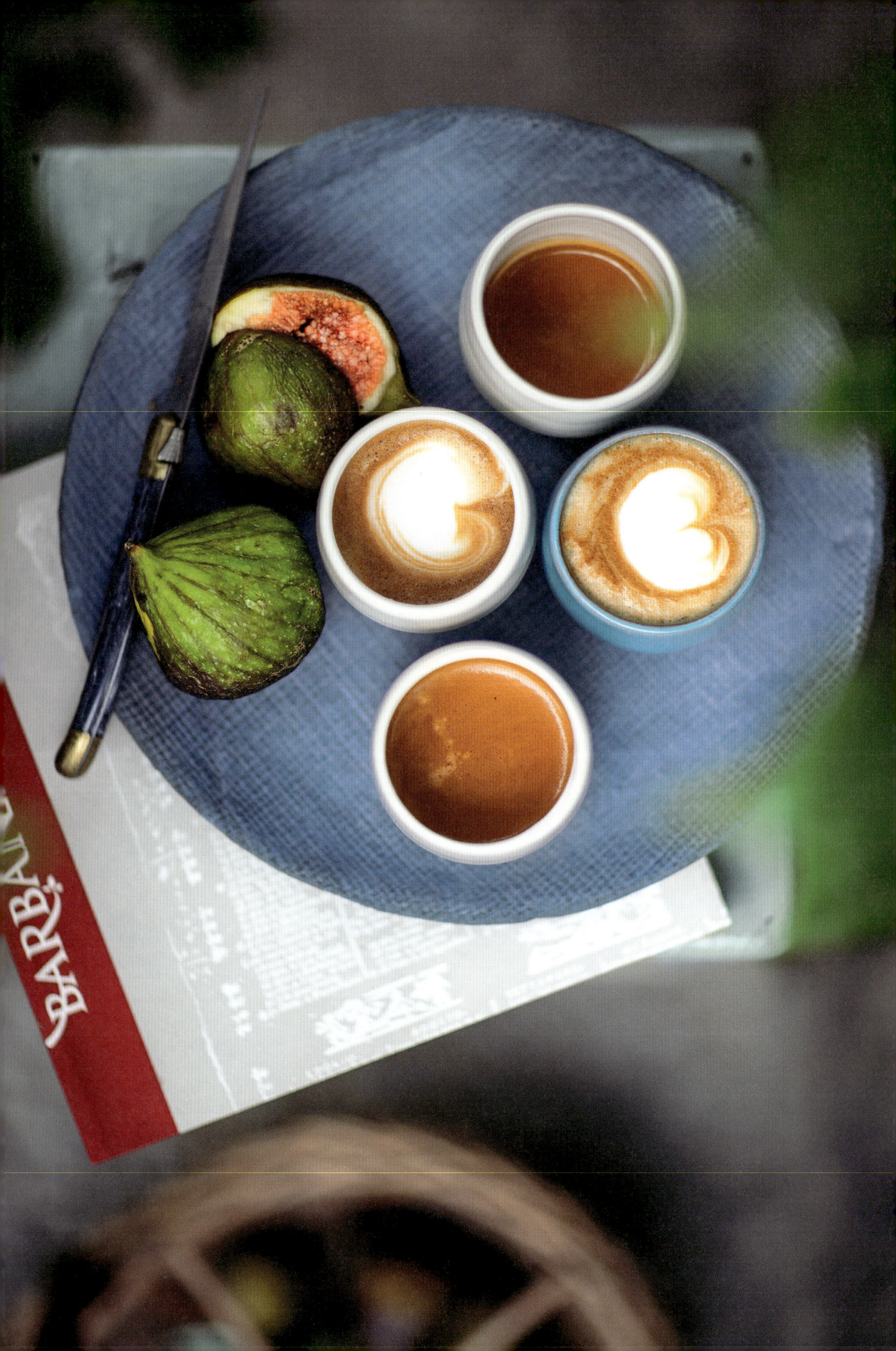

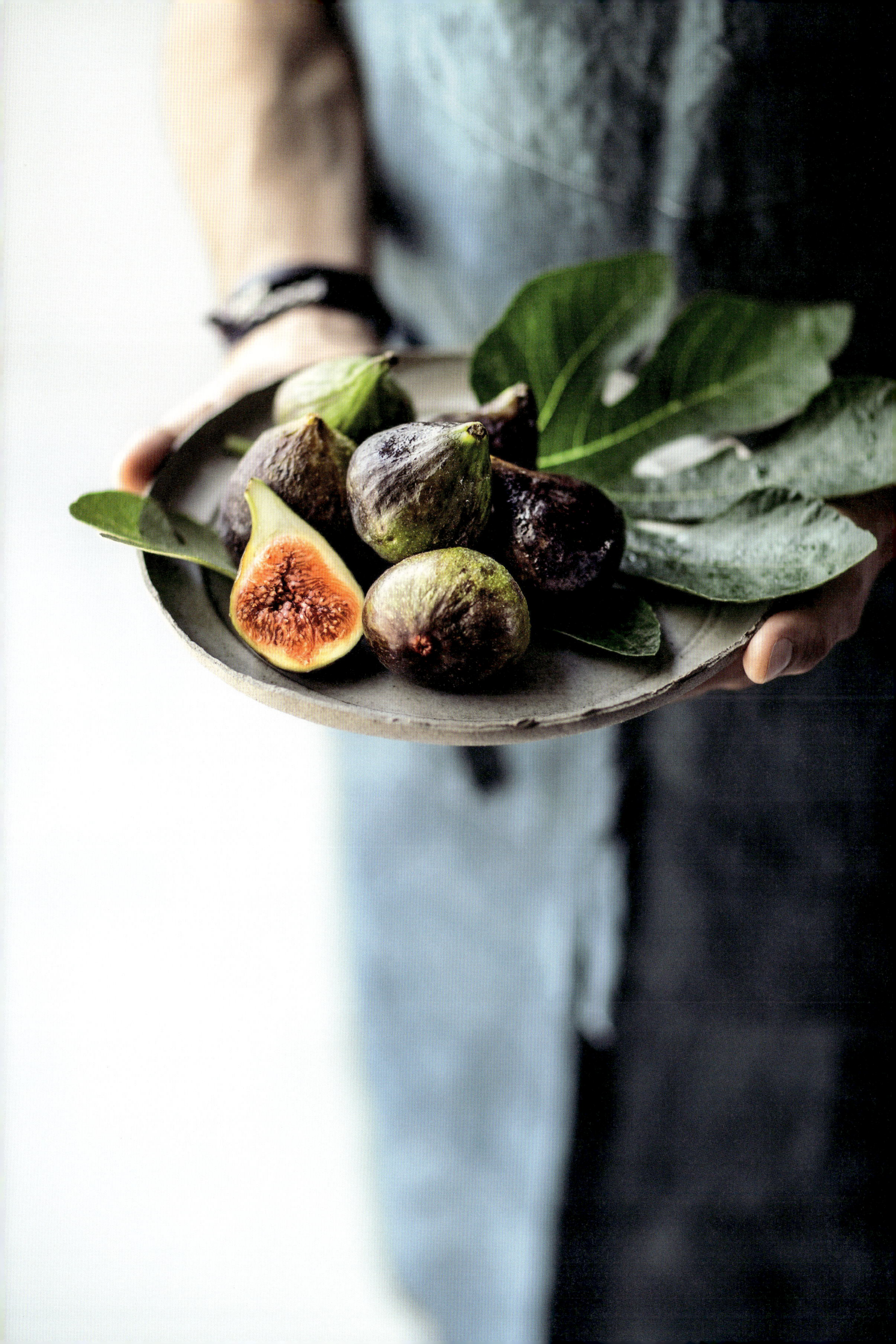

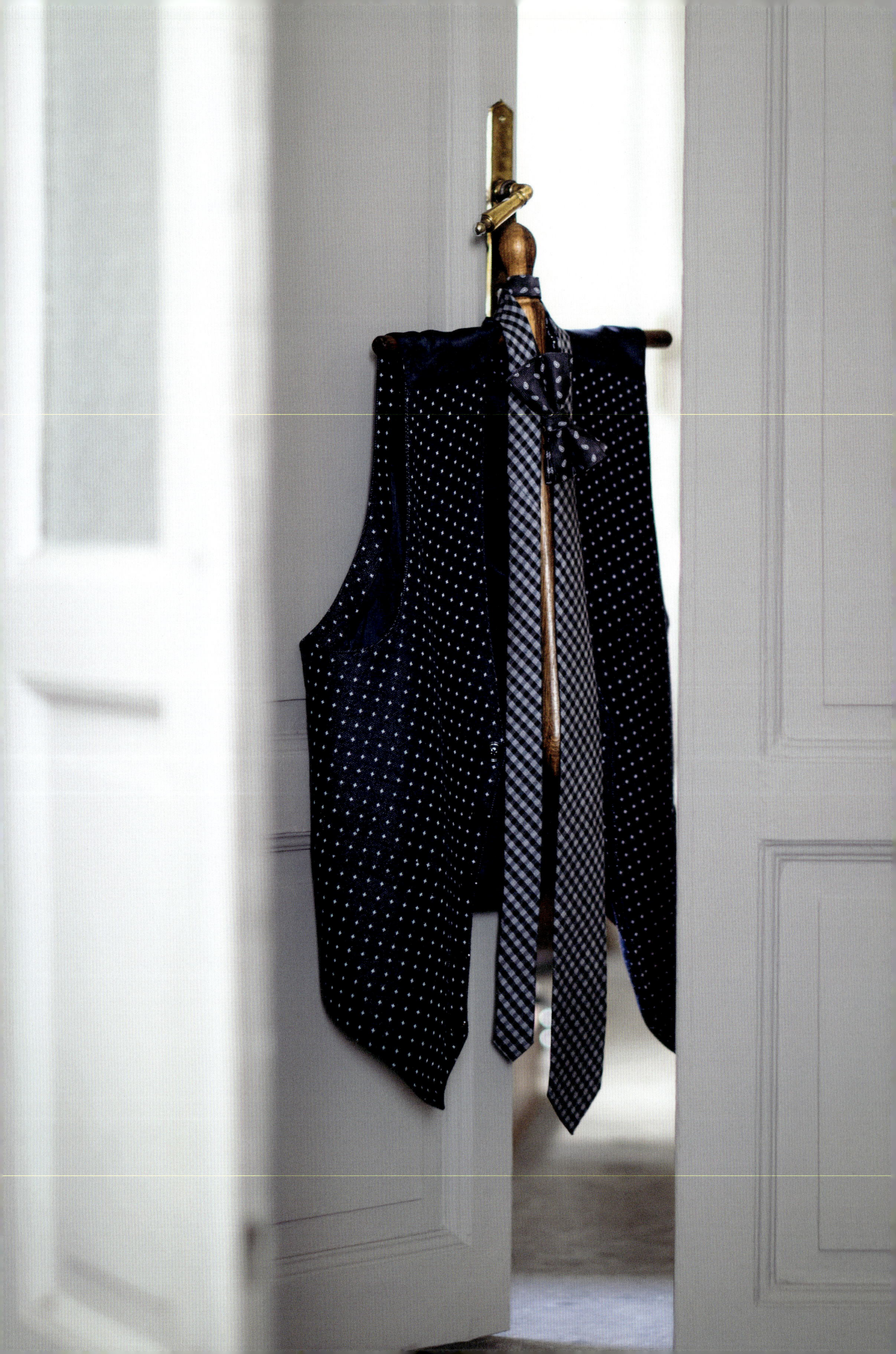

CHRISTIAN TIRRO
RITUALS

TRULY ITALIAN ROOTS

Chapter / Capitolo

13

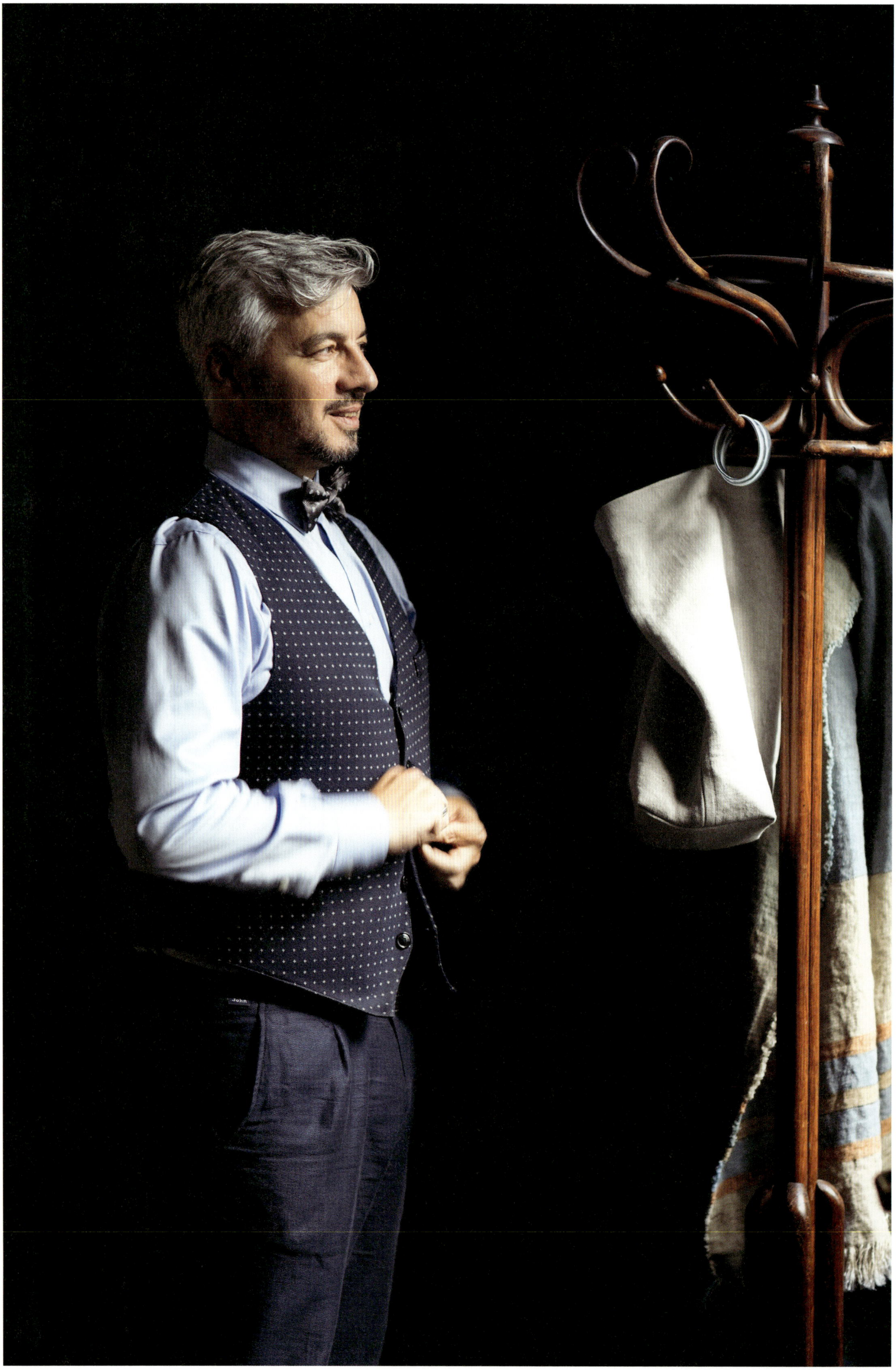

E

CHRISTIAN TIRRO

Rituals

It was Achille Gaggia himself who changed the Italian espresso market way back in 1938, who created a style, who revolutionized the world of coffee

FOR CHRISTIAN TIRRO, President of the Accademia Italiana Baristi [Italian Academy of Baristas], his adventure in the world of coffee began at the age of nine, when his father decided to buy the Bar dei Pini in Faenza. Given his age, he was unable to reach the coffee machine, but took customers' orders: an experience that led him to later choose hospitality school, specializing as a barista/waiter. What followed were intense years between the family bar, the acquisition of other establishments, and the opening of his own place, Bar Flambé, also in Faenza.

He was director of the historic Caffè degli Specchi in Trieste and of Schenardi in Viterbo, consultant for the famous Meletti in Ascoli Piceno and Fappani in Viareggio, among many other jobs. After traveling for a long time to bring his expertise abroad, throughout Europe as well as in China and the East, he now dedicates himself to Italy, where "every day I land in a different city to do comprehensive training for professionals, so they are able to create a ritual, to have their own unique and unmistakable style." With the founding of the Italian Academy of Baristas, focusing exclusively on the training of new professionals was a natural choice. "The intention is to defend the tradition of Italian espresso, its rituals, its specific characteristics. Like the typical Italian roasting that allows the coffee beans to have a greater porosity, since the extraction time for the drink is fast."

Christian respects, teaches, and passes down all the different stages of coffee preparation with precision and great savoir faire: cleaning the filter-holder, grinding the beans just before use, tamping the coffee in the filter, further cleaning of the filter-holder, and spouts again, attaching the filter-holder and extracting the drink in twenty to thirty seconds. "It was Achille Gaggia himself who changed the Italian espresso market way back in 1938, who created a style, who revolutionized the world of coffee," he says, with a system for extracting coffee that could preserve the flavor and the aroma better, and create a wonderful layer of *crema* on the surface of the drink. Espresso with *crema naturale* became a cult for connoisseurs and is still today the starting point of the various flavor trends.

At home, for Christian, one of the most important moments of the day is breakfast with his family: coffee for him, cappuccino for his wife Matilde, and milk for little Adelaide. "After lunch, espresso is an acquired ritual, while now I no longer count those I drink for professional reasons," he says. In his free time, however, he likes running. "Running is a sport you do alone, it allows you to manage your breath, your heartbeat. It helps me control myself emotionally, set goals, and it takes a relatively short amount of time. I'm no Forrest Gump!" And it involves precisely the same rigor and concentration required for a masterful espresso.

I

CHRISTIAN TIRRO

Rituals

È stato proprio Achille Gaggia a cambiare il mercato dell'espresso all'italiana già nel 1938, a creare uno stile, a rivoluzionare il mondo della caffetteria

PER CHRISTIAN TIRRO, presidente dell'Accademia Italiana dei Baristi, l'avventura nel mondo della caffetteria inizia a nove anni, quando il padre decide di acquistare il Bar dei Pini a Faenza. Data l'età, non riusciva ad arrivare all'altezza della macchina del caffè, ma raccoglieva le ordinazioni dei clienti: un'esperienza che l'ha portato a scegliere più tardi la scuola alberghiera, a indirizzo barista/cameriere.

Sono seguiti anni intensi tra il bar di famiglia, l'acquisizione di altri locali e l'apertura del proprio spazio, il Bar Flambé, sempre a Faenza. È stato direttore degli storici Caffè degli Specchi di Trieste e dello Schenardi di Viterbo, consulente per i famosi Meletti di Ascoli Piceno e il Fappani di Viareggio, tra i tanti. Dopo aver a lungo viaggiato per portare la sua competenza all'estero – in tutta Europa, in Cina e in Oriente – ora si dedica all'Italia, dove "ogni giorno approdo in una città diversa per formare figure professionali a tutto tondo, capaci di creare un rito, di avere un proprio stile, unico e inconfondibile". Con la fondazione dell'Accademia Italiana dei Baristi l'occuparsi esclusivamente della formazione di nuovi professionisti è stata una scelta naturale. "L'intento è quello di difendere la tradizione dell'espresso italiano, i suoi rituali, le sue caratteristiche specifiche. Come la tipica tostatura all'italiana, che permette ai chicchi di avere una porosità maggiore, visto che il tempo di estrazione della bevanda è veloce."

Christian rispetta, insegna e tramanda con rigore e grande *savoir-faire*, tutte le diverse fasi della preparazione del caffè: pulitura del portafiltro, macinatura dei chicchi sul momento, *tamper* per pressare, ulteriore pulitura del portafiltro e dei beccucci, aggancio del portafiltro ed estrazione della bevanda in un tempo previsto fra i venti e i trenta secondi. "È stato proprio Achille Gaggia a cambiare il mercato dell'espresso all'italiana già nel 1938, a creare uno stile, a rivoluzionare il mondo della caffetteria", racconta, "con un sistema di estrazione del caffè in grado di preservarne al meglio il gusto e l'aroma e di creare un meraviglioso strato di crema sulla superficie della bevanda". L'espresso con crema naturale è poi diventato un cult per gli estimatori, e ancor oggi è la base di partenza di diverse tendenze di gusto.

A casa, uno dei momenti più importanti della giornata di Christian Tirro è la colazione con la famiglia: caffè per lui, cappuccino per la moglie Matilde e latte per la piccola Adelaide. "L'espresso dopo pranzo è un rituale acquisito, mentre ormai non conto più quelli che bevo per motivi professionali", confida. Nel tempo libero, invece, corre. "La corsa è uno sport che fai da solo, ti permette di gestire il fiato, i battiti. Mi aiuta a controllarmi emotivamente, mi pone degli obiettivi e occupa un tempo relativamente breve. Non sono Forrest Gump!" E comporta lo stesso rigore e la concentrazione necessari per un espresso d'autore.

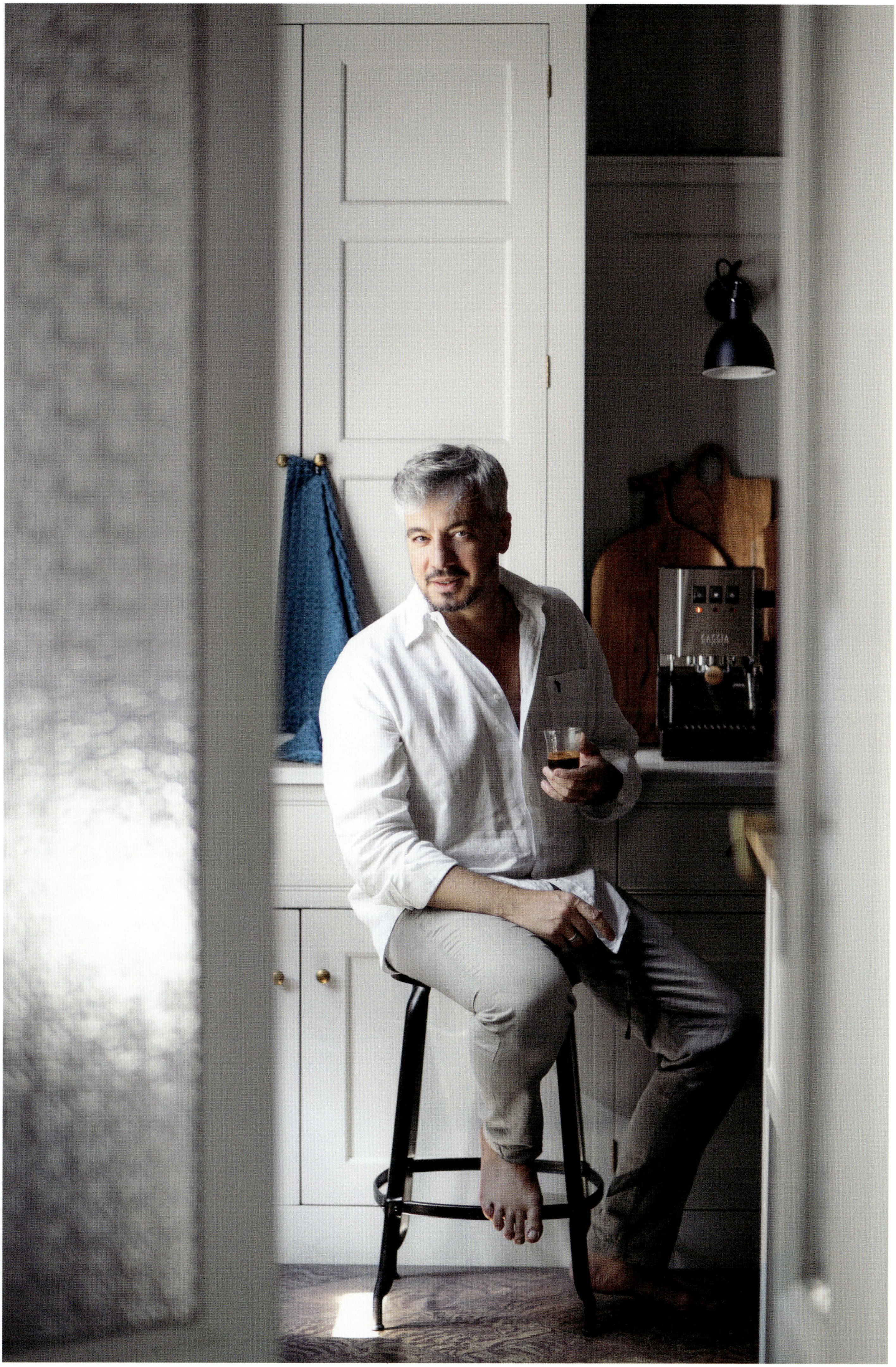
GAGGIA

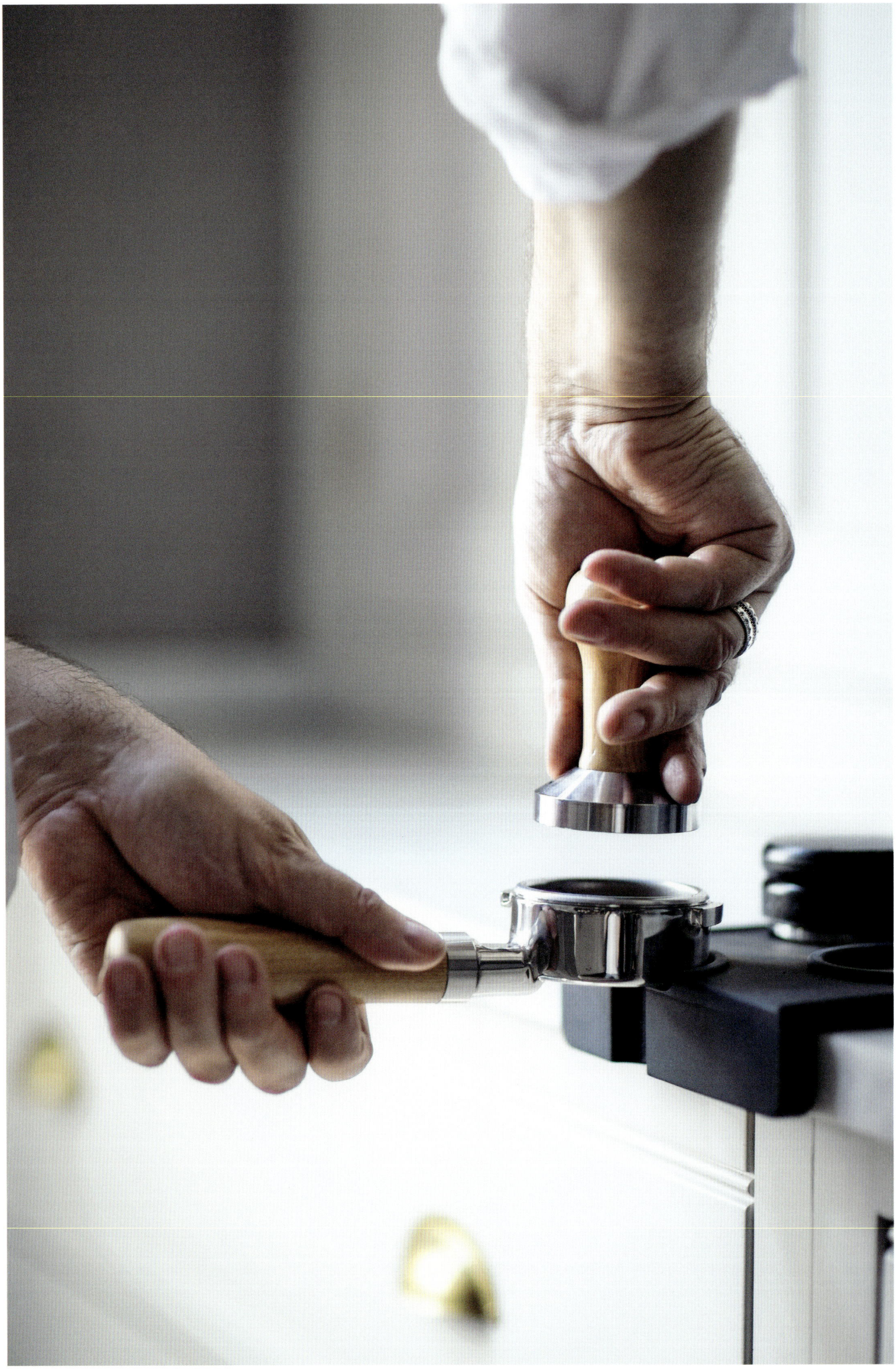

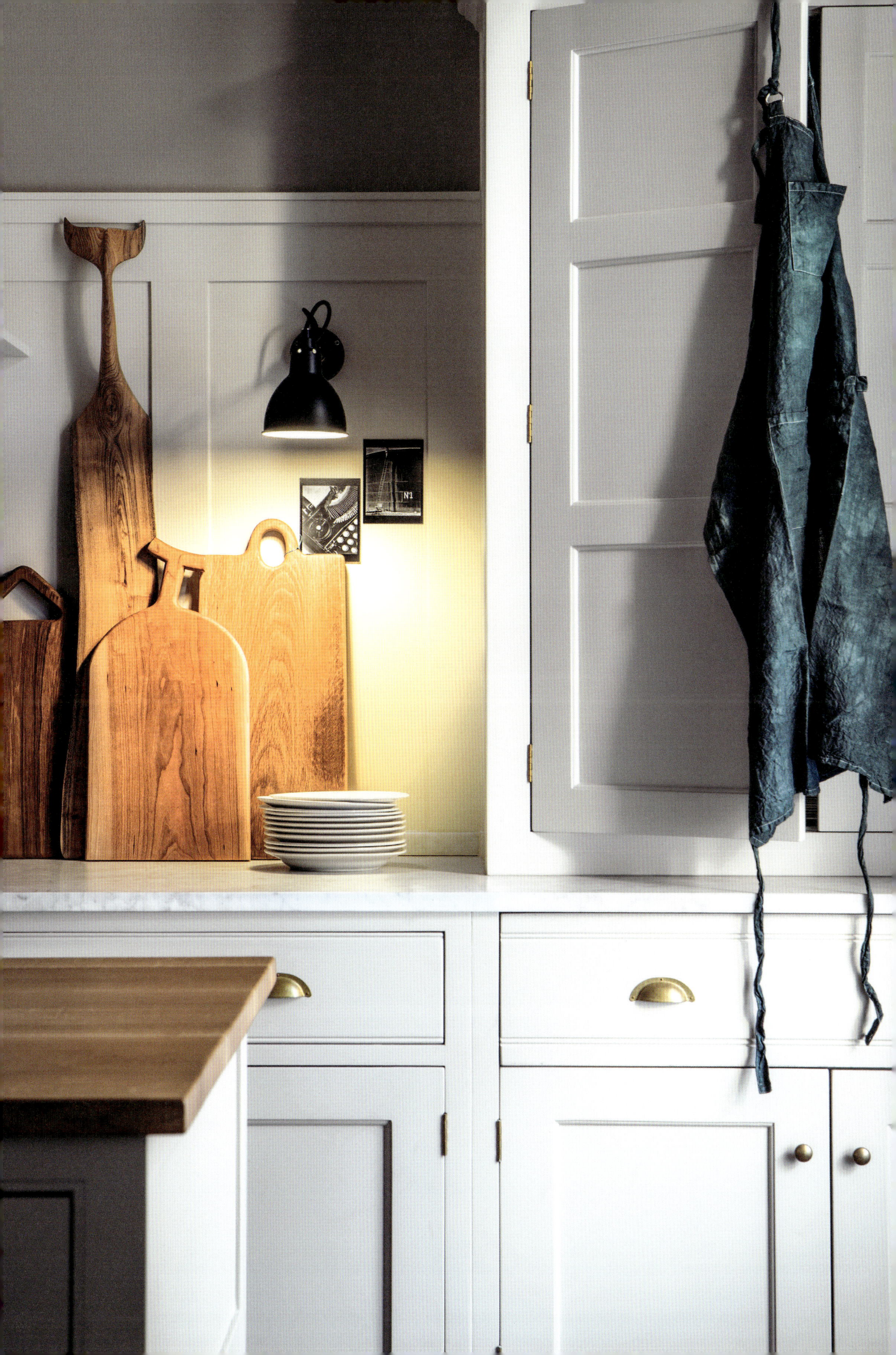
N°1

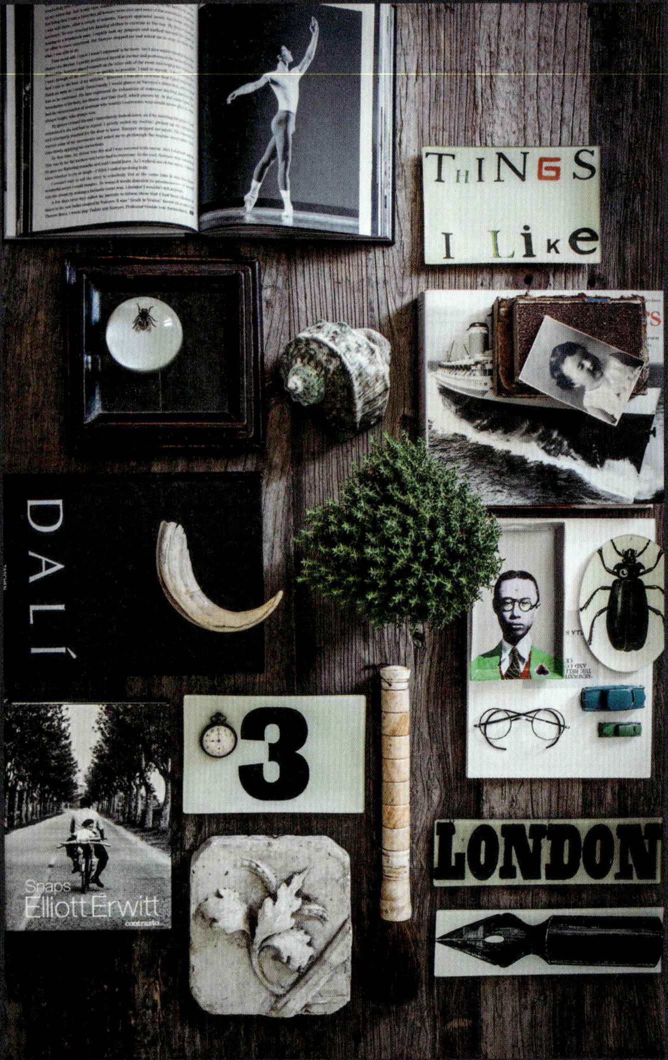
THINGS
I LIKE
DALÍ
3
LONDON
Snaps
Elliott Erwitt

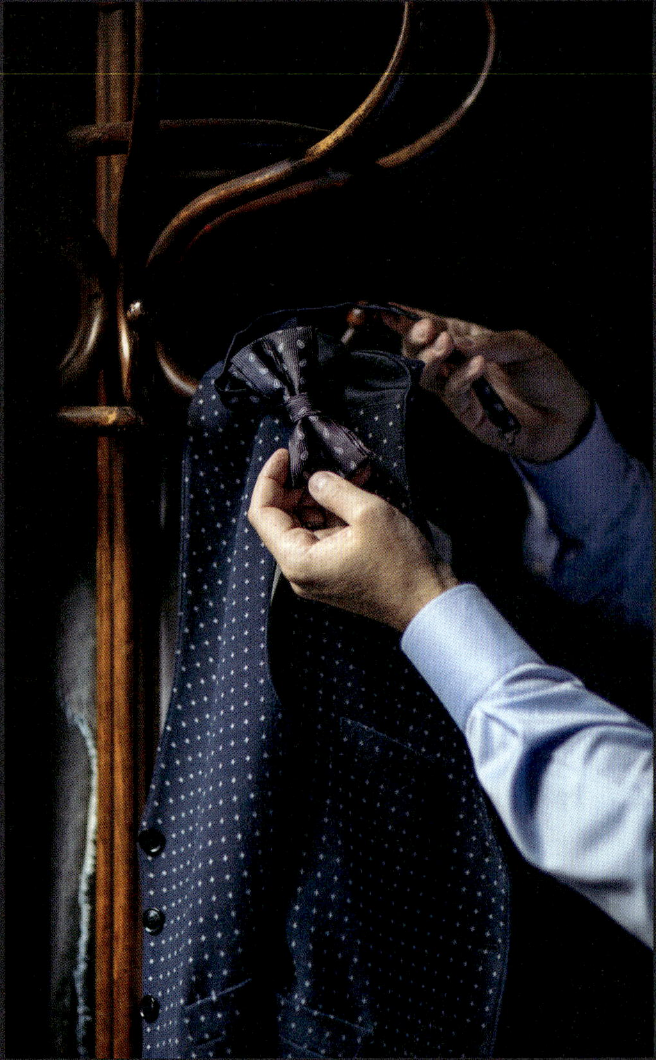

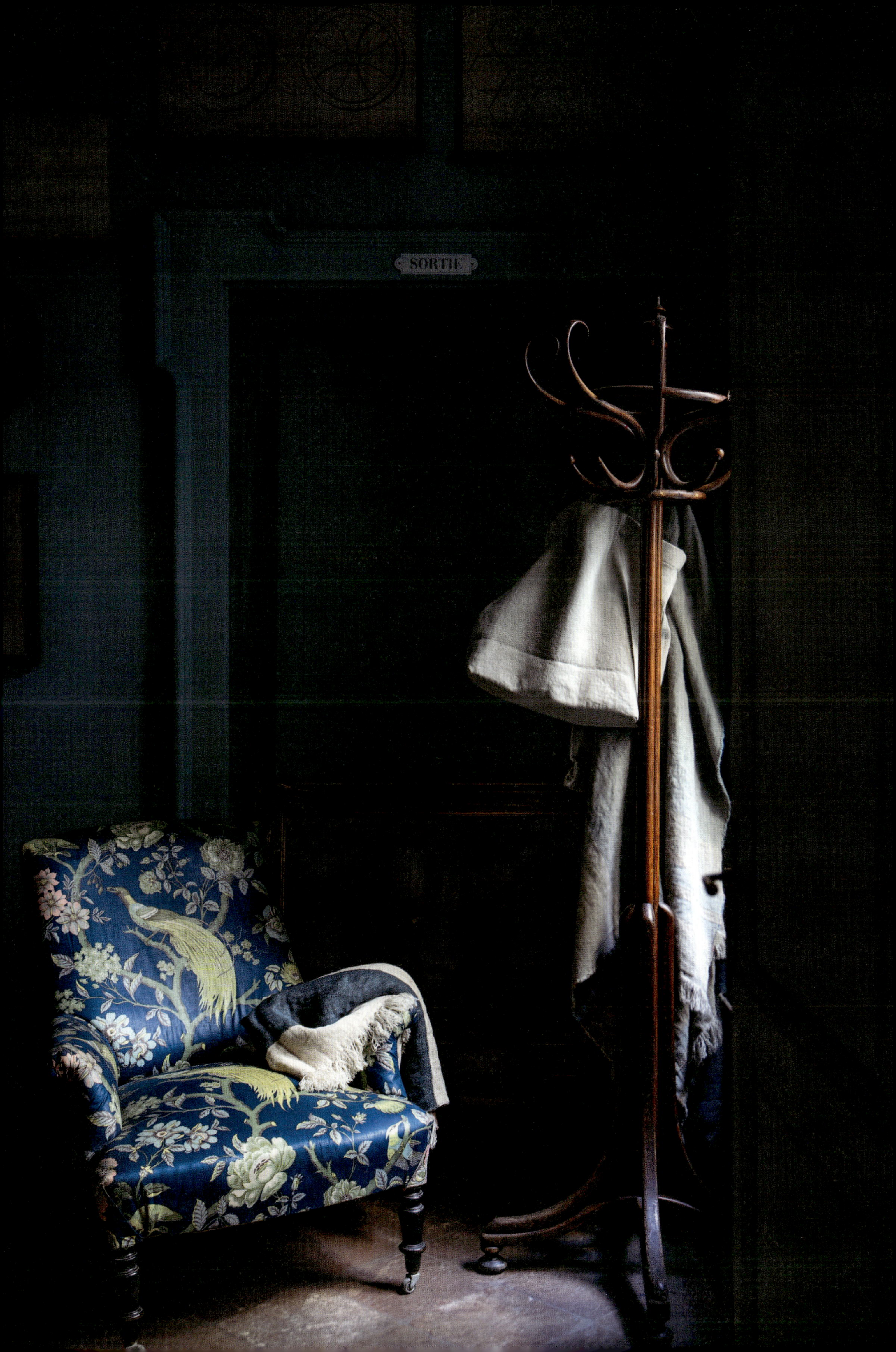
SORTIE

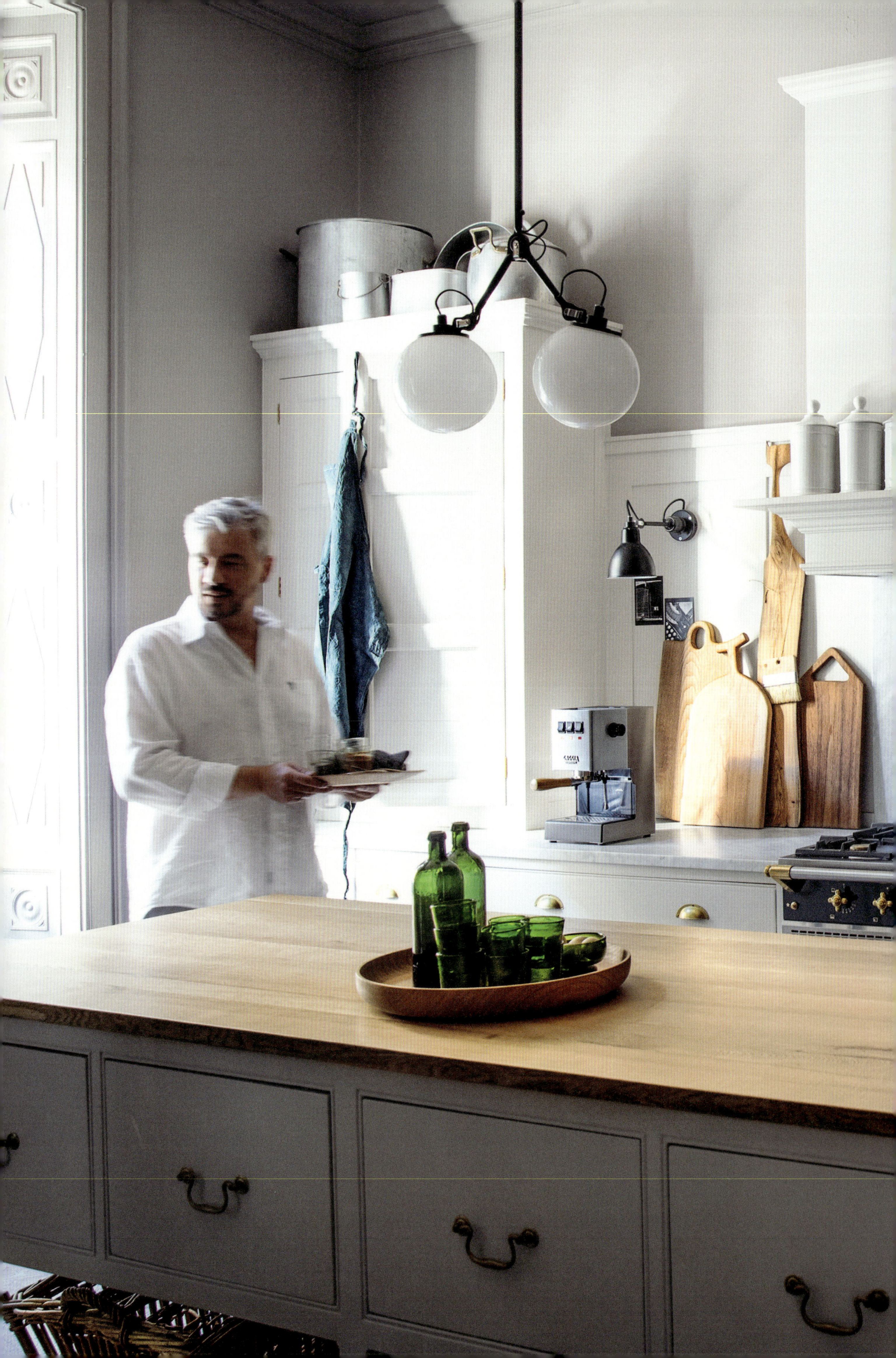

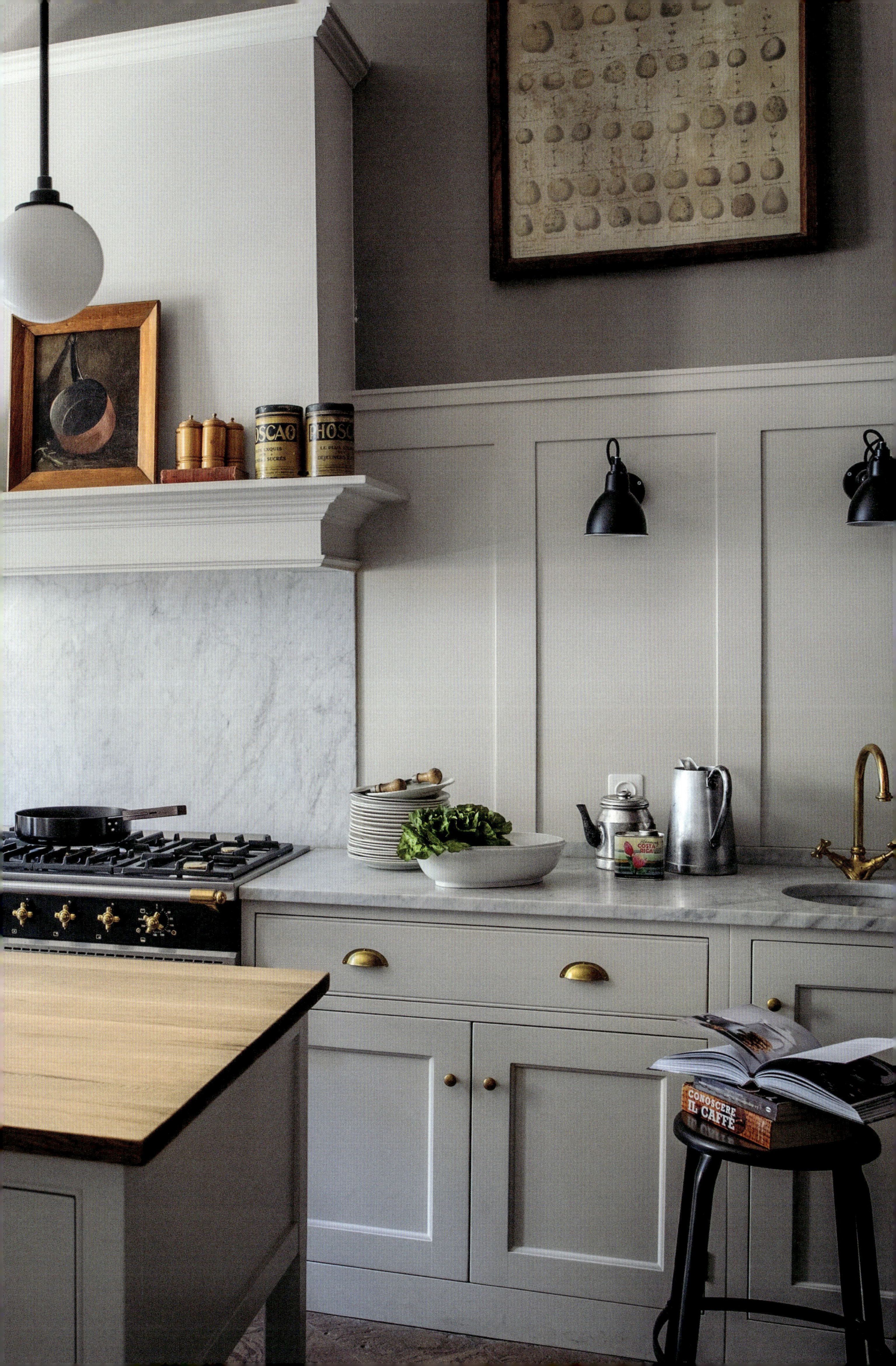
CONOSCERE
IL CAFFÈ

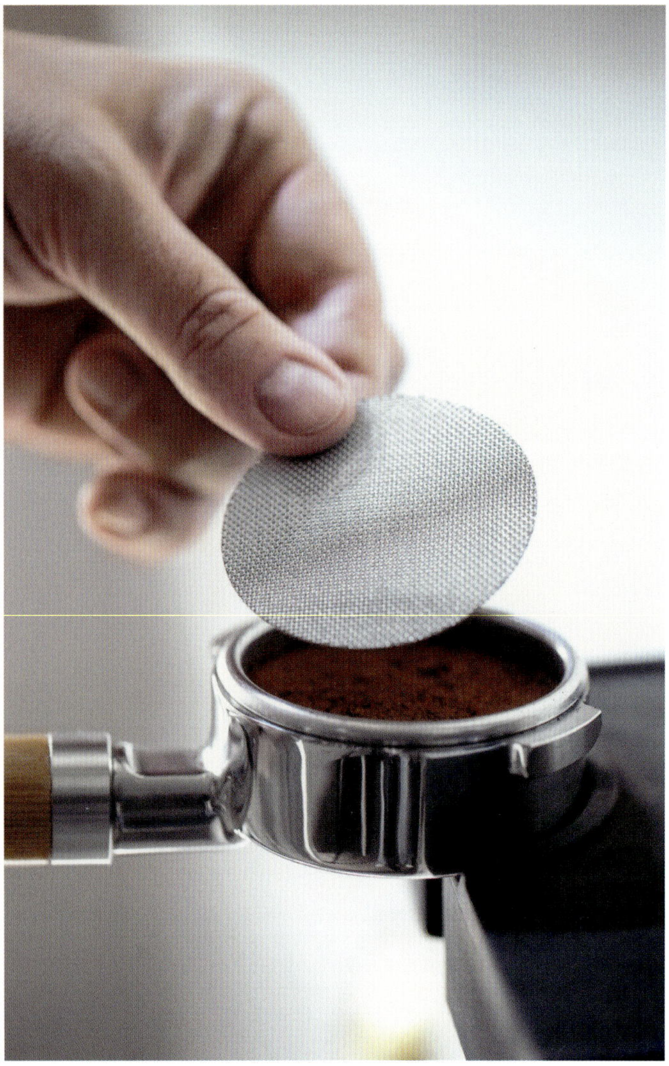

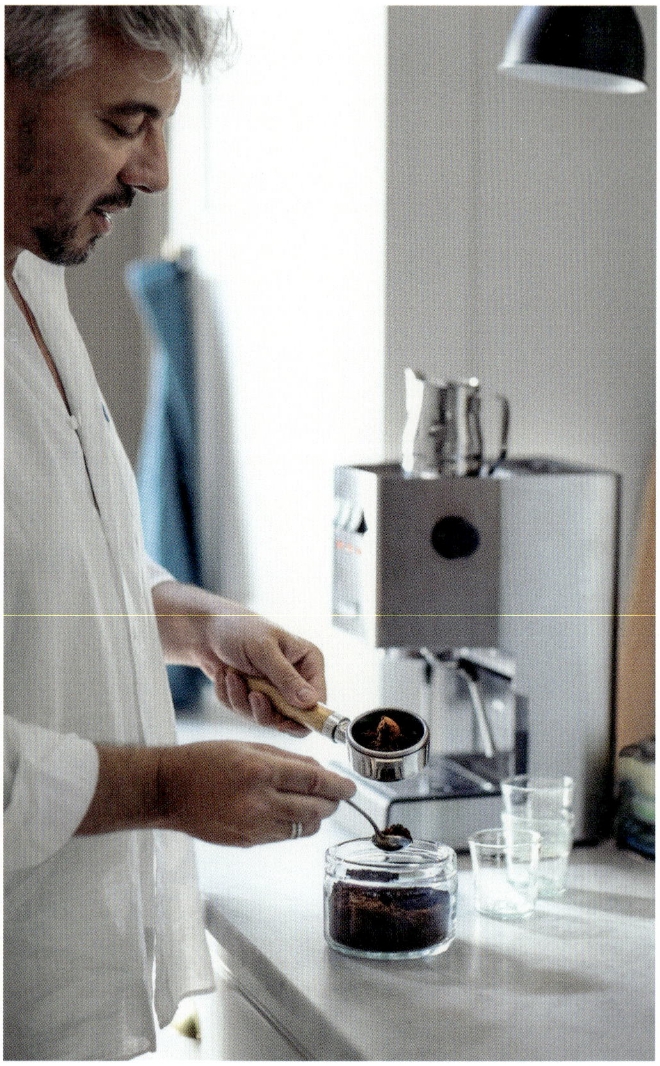

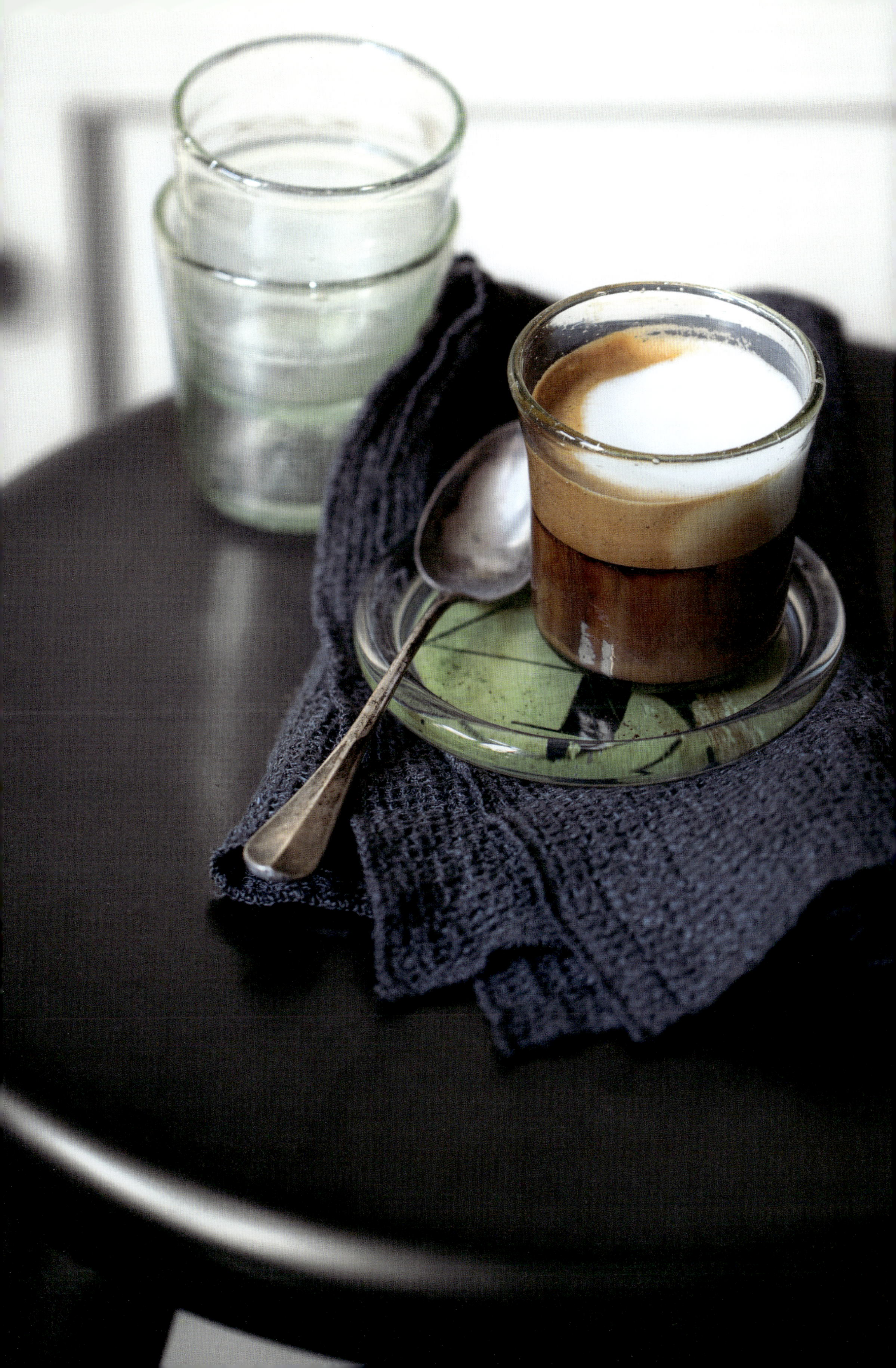

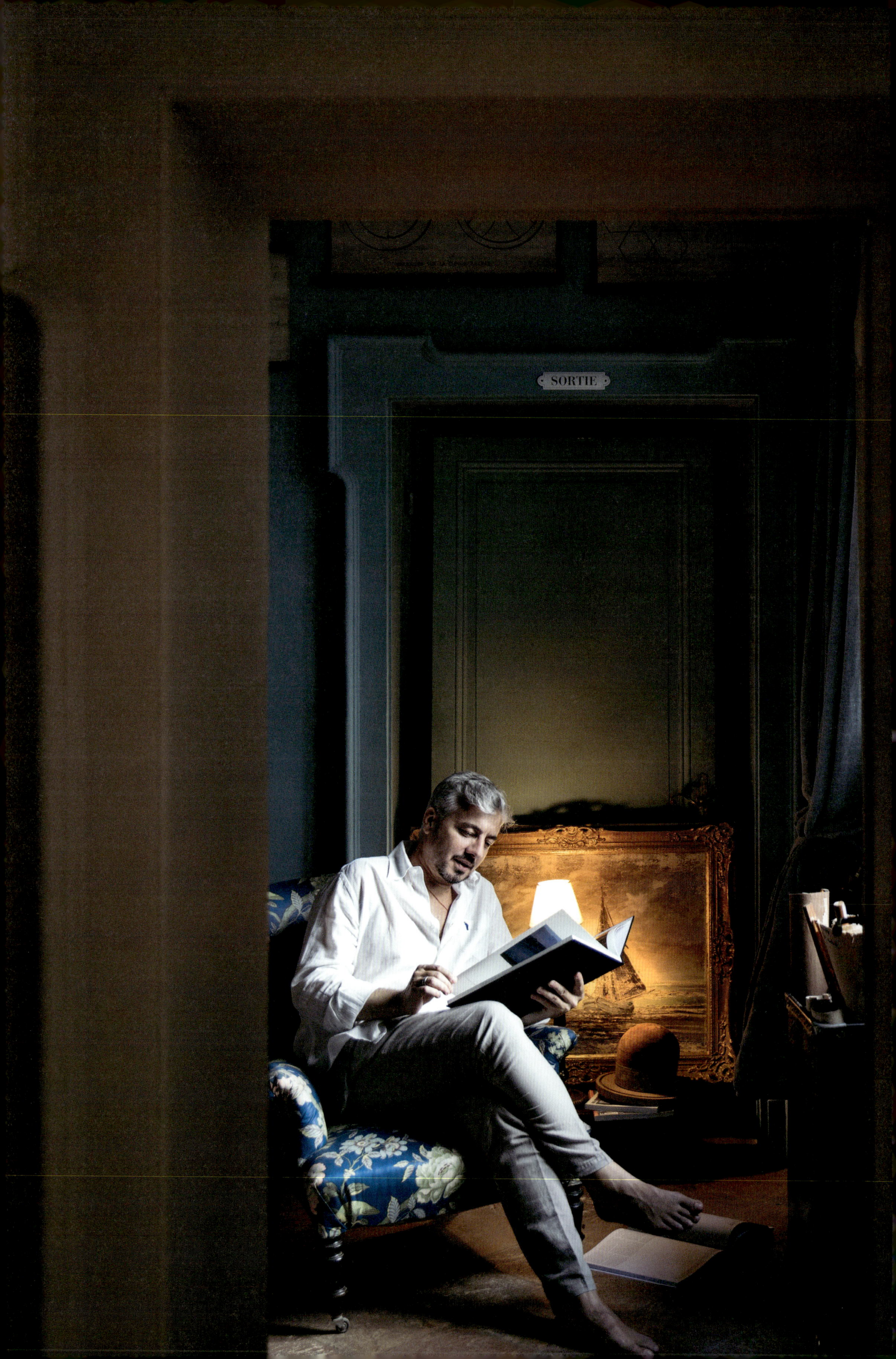
SORTIE

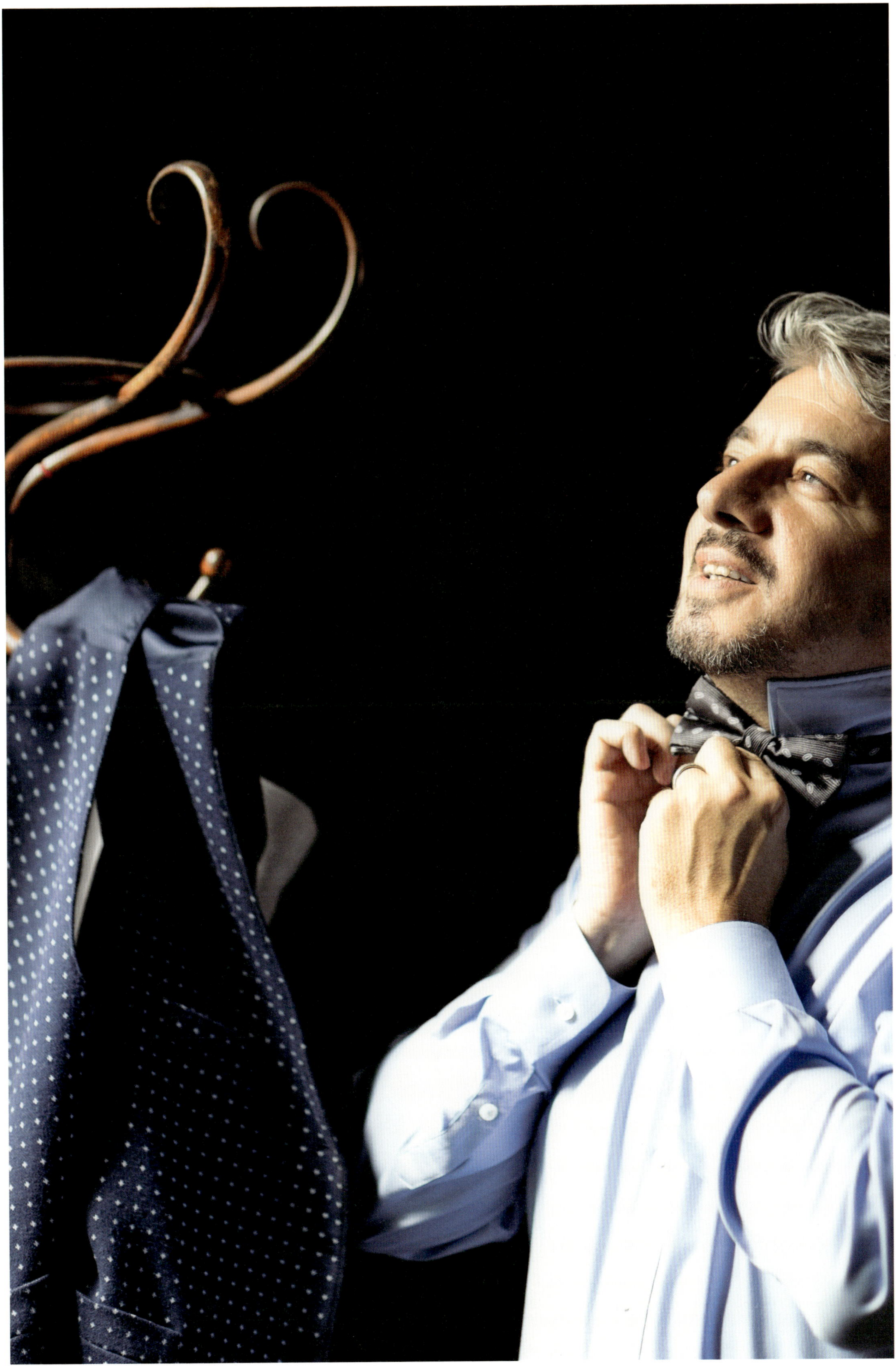

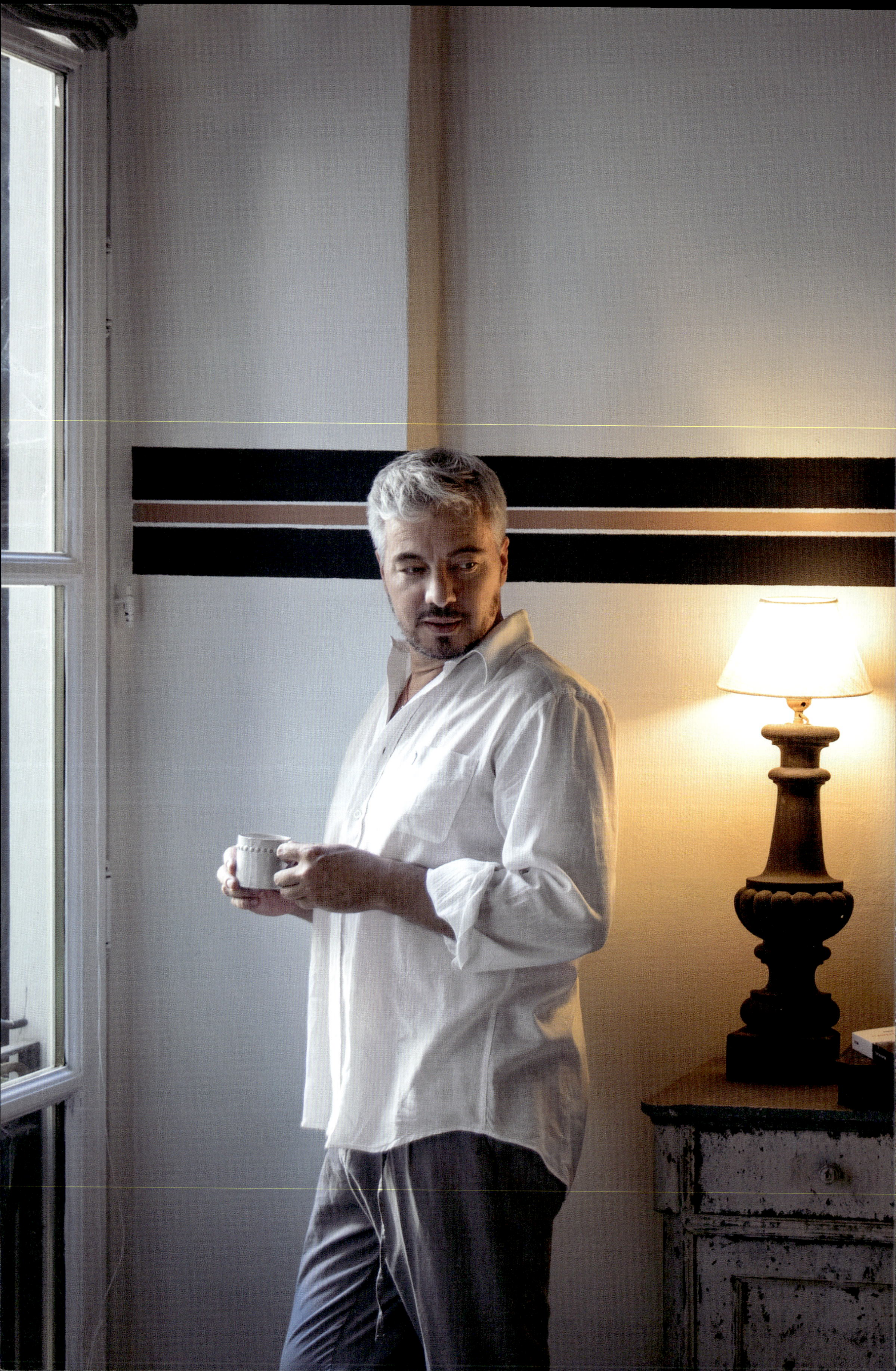

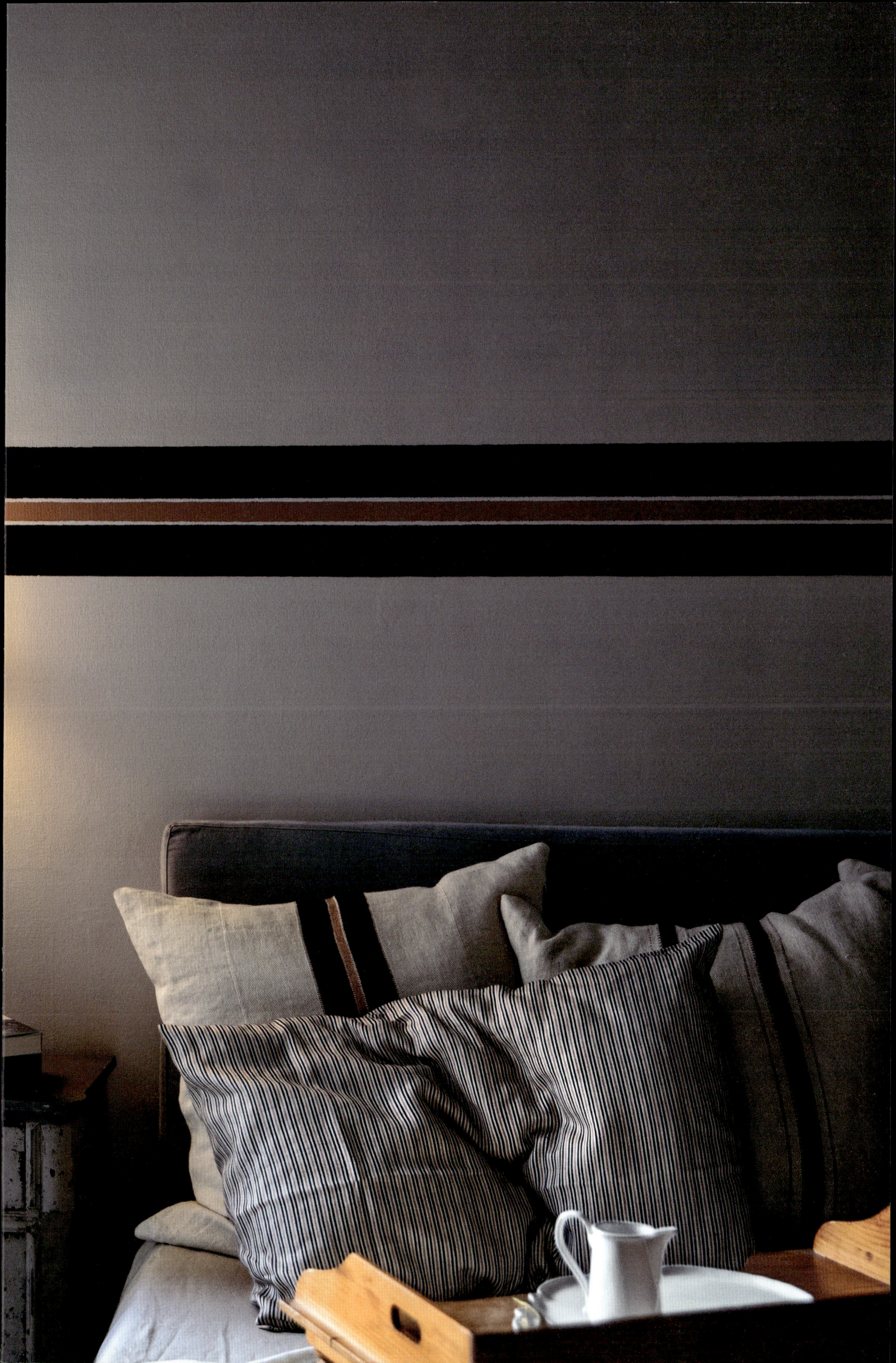

E

ACKNOWLEDGMENTS

TRULY ITALIAN ROOTS

Truly Italian is not only a brand value, but also a way of being, and an entire universe

GAGGIA MILANO WANTS TO THANK all those who believed in this project, who shared with us their story, passion, and mastery. This allowed us to proudly describe the meaning of Truly Italian: it is not only a brand value, but also a way of being, and an entire universe.

We thank:

ALL THE PROTAGONISTS OF THIS BOOK, who opened the doors of their worlds, letting us in as friends and companions for an extraordinary journey of discovery, amid traditions, reinterpretations, and passions. Each one able to naturally identify in the keyword associated with them by affinity. Each one with the individual's own experiences, expertise, personality.

STEFANIA GIORGI, who caught the spirit of each of the thirteen protagonists and embroidered, photograph after photograph, a refined portrait of being Truly Italian, made of instants, gestures, and words. The thirteen stories, represented in thirteen different settings, are interconnected thanks to her unmistakable touch, like a special red thread of sophisticated elegance. In Stefania's pictures, each element shines with a special light, that originates from her ability to see and go beyond, capturing every small identifying nuance, exalting it. In this way also an espresso becomes a tale, a personal experience to be shared, a small work of art.

LEONARDO MARIANI, an elegant presence in the tireless search on every set for unique moments that could tell, in the best way, the uniqueness of each character. An artist able to collect, for every protagonist, their own flow of actions, concepts, thoughts, and personal rituals, to then create videos almost suspended in time, rich with emotions, sentiments, memories, and evocations.

LAURA MAGGI, for having wisely understood and narrated the personal journey and the passion of every protagonist. Entering into their worlds on tiptoe, she asked and listened carefully, and opened the hidden drawers of their lives, expressing their unique essence.

Raw&Co and Homewood Bespoke Kitchens & Cabinets for the collaboration and the kindness in providing locations and furniture that were useful for some of the stories.

THE WHOLE GAGGIA TEAM and everybody who acted backstage to finalize the sets and to allow the realization of this wonderful book.

I

RINGRAZIAMENTI

TRULY ITALIAN ROOTS

Truly Italian è molto più di un valore aziendale, è un modo di essere, un intero universo

GAGGIA MILANO RINGRAZIA tutti coloro che hanno creduto in questo progetto e hanno condiviso con noi la loro storia, passione e professionalità. Questo ci ha permesso di descrivere con orgoglio il significato di *Truly Italian*: è molto più di un valore aziendale, è un modo di essere, un intero universo.

Ringraziamo:

TUTTI I PROTAGONISTI DI QUESTO LIBRO, che hanno aperto le porte del loro mondo, lasciandoci entrare come amici e compagni di uno straordinario viaggio di scoperta, attraverso tradizioni, reinterpretazioni e passioni. Ognuno capace di immedesimarsi con naturalezza nella parola chiave a lui associata per affinità. Ognuno con il proprio bagaglio di esperienza, maestria e personalità.

STEFANIA GIORGI, che ha colto lo spirito di ciascuno dei tredici protagonisti e ha saputo ricamare, fotografia dopo fotografia, un raffinato ritratto della vera italianità, fatta di piccoli attimi, gesti e parole. Le tredici storie rappresentate, in tredici set diversi, sono collegate tra loro dal suo tocco inconfondibile, come uno speciale filo rosso di sofisticata eleganza. Nelle fotografie di Stefania, ogni elemento risplende di una luce particolare, che origina dalla sua capacità di vedere e saper andare oltre, cogliendo ogni minima sfumatura identificante ed esaltandola. Così, anche un caffè espresso diventa un racconto, un'esperienza personale da condividere, una piccola opera d'arte.

LEONARDO MARIANI, elegante presenza alla ricerca instancabile di momenti speciali su ogni set, che potessero raccontare al meglio le unicità di ogni protagonista. Un artista capace di raccogliere, per ogni personaggio, il flusso di azioni, concetti, pensieri e rituali personali, per poi creare contributi video quasi sospesi nel tempo, carichi di emozioni, sentimenti, memorie ed evocazioni.

LAURA MAGGI, per aver sapientemente compreso e narrato il viaggio personale e la passione di ogni singolo protagonista. Entrando in punta di piedi nel loro mondo, ha domandato, ascoltato con cura e aperto i cassetti nascosti delle loro vite, esprimendone l'essenza unica.

Raw&Co e Homewood Bespoke Kitchens & Cabinets per la collaborazione e la gentilezza nel mettere a disposizione location e allestimenti utili alla realizzazione di alcuni dei racconti.

TUTTO IL TEAM GAGGIA e tutti quelli che, dietro le quinte, hanno collaborato alla finalizzazione dei set, permettendoci di realizzare questo meraviglioso libro.

CONTACTS

If you have gotten passionate about their stories, you can keep following them here:

•

Se vi siete appassionati alle loro storie, potete continuare a seguirli qui:

PAOLO MEZZADRI – Metalli Filati – www.metallifilati.com – @metallifilati @paolomezzadri
MANUELA METRA – Atelier Manuela Metra – www.manuelametra.com – @manuelametra
RICCARDO GASPARI – SanBrite – www.sanbrite.it – @sanbritecortina @rikig
FABIO GIUFFRIDA – Guifriday – www.guifriday.it – @guifriday
ROSALBA PICCINNI – Potafiori – www.potafiori.com – @potafiori @rosalbapiccinni
DANILO TAVERNA – Raw&Co – www.rawmilano.it – @raw_milano @danaffen
DAVIDE LONGONI – Panificio Davide Longoni – www.davidelongoni.com – @panificiodavidelongoni @davide_longoni
BETTY SOLDI – Betty Soldi Studio – www.bettysoldi.com – @bettysoldi
ELENA POLENI, VIRGINIA GENOVESE, ELENA VITTORIA VINCIFORI – EVE Ensemble – @elena_poleni @virginiagenovese @ellyy02_
GIANLUCA PASINI – Molino Pasini – www.molinopasini.com – @molino_pasini
ROBERTO TOTTI – TottiMotori – www.tottimotori.com – @totti.motori
ALMANACCO BARBANERA – www.barbanera.it – @almanaccobarbanera
CHRISTIAN TIRRO – Accademia Italiana Baristi – www.accademiaitalianabaristi.it – @accademiaitalianabaristi

COLOPHON

PHOTOGRAPHY AND VISUAL PROJECT
Stefania Giorgi
Leonardo Mariani

ART DIRECTION AND LAYOUT
Heartfelt Studio

TEXTS
Laura Maggi

ORIGINAL IDEA AND SPONSORSHIP

GAGGIA MILANO

www.gaggia.com
@gaggiamilano

SUPERVISION FOR GAGGIA MILANO
Monica Milanovich
Claudia Viola

Distributed in English
throughout the World
by Rizzoli International
Publications Inc.
300 Park Avenue South
New York, NY 10010, USA

ISBN: 978-8-8918-3728-8
2023 2024 2025 2026 / 10 9 8 7 6 5 4 3 2 1
FIRST EDITION: 2023

THIS VOLUME WAS PRINTED AT
Errestampa S.r.l.
Via Portico 27, Orio al Serio,
Bergamo
Printed in Italy

VISIT US ONLINE:
Facebook.com/RizzoliNewYork
Twitter: @Rizzoli_Books
Instagram.com/RizzoliBooks
Pinterest.com/RizzoliBooks
Youtube.com/user/RizzoliNY
Issuu.com/Rizzoli